Wissenschaftliche Beiträge aus dem Tectum Verlag

Reihe R[illegible]ssenschaft

Wissenschaftliche Beiträge aus dem Tectum Verlag

Reihe Rechtswissenschaft
Band 156

Benedikt R. Muer

Die Vererblichkeit von Vermögenswerten in der digitalen Welt

Tectum Verlag

Nomos

Benedikt R. Muer
Die Vererblichkeit von Vermögenswerten in der digitalen Welt
Wissenschaftliche Beiträge aus dem Tectum Verlag,
Reihe: Rechtswissenschaft; Bd. 156

Zugl.: Dissertation an der Philipps-Universität Marburg, 2021

ISBN 978-3-8288-4641-8
ePDF 978-3-8288-7715-3
ISSN: 1861-7875

Gesamtverantwortung für Druck und Herstellung
bei der Nomos Verlagsgesellschaft mbH & Co. KG

Printed in Germany

Besuchen Sie uns im Internet
www.tectum-verlag.de

Bibliografische Informationen der Deutschen Nationalbibliothek
Die Deutsche Nationalbibliothek verzeichnet diese Publikation
in der Deutschen Nationalbibliografie; detaillierte bibliografische
Angaben sind im Internet über http://dnb.d-nb.de abrufbar.

Danksagung

Die vorliegende Arbeit wurde im Wintersemester 2020/2021 von der Rechtswissenschaftlichen Fakultät der Philipps-Universität Marburg als Dissertation angenommen. Rechtsprechung und Literatur wurden bis zum Ende des Jahres 2020 berücksichtigt.

Größter Dank gebührt meiner sehr verehrten Doktormutter, Frau *Professorin Christine Budzikiewicz*. Sie inspirierte mich nicht nur zur Erstellung dieser Arbeit, sondern begleitete mich auch bei Abfassung der Dissertation unter steter Gesprächsbereitschaft mit zahlreichen kritischen und wertvollen Anregungen.

Ganz besonders danken möchte ich auch Herrn *Professor Constantin Willems*, der mir während der Anfertigung der Dissertation ebenfalls stets – besonders bei rechtshistorischen Fragen – mit Rat und Tat zur Seite stand. Nicht weniger bin ich ihm für sein Zweitgutachten und seine zahlreichen weiterführenden Hinweise sehr dankbar.

Dankbar bin ich auch all jenen, die mir eine vortreffliche Studien- und Promotionszeit in Marburg geschenkt haben. Äußerst gewinnbringend diesbezüglich waren neben dem fachlichen Diskurs die vergnüglichen und geselligen Momente im Kreise meiner Freunde. Hier alle namentlich zu nennen ist unmöglich, nur wenige zu erwähnen wäre ungerecht. Daher nenne ich – stellvertretend für *alle* – meinen längsten Weggefährten in Marburg, Herrn *Dr. Lennert Althoff* und bedanke mich sowohl für die Unterstützung als auch die Unterhaltung in der arbeitsfreien Zeit. Auch Frau *Janina Heide*, die mich in den letzten Jahren begleitet und mir bei allen anstehenden Entscheidungen geholfen hat, möchte ich danken.

Tatkräftige Unterstützung habe ich ferner von Herrn *Martin Braun, LL.M. (King's College London)* aus Köln erhalten, der freundlicherweise weite Teile meiner Arbeit gegengelesen hat. Seine kritischen Anmerkungen und Verbesserungsvorschläge waren eine große Hilfe.

Mein letzter Dank gilt meiner gesamten Familie, die mich während meiner gesamten Ausbildung stets wohlwollend und mit großem Rückhalt unterstützt hat, wie man es sich besser nicht wünschen kann. So bin ich insbesondere meiner Mutter sehr dankbar, dass sie mich davon überzeugt hat, in Marburg Rechtswissenschaften zu studieren und damit meinen Lebensweg erheblich geebnet zu haben. Ohne sie hätte ich das Studium nicht aufgenommen und die Dissertation nicht geschrieben. Auch meiner Großmutter *Ursula Erpenbeck* als meine wunderbare langjährige Gesprächspartnerin für grundsätzliche Angelegenheiten möchte ich danken.

Dieses Buch widme ich in Liebe meiner gesamten Familie, der ich so viel zu verdanken habe. Ohne sie hätte ich nicht mit dieser Entschlossenheit das Vorhaben der Promotion verfolgt. Ihr dafür diese Arbeit zu widmen ist das mindeste, was ich tun kann.

Köln, im Februar 2021 Benedikt R. Muer

Inhalt

Einleitung

A. Problemstellung und Ziele

Seit dem Aufkommen des christlichen Glaubens und dessen Verbreitung auf dem europäischen Kontinent wird der Mensch dort vom Narrativ des ewigen Lebens und der Unsterblichkeit befasst. Ob Glaubende ewiges Leben, also ein unzerstörbares, von Gott geschenktes Leben, erhalten, ist für manche eine Tatsache, für andere schlichtweg Gaukelei. *Dass* das *vergängliche* Leben eines Menschen demgegenüber die irdische Welt als Teil des Kosmos eines Tages verlassen wird, wird aber sicher von niemandem bestritten. Nur die Hinterlassenschaften der Verstorbenen sind in verschiedenster Form – zumindest für eine gewisse Dauer – unvergänglich; seien es die Erinnerungen oder nur materielle Habseligkeiten. Über den Verbleib Letzterer treffen die meisten Menschen oft lebzeitige Anordnungen, wer vom Hab und Gut etwas haben soll – und wer nicht. Demgegenüber wird das eigene, über den Tod hinausgehende Andenken hinsichtlich dessen oft vernachlässigt und dies vielleicht mit der Überzeugung, die Erinnerungen werden mit der Zeit verblassen und irgendwann ganz erlöschen.

Nun hat in kürzester Zeit ein weiteres Phänomen eine weltumspannende Dimension erreicht: Das Internet hat, wie zuvor der Glaube, die westliche Welt erobert und viele Chancen, aber auch neue Fragen zu Tage treten lassen. Tatsächlich befassen sich nun auch Gerichte mit Fragen, die die Legislative vor mehr als einem Jahrhundert nicht voraussehen konnte.[1] Das Internet scheint auch der Aussage *Credo in […] vitam aeternam* eine weitere Bedeutung verleihen zu können. Man sagt: »Das Internet vergisst nie!«[2], und so hat sich in jüngerer Zeit sogar der EuGH mit der Frage befasst, inwieweit eine Person *ein Recht auf Vergessenwerden*[3] im Internet hat, also beispielsweise von einem Suchmaschinenbetreiber verlangen kann, dass die Person betreffende

1 In der Wissenschaft fragt man sich derweil, ob bspw. das BGB ein Update benötigt, vgl. *Faust*, in: Gutachten zum 71. Deutschen Juristentag, Bd. I, 2016, A 16 ff.; *Herzog*, ErbR 2016, 173; *Lieder/Berneith*, ZRP 2020, 87.

2 *Hohenstein*, K&R 2018, 5, 7.

3 Z. B. EuGH, GRUR 2014, 895; NJW 2020, 300; NJW 2020, 314.

Informationen durch eine Suchanfrage nicht mehr auffindbar sind. Es entsteht ein Interessenkonflikt: Der Betroffene möchte auf ein ewiges Leben im Internet verzichten, der Suchmaschinenbetreiber möchte über möglichst viele Informationen verfügen, um entsprechend viele Inhalte für Suchanfragen auffindbar machen zu können. Gegenstand dieser Arbeit ist jedoch nicht das Recht auf Vergessenwerden zu Lebzeiten, sondern die Frage nach dem Schicksal digitaler Hinterlassenschaften nach dem Tod einer Person. Die im Internet gespeicherten Informationen teilen nämlich grundsätzlich nicht das Schicksal der ihnen zugehörigen Person. Es geht dabei konkret um die Frage, wem die Entscheidung über das ewige Leben einer verstorbenen Person im Internet obliegt bzw. wer darüber entscheidet, ob der Erblasser seine Geheimnisse endgültig mit ins Grab nimmt.[4] Wenn es nicht der Erblasser selbst ist, dürfen dann die Erben oder gar der Diensteanbieter als *Herr* über die Informationen darüber entscheiden?

Nur wenige Menschen jedenfalls machen sich selbst aktiv über diese Frage Gedanken. Sie werden die irdische Welt verlassen, ohne den Verbleib ihrer *digitalen Hinterlassenschaften* geklärt zu haben. Vielleicht aus dem Grunde, weil diese Thematik bei den Menschen (noch) nicht präsent ist. Vielleicht, weil das Phänomen Internet sowie die gesamte digitale Welt für Manche (noch) *Neuland*[5] ist; weil das Internet mit seinen technischen Zusammenhängen ein unvorstellbares, nicht fassbares und vielschichtiges Konstrukt ist und daher eine Scheu besteht, sich eingängig damit zu befassen. Dies könnte dazu geführt haben, dass bisher in Deutschland – zumindest gerichtlich – kaum über diese Frage gestritten wurde.[6] Dabei ist es heute kaum vorstellbar, dass eine Person nicht über Fotos, Videos, Dokumente und E-Mails verfügt, die als unkörperliche Gegenstände bzw. Datensätze irgendwo im Internet *digital* gespeichert sind. Gegenstand dieser Arbeit ist

4 So *Streck*, ErbR 2018, 565.

5 So Angela Merkel in der Pressekonferenz zum Besuch Barack Obamas in Berlin am 19.3.2016.

6 Die erste gerichtliche Entscheidung in Deutschland erging im Jahr 2015, vgl. LG Berlin, MDR 2016, 165 und ging bis zum BGH, vgl. BGH, NJW 2018, 3178.

entsprechend auch die Frage, welches Schicksal digitale Hinterlassenschaften teilen, wenn sie nicht Gegenstand *eines letzten Willens* sind.

Dies gilt nicht nur für Deutschland, sondern ist global zu beobachten. Das vermag nicht zu verwundern: Die Bedeutung sozialer Netzwerke ist im letzten Jahrzehnt weltweit kontinuierlich gestiegen. In allen Ländern der Welt nutzen die Menschen die Möglichkeit des E-Mail-Verkehrs und die Vorzüge sozialer Netzwerke wie Facebook, Twitter oder Instagram. Derartige Angebote sind weltweit in fast allen gesellschaftlichen Bereichen zu einem für Viele unverzichtbaren Element des täglichen Lebens geworden. Trotz dieser rasanten Entwicklung waren Gesetzgeber und Rechtswissenschaft in Deutschland bisher nicht in der Lage, dem Typus *soziales Netzwerk* und dessen Behandlung nach dem Tod vollständig Rechtssicherheit zu verleihen. Es existieren kaum gesetzlichen Regelungen, die sich explizit mit sozialen Netzwerken oder E-Mail- Diensteanbietern auseinandersetzen. Auf dem Gebiet des *einfachen* Privatrechts fehlen entsprechende Regelungen gänzlich.[7] In der Rechtsprechung und in der Literatur versucht man derweil – so könnte man bildhaft sagen – diese Problematik in ein über 100 Jahre altes Korsett zu pressen.[8]

7 Einen ersten Versuch unternahm die FPD-Fraktion des Bundestages, vgl. BT-Drucks. 19/14044.

8 Hierzu bspw. *Faust*, in: Gutachten zum 71. Deutschen Juristentag, Bd. I, 2016, A 16 ff.

B. Gang der Darstellung

Um der Frage nach der Behandlung sozialer Netzwerke und anderer Dienste im erbrechtlichen Kontext nachzugehen, unternimmt die vorliegende Arbeit vier Schritte: Der erste Teil der Arbeit ist den Grundlagen gewidmet. Hier sind einige terminologische Klarstellungen angezeigt, um dem Untersuchungsgegenstand für die ganze Untersuchung eine möglichst abstrakte und handliche Kontur zu geben. Dieser Zweck wird darüber hinaus durch eine Eingrenzung des Untersuchungsgegenstandes erreicht. Es geht letztlich um die Frage, welche Rechtspositionen, die dem späteren Erblasser zu Lebzeiten zustanden, überhaupt im erbrechtlichen Kontext problematisch sein können.

Die folgenden Teile behandeln die eigentlichen rechtskonstruktiven Knotenpunkte der Untersuchung. Zunächst werden im zweiten Teil die Aspekte des Erbrechts behandelt. Hier wird versucht, die im ersten Teil herausgearbeiteten Rechtspositionen, die die Hinterlassenschaften des *Erblassers im digitalen Kontext* betreffen, unter das geltendrechtliche Erbrecht zu subsumieren. Hierbei liegt ein besonderes Augenmerk auf dem (erbrechtlichen) Vermögensbegriff, der nach über 100 Jahren der Existenz des BGB noch keine zufriedenstellende Interpretation erfahren hat. Um eine mit der Tradition des BGB in Einklang stehende Exemplifikation zu finden, beginnt die diesbezügliche Untersuchung in der Pandektenwissenschaft. In einem strengen Zusammenhang mit der Geschichte des (erbrechtlichen) Vermögensbegriffs steht im Erbrecht die Frage nach der Grenzziehung zwischen Vererblichkeit und Unvererblichkeit einer Rechtsposition. Auch diesbezüglich stellt diese Arbeit die von Rechtsprechung und Literatur vorgeschlagenen Lösungen auf den Prüfstand und widmet sich zum Zwecke der Erarbeitung eines neuen Ansatzes ebenfalls der Historie des deutschen Privatrechts.

Im Laufe der Untersuchung wird sich erweisen, dass die hier behandelten Diensteanbieter durch Allgemeine Geschäftsbedingungen versuchen, die Weitergabe *der digitalen Hinterlassenschaften* im Wege des erbrechtlichen Übergangs auf die Erben zu verhindern. Daher wird der theoretische zweite Teil durch praktische Erwägungen im dritten Teil ergänzt: Es stellt sich dort die Frage, inwieweit die – an dieser Stelle unterstellte – Vererblichkeit einzelner digitaler Hinterlassenschaften durch Allgemeine Geschäftsbedingungen beschränkt werden kann.

Der vierte Teil behandelt sodann eine Besonderheit, die sich aus der Natur der digitalen Vermögenswerte ergibt: Nicht nur das Erbrecht als Materie des einfachen Privatrechts ist für die gegenständliche Untersuchung relevant, sondern ebenfalls sind datenschutz- sowie telekommunikationsrechtliche Aspekte von herausragender Bedeutung. Die Besonderheit dieser Thematik liegt im erbrechtlichen Kontext darin, dass durch eine Weitergabe digitaler Inhalte an die Erben nicht nur ausschließlich die vielschichtigen Interessen des Erblassers und der Erben tangiert sind, sondern auch anderer Personen, die an einem Kommunikationsvorgang mit dem Erblasser beteiligt waren. Die besondere Problematik liegt darin, dass durch den erbschaftlichen Übergang statt des ursprünglichen Adressaten nun eine andere Person von ggf. sensiblen Informationen Kenntnis erlangt. Im Allgemeinen ist es eigentlich die Grunderwägung des Telekommunikationsrechts und des Datenschutzes, derartige Vorgänge zu verhindern. Daher wird sich der vierte Teil mit dem Spannungsverhältnis zwischen Erbrecht und dem Datenschutz des Erblassers und dritter Personen befassen. Dabei wird die Untersuchung sich ebenfalls der Frage widmen, in welchem Verhältnis das Erbrecht zu öffentlichrechtlichen Vorschriften steht.

1. Teil:
Grundlagen

A. Der Begriff *digitaler Nachlass* – Terminologische Klarstellungen

Ausgangspunkt der Untersuchung ist zunächst die Vererblichkeit solcher Rechtspositionen, die einen digitalen Kontext aufweisen. Weithin bekannt ist die Problematik in der Literatur unter dem Begriff *digitaler Nachlass*[9], der als Kunstwort in der Rechtswissenschaft Fuß gefasst hat.[10] Es wurde schon vielfach versucht, den Begriff zu definieren bzw. zu exemplifizieren. Gegenstand der nachfolgenden Untersuchung ist es zunächst, den Begriff auf seinen Sinngehalt zu überprüfen. Dabei wird sich erweisen, dass sich der gesamte Problemkomplex nicht abstrakt unter einem Begriff fassen lässt. Denn bereits das Auffinden einer Definition bereitet den Autoren in der Literatur seit jeher Schwierigkeiten.[11]

I. Der Begriff *digitaler Nachlass*

Der schillernde Begriff *digitaler Nachlass* ist weder legaldefiniert noch überhaupt ein Rechtsbegriff. In der Rechtswissenschaft beschreibt er einen Themenkomplex, der sich mit der der Frage der Vererblichkeit

9 Z. B. *Kutscher*, Der digitale Nachlass; *Uhrenbacher*, Digitales Testament und digitaler Nachlass; *Thiesen*, Daten der Erbmasse: der digitale Nachlass zwischen Erbgang und Rechtsdurchsetzung; *Herzog/Pruns*, Der digitale Nachlass; *Seider*, Digitaler Nachlass; *Fußeder*, Soziale Netzwerke im Nachlass. Woher der Begriff »Digitaler Nachlass« ursprünglich stammt, wird nicht einheitlich beurteilt. Nach *Seidler* wird er bei *Dopatka* NJW-aktuell 49/2010, S. 14 erstmals verwendet, *Seidler*, S. 14. *Budzikiewicz* hat demgegenüber frühere Fundstellen ausgemacht: *Evsan*, Digitaler Nachlass – was passiert mit meinen Daten, vom 12.8.2008, abrufbar unter www.ibrahimevsan.de/2008/08/12/digitaler-nachlass/, zuletzt aufgerufen am 01.07.2020; *Neumann*, Digitaler Nachlass – Was nach dem Tod mit dem Facebook-Profil passiert, Spiegel-Online vom 17.3.2009, *Budzikiewicz*, AcP 218 (2018), 558, 560.

10 *Leeb*, K&R 2014, 693; *Pockrandt*, S. 19.

11 *Wunderlin/Bielajew*, IPRB 2014, 223, 224.

einzelner Rechtspositionen oder aller einem Erblasser zustehenden *digitalen* Rechtspositionen behandelt. Von der reinen Begrifflichkeit ausgehend handelt es sich beim *digitalen Nachlass* um den Nachlass einer Person, der nicht analog, sondern digital ist, d.h. maschinenlesbar codierte Informationen enthält.[12] Dass es sich um eine dem Erbrecht entlehnte Begrifflichkeit handelt, zeigt bereits der Ausdruck *Nachlass*. Problematisch an der Begrifflichkeit des digitalen Nachlasses ist, dass im Erbrecht des BGB nicht trennscharf bzw. einheitlich zwischen den Begriffen Erbschaft, Vermögen und Nachlass unterschieden wird.[13] Der Begriff Nachlass insinuiert jedoch schon, dass alle *digitalen Hinterlassenschaften des Erblassers*, die sich eigentlich erst als Gegenstand einer Arbeitshypothese hinter dem Begriff verbergen, schon als vererbbar gelten müssten, da sie als *Nachlass* denknotwendig zum Vermögen im Sinne des § 1922 Abs. 1 BGB gehören bzw. zum Zeitpunkt des Erbfalls bereits vererbbar gewesen sein müssten. Ausgehend von der Begrifflichkeit dürfte sich die Diskussion um die Vererblichkeit digitaler Rechtsbeziehungen und Rechtspositionen einer Person daher gar nicht mehr stellen. Es darf erst von einem *digitalem Nachlass* gesprochen werden, wenn eine Untersuchung ergeben hat, dass eine bestimmte digitale Hinterlassenschaft des Erblassers tatsächlich vererbbar ist.

Gegen diese Kritik wird angeführt, der Begriff des *Nachlasses* sei in diesem Zusammenhang nicht im rechtstechnischen Sinne zu verstehen, da er, im Zusammenhang mit dem Zusatz *digital*, als Neologismus nur beschreibenden Charakter habe.[14] Dieser Einwand ist zutreffend. Dennoch ist der Begriff im Sinne eines präzisen Sprachgebrauchs zu vermeiden, da keine Wissenschaft das Ergebnis ihrer Forschung vorher festlegen darf und dies sprachlich auch nicht implizieren sollte.

---

12 *Bock*, AcP 217 (2017), 370, 372; *Alexander*, K&R 2016, 301, 302.

13 *Leipold*, in: MüKoBGB, BGB § 1922 Rn. 18.

14 *Budzikiewicz*, AcP, 218 (2018), 558, 560.

II. Definitionen des *digitalen Nachlasses*

1. Die Definition des deutschen Anwaltvereins (DAV)

Der Deutsche Anwaltverein (DAV)[15] definiert den sog. digitalen Nachlass als »die Gesamtheit des digitalen Vermögens, also Urheberrechte, Rechte an Websites, Domains sowie sämtliche Vertragsbeziehungen zwischen Providern und dem Erblasser hinsichtlich der Nutzung des Internets selbst, aber auch hinsichtlich diverser Internetangebote (...) und erfasst damit die Gesamtheit aller Accounts und Daten des Erblassers im Internet.«[16] Diesem Definitionsansatz haben sich Teile des Schrifttums angeschlossen;[17] er ist aber auch auf Kritik gestoßen, da er einerseits unpräzise sei und zudem lokal gespeicherte Daten nicht umfasse.[18] Darüber hinaus sei die Bezeichnung des digitalen Vermögens als Definition für den digitalen Nachlass tautologisch, da Nachlass und Vermögen im Sinne von § 1922 Abs. 1 BGB synonym seien.[19] Rechtsfolgen ließen sich aus diesem Ansatz ebenso nicht ableiten.

2. Digitaler Nachlass als Gesamtheit der Rechtsverhältnisse betreffend informationstechnische Systeme (IT-Systeme)

Nach einer verbreiteten Ansicht im Schrifttum umfasst der digitale Nachlass sämtliche Rechtsverhältnisse des Erblassers betreffend *informationstechnische Systeme*, einschließlich des gesamten elektronischen Datenbestandes.[20] Erstmals wurde der Begriff der informationstech-

15 *Bräutigam*, in: Stellungnahme DAV, S. 93.
16 *Bräutigam*, in: Stellungnahme DAV, S. 93.
17 Klas/Möhrke-Sobolewski, NJW 2015, 3473, die die Begriffsbestimmung noch um das Merkmal der informationstechnischen Systeme erweitern wollen; Kutscher, S. 18; Herzog, NJW 2013, 3745; Ludyga, jM 2016, 442, 443; Ludyga, ZEV 2018, 1.
18 *Deusch*, ZEV 2014, 2.
19 *Deusch*, ZEV 2014, 2.
20 *Deusch*, ZEV 2014, 2; *Raude*, ZEV 2017, 433, 434; *Steiner/Holzer* ZEV, 2015, 262; *Lange/Holtwiesche*, ZErb 2016, 125; *Bock*, AcP 217 (2017), 370, 372.

nischen Systeme vom Bundesverfassungsgericht in einem Urteil verwendet, bei dessen zugrundeliegendem Sachverhalt das Gericht über die Nichtigkeit von Vorschriften zur Online-Durchsuchung im Verfassungsschutzgesetz NRW zu entscheiden hatte.[21]

Eine Definition oder Exemplifikation der *informationstechnischen Systeme* existiert bisher nicht; auch das Bundesverfassungsgericht bezieht hierzu nicht Stellung. In der Entscheidung wird lediglich festgestellt, dass das allgemeine Persönlichkeitsrecht aus Art. 2 Abs. 1 i. V. m. Art. 1 Abs. 1 GG das Grundrecht auf Gewährleistung der Vertraulichkeit und Integrität informationstechnischer Systeme umfasst.[22] Nach *Bäcker* ist der Begriff des informationstechnischen Systems bewusst offen formuliert, da ein solcher offener Begriff gerade in einem Bereich unvermeidlich sei, der sich so schnell entwickele wie die Informationstechnik.[23] Er umfasse jedenfalls jedes elektronische System, mit dem Informationen verarbeitet[24] werden.[25]

Versucht man einen heterogenen Begriff wie den des digitalen Nachlasses mit einem anderen, bewusst weit gefassten Begriff zu definieren oder zumindest zu veranschaulichen, gerät man schnell in einen Teufelskreis und hat letztlich nichts gewonnen. Der Begriff der informationstechnischen Systeme ist für sich genommen schon ausdruckslos; er kann das Problem mangels abstrakter Merkmale nicht akzentuieren.

---

21 BVerfG, NJW 2008, 822; krit. zum Grundrecht auf Integrität und Vertraulichkeit informationstechnischer Systeme, *Hoeren,* MMR 2008, 365, 366; *Eifert,* NVwZ 2008, 521.

22 BVerfG, NJW 2008, 822, 827.

23 *Hornung*, CR 2008, 299, 302.

24 Der Begriff der »Verarbeitung« meint hier jeden Umgang mit Daten und geht damit weiter als der Begriff im BDSG, siehe *Hornung*, CR 2008, 299, 302 Fn. 20.

25 *Bäcker*, in: Rensen/Brink, Linien der Rechtsprechung des Bundesverfassungsgerichts, S. 99, 126.

3. Inhalt des digitalen Nachlasses

Zu den digitalen Hinterlassenschaften gehören bspw. E-Mails, also *empfangene E-Mails* von Dritten sowie *versendete* E-Mails, wie sie als Datenpakete auf einem Datenträger gespeichert sind. Hiervon zu trennen ist der Anspruch auf *Zugang* zum Account selbst, welcher schuldrechtlicher Natur ist. Er ergibt sich unmittelbar aus dem Nutzungsvertrag zwischen Nutzer und Diensteanbieter.[26] Ähnliches gilt für soziale Netzwerke wie Facebook. Der Zugang geschieht in beiden Fällen typischerweise mittels eines Benutzernamens und eines dazugehörigen Passworts. Weiterhin können unter digitale Hinterlassenschaften Texte, Fotos und Videos gefasst werden, die auf lokalen Datenträgern gespeichert sind, die im Eigentum ihrer *Inhaber* stehen. Auch umfasst sind Websites und Domains, bzw. die Vertragsverhältnisse mit der DENIC.

III. Stellungnahme

Die vorgestellten Bemühungen, den digitalen Nachlass sinnvoll zu definieren, sind gescheitert. Es fehlen die für eine Definition erforderlichen abstrakten Merkmale. Dies liegt im Wesentlichen daran, dass es sich um eine heterogene Materie handelt, für die sich keine einheitlichen Begriffsbestimmungen zeichnen lässt. Im Kern der Sache haben aber alle Definitionsansätze die gleichen Vorstellungen über den abstrakten Gehalt des sog. digitalen Nachlasses.[27] Tatsächlich ist es aber müßig und auch in keiner Weise notwendig, der Materie eine weitere Definition bzw. Umschreibung hinzuzufügen; auch aus einer abstrakten Umschreibung könnten keine Rechtsfolgen abgeleitet werden.[28]

26 *Schwartmann/Ohr* nennen dieses Verhältnis bei sozialen Netzwerken Social Media-Vertrag, S. 14.

27 Vgl. die ausführliche Aufzählung verschiedenartiger digitaler Hinterlassenschaften bei *Kunz*, in: Staudinger, BGB § 1922 Rn. 595.

28 *Budzikiewicz*, AcP 218 (2018), 558, 561.

Um den angesprochenen Missverständnissen vorzubeugen, wird in dieser Arbeit auf den Begriff *digitaler Nachlass* verzichtet, weil er tatsächlich begrifflich die Frage nach der Vererblichkeit bereits positiv beantwortet.[29] Es wird stattdessen von *digitalen Hinterlassenschaften*[30] gesprochen, da es sich hierbei um einen von vornherein erbrechtlich wertungsfreien und neutralen Begriff handelt. Wenn die Thematik unter einer prägnanten und leicht verständlichen Arbeitshypothese zusammengefasst werden soll, dann ist dementsprechend nach der Vererblichkeit von *digitalen Hinterlassenschaften* zu fragen, wobei auch hier zu beachten ist, dass digitale Hinterlassenschaften (erb)-rechtlich nicht einheitlich behandelt werden, sondern in Hinblick auf ihre rechtliche Qualifizierung in hohem Maße unterschiedlich sein können. Diesem Aspekt wird der Begriff der Hinterlassenschaften vollumfänglich gerecht. Das gleiche gilt für die Begriffe der *digitalen Inhalte und digitalen* Dienstleistungen, die der Richtlinie (EU) 2019/770 entlehnt sind. Sie sind (erbrechtlich) ebenso wertungsoffen.

Aufgrund des Gesagten ist bereits zu erwarten, dass für die sich hinter dem Begriff verbergende heterogene Problematik nicht in jeder Hinsicht ein einheitlicher rechtlicher Maßstab angelegt werden kann. Wenn schon das Auffinden einer allgemeingültigen Definition derartige Schwierigkeiten bereitet, ist evident, dass für die rechtliche Beurteilung ebenso völlig unterschiedliche Maßstabe gelten. Jede der in Frage stehenden Rechtspositionen hat ihre eigenen Charakteristika, deren schuldrechtlichen und erbrechtlichen Überprüfung völlig unterschiedliche Problemfelder zugrunde liegen können.

29 Vgl. *Seidler*, S. 15.

30 Dieser Begriff wird z. B. von *Willems* verwendet, vgl. *Willems*, ZfPW 2016, 494.

B. Gegenstand der Untersuchung

Da sich die verschiedenen Erscheinungsformen digitaler Hinterlassenschaften teilweise gleichen, aber auch unterscheiden, sind vorab einige Differenzierungen angezeigt. Zunächst sind die hier behandelten verschiedenen Erscheinungsformen der digitalen Hinterlassenschaften zu gliedern und zu sortieren, um dann in Hinblick auf ihre Eigenschaften, soweit möglich, einen rechtlich und technisch kohärenten Horizont herzustellen. Hieraus wird der Gegenstand der Untersuchung gebildet.

Dabei soll im Besonderen die bisher vernachlässigte Frage beantwortet werden, auf welche Bestandteile der digitalen Hinterlassenschaften sich das Begehr der Erben nach dem Tod des Nutzers aus praktischer Sicht überhaupt beziehen *kann*. Gegenstand einer vornehmlich erbrechtlichen Untersuchung können nur solche Rechtspositionen sein, die zu Lebzeiten bereits dem Erblasser zugestanden haben. Es ist für die Untersuchung nicht sinnvoll, die Vererblichkeit einer Rechtsposition zur Diskussion zu stellen, die nach geltendem Recht schon nicht auf Seiten des Erblassers existiert, denn diese kann denklogisch nicht vererblich sein. Da es sich bei E-Mails, Fotos und Videos als solchen im Wesentlichen um sog. binäre Codes handelt, existiert de lege lata beispielsweise kein Eigentumsrecht an diesen Daten. Gleichwohl gibt es in der Literatur bereits Ansätze, ein Dateneigentumsrecht zu erschaffen bzw. solche, die sich mit der Eigentumsfähigkeit von Daten auseinandersetzen.[31] Auch gibt es nach geltendem Recht keinen sonstigen (sachenrechtlichen) Anspruch auf Herausgabe von Daten.[32] Daher wird ein solcher auch nicht Gegenstand dieser Untersuchung sein können. Schon hier sei angemerkt, dass der

31 Vgl. dazu *Hoeren*, MMR 2019, 5; *Sendlmeier*, GPR 2020, 111 m.W. L.; *Riehm*, VersR 2019, 714.

32 *Mackenrodt*, EuCML 2018, 40, 42.

Schwerpunkt der Untersuchung in der Frage nach der Vererblichkeit von Schuldverhältnissen liegt.[33]

I. Die Einordnung verschiedener Rechtspositionen mit digitalem Bezug: Gegenstand der Untersuchung aus tatsächlicher Sicht

Die folgende Prüfung wird die oben angesprochene These aufgreifen, digitale Hinterlassenschaften seien in ihrer Erscheinungsform erheblich heterogen.

1. Einschränkung: Keine Behandlung von lokal gespeicherten Daten und Informationen

Um ein entbehrliches Ausufern des behandelten Stoffes zu vermeiden, bleiben Daten, die etwa auf einem Computer, Smartphone oder Server des Erblassers *lokal* gespeichert sind, außer Betracht. Bei dieser Erscheinungsform der digitalen Hinterlassenschaften ist anerkannt, dass das Eigentum an der Hardware als *Vermögen* des Erblassers nach § 1922 Abs. 1 BGB vererblich ist.[34] Es wird darüber hinaus auch von keiner Seite behauptet, dass es auf eine Verkörperung der Inhalte für die Vererblichkeit ankomme.[35] Die sich auf diesen Datenträgern befindlichen Daten *folgen* gewissermaßen *dem Recht an dem Datenträger* und gehen mit dem Sacheigentum nach § 1922 Abs. 1 BGB als Einheit auf die Erben über.[36] Die behandelten Spezifika der auf

33 Einen ähnlichen Ansatz verfolgt bereits *Sorge*, MMR 2018, 372.

34 *Deusch*, ZEV 2014, 2, 6; *Lange/Holtwiesche*, ZErb 2016, 125, 126; *Budzikiewicz*, AcP 218 (2018), 558, 567, 573; *Bock*, AcP 217 (2017), 370, 382; *Biermann*, ZErb 2017, 210, 213; *Herzog*, in: Stellungnahme DAV, S. 48; *Kunz*, in: Staudinger, BGB § 1922 Rn. 607 ff.; *Pockhardt*, S. 146.

35 So treffend *Litzenburger*, FD-ErbR 2017, 392155.

36 *Hoeren*, NJW 2005, 2113, 2114; *Bräutigam*, in: Burandt/Rojahn, Anh. zu § 1922

fremden Servern gespeicherten Inhalte,[37] etwa die Frage nach der Unvererblichkeit wegen einer behaupteten Höchstpersönlichkeit der Rechtspositionen, kommen hier prima facie nicht zum Tragen, weil sich die Inhalte bereits verkörpert in Form des Sacheigentums im Zuweisungsgehalt des Erblassers befinden. Insoweit kann auf den in der Literatur vielfach gezogenen Vergleich zu Tagebüchern und Briefen verwiesen werden, deren Zugehörigkeit zur Erbmasse sich aus einem Rückschluss aus § 2047 Abs. 2 und § 2373 S. 2 BGB ergeben kann.[38] Soweit für diese *lokal gespeicherten Daten* erbrechtsbeschränkende Normen in Betracht kommen,[39] sind sie ohnehin Gegenstand der Untersuchung.[40]

Von Bedeutung können auch Konstellationen sein, in denen Daten ausschließlich *lokal* auf Rechnern gespeichert sind, die aber nicht im Eigentum des Erblassers stehen: Dies ist etwa bei Arbeitsverhältnissen der Fall, bei denen der Erblasser im Besitz eines Dienstrechners war. Es ist davon auszugehen, dass Dienstrechner oft (auch) zu privaten Zwecken genutzt werden und sich die privaten Daten, die von Interesse für die Erben sind, auf dem gleichen Speichermedium befin-

---

Rn. 7; *Gomille*, ZUM 2018, 660, 661; *Ludyga*, jM 2016, 442, 443; Bericht der Arbeitsgruppe »Digitaler Neustart« der Konferenz der Justizministerinnen und Justizminister der Länder, abrufbar unter https://jm.rlp.de/fileadmin/mjv/Jumiko/Fruehjahrskonferenz_neu/Bericht_der_AG_Digitaler_Neustart_vom_15._Mai_2017.pdf, (im Folgenden: Bericht der Arbeitsgruppe Digitaler Neustart), S. 342.

37 *Herzog*, NJW 2013, 3745, 3749; *Steiner/Holzer*, ZEV 2015, 262, 263; *Lange/Holtwiesche*, ZErb 2016, 125, 126.

38 BGH, NJW 2018, 3178, 3182 Rn. 49; *Herzog*, in: NK-Nachfolgerecht, Kap. 9 Rn. 40; *Herzog*, ZErb 2017, 205, 206 f.; *Litzenburger*, FD-ErbR 2017, 392155; Steiner/Holzer, ZEV 2015, 262, 263; *Apel*, ZD 2018, 486, 487.

39 Vgl. etwa zur Beschlagnahmung eines Mobiltelefons als Eingriff in den Schutzbereich von Art. 10 GG, BVerfG, NJW 2005, 1637.

40 Im Schrifttum wird im Wesentlichen davon ausgegangen, dass diese Rechtsfolge unabhängig von der Sensibilität der Daten eintritt, vgl. nur *Budzikiewicz*, AcP 218 (2018), 558, 567, 573. Dem ist grundsätzlich zuzustimmen, da der Schutzbereich für Daten, die auf dem Endgerät des Telekommunikationsteilnehmers gespeichert sind, nicht eröffnet ist, siehe hierzu nur *Mayen*, in: Scheurle/Mayen, TKG, § 88 Rn. 43.

den wie (sensible) Unternehmensdaten. Um eine detaillierte, rechtliche Würdigung hier nicht schon vorweg zu nehmen, wird erst im Laufe der Bearbeitung auf diese besondere Konstellation zurückzukommen sein.

2. E-Mails und E-Mail-Accounts

Zu den digitalen Hinterlassenschaften eines Verstorbenen können dessen E-Mails und die E-Mail Accounts gehören. Bei E-Mails sind zwei Ebenen voneinander zu unterscheiden: Auf der ersten Ebene ist festzustellen, dass jeder Nutzer von E-Mail-Kommunikation einen E-Mail-Account benötigt, den er durch Abschluss eines Nutzungsvertrages mit dem Provider bzw. Diensteanbieter erhält. Auf der zweiten Ebene ist dann zu untersuchen, auf welche (technische) Weise der Nutzer seine E-Mails verwaltet. Dies ist deshalb relevant, weil sich die E-Mails als Kommunikationsdaten je nach technischer Begebenheit nach dem Abrufen durch den Erblasser nicht mehr auf dem Server des Diensteanbieters befinden, sodass eine (vertragliche) Inanspruchnahme der Diensteanbieter von Vornherein aussichtslos wäre.

Unabhängig von der rechtlichen Typisierung des Nutzungsvertrages wird der *Account* als Benutzerkonto definiert, das einen Rahmen für die Zugangsrechte in ein zugangsbeschränktes IT-System bildet.[41] Durch das Accountverhältnis bzw. Nutzungsverhältnis stehen Nutzer und Diensteanbieter in einem relativen Schuldverhältnis zueinander.[42] Die folgenden Ausführungen werden zeigen, dass es zunächst von der technischen Funktionsweise abhängt, ob die Diensteanbieter überhaupt in Anspruch genommen werden können.

41 *Bock*, AcP 217 (2017), 370, 376.

42 *Gräber*, S. 113; *Kutscher*, S. 44 f.; *Seidler*, S. 72 ff.

a. Differenzierung zwischen Web-Mail und Client- Software

Werden E-Mails über die Einbindung in eine Client-Software wie *Mail* von Apple, *Microsoft Outlook* oder *Mozilla Thunderbird* (bspw. über POP3 oder IMAP) empfangen, werden sie oft sofort lokal auf dem Gerät des Nutzers gespeichert, sobald durch dieses Endgerät auf den Server des Diensteanbieters zugegriffen wird, auf welchem die E-Mails gespeichert sind. Dies geschieht in der Regel sofort, wenn das Endgerät eine Verbindung zum offenen Internet herstellt. Dann kann das für *lokal gespeicherte Daten* Gesagte ebenso gelten. Nichts anderes gilt auch, wenn der Erblasser die E-Mails über einen Server hostet, der in seinem Eigentum steht. Denn dann befinden sich die E-Mails zwingend auf in seinem Eigentum stehender Hardware.

Verwaltet der Benutzer seine E-Mails nur über eine Web-Oberfläche, nennt man diesen Dienst *Webmail.*[43] Hier greift der Nutzer über einen Webbrowser auf seine E-Mails zu, die in der Regel ausschließlich auf den Servern des E-Mail-Diensteanbieters oder Dritter gespeichert sind; in diesen Fällen steht der Erblasser regelmäßig nicht im Eigentum der Hardware, auf der die E-Mails gespeichert sind, sodass sie nur über eine vertragliche Inanspruchnahme des Diensteanbieters an die E-Mails gelangen können.

b. Technische Funktionsweise

Wie der Informationsaustausch zwischen den Nutzern bei den verschiedenen E-Mail-Diensteanbietern stattfindet, kann nicht einheitlich beantwortet werden. Bei den meisten E-Mail-Diensten erfolgt der Zugriff auf das Posteingangsfach über die Protokolle POP3 oder IMAP.[44] POP3 und IMAP unterscheiden sich dadurch, dass bei ersterem die E-Mails vom E-Mail-Server auf das Endgerät des Nutzers *verschoben* werden mit der Konsequenz, dass sie von den Servern des Diensteanbieters entfernt werden, wenn auf sie zugegriffen wird; bei IMAP verbleiben die E-Mails auf dem Server, weshalb auf sie von

43 Ausführlich zur technischen funktionsweise, *Schuster*, CR 2016, 173, 175 ff.

44 Vgl. z. B. Googlemail, Yahoo!-Mail und Hotmail.

jedem Endgerät zugegriffen werden kann, auch wenn sie bereits gelesen wurden. Zum Senden und Weiterleiten der E-Mails wird zumeist das Protokoll SMTP verwendet, wobei die ausgehenden E-Mails auf dem Server des Anbieters gespeichert bleiben.

Unabhängig vom verwendeten Protokoll[45] ereignet sich die informationstechnische Dienstleistung der E-Mail-Dienste folgendermaßen: Durch das Absenden der verfassten E-Mail in der Clientsoftware oder Webbrowser werden »die E-Mails« über das Telekommunikationsnetz eines Netzbetreibers (Providers) auf den Mailserver des E-Mail-Diensteanbieters (Ausgangsserver) transportiert. Dort werden sie in dessen Rechenzentrum *verarbeitet*, namentlich wird die Eingangsadresse des Empfängers überprüft und die E-Mail in Datenpakete zerlegt.[46] Vom Ausgangsserver gelangt die E-Mail wieder über ein Telekommunikationsnetz in das offene Internet (§ 3 Nr. 27 TKG) und wird nach dem sog. Best-Effort-Prinzip bis zum Mailserver des E-Mail-Providers des Empfängers weiterübertragen.[47] Dort wird sie wiederum verarbeitet und zum Abruf durch ein Endgerät des Empfängers bereitgehalten.[48] Die Datenpakete werden dementsprechend am Punkt des ersten Netzanschlusses[49] (z. B. einem DSL-Modem oder einem Router, sog. *Telekommunikationsanlage*, § 3 Nr. 22 TKG) durch den Netzbetreiber, z. B. Vodafone oder die Telekom, ausgesendet und empfangen.[50] Bereits hier am Punkt der Netzwerkterminierung endet der technische Herrschaftsbereich bzw. die Funktionsherrschaft des E-Mail-Anbieters über die Datenpakete; sie werden von dort ins offene Internet entlassen.[51] Der E-Mail-Diensteanbieter hat keinen Einfluss darauf, welche Netze ein Datenpaket passiert.[52] Insgesamt findet

45 So schon *Schuster*, CR 2016, 173, 176.
46 *Schubert*, MMR 2018, 554, 555.
47 *Schuster*, CR 2016, 173, 177; *Schubert*, MMR 2018, 554, 555.
48 *Schuster*, CR 2016, 173, 177.
49 Dieser wird auch als Punkt der Netzwerkterminierung bzw. Leistungsübergabepunkt bezeichnet, vgl. *Schuster*, CR 2016, 173, 176.
50 *Schubert*, MMR 2018, 554, 555.
51 *Schuster*, CR 2016, 173, 176.
52 *Schubert*, MMR 2018, 554, 555.

einerseits eine E-Mail-*Verarbeitung* im Rechenzentrum des E-Mail-Diensteanbieters sowie eine E-Mail-*Übertragung* auf dem Telekommunikationsnetz andererseits statt.[53] E-Mail-Dienste verwenden in der Regel die Client-Server-Architektur.[54]

c. Bedeutung für die rechtliche Einordnung von E-Mails

Beim Empfangen und Versenden von E-Mails handelt es sich um einen technischen Kommunikationsvorgang. Bei E-Mails handelt es sich um ausgetauschte, nicht öffentliche Informationen, sog. *Inhaltsdaten*.[55] Das dem E-Mail-Verkehr zugrunde liegende Nutzungsverhältnis zwischen Diensteanbieter und Nutzer kann als Schuldverhältnis Gegenstand des Erbrechts sein. Für die Erben kommt es in tatsächlicher Hinsicht darauf an, welches Protokoll der Nutzer und Erblasser verwendet: Verwendet der E-Mail-Dienste-Anbieter bzw. der Nutzer das Protokoll POP, befinden sich die E-Mails nicht mehr auf dem Server des Anbieters, wenn sie durch das Endgerät des Nutzers abgerufen wurden. Sie werden nur lokal auf der Hardware des Nutzers gespeichert.[56] Hier müssen sich die Erben bemühen, das Endgerät zu erhalten, auf dem die Inhalte gespeichert sind. Möchten die Erben also Kenntnis über die E-Mails erlangen, ist eine Inanspruchnahme des Diensteanbieters eher von untergeordneter Bedeutung. Wird das Protokoll IMAP verwendet, ist die Inanspruchnahme des Diensteanbieters demgegenüber sinnvoll, da die Datenpakete unter anderem noch auf den Servern des Diensteanbieters gespeichert sind, soweit der Nutzer sie nicht vor seinem Tod von diesen entfernt hat.

53 *Schuster*, CR 2016, 173, 177.
54 *Grünwald/Nüßing*, MMR 2016, 91, 92; *Schneider*, ZD 2014, 231, 232 f.
55 *Mayen*, in: Scheurle/Mayen, TKG, § 88 Rn. 35.
56 Vgl. *Pockhardt*, S. 147 f.

3. Soziale Netzwerke

Im Fokus der deutschen Rechtswissenschaft[57] und auch der Alltagsmedien[58] standen zuletzt vor allem soziale Netzwerke. Gemäß § 1 Abs. 1 S. 1 NetzDG sind soziale Netzwerke *Telemediendiensteanbieter, die mit Gewinnerzielungsabsicht Plattformen im Internet betreiben, die dazu bestimmt sind, dass Nutzer beliebige Inhalte mit anderen Nutzern teilen oder der Öffentlichkeit zugänglich machen*. Wie auch bei E-Mails schließt der Nutzer mit dem Diensteanbieter ein Vertragsverhältnis ab, durch welches ein Account für den Nutzer angelegt wird. Die vom Nutzer hochgeladenen Inhalte werden regelmäßig auf den Servern des Betreibers des sozialen Netzwerkes gespeichert. Besonderheiten ergeben sich beispielsweise beim Diensteanbieter *Facebook*, bei dessen Diensten wie folgt zu differenzieren ist: Im Kern betreibt die Facebook das gleichlautende soziale Netzwerk: Hier kann der Nutzer Fotos, Videos oder Links mit anderen Nutzern teilen. Auf der anderen Seite bietet Facebook den Instant-Messaging-Dienst *Facebook Messenger* an, der in seiner technischen Betrachtung vom eigentlichen sozialen Netzwerk zu trennen ist. Dort haben die Nutzer die Möglichkeit, mit anderen Nutzern des Dienstes zu kommunizieren. Die Inhalte des sozialen Netzwerks sowie des Messagingdienstes werden auf den Servern von Facebook gespeichert. Inhalte in sozialen Netzwerken, die über die Kommunikationsinhalte zwischen den Nutzern hinausgehen, sind in jedem Fall auf den Servern der Anbieter gespeichert. Auch hier kommen Ansprüche gegen den Betreiber des Netzwerkes in Betracht.

---

57 Vgl. bspw. BGH, NZFam 2018, 800; *Preuß*, NJW 2018, 3146.

58 *Conraths*, Tagesschau.de vom 31.5.2017, abrufbar unter: https://www.tagesschau.de/wirtschaft/facebook-konto-vererben-101.html; Spiegel-Online vom 20.6.2018, abrufbar unter: https://www.spiegel.de/netzwelt/netzpolitik/digitales-erbe-duerfen-erben-auf-das-facebook-konto-verstorbener-zugreifen-a-1213985.html; faz.net vom 12.7.2018, abrufbar unter: https://www.faz.net/aktuell/gesellschaft/menschen/bgh-urteil-eltern-erhalten-zugriff-auf-facebook-konto-von-toter-tochter-15687648.html.

4. Instant Messenger (IM-Dienste)

Im Zusammenhang der verschiedenen digitalen Hinterlassenschaften wurden die Inhalte von Instant Messengern bisher eher kursorisch behandelt und von vorangegangenen Untersuchungen kaum in den Blick genommen; und das, obwohl in Deutschlands bekanntestem Fall[59] zum sog. digitalen Nachlass die Nachrichten, die von der Verstorbenen bei Facebook geschrieben wurden, im Kerninteresse der Erben standen. Bei dem oben kurz angesprochenen *Facebook Messenger* handelt es sich um einen IM-Dienst, der in die Web-Chat-Funktion integriert ist oder als Applikation über iOS und Android genutzt werden kann. Technisch basiert der Facebook Messenger auf dem offenen Nachrichtenprotokoll MQTT[60], das für Machine-to-Machine (M2M) Kommunikation genutzt wird. Die Kommunikation erfolgt über das Client-Server-Modell.[61] Die Nutzer sind dabei mit ihrem Endgerät (Computer oder Mobiltelefon) über ein Kommunikationsnetz (WLAN oder Mobilfunk) über ihre Facebook-Identifikation als Clients mit einem Facebook-Kommunikations-Server verbunden. Wird von einem Nutzer eine Nachricht versendet, gelangt diese auf den Facebook-Kommunikations-Server, wird dort im Datenspeicher abgelegt und durch das Programm vom Kommunikationsempfänger abrufbar gemacht.[62]

Nur im Prinzip funktioniert auf diese Weise auch der IM-Dienst WhatsApp. Dieser Dienst, der im Jahr 2017 über eine Milliarde aktive Nutzer pro Tag hatte und über welchen zu diesem Zeitpunkt 55 Milliarden Nachrichten pro Tag versendet wurden,[63] wird im Wesent-

59 Vgl. BGH, ZD 2018, 477.

60 https://www.facebook.com/notes/facebook-engineering/building-facebook-messenger/10150259350998920, zuletzt aufgerufen am 01.07.2020.

61 Siehe zur technischen Funktionsweise die sehr anschauliche Abbildung bei *Grünwald/Nüßing,* MMR 2016, 91, 92.

62 *Grünwald/Nüßing,* MMR 2016, 91, 92.

63 https://blog.whatsapp.com/10000631/Wir-verbinden-jeden-Tag-eine-Milliarde-Benutzer?, zuletzt aufgerufen am 01.07.2020.

lichen über mobile Endgeräte genutzt. Seitdem es WhatsApp gibt, fristen SMS nur noch ein Schattendasein bei der täglichen Kommunikation. Seit 2015 gibt es mit *WhatsApp Web* eine browsergestützte Variante, die aber über die Verbindung mit dem Mobiltelefon arbeitet. Technisch nutzt WhatsApp das Nachrichtenprotokoll XMPP, früher Jabber, wobei wie bei *Facebook Messenger* die Kommunikation über ein Client-Server-Modell erfolgt.[64] Der Unterschied zum Facebook-Messenger besteht darin, dass die Kommunikationsinhalte nach eigenen Angaben direkt von den Servern gelöscht werden, wenn sie auf dem Endgerät des Empfängers eingetroffen sind.[65] Um an Nachrichteninhalte zu gelangen, ist eine Inanspruchnahme des Diensteanbieters damit nicht sinnvoll. Darüber hinaus gibt es auch softwarebasierte Messenger, bei denen die Nachrichten nicht über die Verwendung einer anbietereigenen Infrastruktur übermittelt werden. Die Kommunikationsinhalte werden nur lokal auf den Endgeräten der Nutzer gespeichert und nicht auf den Servern des Anbieters.[66] U. a. Skype gehört zu diesem Typ der Messenger-Dienste. Im Gegensatz dazu sind die Nachrichten, die über den Facebook Messenger geschrieben werden, auf den Servern von Facebook dauerhaft gespeichert, bis der Nutzer sie selbst löscht. Dabei bleiben sie jedoch in jedem Falle für den Kommunikationspartner weiterhin sichtbar, was darauf hindeutet, dass diese Kommunikationsinhalte selbst nach deren Löschung durch den Nutzer auf den Facebook-Servern verbleiben. Die Kommunikationsinhalte der hier untersuchten, serverbasierten IM-Dienste werden mittels Messenger-Programm versendet und auf der anbietereigenen Infrastruktur (Server) gespeichert und dann an den Empfänger weitergeleitet.[67]

64 *Schneider*, ZD 2014, 231, 232.

65 https://www.whatsapp.com/legal/#privacy-policy-information-we-collect, zuletzt aufgerufen am 01.07.2020.

66 *Schneider*, ZD 2014, 231, 232 f.

67 *Schneider*, ZD 2014, 231, 232.

5. Cloud- und Synchronisierungsdienste

Von erheblichem Interesse für die Erben können auch sogenannte Cloud-Dienste sein.[68] Hier speichert der Nutzer Fotos, Videos, Dokumente etc. auf den Servern des Anbieters, um von überall mit einer Verbindung mittels eines Kommunikationsnetzes auf sie zugreifen zu können. Der Zugang erfolgt mittels Kennnamen und Passwort. Die bekanntesten Cloud-Dienste sind Apples *iCloud*, Microsofts *OneDrive* und *Dropbox*. Die Inhalte sind ausschließlich auf den Servern der Anbieter gespeichert, auf welche der Nutzer von Überall zugreifen kann. Mit Verweis auf das Urteil des BGH zur Vererblichkeit eines Facebook-Accounts hat das LG Münster entschieden, dass die Erben ein Recht auf Zugang zum iCloud-Account des Erblassers haben.[69]

6. Zusammenfassung: Gemeinsamkeiten und (Unterscheidungs-)Merkmale

Diese Arbeit befasst sich im Wesentlichen mit sog. OTT-Diensten (Over-the-top). Diese Dienste zeichnen sich dadurch aus, dass sie ihr Angebot unabhängig vom Internetzugangsanbieter des Nutzers über das offene Internet erbringen.[70] Diese Arbeit hebt zwei isolierte Komponenten hervor: Es wurde die vielschichtige Materie der digitalen Hinterlassenschaften gegliedert und exemplifiziert, welche digitalen Inhalte Gegenstand der Untersuchung sind. Es hat sich erwiesen, dass es teilweise aus tatsächlichen Gründen nicht möglich ist, die Diensteanbieter in Anspruch zu nehmen. Sind die Daten ausschließlich auf einem im Eigentum des Erblassers stehenden Speichermedium gespeichert, sind ihm auch die darauf gespeicherten Daten prak-

68 Instruktiv zu Cloud-Diensten s. *Schuster/Reichl*, CR 2010, 38 ff.; *Kremer/Völkl*, CR 2015, 501.

69 LG Münster, Urt. v. 16.04.2019, Az. 014 O 565/18 – zit. nach juris.

70 *Schubert*, MMR 2018, 554, 555.

tisch zugewiesen. Sie folgen im Erbfall dem dinglichen Sacheigentum. Dies gilt sowohl für Fotos, Textdokumente oder Videos etc. als auch für E-Mails, die über die eigenen Server des Erblassers gehostet werden. Hier müssen sich die Erben um die Herausgabe der Speichermedien bemühen; eine Inanspruchnahme der Diensteanbieter ist jedoch praktisch nicht möglich. Das gleiche gilt für E-Mail-Dienste-Anbieter, die das Protokoll POP verwenden, und WhatsApp. Dort werden die E-Mails respektive Nachrichten nicht (mehr) auf dem Server des Anbieters gespeichert, wenn sie durch das Endgerät des Nutzers abgerufen wurden.

Bei ausschließlich fremdgespeicherten Inhalten kommt das Speichermedium mangels Eigentum des Erblassers als Anspruchsgegenstand nicht in Frage.[71] Ein Anspruch der Erben gegen die Diensteanbieter, die die Inhalte der Nutzer auf ihren Servern dauerhaft speichern, kommt dennoch grundsätzlich in Betracht, wenn derartige Ansprüche bereits dem Erblasser zugestanden haben. Bei vielen Diensten befinden sich die Daten bzw. Inhalte sowohl auf den Servern des Anbieters als auch auf dem Endgerät des Nutzers. Hier haben die Erben die Möglichkeit, sowohl das Speichermedium in Besitz zu nehmen als auch den Diensteanbieter in Anspruch zu nehmen, soweit die Ansprüche des Erblassers auf die Erben übergehen. Die vorliegende Arbeit verfolgt demnach einen praxisorientierten Untersuchungsgegenstand: Daten oder Inhalte sind dann nicht Gegenstand der Untersuchung, wenn die Erben schon praktischen Zugriff auf sie haben (bspw. Festplatte) oder ihn durch ein Vorgehen gegen den Diensteanbieter gar nicht erreichen können (vgl. WhatsApp).

Im Folgenden wird ermittelt, welche Ansprüche für die Erben in Betracht kommen. Dies können der Natur des Erbrechts entsprechend nur solche Ansprüche sein, die zuvor dem Erblasser selbst zugestanden haben.

71 So bereits *Pockhardt*, S. 147.

II. Der Gegenstand der Untersuchung aus rechtlicher Sicht

Aus dem Gesagten ergeben sich verschiedene, denkbare *Ansprüche* der Erben gegen die Diensteanbieter sozialer Netzwerke, E-Mail-Dienste oder andere Diensteanbieter im Online-Bereich. Da im Wege der Universalsukzession das Vermögen des *Erblassers* auf die Erben übergeht, sind es die ursprünglich beim Erblasser entstandenen Ansprüche, die grundsätzlich Gegenstand der Nachfolge von Todes wegen sind. Es ist also zunächst aus der Perspektive des Erblassers zu untersuchen, was die Erben dann nach dessen Tod verlangen können. Steht durch diese Untersuchung fest, welche Ansprüche dem Erblasser zu Lebzeiten gegen die Diensteanbieter zustehen bzw. zustanden, kann im folgenden Teil die Frage nach der Übergangsfähigkeit dieser Ansprüche untersucht werden.

1. Vertragliche Ansprüche

Vorausgesetzt, die Erben treten gemäß § 1922 Abs. 1 BGB mit dem Tod des Erblassers vollständig in dessen Rechte und Pflichten ein,[72] gehören dazu grundsätzlich auch die beim Erblasser entstandenen Ansprüche aus Vertrag, folglich die (vertraglichen) Schuldverhältnisse (im weiteren Sinne) als Bündel von Rechten und Pflichten selbst sowie einzelne Ansprüche aus dem Nutzungsverhältnis als Schuldverhältnis im engeren Sinne.[73]

72 *Muscheler*, Jura 1999, 234, 289.

73 Ausführlich dazu *Kunz*, in: Staudinger, BGB § 1922 Rn. 78 ff.; *Sorge*, MMR 2018, 372, der das Nutzungsverhältnis als Knäuel von Rechten und Pflichten bezeichnet.

a. Schuldrechtliche Einordnung: Grundlagen

Zunächst ist auf die Maßstäbe für die schuldrechtliche Einordnung der unterschiedlichen digitalen Hinterlassenschaften einzugehen. Dass die digitalen Hinterlassenschaften bzw. die Schuldverhältnisse zwischen Erblasser und Diensteanbieter nicht über einen Kamm geschoren werden können, sondern einer differenzierten Betrachtung bedürfen, hat die obige Untersuchung der Unterscheidungsmerkmale bereits zum Ausdruck gebracht. Die folgenden Ausführungen sind möglichst abstrakt gehalten, um eine möglichst umfassende Geltung beanspruchen zu können.

Welchem Vertragstyp aus dem besonderen Schuldrecht die oben genannten Dienste zugeordnet werden, wird im Schrifttum nicht einheitlich beurteilt. Einen eigenen Vertragstyp, etwa einen E-Mail-Vertrag oder Vertrag über das zur Verfügungstellen der Dienste eines sozialen Netzwerks enthält das Besondere Schuldrecht nicht.[74] Dennoch ist es der Rechtsprechung bisher gelungen, einzelne IT-Dienste einem typisierten BGB-Vertrag zuzuordnen.[75] So geht der BGH etwa davon aus, dass Verträge, bei denen ein Diensteanbieter verpflichtet ist, dem Kunden den Zugang zum Internet und ihm den Austausch von Daten zu ermöglichen, um einen Zugangsverschaffungsvertrag handelt[76], der dem Dienstleistungsrecht zugeordnet ist.[77] Demgegenüber handelt es sich bei einem Vertrag, der auf die entgeltliche und zeitlich begrenzte Überlassung von Software gerichtet ist[78], um einen Mietvertrag.[79] Ein Vertrag, der die Erstellung und Betreuung einer Internetpräsenz zum Gegenstand hat, ist wiederum als Werkvertrag zu qualifizieren.[80] Aber auch Kaufrecht kann im Dickicht der

74 *Kutscher*, S. 121.
75 *Wicker*, MMR 2012, 783.
76 Sog. Access-Provider-Vertrag, siehe BGH, MMR 2005, 373, 374.
77 BGH, MMR 2005, 373, 374.
78 Sog. ASP (Application Service Provider)-Vertrag, siehe BGH, MMR 2007, 243.
79 BGH, MMR 2007, 243.
80 BGH, MMR 2010, 398.

IT-Verträge zur Anwendung kommen, etwa dann, wenn die Überlassung von Standard-Software an den Kunden dauerhaft sein soll.[81]

Diese Beispiele haben gemein, dass der Leistungsumfang der Diensteanbieter durchaus eindeutig ist: Etwa das Überlassen eines Programms als dauernde Pflicht, die mit wiederkehrenden Zahlungen einer bestimmten Geldsumme korrespondiert, lässt sich tatsächlich problemlos als Mietvertrag qualifizieren. Auch bei den anderen oben angesprochenen Diensten ist dem BGH insgesamt zuzustimmen. Den getroffenen Zuordnungen durch den BGH kann weiterhin deshalb zugestimmt werden, weil die Vertragspartner des Diensteanbieters zu einer Geldzahlung verpflichtet waren, was die Zuordnung zu einem entgeltlichen Vertrag erheblich erleichtert. In den dieser Arbeit zugrundeliegenden Sachfragen ist die Einordnung komplexer, da die Leistung der Diensteanbieter auf den ersten Blick unentgeltlich erfolgt, der Nutzer zumindest regelmäßig zu keiner Geldzahlung verpflichtet ist.

Im Schrifttum wird bei sogenannten *Cloud-Computing-Modellen* davon ausgegangen, dass es sich abhängig von der Entgeltlichkeit entweder um Leih- oder Mietverträge handelt, da der Diensteanbieter dem Nutzer Speicherplatz auf seinen Servern zur Nutzung überlässt und somit Ressourcen des Anbieters vom Nutzer dauerhaft in Anspruch genommen werden.[82] Dem ist zuzustimmen. Bei E-Mail-Diensten wird teilweise ein typengemischter Vertrag[83] angenommen; andere beurteilen die im Vordergrund stehende Übermittlungstätigkeit der Diensteanbieter differenzierter als Werkvertrag[84] oder als Dienstvertrag[85] im Sinne der §§ 631 ff. BGB bzw. §§ 611 ff. BGB.[86]

81 BGH, NJW 1988, 406.

82 *Wicker*, MMR 2012, 783, 785; *Boehm*, ZEuP 2016, 358, 363 ff.; BGH, NJW 2007, 2394, 2395; zum sogenannten Internet-System-Vertrag über Webhosting, siehe LG Mannheim, Urteil vom 07. Dezember 2010 – 11 O 273/10 – zit. nach juris.

83 *Bräutigam*, in: Stellungnahme DAV, S. 19.

84 *Redeker*, IT-Recht, Rn. 1090 f.

85 *Kutscher*, S. 47 ff; *Lange/Holtwiesche*, ZErb 2016, 125, 126.

86 *Bock*, AcP 217 (2017), 370, 377 f.

Andere wollen Auftragsrecht anwenden, vorausgesetzt man qualifizierte die ausgetauschten Leistungen als unentgeltlich.[87] Bejahte man Letzteres, kann § 664 Abs. 2 BGB für die gegenständliche Untersuchung an Bedeutung gewinnen, da der Anspruch auf Auftragsausführung gemäß dieser Vorschrift *im Zweifel* nicht übertragbar ist.[88] Als Folge dessen könnte man mit einigen Stimmen in der Literatur meinen, eine solche lebzeitige Unübertragbarkeit könne die Unvererblichkeit indizieren.[89]

Letztlich wird die vertragstypologische Einordnung dieser Nutzungsverhältnisse durch eine Auslegung der Leistungspflichten des Diensteanbieters und des Nutzers (§§ 133, 157 BGB) zu ermitteln sein, die sich nach dem Parteiwillen richtet.[90] Somit kommt es insbesondere beim Nutzungsverhältnis, das E-Mail-Dienste zum Gegenstand hat, darauf an, wie weit die Pflichten des Providers reichen: Schuldet dieser etwa nur die ordnungsgemäße Übertragung der E-Mail, wird man einen Dienstvertrag annehmen müssen; ist jedoch der Erfolg, also der Zugang der E-Mail beim Empfänger geschuldet, wäre eine Einordnung als Werkvertrag vorzugswürdig.[91] Überdies werden die

87 *Redeker*, in: Stellungnahme DAV 34/2013, S. 60; *Knoop*, NZFam, 2016, 966; siehe auch *Wehleit*, MMR 2018, 279, 281 f., der für den IM-Dienst Whatsapp hinsichtlich der Nachrichtenübertragung Auftragsrecht für anwendbar hält, soweit keine interne Datenübermittlung an den Mutterkonzern Facebook erfolgt. Denn dann liege Unentgeltlichkeit vor. Problematisch an dieser Betrachtungsweise ist, dass der Diensteanbieter vom *Auftraggeber* für entstandene Aufwendungen verlangen könnte, § 670 BGB, was in tatsächlicher Hinsicht nicht passiert.

88 Diese Unübertragbarkeit liegt darin begründet, dass der Auftraggeber sich seinen Beauftragten »als den Wahrer und Förderer seiner Interessen regelmäßig mit Rücksicht auf dessen unverwechselbares Persönlichkeitsprofil« aussucht, *Martinek/Omlor*, in: Staudinger, BGB § 664 Rn. 1; 19. Für erbrechtliche Fragen bietet es sich eher an, den für Fall des Todes *spezielleren* § 672 BGB zu Rate zu ziehen. Hiernach erlischt der Auftrag im Zweifel nicht durch den Tod des Auftraggebers, wohl aber im Zweifel durch den Tod des Beauftragten, § 673 BGB. Aber gerade nur der Tod des Auftraggebers wäre für die gegenständliche Untersuchung relevant, da es sich hierbei um den Nutzer handelt.

89 *Leipold*, in: MükoBGB, BGB § 1922 Rn. 19; *Kunz*, in: Staudinger, BGB § 1922 Rn. 73; *Marotzke*, in: Staudinger, 2008, BGB § 1922 Rn 115.

90 *Bock*, AcP 217 (2017), 370, 377.

91 Siehe zur Diskussion im Allgemeinen *Kutscher*, S. 121 ff.

E-Mails oft bzw. je nach verwendetem Protokoll dauerhaft auf den Servern des Providers gespeichert, sodass wie bei den o. g. Cloud-Modellen mietvertragliche bzw. bei Unentgeltlichkeit leihvertragliche Elemente denkbar sind.[92] Bei sozialen Netzwerken wird im Schrifttum davon ausgegangen, es handele sich um *typengemischte Verträge* mit dienst- und werkvertraglichen Elementen.[93]

Alternativ kommt eine vertragstypologische Einordnung als *atypische Verträge* in Betracht. Obwohl die Grenzen zu den typengemischten Verträgen fließend sind, unterscheiden sich die atypischen Verträge von den typengemischten Verträgen in der Weise, dass die Parteien dort nicht die Elemente verschiedener gesetzlich geregelter Verträge kombinieren, sondern vertragliche Regelungen wählen, die nicht unter die im BGB typisierten Verträge subsumiert werden können; es sind die allgemeinen Vorschriften anwendbar.[94] Dabei handelt es sich oftmals um Verträge, für die sich in der Praxis als Folge ihrer Bedeutung und Verbreitung bestimmte Regelungsmuster herausgebildet haben, an denen sich die Parteien im Zweifel orientieren.[95] Derzeit kann man zwar konstatieren, dass im Hinblick auf das konkrete Pflichtenprogramm der Parteien noch keine vollständige Einigkeit besteht. Dennoch scheint man bei den in dieser Arbeit behandelten Bestandteilen von digitalen Hinterlassenschaften jede einzelne Pflicht einem typisierten BGB-Vertrag zuordnen zu können. Für die genaue vertragstypologische Beurteilung ist dann das Pflichtenprogramm von Nutzer und Diensteanbieter entscheidend.[96] Die Anwendung des Auftragsrechts ist jedenfalls mit der herrschenden Meinung abzulehnen, da die Diensteanbieter nicht im fremden Interesse tätig

92 BGH, NJW 2007, 2394, 2395; *Kutscher*, S. 49; *Bock*, AcP 217 (2017), 370, 378; *Redeker*, IT-Recht, Rn. 1090 f.; *Budzikiewicz*, AcP 218 (2018), 558, 569; *Wehleit*, MMR 2018, 279, 281.

93 LG Berlin ZUM-RD 2016, 471, 473; *Bräutigam*, MMR 2012, 635, 636; *Bock*, AcP 217 (2017), 370, 378.

94 *Emmerich*, in: MüKoBGB, BGB § 311 Rn. 24.

95 *Emmerich*, in: MüKoBGB, BGB § 311 Rn. 25.

96 BGH, NJW 2018, 3178, 3179 Rn. 19.

werden; mit der Unentgeltlichkeit ist dies ein prägendes Element des Auftragsrechts, welches in den hier behandelten Fällen regelmäßig fehlt.[97] Es ist weiterhin mit *Bräutigam* zu sagen, dass die Vorstellung, der Nutzer könne die durch den Diensteanbieter generierten Werbeeinnahmen nach § 667 BGB herausverlangen, nicht die Lebenswirklichkeit abbildet[98] und auch keineswegs den Interessen der Beteiligten entspricht.

Ergibt sich im Einzelnen, dass tatsächlich typengemischte Verträge Gegenstand der Untersuchung sind, stellt sich dann die Frage, ob dem Absorptions- oder der Kombinationsprinzip der Verzug zu geben ist.[99] Die Absorptionsmethode soll gelten, wenn eine der verschiedenen Leistungen als Hauptleistung gesehen werden kann. Dann soll das Recht dieses dominierenden Vertragstyps gelten.[100] Steht keine Leistung im Vordergrund, bietet sich die Anwendung der Kombinationsmethode an. Dabei kommt es für jede Leistung auf das Recht des für sie jeweilig geltenden Vertragstyps an.[101] Durchweg soll jedoch keine schematische Lösung möglich sein, im Vordergrund steht immer der (mutmaßliche) Parteiwille.[102] Daher wird im Folgenden das Pflichtenprogramm der Parteien untersucht, das sich ebenfalls nach dem Parteiwillen richtet,[103] um eine entsprechende sachnächste vertragstypologische Einordnung vornehmen zu können. Soweit im Einzelfall möglich, ist das Recht aller anwendbarer Vertragstypen zu berücksichtigen.[104]

97 *Bräutigam*, MMR 2012, 635, 636.
98 *Bräutigam*, MMR 2012, 635, 636.
99 *Emmerich*, in: MüKoBGB, BGB § 311 Rn. 28 ff.; *Feldmann*, in: Staudinger, BGB § 311 Rn. 32 ff.
100 *Stadler*, in: Jauernig, BGB § 311 Rn. 33.
101 *Stadler*, in: Jauernig, BGB § 311 Rn. 33.
102 *Stadler*, in: Jauernig, BGB § 311 Rn. 33.
103 *Bock*, AcP 217 (2017), 370, 377.
104 *Stadler*, in: Jauernig, BGB § 311 Rn. 33.

b. Das Nutzungsverhältnis als Schuldverhältnis im weiteren Sinne und Schuldverhältnisse im engeren Sinne

Zunächst ist zu differenzieren. Das Nutzungsverhältnis zwischen Nutzer und Diensteanbieter besteht als Schuldverhältnis im weiteren Sinne, wobei der Account den Rahmenvertrag bildet.[105] Unter Schuldverhältnis im weiteren Sinne versteht man ein Rechtsverhältnis als ein Bündel von gegenwärtigen und potenziellen, also auch zukünftigen und noch nicht geltend gemachten, Ansprüchen und Pflichten zwischen mindestens zwei Personen.[106] Aus diesem Schuldverhältnis im weiteren Sinne erwachsen einzelne Ansprüche, *verstanden als Befugnisse mit konkretem Inhalt,*[107] wozu etwa Forderungsrechte, Auskunfts- und Nebenansprüche zählen. Diese einzelnen Ansprüche gelten als Schuldverhältnisse im engeren Sinne. Nachdem also oben das Schuldverhältnis im weiteren Sinne beschrieben wurde, folgt nun eine Untersuchung der sich aus diesem ergebenden Ansprüche und Pflichten der Beteiligten. Hieraus kann sich dann eine eindeutige vertragstypologische Einordnung verschiedener Nutzungsverhältnisse ergeben.

c. Die Ansprüche des Diensteanbieters gegen den Nutzer

Bei der Anmeldung zu den gegenständlichen IT-Diensten ist oft die Einwilligung in die Nutzung der persönlichen Daten erforderlich.[108] Gepaart mit der Verpflichtung, die eigenen Daten richtig anzuge-

105 Diese Unterscheidung wird im Allgemeinen auch vorgeschlagen in: *Kunz*, in: Staudinger, BGB § 1922 Rn. 78.

106 *Kunz*, in: Staudinger, BGB § 1922 Rn. 78.

107 *Kunz*, in: Staudinger, BGB § 1922 Rn. 78.

108 Bspw. Facebook-AGB: »Wir erfassen und verwenden deine personenbezogenen Daten, um die oben beschrieben Dienste für dich bereitzustellen«, https://www.facebook.com/legal/terms/update; Google Datenschutzerklärung: »Wir erheben Daten, um allen unseren Nutzern bessere Dienste zur Verfügung zu stellen – von der Feststellung grundlegender Informationen wie zum Beispiel Ihrer Sprache bis hin zu komplexeren Fragen wie zum Beispiel Werbung, die Sie besonders nützlich finden, den Personen, mit denen Sie online am häufigsten zu tun haben, oder den YouTube-Videos, die Sie interessant finden«, https://policies.google.com/privacy?hl=de, zuletzt aufgerufen am 01.07.2020.

ben[109], kann beispielsweise die Einwilligung in die kommerzielle Nutzung dieser Daten eine synallagmatische Verpflichtung des Nutzers als Schuldverhältnis im engeren Sinne darstellen. Verpflichtung im Sinne des Schuldrechts bedeutet nämlich nicht, dass eine Leistung in *Geld* geschuldet sein muss. Dies bedarf im Folgenden weiterer Erläuterung.

aa. Unentgeltlichkeit der Leistung?

Auf den ersten Blick erfolgt die Nutzung von E-Mail-Diensten, Cloud-Diensten und sozialen Netzwerken *ohne Gegenleistung* des Nutzers bzw. *unentgeltlich*. Das Recht zur Nutzung korrespondiert jedenfalls nicht mit einer Geldzahlung, wie es etwa bei sog. *Freemiummodellen*[110] der Fall sein kann.[111] In diesem Falle würde es sich bei den gegenständlichen Nutzungsverhältnissen um einseitig verpflichtende Verträge handeln, nach welchen nur von einer Partei (hier: dem Diensteanbieter) eine Leistungspflicht übernommen wird, die darauf gerichtet ist, dem Nutzer den dauerhaften Zugang zum Account sowie den Inhalten zu gewähren.[112] Im Falle des Übergangs von Todes wegen wären die Erben berechtigt, diese Hauptleistungspflicht weiterhin in Anspruch zu nehmen, ohne selbst zu einer Leistung verpflichtet zu sein.

Dennoch ist es gerade das genuine Geschäftsmodell von Facebook, die personenbezogenen Daten der Kunden zu Werbezwecken zu kommerzialisieren. Auch das Geschäftsmodell des Suchmaschinenbetreibers Google besteht darin, das Nutzerverhalten seiner Nutzer zu protokollieren und auszuwerten,[113] um die Produkte ihrer Werbekunden

109 Bei Facebook ist der Nutzer verpflichtet, genaue und korrekte Informationen über sich zur Verfügung stellen, https://www.facebook.com/legal/terms/update, zuletzt aufgerufen am 01.07.2020.

110 Etwa der Dienst iCloud bietet seinen Nutzern einen Grundstock an Speicherplatz kostenlos zur Verfügung. Nutzer, die die Cloud über diese Speicherkapazität hinaus nutzen möchten, müssen eine Geldzahlung leisten, die monatlich zu entrichten ist.

111 *Gräber*, S 113 f.

112 *Gräber*, S 113; *Herzog*, in: Stellungnahme DAV, S. 30, 52.

113 *Langhanke*, S. 99.

etwa in der Suchmaschine nach der Indexierung bestmöglich auffindbar zu machen, um eigene Gewinne zu generieren. Dass die Nutzung der Dienste aus Sicht des Nutzers oder Kunden kostenlos ist, mag daran liegen, dass den meisten Nutzern das Geschäftsmodell der *Kommerzialisierung von Daten* nicht präsent ist, da sie im Moment der Nutzung nichts aus der Hand geben: Nur wenige Nutzer dürften darüber nachdenken, dass die Einwilligung in den Umgang der eigenen Daten eine eigene vertragliche Hauptleistungspflicht darstellen kann.[114] Dieser Eindruck wird noch dadurch verstärkt, dass einige Diensteanbieter, so z. B. Facebook, ihre Dienste bis 2019 aktiv als *kostenlos* propagiert haben. Die Beantwortung der Frage, ob Daten (Haupt-)Leistung in einem Vertrag sein können, ist deshalb von Bedeutung, weil die Regeln über den Kauf, die Miete, den Werk- oder Dienstvertrag, bei welchen es sich um entgeltliche Vertragstypen handelt, bei Unentgeltlichkeit nicht zur Anwendung kommen.

bb. Das datenschutzrechtliche Einverständnis als (Haupt- bzw. Gegen-) Leistungspflicht des Nutzers

Da sowohl in der gegenständlichen Arbeit als auch in der Lebenswirklichkeit das Geschäftsmodell der »unentgeltlichen« Dienste die große Mehrheit darstellt, wird im Folgenden nur hierauf eingegangen. Es gelten aber die Ausführungen auch für *kostenpflichtige* Dienste, wenn sich ergibt, dass diese den kostenlosen Diensten rechtlich gleichgestellt sind. Es stellt sich zur schuldrechtlichen Einordnung der Nutzungsverträge die Frage, ob die Einwilligung[115] in die Nutzung der Daten eine Hauptleistung des Nutzers darstellen kann bzw. ob eine weitere oder andere Gegenleistung seitens des Nutzers geschuldet ist.

Jedenfalls ist es der Umgang bzw. die Kommerzialisierung der personenbezogenen Daten der Nutzer, mit denen die Anbieter am Markt Geld generieren. Dies bildet den Kern ihrer wirtschaftlichen Tätigkeit, etwa indem sie personalisierte Werbung für Drittunternehmen

114 *Langhanke*, S. 95.

115 Zur Rechtsnatur der datenschutzrechtlichen Einwilligung, siehe *Langhanke*, S. 42.

schalten.[116] Richtigerweise wird hierzu angemerkt, dass das Bezahlen mit Daten jedenfalls nicht mit dem Bezahlen mit Geld vergleichbar ist: Insoweit fehle es an der *Fungibilität*, sprich der Vertretbarkeit personenbezogener Daten des Einzelnen, was gerade für Geld charakteristisch ist.[117] Auch könne der Nutzer ohne die Dienste von bspw. Facebook oder Google aus den eigenen Daten keine monetären Werte generieren, sodass sie für ihn selbst quasi wertlos seien.[118] Demgegenüber wird allerdings im Schrifttum vertreten, dass bei der Einwilligung in den Umgang mit personenbezogenen Daten Entgeltlichkeit vorliegt, selbst wenn ihnen in Einzelfällen kein monetärer Wert zukommt.[119] Es ist bekanntermaßen nirgendwo gesagt, dass eine (Gegen-)Leistung im Sinne des § 241 Abs. 1 BGB aus Geld bestehen oder sonst vertretbar sein muss. Das Schuldverhältnis im Sinne dieser Vorschrift stellt lediglich eine Sonderverbindung zwischen mindestens zwei Personen dar, durch welches der Gläubiger vom Schuldner (irgend-)eine Leistung zu fordern berechtigt ist.[120] Diese (geschuldete) Leistung kann in einem bestimmten Verhalten oder in der Herbeiführung eines Leistungserfolges bestehen,[121] wobei der Leistungsgegenstand keinen Geldwert haben muss.[122] Daraus folgt: Selbst wenn man der Einwilligung in den Umgang mit personenbezogenen Daten keinen Geldwert zumisst, ist dies für den weit zu verstehenden Leistungsbegriff nicht von Belang.[123]

Bei den gegenständlichen Nutzungsverträgen zwischen Diensteanbieter und Nutzer besteht also ein Schuldverhältnis im Sinne des § 241 Abs. 1 BGB, das zwei korrespondierende (Haupt-)Leistungspflich-

116 Vgl. *Schmidt-Kessel/Grimm*, ZfPW 2017, 84, 85; 88.

117 Bericht der Arbeitsgruppe Digitaler Neustart, S. 342, S. 199 f.

118 Bericht der Arbeitsgruppe Digitaler Neustart, S. 200.

119 *Bräutigam* MMR 2012, 635; *Faust*, in: Gutachten zum 71. Deutschen Juristentag, Bd. I, 2016, A 16 ff.; *Gräber*, S. 128; *Kutscher*, S. 35.

120 *Grüneberg*, in: Palandt, Einl. v. § 241 Rn. 3.

121 *Bachmann*, in: MükoBGB, BGB § 241 Rn. 18; *Mansel*, in: Jauernig, BGB § 241 Rn. 7.

122 *Olzen*, in: Staudinger, BGB § 241 Rn. 14 ff.

123 *Brinkert/Stolze/Heidrich*, ZD 2013, 153, 154.

ten enthält, die dem Nutzungsvertrag das charakteristische Gepräge geben und als essentialia negotii im Nutzungsvertrag von den Parteien festgelegt wurden.[124] Der Diensteanbieter ist zur Einräumung der Nutzungsmöglichkeit der Dienste verpflichtet, wohingegen der Kunde zur Einwilligung zum (dauerhaften) Umgang und Nutzungsbefugnis seiner Daten verpflichtet wird. Dieses Leistungsprogramm ergibt sich auch aus der Ermittlung des Parteiwillens der Beteiligten. Schließlich empfände es der einzelne Diensteanbieter durchaus als Pflichtverletzung, wenn ein Nutzer seine Einwilligung in die Nutzung seiner Daten – soweit möglich – widerrufen würde.

Jede beteiligte Partei übernimmt die vertraglichen Verpflichtungen zu dem Zweck, dass die jeweils andere Partei eine Gegenleistung erbringt, sodass in den vorliegenden Fällen die beidseitigen Leistungspflichten im Verhältnis von Leistung und Gegenleistung stehen[125]; insoweit handelt es sich um gegenseitige bzw. synallagmatische Verträge im Sinne der §§ 320 ff. BGB.[126] Diese haben überdies Dauerschuldcharakter, weil die Daten des Kunden über die Dauer des Schuldverhältnisses hinweg erhoben, gespeichert und verarbeitet werden. Insoweit eröffnet die Einwilligung hierzu (nur) die datenschutzrechtliche Tür zur dauerhaften Verpflichtung, die Verarbeitung der Daten zu ermöglichen.[127] Es handelt sich bei den typischen Nutzungsverträgen zwischen Erblasser und Diensteanbieter somit um entgeltliche, synallagmatische Dauerschuldverhältnisse.

Für die Entgeltlichkeit dieser Nutzungsverhältnisse sprechen auch die Erwägungsgründe der Richtlinie (EU) 2019/2161, wonach diejenigen Dienstleistungen auch den Bestimmungen des Verbraucherrechts unterliegen sollten, die einem Verbraucher »im Austausch für personenbezogene Daten bereitgestellt werden.«[128] Insofern ist ein Ziel der

124 Vgl. zum Begriff der Hauptleistungspflicht, *Bachmann*, in: MükoBGB, BGB § 241 Rn. 29.

125 *Emmerich*, in: MükoBGB, BGB Vor § 320 Rn. 3.

126 *Bräutigam*, MMR 2012, 635, 639 f.; *Kutscher*, S. 45 f.; *Langhanke*, S. 130 f.

127 *Langhanke*, S. 130.

128 Siehe ErwG 31 ff.

Richtlinie die Herstellung einer »Kohärenz zwischen dem Anwendungsbereich der Richtlinie (EU) 2011/83[129] und der Richtlinie (EU) 2019/770« betreffend Verträge über die Bereitstellung digitaler Inhalte oder Erbringung digitaler Dienstleistungen. *Schmidt-Kessel/Grimm* haben sich mit dem entsprechenden Richtlinienentwurf[130] auseinandergesetzt und stellen fest, dass die – freilich damals noch nicht so bezeichnete – Richtlinie (EU) 2019/770 der Problematik eines fehlenden europäischen *Datenschuldrechts* zu entgegenen versucht.[131] Dabei stellen sie zum einen fest, dass die Einräumung von Nutzungsbefugnissen an einzelnen Persönlichkeitsrechten aufgrund des weiten Leistungsbegriffs des BGB ohne Weiteres möglich sei,[132] die reine Übermittlung der persönlichen Daten als Leistungsgegenstand jedoch nicht ausreiche.[133] Vielmehr sei neben der Übermittlung der Daten stets das datenschutzrechtliche Einverständnis des Betroffenen in die Nutzung bzw. Verarbeitung der Daten erforderlich, damit der Gläubiger »den ökonomischen Wert der personenbezogenen Daten auf legale Weise für sich realisieren« kann.[134] Dies ergebe sich aus Art. 6 DSGVO.[135] Diesem Erfordernis ist in den Fällen besondere Aufmerksamkeit zu widmen, in denen sich der Diensteanbieter die Daten ohne bewusste Mitwirkung des Nutzers verschafft.[136] Bei einer aktiven Übermittlung von personenbezogenen Daten kann ggf. bereits von einem entsprechenden konkludenten Einverständnis ausgegsangen werden. Somit ist zu konstatieren, dass die Richtlinie (EU) 2019/770 bzw. der europäische Gesetzgeber unausgesprochen davon ausgeht, dass die

129 Gemeinhin bekannt als Verbraucherrechterichtlinie.

130 Vorschlag für eine Richtlinie über bestimmte vertragliche Aspekte der Bereitstellung digitaler Inhalte vom 09.12.2015, COM(2015) 634 final, 2015/0287 COD.

131 *Schmidt-Kessel/Grimm*, ZfPW 2017, 84, 85.

132 Vgl. den dort gezogenen Vergleich zum Recht am eigenen Bild, *Schmidt-Kessel/Grimm*, ZfPW 2017, 84, 89.

133 *Schmidt-Kessel/Grimm*, ZfPW 2017, 84, 89.

134 *Schmidt-Kessel/Grimm*, ZfPW 2017, 84, 89 f.

135 *Schmidt-Kessel/Grimm*, ZfPW 2017, 84, 89.

136 *Schmidt-Kessel/Grimm*, ZfPW 2017, 84, 87.

Einwilligung in die Nutzung personenbezogener Daten als taugliche schuldrechtliche Gegenleistung zu qualifizieren ist.

Es bleibt abzuwarten, wie der nationale Gesetzgeber die Richtlinien in das deutsche Recht umsetzt. Es ist mit *Schmidt-Kessel/Grimm* lediglich festzustellen, dass nicht die (tatsächliche, passiv oder aktiv veranlasste) Übermittlung der Daten nicht den Mittelpunkt der vertraglichen Verpflichtung bildet, sondern vielmehr die Einwilligung in die Verarbeitung der Daten die Verpflichtung im schuldrechtlichen Sinne darstellt.[137]

cc. EU-Richtlinie über bestimmte vertragsrechtliche Aspekte der Bereitstellung digitaler Inhalte und digitaler Dienstleistunge sowie Umsetzung in das deutsche Recht

Das Bundesministerium der Justiz und für Verbraucherschutz hat am 3. November 2020 den Entwurf zur Umsetzung der Richtlinie (EU) 2019/770 über bestimmte vertragsrechtliche Aspekte der Bereitstellung digitaler Inhalte und digitaler Dienstleistungen veröffentlicht.[138] Einen Kern der Umsetzung bildet eine beabsichtigte Änderung der § 312 ff. BGB, wonach nunmehr ausdrücklich klargestellt werden soll, dass der Anwendungsbereich auf Verbraucherverträge u. a. betreffend digitale Inhalte und digitale Dienstleistungen (digitale Produkte) eröffnet ist (§ 327 BGB-RefE). Aus § 312 Abs. 1a BGB-RefE lässt sich schließen, dass die Hingabe personenbezogener Daten aus Sicht des Gesetzgebers als Gegenleistung zu qualifizieren ist.[139]

---

137 *Schmidt-Kessel/Grimm*, ZfPW 2017, 84, 90, 100.

138 Online abrufbar unter https://www.bmjv.de/SharedDocs/Gesetzgebungsverfahren/DE/Bereitsstellung_digitaler_Inhalte.html, zuletzt aufgerufen am 20.11.2020.

139 Siehe Referentenentwurf zum Entwurf eines Gesetzes zur Umsetzung der Richtlinie über bestimmte vertragsrechtliche Aspekte der Bereitstellung digitaler Inhalte und digitaler Dienstleistungen, S.4, online abrufbar unter https://www.bmjv.de/SharedDocs/Gesetzgebungsverfahren/DE/Bereitsstellung_digitaler_Inhalte.html, zuletzt aufgerufen am 20.11.2020, im Folgenden: Referentenentwurf.

d. Die Ansprüche des Nutzers

aa. Hauptleistungspflichten des Diensteanbieters

Primäre Hauptleistungspflicht des Diensteanbieters ist es, dem Nutzer seine Dienste so anzubieten, dass dieser sie nutzen kann, namentlich ihm den Zugang zum Account und seinen Inhalten zu gewähren,[140] der durch einen damit verbundenen Anspruch *auf Zugang zu den Accounts* (Access) erreicht wird.[141] Damit wird auch der Anspruch auf das Zur-Verfügung-Stellen der Nutzungsfunktionen des Kontos erfüllt.[142] Dieser dem Nutzer zustehende Zugangsanspruch ist bei zugangsbeschränkten IT-Systemen die Hauptleistungspflicht des Diensteanbieters.[143] Verliert oder vergisst der Nutzer sein Passwort, kann eine Funktion, die es dem Nutzer erlaubt, das Passwort zurückzusetzen, auch den Hauptleistungsansprüchen zugeordnet werden, da dies dann zur Nutzung der Dienste erforderlich ist.

Zudem hat der Nutzer einen Anspruch auf die Durchführung der Dienste durch den Anbieter; namentlich, dass dieser die E-Mails überträgt, im Falle von sozialen Netzwerken Dateien auf seinen Servern speichert oder hochgeladene Inhalte für andere Nutzer sichtbar macht. In Hinblick auf die Übertragungspflicht der Inhalte bei E-Mails ist ein Dienstvertrag anzunehmen. Entscheidend für diese Einordnung ist, dass der Diensteanbieter nicht den Erfolg (Zugang beim Empfänger) versprechen kann. Die Übertragung der Datenpakete, in die die E-Mails zerlegt sind, fällt nicht in seine technische Verantwortlichkeit und damit ebenfalls nicht in seinen Pflichtenkreis. Die Übertragung erfolgt, wie bereits oben festgestellt, über das offene Internet.

---

140 *Gräber*, S. 113; *Herzog*, in: Stellungnahme DAV, S. 52; *Bock*, AcP 217 (2017), 370, 378.

141 So auch OLG Naumburg, NJW-RR 2014, 535, 536.

142 *Leipold*, in: MükoBGB, BGB § 1922 Rn. 35; *Kunz*, in: Staudinger, BGB § 1922 Rn. 619; *Biermann*, ZErb 2017, 2010, 213; *Gloser*, DNotZ 2015, 4, 6; *Herzog*, NJW 2013, 3745; 3749; *Klas/Möhrke-Sobolewski*, NJW 2015, 3473, 3474; *Lange/Holtwiesche*, ZErb 2016, 125, 127.

143 *Budzikiewicz*, AcP 218 (2018), 558, 573; *Herzog*, in: Stellungnahme DAV, S. 52; *Herzog*, ZErb 2017, 205, 208; Bericht der Arbeitsgruppe Digitaler Neustart, S. 359; OLG Naumburg, NJW-RR 2014, 535, 536.

Der Umstand, ob eine E-Mail beim Empfänger ankommt oder nicht, entstammt nicht der Sphäre des Diensteanbieters; er möchte das Risiko, dass die Übertragung erfolglos bleibt, nach Auslegung des Vertrages redlicherweise nicht übernehmen.[144] Weiterhin kann ein mietvertragliches Element hinzutreten. Maßgeblich dafür ist der Anspruch des Nutzers auf die dauerhafte Speicherung seiner Inhalte; der Nutzer nimmt gegen Entgelt Speicherplatz auf den Servern des Diensteanbieters in Anspruch.[145] Dass die Server im Einzelfall nicht im Eigentum des Vermieters stehen, ist für die Einordung als mietvertragliches Element im Übrigen nicht entscheidend.[146] Die Mietsache muss auch nicht zum Alleingebrauch überlassen werden.[147] Entscheidend ist allein, dass der Mieter Speicherkapazitäten bzw. Ressourcen des Diensteanbieters in Anspruch nimmt.[148]

Somit enthalten die Nutzungsverhältnisse teils dienstvertragliche, teils mietvertragliche Elemente. Für deren rechtliche Einordnung kommt es nun im Einzelfall darauf an, auf welchem dieser Vertragstypen der wirtschaftliche Schwerpunkt liegt, oder, ob alle Pflichten gleichbedeutend nebeneinanderstehen.[149] Da ausdrückliche Abreden in den gegenständlichen Nutzungsverhältnissen in den meisten Fällen fehlen dürften, ist der mutmaßliche Parteiwille ausschlaggebend. Dieser bestimmt sich nach dem Vertragszweck, der Interessenlage der Beteiligten und nach der Verkehrssitte.[150] Bei E-Maildiensten kann davon ausgegangen werden, dass das dienstvertragliche Element zunächst im Vordergrund steht, soweit es um das Empfangen und Versenden von E-Mails geht. Wird das entsprechende Protokoll

144 Vgl. zur Abgrenzung Werkvertrag zum Dienstvertrag etwa *Busche*, in: MükoBGB, BGB § 631 Rn. 10 ff.; *Peters*, in: Staudinger, BGB Vorb. § 631 Rn. 26 ff.; s. auch BGH, GRUR 1974, 284.

145 Vgl. BGH, NJW-RR 1992, 780, 781 zum Erwerb von Rechten für eine Stromleitung; BGH, NJW 1993, 3131, 31312 zu Rechten für eine Öl- und Salzwasserleitung.

146 *Blank/Börstinghaus*, in: Blank/Börstinghaus, BGB § 535 Rn. 2.

147 *Blank/Börstinghaus*, in: Blank/Börstinghaus, BGB § 535 Rn. 6.

148 BGH, MMR 2007, 243, 244 f; BGH, NJW-RR 1993, 178.

149 *Blank/Börstinghaus*, in: Blank/Börstinghaus, BGB § 535 Rn. 7a.

150 KG Berlin, MDR 2015, 1357 Rn. 3.

verwendet, ist die Speicherung und das Bereitstellen der E-Mails auf den Servern des Anbieter aus Nutzersicht ebenfalls von großer Bedeutung. Bei sozialen Netzwerken kommt es ebenfalls darauf an, welche Funktionen schwerpunktmäßig durch den Kunden genutzt werden: Hinsichtlich des IM-Dienstes Facebook Messenger kann auf das zu den E-Mails Gesagte verwiesen werden; für die Nutzung der übrigen Funktionen dürfte auch das dienstvertragliche Element im Vordergrund stehen, da auch hier die reine Datenübertragung im Zweifelsfall nicht geschuldet sein soll. Bei Cloud-Diensten steht die Nutzung von Speicherkapazität im Vordergrund, weshalb hier mietvertragliche Elemente im Vordergrund stehen.

bb. Nebenleistungspflichten des Diensteanbieters

Als Nebenleistungspflichten kommen zunächst Auskunftsansprüche in Betracht. So kann der Nutzer einen Anspruch darauf haben, die Inhalte, also etwa die E-Mails selbst, die als Datenbestand (binäre Codes) gespeichert sind und auf verschiedene Weise *verkörpert* werden können, im Wege eines Auskunftsanspruchs herauszuverlangen, soweit ihm der Zugriff auf sein Konto nicht möglich ist. Umfasst von diesem Auskunftsanspruch als Nebenanspruch kann auch die Mitteilung über die Zugangs- oder Vertragsdaten sein,[151] soweit diese nicht schon als Hauptleistungspflicht zu qualifizieren ist.[152]

e. Ansprüche infolge der Beendigung des Nutzungsverhältnisses

Endet das Nutzungsverhältnis, kommen Ansprüche des Nutzers in Betracht, die sich nicht mehr auf die Hauptleistung beziehen, sondern auf die ex nunc-Abwicklung des Nutzungsverhältnisses gerichtet sind. Tatsächlich wird man davon ausgehen dürfen, dass der Nutzer nach Beendigung des Schuldverhältnisses ein Interesse daran hat, die Accountinhalte zu speichern bzw. zu archivieren. Es handelt

151 Vgl. *Bock*, AcP 217 (2017), 370, 378; *Herzog*, in Stellungnahme DAV, S. 53; *Pruns*, NWB 2013, 3161, 3163.

152 Der Nutzer benötigt die Zugangsdaten, um die Dienste nutzen zu können.

sich somit um Ansprüche, die sich bezogen auf ihren Zweck auf die Accountinhalte, also die Daten des Erblassers sowie die Kommunikationsinhalte, richten. Prämisse der folgenden Ausführungen ist, dass das Nutzungsverhältnis mit den daraus resultierenden korrespondierenden Primärleistungspflichten zwar endet,[153] aber trotzdem noch Pflichten verbleiben. Abgesehen von der Vollbeendigung und dem damit verbundenen vollständigen Untergang des Vertragsverhältnisses sind zwei Rechtsfolgen denkbar.

aa. Wandlung in ein Abwicklungsverhältnis

Wird das Nutzungsverhältnis des Nutzers beendet, könnte sich das (ursprüngliche) Vertragsverhältnis in ein Abwicklungsverhältnis wandeln, bei welchem der Nutzer zwar die Gelegenheit erhält, die Inhalte von den Servern des Diensteanbieters zu exportieren,[154] aber keine fortdauernden synallagmatischen Leistungspflichten mehr bestehen.[155]

Abwicklungsverhältnisse entstehen naturgemäß immer dort, wo tatsächlicher Abwicklungsbedarf besteht – so z. B. bei einem Mietverhältnis oder bei der BGB-Gesellschaft, bei der noch Gesellschaftsvermögen existiert, das im Falle der Vollbeendigung herrenlos werden würde. Erst nach Beendigung tritt im Falle der Abwicklungsgesellschaft die Vollbeendigung des Schuldverhältnisses ein.[156] Die Abwicklung eines Vertragsverhältnisses ist jedoch nicht unbedingt eine typische Rechtsfolge bei Schuldverhältnissen mit Dauerschuldcharakter.[157] Es werden grundsätzlich nur die Leistungspflichten für die Zukunft beseitigt.[158] Das Abwicklungsverhältnis ist Ausdruck einer nachvertrag-

153 Dies kann auf beliebige Weise, etwa Zeitablauf, Kündigung durch den Diensteanbieter, Tod oder anderer Beendigungsgründe geschehen.

154 Vgl. *Budzikiewicz*, AcP 218 (2018), 558, 571.

155 Vgl. zu einem solchen »read only«-Zugang, BGH, MMR 2020, 688, 691 Rn. 42 ff.

156 Vgl. §§ 730 bis 735 BGB, wonach vermieden wird, dass das Vermögen herrenlos wird, vgl. *Schäfer*, in: MükoBGB, BGB § 730 Rn. 1 f. Dies ist im Übrigen auch ein Zweck der Universalsukzession, die sich aus § 1922 Abs. 1 BGB ergibt, vgl. *Kunz*, in Staudinger, BGB § 1922 Rn. 9.

157 *Schäfer*, in: MükoBGB, BGB § 730 Rn. 1; *Gaier*, in: MüKoBGB, Vorb. § 346 Rn. 17.

158 *Gaier*, in: MüKoBGB, Vorb. § 346 Rn. 17; *Gaier*, in: MükoBGB, BGB § 314 Rn. 34.

lichen Pflichtenbindung, das einer dogmatischen Grundlage bedarf. Es entsteht regelmäßig nur bei einzelnen, speziellen Schuldverhältnissen, zu denen auch das Mietverhältnis gehört. Aufgrund einer entsprechenden Vertragsauslegung können sich auf Seiten des Vermieters vertragliche Verpflichtungen in dem Sinne ergeben, die Räumung der Wohnung im Rahmen der Abwicklung zuzulassen;[159] und zwar immer dann, wenn es dem (mutmaßlichen) Parteiwillen entspricht.

Ob bei E-Mail-Diensten, sozialen Netzwerken oder Cloud-Diensten eine Abwicklung bzw. Auseinandersetzung des Nutzungsverhältnisses von den Parteien gewollt ist, muss sich also aus der Auslegung des Nutzungsverhältnisses ergeben, soweit von den Parteien nichts ausdrücklich geregelt ist, §§ 133, 157 BGB. Dass auf Seiten des Nutzers ein solches Interesse nur schwer zu bestreiten ist, dürfte eindeutig sein: Es ist nämlich davon auszugehen, dass der Nutzer für einige Zeit die Gelegenheit haben möchte, sein E-Mail-Postfach zu räumen oder gepostete Bilder auf seinem Facebook-Profil zu speichern zu dem Zwecke, sie später nochmals anzuschauen. Dies gilt im Besonderen für Cloud-Dienste, bei welchen einige Nutzer ihre wichtigsten Unterlagen elektronisch abspeichern. Auch der Diensteanbieter dürfte gegen eine »Räumungsfrist« nichts Erhebliches einzuwenden haben, da für ihn de facto kein Unterschied besteht, wenn der Nutzer nachträglich für eine kurze Zeit wie zuvor auf seine Inhalte zugreifen kann: Sowohl vor als auch nach der Beendigung des Schuldverhältnisses konnte der Nutzer so oder so auf die Inhalte zugreifen.

Durch diese Beurteilung tritt das mietvertragliche Element, das dem hier typisierten Nutzungsvertrag innewohnt, nochmals sehr deutlich zu Tage. Wie auch die Wohnung beim Mietvertrag enthalten die Server des Diensteanbieters *Inhalte*, an deren *Räumung* und Speicherung der Mieter nach Beendigung ein Interesse hat. Verlässt der Nutzer die Server des Diensteanbieters, sollen auch die Inhalte auf die (neuen)

159 *Streyl*, in: Schmidt-Futterer, BGB § 546 Rn. 1; *Blank/Börstinghaus*, in: Blank/Börstinghaus, BGB § 546 Rn. 1 sprechen im Falle der Miete von einem gesetzlichen Rückabwicklungsverhältnis.

Speichermedien des Nutzers *umziehen* können. Ein Vergleich, den der BGH selbst anstellt, ist der mit Girokonten.[160] Hiernach ist zwischen der Kontoinhaberschaft aufgrund des Girovertrags und dem dem eigentlichen Giroguthaben zu differenzieren.[161] Sowohl das Giroverhältnis als auch das Kontoguthaben (Forderung aus unregelmäßiger Verwahrung, § 700 BGB i. V. m.§§ 607 BGB) seien Gegenstand der erbschaftlichen Sukzession, wobei die aktive Weiternutzung des Kontos durch einen Erben dazu führe, dass dieser dann in »eine eigene Rechtsbeziehung zur Bank« eintrete.[162] Gewissermaßen entspricht dies ebenfalls einer Abwicklung: Während die Auszahlung des Kontoguthaben in jedem Fall verlangt werden kann, kann das Giroverhältnis als *Grundverhältnis* ein anderes Schicksal ereilen, z. B. erlöschen.

bb. Herausgabeansprüche aus selbstständiger nachvertraglicher Pflicht

Neben Ansprüchen aus dem Abwicklungsverhältnis als Ausdruck der nachvertraglichen Pflichtenbindung kommen Ansprüche aus einer selbstständigen nachvertraglichen Pflicht in Betracht. So hat das OLG Dresden entschieden, dass der E-Mail-Account und dessen Inhalte *solange nicht gelöscht werden dürfen, wie nicht feststeht, dass der Nutzer für die auf dem Account abgelegten Daten keine Verwendung mehr hat.*[163] Etwaige Schäden von Rechten, Rechtsgütern und Interessen des Vertragspartners fernzuhalten, gehöre aber zu den vertraglichen Nebenpflichten des Diensteanbieters, sodass auch von der Löschung des Accounts nach Beendigung des Vertragsverhältnisses solange abzusehen sei, bis der Vertragspartner eindeutig signalisiert hat, er habe an den abgelegten E-Mails kein Interesse mehr.[164] Die unberechtigte Löschung des Accounts könne neben §§ 280 Abs. 1,

160 BGH, ZD 2018, 477, 479 Rn. 36; vgl. BGH, NJW 2000, 1258; BGH, NJW 1996, 190. Vgl. auch *Pockrandt*, S. 28.

161 BGH, NJW 1996, 190, 191. Der BGH bezeichnet das Giroverhältnis hier als »Bündel von Rechten und Pflichten«.

162 BGH, NJW 1996, 190, 191.

163 OLG Dresden, NJW-RR 2013, 27 – Leitsatz.

164 OLG Dresden, NJW-RR 2013, 27, 28.

241 Abs. 2 BGB sogar nach § 823 Abs. 2 BGB i.V.m. § 274 Abs. 1 Nr. 2 StGB und § 303a StGB zu Schadenersatzansprüchen führen.[165] Diese Formulierungen des OLG Dresden ergeben, dass es nicht von einer Vertragsabwicklung ausgeht, sondern die Löschung der E-Mails als Nebenpflichtverletzung im Sinne des § 241 Abs. 2 BGB sieht. Diese Argumentation kann auf die gegenständlichen Fälle im Grunde übertragen werden: Selbst wenn das Vertragsverhältnis endet, ist es denkbar, den Diensteanbieter aus einer (nach-) vertraglichen Pflicht[166] zur Zugangsgewährung zum Account zu verpflichten, solange der Nutzer mit der Sicherung der Inhalte befasst ist.

Daraus kann geschlossen werden, dass neben dem Abwicklungsverhältnis als Rechtsfolge auch ein sog. nachvertragliches Schuldverhältnis in Betracht kommt. Dieses ist naturgemäß als *Schuldverhältnis ohne primäre Leistungspflicht*[167] ausgestaltet. Die *culpa post contractum finitum* statuiert wie die *culpa in contrahendo* nur Schutz- und Verhaltenspflichten und keine Leistungspflichten und in der Konsequenz auch keine Forderungsrechte.[168]

Es stellt sich in den gegenständlichen Fällen also die Frage, ob aus der *culpa post contractum finitum* eine Pflicht des Diensteanbieters abgeleitet werden kann, die Inhalte nicht zu löschen. Bejahendenfalls muss man sich fragen, ob sich aus dieser Schutzpflicht als Kehrseite eine nachvertragliche Pflicht des Diensteanbieters ergibt, den Zugang zu den Accounts zum Zwecke der Archivierung zu gewähren, die aber nicht in dem synallagmatischen Zusammenhang von Leistung (Zur-Verfügung-Stellen der Dienste) und Gegenleistung (Einwilligung in die Nutzung der Daten) steht.[169] Dafür spricht das logische Argument, dass dem Nutzer die alleinige Verpflichtung des Diensteanbieters, die Inhalte nicht zu löschen, nichts nützen würde,

165 OLG Dresden, NJW-RR 2013, 27, 28.

166 Vgl. im Allgemeinen zur Begründung und der Reichweite von Schutzpflichten *Canaris*, JZ 1965, 475 ff.

167 *Canaris*, in: Schulze/Schulte-Nölke, S. 43, 59; *Canaris*, JZ 2001, 499, 506.

168 *Riehm*, in: FS Canaris, 2017, S. 345, 346.

169 Vgl. zur mietrechtlichen Situation *Streyl*, in: Schmidt-Futterer, BGB § 546 Rn. 1 ff.

wenn dieser nicht gleichzeitig die Herausgabe der Inhalte durchsetzen könnte. Dagegen spricht die Natur von Schutzpflichten, die normalerweise nicht zu einer Leistung berechtigen. Doch ist mittlerweile anerkannt, dass auch nachvertragliche Pflichten zu einer Handlung verpflichten können.[170] Dies soll insbesondere bei Dauerschuldverhältnissen der Fall sein.[171]

Alternativ ist ein (nach-)vertraglicher Schadensersatzanspruch des Nutzers denkbar, bei dem dieser im Wege der Naturalrestitution die Herausgabe der Account-Daten verlangen könnte. Hier ist jedoch zu differenzieren zwischen Folgen, die schon durch das schadensersatzbegründende Ereignis selbst endgültig und unwiderruflich eintreten bzw. eingetreten sind und solchen, die durch die Naturalrestitution noch reparabel sind. Es stellt sich gewissermaßen die Frage nach dem relevanten Zeitpunkt der Pflichtverletzung, die den Schadensersatzanspruch dem Grunde nach begründet: Betrachtet man das unwiderrufliche Löschen der digitalen Accountinhalte als relevante Pflichtverletzung, ist es für die Geltendmachung eines Schadensersatzanspruches, der auf Naturalrestitution gerichtet ist, für den Nutzer zu spät. Dem Nutzer steht dann zwar ein Schadensersatzanspruch dem Grunde nach zu; er kann jedoch in tatsächlicher Hinsicht nicht (mehr) die Herausgabe der Inhalte im Wege der Naturalrestitution verlangen, da diese mit dem Entstehen des Schadensersatzanspruchs nicht mehr möglich ist. Das Entstehen des Schadensersatzanspruchs und die *Unmöglichkeit der Naturalrestitution* fallen in zeitlicher Hinsicht zusammen. Vorher fehlt es demgegenüber an einer Pflichtverletzung. Die vorbeugende Geltendmachung eines Schadensersatzanspruchs ist nicht möglich. Geht es um die unwiderrufliche Löschung der Inhalte, bedarf es daher eines quasivertraglichen Anspruchs des Nutzers, der zeitlich dieser Situation vorgelagert ist und diese gegebenenfalls unwiderrufliche Folgen vorbeugt. Soweit der Dienstean-

170 *Herresthal*, in: BeckOGK, BGB § 311 Rn. 491; zur nachvertraglichen Versorgungspflicht des Vermieters siehe BGH, NJW 2009, 1947.

171 *Bachmann*, in: MükoBGB, BGB § 241 Rn. 109 f.

bieter die Herausgabe der Inhalte (nur) endgültig und ernsthaft verweigert, ohne sie endgültig gelöscht zu haben, kann dies wiederum als Pflichtverletzung gesehen werden, sodass hier ein Schadensersatzanspruch ausreichend wäre. Das gleiche gilt für Anmeldeinformationen zum Account, die der Diensteanbieter dem Nutzer vorenthält.

cc. Weitere Nutzung nach Vertragsbeendigung aufgrund von § 327p BGB-RefE

Auf diese freilich unsichere Rechtslage reagiert nunmehr auch das oben zitierte Gesetzesvorhaben zur Umsetzung der Richtlinie (EU) 2019/2161. Um sie zu manifestieren, behandelt der neue § 327p BGB-RefE die *weitere Nutzung nach Vertragsbeendigung*. Durch § 327p Abs. 3 BGB-RefE erhält der Verbraucher einen Anspruch auf »Übermittlung der von ihm im Rahmen der Nutzung des digitalen Produkts bereitgestellten und erstellten Inhalte, die keine personenbezogenen Daten sind.[172] Für personenbezogene Daten enthält Art. 20 der DSGVO eine entsprechende (abschließende)[173] datenschutzrechtliche Anspruchsgrundlage. § 327p Abs. 3 S. 3 BGB-RefE enthält Regelungen über die Modalitäten für die Erfüllung des Anspruchs aus § 327p Abs. 3 S. 1 BGB-RefE, wonach u. a. die Daten in einem maschinenlesbareren Format zu übermitteln sind.[174] Nach wortlautgetreuer Auslegung wäre es demnach zur Erfüllung des Anspruchs durch den Diensteanbieter ausreichend, wenn dieser dem Nutzer einen Datenträger übermittelt, auf dem die bereitgestellten und erstellten Inhalte gespeichert sind. Insofern handelte es sich gerade nicht um eine *weitere Nutzung* des *digitalen Produkts* im Sinne des § 327 BGB-RefE, sondern quasi um ein Zielschuldverhältnis im engeren Sinne. Inhaltlich umfasst der Anspruch – wie oben bereits angedeutet – nicht-personenbezogene Daten. Von der Neuregelung sollen »digitale Bilder, Video- und Audiodateien oder auf mobilen Geräten erstelle Inhalte«

172 Referentenentwurf (vgl. Fußnote 139), S. 82.
173 Referentenentwurf (vgl. Fußnote 139), S. 80.
174 Referentenentwurf (vgl. Fußnote 139), S. 83.

umfasst sein; also solche Daten, bei denen sich »auch unter Zuhilfenahme von Metadaten kein Personenbezug herstellen lässt.«[175] Nicht unmittelbar unmfasst werden nach dem Wortlaut somit Daten, die bereits im Anwendungsbereich des Art. 20 DSGVO liegen. Der Anwendungsbereich der Norm ist damit entsprechend klein.

dd. Zusammenfassung

Letztlich ist die Frage, ob mit der Beendigung des Nutzungsverhältnisses ein Abwicklungsverhältnis entsteht oder (nur) ein nachvertragliches Schuldverhältnis nachwirkt, von akademischer Natur. Dogmatisch lässt sich die Annahme eines *Abwicklungsverhältnisses* aufgrund des bestehenden Bedürfnisses der Parteien besser begründen. Hierfür spricht das mietvertragliche Element, das den hier behandelten Nutzungsverhältnissen grundsätzlich innewohnt.

Doch selbst wenn man ein Abwicklungsverhältnis ablehnen wollte, stünden dem Nutzer Schutzpflichten aus der *culpa post contractum finitum* zu. Es lässt sich dogmatisch zwar schwieriger begründen, aus diesem nachvertraglichen Schuldverhältnis Forderungsrechte herzuleiten, doch letztlich muss sich auch abgesehen von etwaigen dogmatischen Argumenten das logische Argument durchsetzen: Wenn man zu Recht eine nachvertragliche Pflicht des Anbieters annimmt, die Inhalte für eine gewisse Dauer nicht zu löschen, muss der Nutzer gleichzeitig die Möglichkeit haben, die Inhalte herauszuverlangen oder zumindest für diese Dauer noch auf die Server zuzugreifen. Dazu kann argumentiert werden, dass die Grenze zwischen Leistungspflicht und Schutzpflicht per se nicht scharf gezogen, sondern durchaus fließend ist und sogar Überschneidungen möglich sind. Daraus lässt sich folgendes Ergebnis ableiten: Die nachvertragliche Pflicht, etwas nicht zu tun, was für Schutzpflichten typisch ist, kann zumindest dann mit einem Forderungsrecht korrespondieren, wenn die Verhaltenspflicht

175 Referentenentwurf (vgl. Fußnote 139), S. 81.

hinreichend konkretisiert ist und die Durchsetzung der Unterlassenspflicht für den Gläubiger alleine sinnlos wäre.

In den gegenständlichen Fällen kann somit zum einen ein (post)-vertragliches Abwicklungsverhältnis als Schuldverhältnis im weiteren Sinne angenommen werden. Gegenstand dieses Schuldverhältnisses ist dessen Abwicklung, wozu die Herausgabe gespeicherter Inhalte[176] an den Nutzer gehört. Insoweit besteht eine Parallele zum Mietrecht. Dazu treten nachvertragliche Ansprüche, die selbstständig neben dem Abwicklungsverhältnis stehen. Sie stünden dem Nutzer selbst dann zu, wenn ein Abwicklungsverhältnis abzulehnen wäre, da sie ihren eigenen Rechtsgrund in der *culpa post contractum finitum* tragen. Dieses Ergebnis lässt sich auch auf andere Bereiche übertragen: Es spricht jedenfalls viel dafür, dass es beispielsweise auch einem Arbeitnehmer aufgrund des (gekündigten) Arbeitsverhältnisses gestattet sein muss, privat gespeicherte Inhalte von seinem Dienstcomputer zu sichern. Dieser Anspruch ergibt sich aus einer Nebenpflicht des Arbeitgebers.

2. Gesetzliche Ansprüche

Zudem sind Ansprüche denkbar, die sich direkt aus dem Gesetz ergeben und mit den o. g. vertraglichen Ansprüchen konkurrieren können. Solche Ansprüche könnten die Accountinhalte in verkörperter Form oder als Download zum Gegenstand haben, sodass dieser inhaltlich mit dem vertraglichen Anspruch auf Abwicklung des Nutzungsverhältnisses vergleichbar wäre.

a. Bereicherungsrechtliche Ansprüche

Wird das Nutzungsverhältnis zwischen Diensteanbieter und Nutzer beendet, ist davon auszugehen, dass nach der Beendigung noch Inhalte auf den Servern verbleiben. Während des Nutzungsverhältnisses hat

176 Ebenfalls kommen Ansprüche auf Löschung der personenbezogenen Daten des Nutzers in Betracht.

der Nutzer in die Erhebung, Speicherung und Nutzung seiner Daten eingewilligt. Daneben ist davon auszugehen, dass er Fotos, Videos und andere Dateien hochgeladen und mit anderen Nutzern kommuniziert hat. Sollte das Nutzungsverhältnis beendet werden, kommt insoweit die *condictio ob causam finitam* in Betracht, da der Diensteanbieter in Form der datenschutzrechtlichen Einwilligung sowie der (Inhalts-)Daten auf den Servern *etwas* im Sinne des § 812 BGB erlangt hat. Der Rechtsgrund für die Speicherung der Daten und die Einwilligung *fällt später* durch Beendigung des Nutzungsverhältnisses *weg* im Sinne des § 812 Abs. 1 S. 2 Alt. 1 BGB.

Allerdings hat der Diensteanbieter diese Vermögensmehrung nicht *durch Leistung* erlangt: Zwar wird das fremde Vermögen zumindest potenziell *bewusst* gemehrt, indem der Nutzer durch die Verwendung der Dienste Daten auf den Servern des Diensteanbieters anhäuft, dennoch ist diese Leistung nicht *zweckgerichtet*. Abgesehen vom datenschutzrechtlichen Einverständnis dient die Kommunikation oder das Hochladen von Fotos nicht dem Zweck, eine Verbindlichkeit zu tilgen oder ein Rechtsverhältnis zu begründen.[177] Grundsätzlich kann man annehmen, dass die Nutzung der Dienste ausschließlich im Eigeninteresse stattfindet. Aber auch in Hinblick auf bestehende Konkurrenzfragen ergäben sich bei der Anwendung der *condictio ob causam finitam* Probleme, da wie oben gesehen bereits vertragliche Regelungen zur Vertragsabwicklung bestehen können.[178] Ansprüche aus Bereicherungsrecht sind jedenfalls vererblich.[179]

b. Datenschutzrechtliche Ansprüche

Bis zum Inkrafttreten der Datenschutzgrundverordnung am 25.5.2018 galt in der Europäischen Union die Datenschutzrichtlinie (RL 95/46/EG), die in ihrem Art. 12 ein Auskunftsrecht vorsah. Betroffene Perso-

177 Vgl. im Allgemeinen zum bereicherungsrechtlichen Leistungsbegriff: *Wendehorst*, in: BeckOK BGB, BGB § 812 Rn. 47 f.

178 *Wendehorst*, in: BeckOK BGB, BGB § 812 Rn. 82.

179 Siehe nur BGH, NJW 2013, 2025.

nen sollten ein *Auskunftsrecht hinsichtlich der sie betreffenden Daten, die Gegenstand einer Verarbeitung sind, haben.*[180] Mit dem Inkrafttreten der Datenschutzgrundverordnung wurde der Auskunftsanspruch im Art. 15 DSGVO im Vergleich zu seiner oben genannten Vorgängervorschrift ausgeweitet.[181] Art. 15 DSGVO nimmt jedoch nur solche personenbezogenen Daten in den Blick, die Informationen über die vertraglichen Beziehungen der Nutzer enthalten. Er ist nicht auf die Kommunikationsinhalte, auf die sich das Begehr der Erben in tatsächlicher Hinsicht bezieht, gerichtet. Er erscheint somit – in Hinblick auf das Begehr der Erben – weniger zielführend als der Anspruch aus Art. 20 DSGVO, wonach die betroffene Person das Recht hat, diejenigen Daten zu erhalten, die sich auf sie beziehen.[182] Dazu gehört unter anderem auch der Inhalt eines E-Mail-Accounts oder die Daten aus einem sozialen Netzwerk.[183] Zur Durchsetzung dieses Anspruchs müssten die Erben des Nutzers jedoch aktivlegitimiert sein oder als *betroffene Personen* im Sinne der Vorschrift gelten[184] bzw. müssten auch diese Betroffenenrechte im Wege der Nachfolge von Todes wegen auf die Erben übergehen. Nach ErwG 27 zur DSGVO ist es jedoch (erst) den Mitgliedstaaten überlassen, Regelungen für die Verarbeitung personenbezogener Daten *Verstorbener* zu erlassen, was im Umkehrschluss bedeutet, dass die DSGVO keine Regelung zu Daten dieser Kategorie trifft. Hier kann der nationale Gesetzgeber eine Vorschrift zum postmortalen Datenschutz bzw. *einer datenschutzrechtlichen Aktivlegitimation* schaffen, die eine Durchsetzung des Anspruchs aus Art. 20 DSGVO durch die Erben ermöglicht.[185] § 327p BGB-RefE könnte als eine solche Schnittstelle fungieren, indem die Instrumente des Art. 20 DSGVO zusätzlich in

180 ErwG Nr. 41, Art. 12 Datenschutzrichtlinie RL 95/46/EG.
181 *Dix*, in: Simitis Datenschutzrecht, DSGVO, Art. 15 Rn. 5.
182 *Dix*, in: Simitis Datenschutzrecht, DSGVO, Art. 20 Rn. 11.
183 *Dix*, in: Simitis Datenschutzrecht, DSGVO, Art. 20 Rn. 11.
184 *Dix* sieht das Problem demgegenüber in der Vererblichkeit der Betroffenenrechte, siehe *Dix*, in: Simitis Datenschutzrecht, DSGVO Art. 15 Rn. 9.
185 *Dix*, in: Simitis Datenschutzrecht, DSGVO Art. 15 Rn. 9.

§ 327p BGB-RefE implementiert werden. Ohnehin ist § 327p BGB-RefE bereits jetzt regelungstechnisch dem Art. 20 DSGVO ähnlich und bezieht sich zur Abgrenzung zu Art. 20 DSGVO abschließend auf Inhalte, die nicht personenbezogene Daten sind.[186] Die Vererblichkeit eines zivilrechtlichen Anspruchs, der sich auf datenschutzrechtliche Betroffenenrechte bezüglich personenbezogener Daten bezieht, wäre sicherlich einfacher zu begründen als ein reines datenschutzrechtliches Betroffenenrecht. Daher wäre es wünschenswert, *personenbezogene Daten* ausdrücklich in den Anwendungsbereich des § 327p BGB-RefE mitaufzunehmen, um bezüglich beider Datenkategorien eine Kohärenz im vertragsrechtlichen Bereich zu schaffen.[187] Es handelte sich dann um einen datenschutzrechtlichen Anspruch, der auch ein zivilrechtliches Gewand trüge. Diesbezüglich bestehen allerdings aufgrund des vollharmonisierenden Charakters der o. g. Richtlinie (EU) 2019/770 betreffend digitale Inhalte und digitale Leistungen erhebliche Bedenken an der europarechtskonformen Umsetzbarkeit.

3. Absolute Rechte an digitalen Hinterlassenschaften

Neben den vertraglichen Ansprüchen kommen auch absolute Rechte oder Immaterialgüterrechte an den Accounts oder Inhaltsdaten in Betracht, die nach § 1922 Abs. 1 BGB auf die Erben übergehen könnten. Wie bereits festgestellt gehen die dinglichen Rechte des Erblassers an den Speichermedien respektive der Hardware als sachenrechtliche Rechte auf die Erben über.[188] Es ist jedoch fraglich, ob an den Accounts und Daten selbst Eigentums- oder Urheberrechte bestehen.

186 So aussdrücklich der Referentenentwurf (vgl. Fußnote 139), S. 80.

187 Vgl. *Wendehorst*, Stellungnahme zu zwei Referentenentwürfen des Bundesministeriums der Justiz und für Verbraucherschutz (BMJV) v. 30.11.2020, S. 14.

188 *Brisch/Müller-ter Jung*, CR 2013, 446; *Stresemann*, in: MükoBGB, BGB § 90 Rn. 25; *Bock*, AcP 217 (2017), 370, 376.

a. Sachenrechtliche Rechte an Accounts und Kommunikationsinhalten

Derzeit ist ein *Eigentum an Daten* Gegenstand der wissenschaftlichen Diskussion.[189] Mangels Sachqualität von Daten, Kommunikationsinhalten oder den Accounts selbst scheidet ein sachenrechtlicher Anspruch auf Herausgabe jedoch aus. Sachen gemäß § 90 BGB sind nur Gegenstände, die räumlich abgrenzbar und in den drei Aggregatzuständen *flüssig, fest oder gasförmig* zu finden sind;[190] die gegenständlichen digitalen Hinterlassenschaften bestehen demgegenüber aus elektrischer Spannung[191] und sind somit keine Sachen.

Auch *Kutscher* nimmt insoweit insgesamt richtigerweise an, dass an den Accounts keine absoluten Rechte bestehen.[192] Der denkbare Vergleich mit der Rechtsprechung[193], die bei verkörperter Software von ihrer Sachqualität ausgeht, kommt hier nicht zum Tragen, da die Accounts und Daten zum einen nicht verkörpert sind und sie darüber hinaus nicht als Computerprogramm eingeordnet werden können.[194] De lege lata und auch zukünftig ist ein Anspruch auf Herausgabe der personenbezogenen Daten oder Kommunikationsinhalte als Gegenstände eines sachenrechtlichen Rechts nicht zu erblicken.

b. Persönlichkeitsrecht und Urheberrechte

Neben den Eigentumsrechten kommen weiterhin Immaterialgüterrechte in Betracht, die als absolute Rechte ausgestaltetet sind.[195] Sie zeichnen sich dadurch aus, dass sie auf Dritte übertragbar und lizen-

189 Siehe nur zur aktuellen Diskussion um ein Dateneigentumsrecht den Bericht der Arbeitsgruppe Digitaler Neustart, S. 29 ff.; *Hoeren*, MMR 2019, 5; *Fezer*, MMR 2017, 3; *Riehm*, VersR 2019, 714; *Pockhardt*, S. 152 ff.

190 OLG Brandenburg, NJW-RR 2020, 54; *Ellenberger*, in: Palandt, BGB § 90 Rn. 1; Bericht der Arbeitsgruppe Digitaler Neustart, S. 332 ff.

191 LG Konstanz, NJW 1996, 2662.

192 *Kutscher*, S. 44.

193 BGH, NJW 2007, 2394.

194 Siehe zum Ganzen: *Kutscher*, S. 22 ff.; 44.

195 *Bock*, AcP 217 (2017), 370, 376.

sierbar sind.[196] Insofern unterscheiden sie sich von den Persönlichkeitsrechten.[197] Auch in der Nachfolge von Todes wegen zeigt sich ein Unterschied zu den Persönlichkeitsrechten: Während das Urheberpersönlichkeitsrecht als fest verbundener Teil des Urheberrechts nach § 28 Abs. 1 UrhG vererblich ist,[198] wird das postmortale Persönlichkeitsrecht von den nächsten Angehhörigen des Erblassers wahrgenommen.[199]

Um auf der Grundlage der §§ 28 Abs. 1, 30 UrhG Zugang zum Account oder den Inhalten verlangen zu können, müsste es sich hierbei um Werke im Sinne des Urheberrechts handeln. Das Urheberrecht schützt gemäß § 1 UrhG *Werke der Literatur, Wissenschaft und Kunst*. § 2 Abs. 1 UrhG gibt eine nicht abschließende (»insbesondere«) Aufzählung der geschützten Werke.[200] § 2 Abs. 2 UrhG definiert Werke hingegen *als persönliche geistige Schöpfungen*.

Im Schrifttum wird teilweise einheitlich vertreten, den Accounts fehle es an der notwendigen Schöpfungs- oder Gestaltungshöhe, der Account sei vielmehr eine *bloße Zuordnungsstruktur*.[201] Auch ein Schutz als Computerprogramm im Sinne des § 69a Abs. 3 UrhG komme nicht in Betracht, da nicht der Account als Schutzgegenstand zu sehen sei, sondern das hinter diesem liegende Computerprogramm.[202] Das Kriterium der Gestaltungshöhe als qualitatives Kriterium wurde jedoch infolge der Rechtsentwicklung als überholt erachtet, da es nicht mit EU-Recht vereinbar sei.[203] Dennoch wird es den Accounts aber bereits am *geistigen Gehalt* fehlen, da sie vom Inhaber nicht als

196 *Schack*, S. 10 f. Rn. 21
197 *Schack*, S. 10 f. Rn. 19, 21.
198 Das gleiche gilt für Patentrechte (§ 15 Abs. 1 PatG), Markenrechte (§ 27 Abs. 1 MarkenG), Gebrauchsmuster (§ 22 Abs. 1 GebrMG) sowie Geschmacksmuster (§ 29 GeschmMG).
199 *Schack*, S. 23 Rn. 45, 649; *Spautz/Götting*, in: BeckOK UrhR, UrhG § 28 Rn. 2.
200 *Schack*, S. 102 Rn. 180.
201 *Kutscher*, S. 42 ff.; *Bock*, AcP 217 (2017), 370, 377.
202 *Kutscher*, S. 43.
203 *Schack*, S. 103 Rn. 182.

Ausdruck des individuellen Geistes gewollt sind und als solche auch nicht empfunden werden.[204]

Etwas anderes kann für die *Accountinhalte* gelten, wenn diesen persönliche, vom Werkbegriff umfasste, geistige Schöpfungen innewohnen;[205] bspw. wenn der Nutzer in seinen privaten Nachrichten Gedichte oder andere Schriftstücke (Sprachwerke im Sinne des § 2 Abs. 1, 2 UrhG) verfasst, die sich nur durch eine Inaugenscheinnahme der Accountinhalte erreichen lassen.[206] Besonders deutlich wird dieser Gesichtspunkt, wenn man daran denkt, dass viele Künstler ihre Werke in Synchronisierungsprogrammen bzw. Clouds wie *iCloud* oder *OneDrive* speichern. Demgegenüber dürften Bestands- und Verkehrsdaten urheberrechtlich nicht relevant sein. Hier bleibt es dabei, dass das Recht des Urhebers inklusive dem Urheberpersönlichkeitsrecht auf die Erben übergeht.[207]

Von der Prämisse ausgehend, hinter einem Nutzungsverhältnis zwischen Nutzer und Diensteanbieter verbergen sich im Sinne des § 2 Abs. 1, 2 UrhG urheberrechtlich geschützte Werke, stellt sich die Frage, wie die Erben ihre aus § 30 UrhG folgenden Rechte ausüben können. Schließlich müssten diese zunächst Kenntnis von den Werken erlangen und dann vom Diensteanbieter Zugriff erhalten. In den Fällen, in denen den Urhebern oder seinen Rechtsnachfolgern die Herrschaftsmacht über das Werk entzogen ist, kann § 25 Abs. 1 UrhG Abhilfe schaffen. Hiernach kann der Urheber vom Besitzer des Originals oder Vervielfältigungsstückes verlangen, dass dieser ihm das Original oder das Vervielfältigungsstück zugänglich macht. Dieser Anspruch besteht allerdings nur, soweit dies zur Herstellung

204 Zum Begriff des Geistigen Gehalts siehe ausführlich *Schack*, S. 104 Rn. 185.

205 Grundsätzlich handelt es sich bei gewöhnlichen Chatverläufen und E-Mails nicht um Werke im Sinne des Urheberrechts, da ihnen eben wie den Accounts selbst der geistige Gehalt fehlen wird, siehe schon *Bock*, AcP 217 (2017), 370, 381; *Budzikiewicz*, AcP 218 (2018), 558, 568.

206 Zudem kommen Urheberrechte an Fotos und Videos in Betracht, wenn sie Lichtbild- oder Filmwerke im Sinne des § 2 Abs. 1 Nr. 5, 6 UrhG sind, vgl. dazu im Ganzen, *Bock* AcP 217 (2017), 370, 381, *Budzikiewicz*, AcP 218 (2018), 558, 568.

207 *Spautz/Götting*, in: BeckOK UrhR, UrhG § 28 Rn. 1.

von Vervielfältigungsstücken oder Bearbeitungen des Werkes erforderlich ist und nicht berechtigte Interessen des Besitzers entgegenstehen. Solche berechtigten Gegeninteressen können in persönlichkeitsrechtlichen Gründen liegen.[208] Die Beweislast für das Vorliegen dieser Gegeninteressen trägt der Besitzer der Werkstücke,[209] also hier der Diensteanbieter.

Es muss weiterhin gefragt werden, welche Anforderungen an den Nachweis, dass der Zugang (zum Account oder zu den Daten) zu dem vorgetragenen Zwecke erforderlich ist, zu stellen sind. Es soll dahingehend jedenfalls darüber Einigkeit bestehen, dass der Anspruch des § 25 UrhG nicht ausgehebelt werden darf.[210] Demgemäß wird angenommen, dass die Beweislast des Urhebers auf die plausible Mitteilung von Gründen zu beschränken sei, die den Werkzugang erforderlich erscheinen lassen.[211] Demgegenüber hat der Besitzer darzulegen und zu beweisen, dass der Zugang gerade nicht zur Erfüllung des geltend gemachten Zugangszwecks erforderlich ist.

In der Frage, ob sich ein etwaiger Zugang zum Account des Nutzers mit den in § 25 Abs. 1 UrhG genannten einschränkenden Zwecken vereinbaren lässt, liegt aus Sicht des Urhebers allerdings die Schwierigkeit dieses Weges. Schließlich liegt es mutmaßlich nicht im Kerninteresse der Erben, das Werk zu bearbeiten (§§ 3, 23 UrhG) oder Vervielfältigungsstücke anzufertigen (§ 16 UrhG). Diese genannten Zwecke stellen aber gerade eine abschließende Aufzählung der Gründe dar, weshalb dem Urheber ein Zugangsanspruch nach § 25 UrhG gewährt werden muss.[212] Aus dem (postmortalen) Persönlichkeitsrecht ergibt sich ebenso kein Anspruch auf Herausgabe der Daten in verkörperter Form oder Zugang zum Account. Das Recht der nächsten Angehörigen zur Wahrnehmung des postmortalen Persönlichkeitsrechts beschränkt sich allein auf Abwehr- bzw. Unterlassungsansprüche

208 *Schack*, S. 211 Rn 406.
209 *Freudenberg*, in: BeckOK UrhR, UrhG § 25 Rn. 41.
210 *Freudenberg*, in: BeckOK UrhR, UrhG § 25 Rn. 41.
211 *Freudenberg*, in: BeckOK UrhR, UrhG § 25 Rn. 41.
212 *Freudenberg*, in: BeckOK UrhR, UrhG § 25 Rn. 41.

gegen Verletzungen;[213] eigene Forderungsrechte lassen sich hieraus nicht ableiten,[214] sodass weder die Erben noch die nächsten Angehörigen Ansprüche auf Zugang zum Account oder den Inhalten aus dem postmortalen allgemeinen Persönlichkeitsrecht ableiten können.[215]

4. Zusammenfassung

Für die Erben erscheint es am zielführendsten, vertragliche Ansprüche gegen den Diensteanbieter geltend zu machen. Denn hier liegen die stärksten, ursprünglich beim Erblasser entstandenen Ansprüche, die einen umfassenden Zugang zum Nutzerkonto und den Inhalten ermöglichen können. Diese vertraglichen Ansprüche können in zweierlei Hinsicht ausgestaltet sein: Entweder geht das Nutzungsverhältnis im weiteren Sinne als ein Rechts- und Pflichtenbündel vollständig auf die Erben über, sodass diese die gesamten Ansprüche aus diesem Vertragsverhältnis geltend machen könnten. Dazu gehört unter anderem auch die Einräumung der Nutzungsfunktionen des Dienstes mit allen Folge- und Nebenansprüchen. Geht man von dem Tod als Beendigungsgrund für das Nutzungsverhältnis aus, wäre ein Anspruch auf Download der Inhalte im Rahmen eines Abwicklungsverhältnisses zumindest denkbar. Ansprüche aus absoluten Rechten sowie andere gesetzliche Ansprüche, die sich gezielt auf die Accounts und deren Inhalte richten, sind zwar denkbar, scheitern aber bereits aus verschiedenen Gründen auf rechtlicher Ebene.

Weiterhin käme ein datenschutzrechtlicher Auskunftsanspruch in Betracht. Dazu müssten aber die *Betroffenenrechte* ebenso wie die Ansprüche aus dem Nutzungsverhältnis vererblich sein.

---

213 *Pruns*, ErbR 2018, 550, 554.

214 *Budzikiewicz*, AcP 218 (2018), 558, 567.

215 Bericht der Arbeitsgruppe Digitaler Neustart, S. 29; *Herzog*, in: Stellungnahme DAV, S. 33; *Budzikiewicz*, AcP 218 (2018), 558, 573.

2. Teil: Erbrechtliche Analyse

Nachdem nun festgestellt ist, dass dem Nutzer zu Lebzeiten verschiedene Ansprüche gegen den Diensteanbieter zustehen, geht es in diesem Teil um die Vererblichkeit dieser Ansprüche. Vererblichkeit in diesem Sinne meint die Frage, ob die gegenständlichen Ansprüche Gegenstand des gesetzlichen Regelfalls sind, also gemäß § 1922 Abs. 1 BGB auf die Erben übergehen können. Im Fokus stehen dabei Fälle, in denen die Daten auf Grundlage eines Nutzungsverhältnisses fremdgespeichert sind. Ob die am Vertrag beteiligten Parteien den gesetzlichen Regelfall modifizieren können, wird Gegenstand des darauffolgenden dritten Teils sein.

A. Grundlegung: Erbrecht und Universalsukzession

Bei digitalen Hinterlassenschaften handelt es sich nicht um eine Materie, die in einem rechtlichen Sinne speziell ist und der eine rechtliche Sonderstellung eingeräumt wird.[216] Gewissermaßen ist der sog. digitale Nachlass dem analogen Nachlass aus der Sicht des Erbrechts gleichgestellt.[217] Das heißt, dass sich die Frage nach der Vererblichkeit *de lege lata* am gewöhnlichen, bzw. einfachgesetzlichen Erbrecht des BGB bemisst. Das deutsche Erbrecht steht auf der Grundlage des im Dezember 1887 vorgelegten Teilentwurfs von *Gottfried Schmitt*, welcher wiederum *Friedrich Mommsens* Werk, den *Entwurf eines Deutschen Rechtsgesetzes über das Erbrecht nebst Motiven* von 1876, in weiteren Teilen berücksichtigte.[218] Beide Werke stehen im Lichte ihrer geschichtlichen Entwicklung, in der die Historische Rechtsschule sowie die Pandektistik großen Einfluss auf die Rechtsentwicklung nahmen. Die Pandektistik beruht auf der Rezeption des römischen Rechts und hat auch das heutige Erbrecht geprägt.[219] Der erste Entwurf zum BGB-Erbrecht sollte sich durch begriffliche Klarheit und praktikable Lösungen auszeichnen.[220] Inhaltlich stand er primär für die Anerkennung der *Testierfreiheit* und deren Verhältnis zur *Familiengebundenheit* des Vermögens. Auch heute gehören diese Grundstrukturen zum Wesen des deutschen Erbrechts.[221]

216 So auch *Budzikiewicz*, AcP 218 (2018), 558, 563; *Bock*, AcP 217 (2017), 370, 373.

217 *Günther*, ErbStB 2018, 379, 380; *Singer*, NWB 2018, 2495.

218 *Andres*, S. 15.

219 *Hagemann*, in: HRG Bd. I, Stichwort: Erbrecht, Sp. 1377 ff. Römischrechtlich tradiert ist die Anerkennung der Testierfreiheit, das Noterben- und Pflichtteilsrecht sowie die Universalsukzession.

220 *Otte*, in: Staudinger, BGB Einl. Erbrecht Rn. 28.

221 *Papier/Shirvani*, in: Maunz/Dürig, 87. EL März 2019, GG Art. 14 Rn. 409.

I. Verfassungsrechtliche Grundlagen und Funktionen des Erbrechts

Die verfassungsrechtliche Gewährleistung des Erbrechts ergibt sich aus Art. 14 Abs. 1 GG. Das Grundgesetz garantiert, neben dem Eigentum, das Erbrecht sowohl als Rechtsinstitut wie auch als subjektives Recht (z. B. in Form der Testierfreiheit des Erblassers).[222] Weil Eigentum und Erbrecht im Gegensatz zur Weimarer Reichsverfassung, in der das Erbrecht in einem eigenständigen Artikel gewährleistet war, in einem Artikel zusammengefasst sind, liegt regelungstechnisch für beide Gewährleistungen ein gemeinsamer formaler sowie sachlicher Kontext nahe.[223] Sowohl Eigentum als auch Erbrecht bilden gleichermaßen essentielle Grundelemente einer freien und auf Privatautonomie basierenden *Vermögens- und Gesellschaftsordnung*.[224] Grundlegend für die Erbrechtsgarantie und auch für die vom allgemeinen Erbrecht des BGB abweichenden (Sonder-)Zuweisungsvorschriften[225] ist die Funktion des Erbrechts, das Privateigentum als Grundlage der eigenverantwortlichen Lebensgestaltung[226] mit dem Tode des Eigentümers nicht untergehen zu lassen, sondern den Fortbestand des Nachlasses im Wege der Rechtsnachfolge zu sichern.[227] Zur Erfüllung dieses Zweckes ist dem Erblasser im Wege der *Testierfreiheit* eine umfassende *Verfügungsbefugnis* als Element der Sicherung der persönlichen Freiheit[228] eingeräumt, mit welcher er das Schicksal seines Vermögens nach dem Tod für die Erben als Privatvermögen sichern kann.

222 *Papier*, in: Maunz/Dürig, 81. EL September 2017, GG Art. 14 Rn. 295.

223 *Papier/Shirvani*, in: Maunz/Dürig, 87. EL März 2019, GG Art. 14 Rn. 404.

224 *Papier*, in: Maunz/Dürig, 90. EL Februar 2020, GG, Art. 14 Rn. 295; Siehe auch BVerfGE, 67, 329, 348; NJW 1985, 1455.

225 Zum Beispiel ist das Landwirtschaftserbrecht in einem Teil der Bundesrepublik Deutschland durch partielles Bundesrecht (HöfeO) oder Landesrecht besonders geregelt.

226 Vgl. BVerfGE, 67, 329, 348; NJW 1985, 1455.

227 BVerfGE, 91, 34; NJW 1995, 2977.

228 BVerfGE, 91, 34; NJW 1995, 2977, 2978.

Auch werden durch das Erbrecht die Interessen der Allgemeinheit geschützt. Rechtspositionen, die etwa einen negativen Wert haben, wie etwa Schulden des Erblassers, erlöschen grundsätzlich nicht mit dem Tod des Inhabers oder werden herrenlos, sondern gehen wie die Aktiva auf die Rechtsnachfolger des Erblassers über. Der Untergang oder das Erlöschen negativer Nachlasspositionen hätte sonst zur Folge, dass eventuelle Kosten, die beim Erblasser entstanden sind und daher dem Nachlass entspringen, der Allgemeinheit (bzw. dem Fiskus gemäß § 1936 BGB) oder den Gläubigern des Erblassers persönlich zu Last fielen.[229] Insofern erfüllt das Erbrecht bzw. die Universalsukzession eine Kontinuitäts- und Zuordnungsfunktion.[230]

Der verfassungsrechtliche Schutz des Eigentums umfasst konkrete »vermögenswerte Positionen«, die durch die Entfaltung »eines Leistungswillens« entstanden sind.[231] Dabei kommt es nicht darauf an, ob es sich um dingliche oder sonstige absolute Rechte handelt; auch Forderungen des Erblassers fallen unter den Schutz von Art. 14 GG.[232] Er ist auch nicht auf bestimmte vermögenswerte Rechte beschränkt; unter den Schutz von Art. 14 GG fallen vielmehr »alle *vermögenswerten Rechte*, die dem Berechtigen von der Rechtsordnung so zugeordnet sind, dass dieser die damit verbundenen Befugnisse nach eigenverantwortlicher Entscheidung zur seinem privaten Nutzen ausüben darf.«[233] Darüber hinaus umfasst das Erbrecht die Testierfreiheit des Erblassers, also das Recht einer Person, die ihr zustehenden Vermögensgegenstände an diejenige Person zu vererben, an die sie diese vererben möchte.[234] Auch schützt das Erbrecht das Recht der Erben, die vererbten Gegenstände auch tatsächlich zu erhalten.[235]

229 *Muscheler*, S. 1.
230 *Muscheler*, S. 1 f.
231 BVerfGE, 31, 229, 240 f.; 51, 193, 218.
232 BVerfG, NJW 1977, 2012 – Kaufpreisanspruch; 1986, 1603 – steuerlicher Erstattungsanspruch.
233 BVerfG, NJW 1991, 1807; Jarass, in: Jarass/Pieroth, GG Art. 14 Rn. 5 f.; *Herzog*, in: Stellungnahme DAV 34/2013, S. 30.
234 Jarass, in: Jarass/Pieroth, GG Art. 14 Rn. 102.
235 BVerfGE, 91, 346, 360; 97, 1, 6.

Eigentum sowie institutionelle Erbrechtsgarantie unterliegen der Inhalts- und Schrankenbestimmung des Art. 14 Abs. 1 S. 2 GG. Für das Erbrecht sind beispielsweise die Familiengebundenheit in Gestalt des gesetzlichen Erbrechts des Ehegatten, das Pflichtteilsrecht der nächsten Angehörigen oder die Pflicht zur Zahlung der Erbschaftsteuer zu nennen. Der Erblasser kann infolgedessen nicht gänzlich allumfassend über sein Vermögen verfügen, sondern ist durch eben jene Verpflichtungen in seinem *subjektiven Erbrecht* eingeschränkt.[236] Ein Eingriff in das Recht der Erben kann hingegen praktisch erst dann gegeben sein, wenn der Erbfall, also der Tod des Erblassers, eingetreten ist oder der Erbe einen rechtlich gesicherten Anspruch auf die Erbschaft hat.[237] Die Grundrechte des Grundgesetzes stellen nach der ständigen Rechtsprechung des Bundesverfassungsgerichts eine objektive Wertentscheidung dar, die auf das einfache Recht ausstrahlen und somit eine *mittelbare (horizontale) Drittwirkung* entfalten.[238] Somit können diese verfassungsrechlichen Grundprinzipien des Erbrechts im Grundsatz für die Auslegung der erbrechtlichen Normen des Zivilrechts relevant sein. Besonderses Augenmerk ist diesbezüglich auf unbestimmte Rechtsbegriffe – namentlich auf die zivilrechtlichen Generalklauseln[239] – zu legen wie zum Beispiel der Begriff der unangemessenen Benachteiligung in § 307 Abs. 1 BGB einen solchen darstellt.

236 Siehe zum Verhältnis von Grundgesetz Erbschaftssteuer, *Leisner*, S. 17 ff, 39 ff.
237 Jarass, in: Jarass/Pieroth, GG Art. 14 Rn 103.
238 *Kulick*, NJW 2016, 2236 mit Verweis auf das Lüth-Urteil, BVerfG, 1958, 257 sowie BVerfG, NJW 2006, 207.
239 *Kulick*, NJW 2016, 2236.

II. Die Grundnorm des Erbrechts: § 1922 Abs. 1 BGB

Das Erbrecht ist von fünf Grundsätzen[240] beherrscht, wovon zwei *technischer Natur* sind.[241] In § 1922 Abs. 1 BGB, dem Ausgangspunkt und der primären privatrechtlichen Rechtsquelle des privaten Erbrechts, sind diese beiden technischen Grundsätze fixiert: Zum einen gilt das Prinzip der Universalsukzession, wonach das Vermögen *als Ganzes*, also ungeteilt, auf die Erben übergeht.[242] Zum anderen gilt das Prinzip des *Vonselbsterwerbs*: Die Erben erhalten die Erbschaft *ipso iure*, also ohne eine Willenserklärung oder sonstige rechtsgeschäftliche Mitwirkung des Erben.[243]

1. Die Universalsukzession und deren Funktionen

Demgemäß geht im Wege der *Gesamtrechtsnachfolge* (Universalsukzession), im Gegensatz zur Singularsukzession, nach § 1922 BGB mit dem Tode einer Person das Vermögen *als Ganzes* auf den oder die Erben über. Der Erbe bzw. die Erbengemeinschaft treten *grundsätzlich* mit dem Tod des Erblassers vollständig in *alle* Rechte und Pflichten des Erblassers ein.[244]

Zweck der Gesamtrechtsnachfolge ist es, den Nachlass als Einheit über den Tod des Erblassers hinaus zu erhalten und unverändert an die Erben zu überführen.[245] Dies liegt sowohl im Interesse der Erben als auch der Nachlassgläubiger, da hierdurch Rechtsklarheit in Hinblick auf die Zuordnungsverhältnisse des Nachlasses geschaffen

240 Die drei *materiellen* Grundsätze sind Privaterbfolge, Familien- und Verwandtenerbrecht sowie die Testierfreiheit, vgl. *Muscheler*, S. 1 f.

241 *Muscheler*, S. 1.

242 Sondererbfolgen bilden eine seltene Ausnahme, siehe *Kunz*, in: Staudinger, BGB § 1922 Rn. 28 f.

243 *Muscheler*, S. 2.

244 *Stürner*, in: Jauernig, BGB § 1922 Rn. 1; *Litzenburger*, FD-ErbR 2018, 407688.

245 OLG Hamm OLGZ 1979, 44, 45; *Hoeren*, in: HK-BGB, Vorb. zu §§ 1922–2385 Rn. 26.

wird.[246] Durch die Gesamtrechtsnachfolge lassen sich neue Rechtsträger durch die berechenbare und geschlossene Zuordnung des Nachlasses greifbar feststellen.[247] Ein nachträglicher Wechsel der Vertragspartner birgt bspw. für die Gläubiger kaum Nachteile, da sie nunmehr die Erben als neue Vertragspartner in Anspruch nehmen können oder an diese mit erfüllender Wirkung leisten können.[248] Damit erfüllt die Gesamtrechtsnachfolge eine Kontinuitäts- und Zuordnungsfunktion[249] zu Gunsten des Rechtsverkehrs.[250]

Es ergeben sich hieraus zwei elementare Ziele des § 1922 BGB: Zum sollen herrenlose Nachlässe (Fälle der *hereditas iacens*) vermieden werden.[251] Der Nachlass soll zudem nicht unnötig in verschiedene Nachlasspositionen aufgespalten werden, sondern als Einheit erhalten bleiben. Eine Ausnahme hiervon bildet lediglich die Sondererbfolge, nach welcher einzelne, besondere Rechtspositionen nach dem Erbfall einen eigenen Weg gehen.[252]

2. Grundsatz des Vonselbsterwerbs

Die Universalsukzession findet ohne den rechtsgeschäftlichen Willen der Erben oder einer Mitwirkung eines Gerichts oder Dritten statt; die Rechtsnachfolge vollzieht sich im Wege des Anfallprinzips bzw. Vonselbsterwerbs.[253] Eine Willenserklärung ist gemäß § 1945 Abs. 1 BGB nur für die Ausschlagung der Erbschaft erforderlich.

246 *Leipold*, in: MükoBGB, BGB § 1922 Rn. 145.
247 *Leipold*, in: MükoBGB, BGB § 1922 Rn. 145.
248 *Leipold*, in: MükoBGB, BGB § 1922 Rn. 145.
249 *Kunz*, in: Staudinger, BGB § 1922 Rn. 10.
250 *Muscheler*, S. 2 f.
251 *Kunz*, in: Staudinger, BGB § 1922 Rn. 12; 69b.
252 *Kunz*, in: Staudinger, BGB § 1922 Rn. 31.
253 *Hoeren*, in: HK-BGB, Vorb. zu §§ 1922–2385 Rn. 26.

3. »Vermögen« als Fundamentalbegriff des Erbrechts?

§ 1922 Abs. 1 BGB normiert ausgehend vom Wortsinn, dass das *Vermögen* auf die Erben übergeht. Es entspricht der herrschenden Meinung, dass § 1922 Abs. 1 BGB durch diesen Begriff materiellrechtlich die Frage nach der Übergangsfähigkeit bzw. Vererblichkeit einer einzelnen Rechtsposition oder Beziehung des Erblassers regelt und damit unmittelbar auch den Inhalt des Erbrechts bestimme.[254] § 1922 Abs. 1 BGB konstituiere nicht nur das *Wie* (im Wege der Universalsukzession) der Rechtsnachfolge, sondern auch das *Ob*.[255] Das *Ob* beantworte die Frage nach der Vererblichkeit einer Rechtsposition oder Rechtsbeziehung überhaupt. Für die Frage nach der Vererblichkeit einer Rechtsposition sei der in § 1922 Abs. 1 BGB enthaltene Begriff *Vermögen* folglich der *Fundamentalbegriff*. Insofern sei § 1922 Abs. 1 BGB nicht nur Leitsatz oder Grundregel, sondern treffe eine verbindliche Anordnung über den *Inhalt des Erbrechts*.[256] Hierauf aufbauend lässt sich vertreten, dass dem Zivilrecht kein für alle Bereiche des Zivilrechts geltender Vermögensbegriff (BGB-Vermögensbegriff) zugrunde liegt, sondern der erbrechtliche Vermögensbegriff spezifisch erbrechtliche Fragen, etwa über die Vererblichkeit oder Unvererblichkeit einer Rechtsposition, berücksichtigt bzw. beantwortetet und entsprechend interpretiert werden muss.[257] Demgegenüber kann vertreten werden, dass der Gesetzgeber einen in wesentlichen Zügen einheitlichen BGB-Vermögensbegriff in das BGB implementieren wollte, der für das gesamte Zivilrecht Geltung beanspruchen kann,[258] sodass spezifisch erbrechtliche Fragen, etwa über die Vererb-

254 *Stein*, in Soergel, Erbrecht, BGB § 1922 Rn. 13.

255 *Kunz*, in: Staudinger, BGB § 1922 Rn. 16; a.A. *Stein*, in: Soergel, Erbrecht, BGB § 1922 Rn. 13; *Lange/Kuchinke*, Erbrecht, S. 87; wohl i.E. auch *Kipp/Coing*, Erbrecht, S. 501f.

256 *Kunz*, in: Staudinger, BGB § 1922 Rn. 1.

257 Siehe OLG Hamm, OLGZ 1979, 44, 45; *Stein*, in: Soergel, Erbrecht, BGB § 1922 Rn. 13; *Marotzke*, in: Staudinger, 2008, BGB § 1922 Rn. 133; *Boehmer*, in: Staudinger, 1954, BGB § 1922 Rn. 67.

258 Vgl. etwa *Larenz*, Allgemeiner Teil, S. 379.

lichkeit oder Unvererblichkeit einer Rechtsposition, auf einer anderen Ebene zu beantworten wären. Demnach gehöre zum Vermögen

> »die Gesamtheit aller, auch bedingten, befristeten und zukünftigen vermögensrechtlichen Beziehungen des Erblassers, wobei den Kern des Vermögens die geldwerten Güter des Erblassers bilden.«[259]

Je nachdem, welche Bedeutung dem Wort *Vermögen* in diesem Sinne also beizumessen ist, betrifft dies auch seine Bedeutung für die vorliegende Untersuchung. Dreh- und Angelpunkt ist schließlich die Frage, ob verschiedene digitale Hinterlassenschaften vererblich sind oder ob sie mit dem Tod ihres *Inhabers* ein anderes Schicksal ereilt. Wenn diese Frage bereits von der Auslegung des § 1922 Abs. 1 BGB abhängt, besteht bereits dort Diskussionsbedarf über die Grenzziehung zwischen Vererblichkeit und Unvererblichkeit. Dieser Abschnitt widmet sich entsprechend der darauf bezogenen dogmatischen Bedeutung des § 1922 Abs. 1 BGB. Soweit es einen erbrechtsspezifischen Vermögensbegriff im BGB gibt, kann dies zur Folge haben, dass »Vermögen« im Sinne des § 1365 Abs. 1 oder § 311b Abs. 2 BGB einen anderen Inhalt haben kann als in § 1922 Abs. 1 BGB.

a. Der »klassische« Vermögensbegriff des Erbrechts

Die herrschende Meinung definiert einen erbrechtsspezifischen Vermögensbegriff in dem Sinne, dass grundsätzlich alle Rechtsbeziehungen des Erblassers einschließlich der Verbindlichkeiten von ihm umfasst sind.[260] Zu den vererblichen Rechtsbeziehungen in diesem Sinne gehört die Gesamtheit aller vermögensrechtlichen, meist verstan-

---

259 BGHZ 32, 369; *Kipp/Coing*, Erbrecht, S. 502; *Hoeren*, in HK-BGB, BGB § 1922 Rn. 2; *Kroiß*, in: NK-BGB, BGB § 1922 Rn. 7; *Larenz*, Allgemeiner Teil, S. 379 f.; *Werner*, in: Deutsches Rechtslexikon, Stichwort: Vermögen (Erbrecht), S. 4510; *Pockrandt*, S. 21.

260 BGHZ, 104, 369, 371; 32, 367, 369; *Müller-Christmann*, in: BeckOK BGB, § 1922 Rn. 12; *Lieder*, in: Erman, Bd. 2, BGB § 1922 Rn. 6; *Leipold*, in: MükoBGB, BGB § 1922 Rn. 16.

den als Summe der geldwerten, Rechtsbeziehungen.[261] Diese *geldwerten* Beziehungen bzw. Güter seien nicht ausnahmslos bzw. zwingend nur diese vererblich. Es gebe auch *nicht-geldwerte* oder *nichtvermögensrechtliche* Rechte, die vererbt werden können und auch bestimmte *Vermögenspositionen* bzw. geldwerten Rechte, die im Falle des Versterbens erlöschen.[262] Die Vererblichkeit bei geldwerten Rechten sei aber indiziert, bei Rechtspositionen, die *keinen Geldwert* haben, sei die Unvererblichkeit die Regel.[263] Auch seien *persönlichkeitsbezogene* Rechtsbeziehungen in der Regel unvererblich. *Kunz* zieht daraus den Schluss, dass dem *erbrechtlichen* Vermögensbegriff dadurch (nur) eine Art *Filterfunktion* zukomme.[264] In erster Linie müsse sich die Vererblichkeit bei allen Rechtspositionen aber nach den positiven Rechtsnormen über die Vererblichkeit richten; soweit eine solche fehle, müsse die Antwort unter Berücksichtigung des Zwecks der einzelnen Rechtsinstitute, der Interessenlage und des Prinzips der grundsätzlichen Vererblichkeit der geldwerten Vermögensrechte und der Unvererblichkeit der immateriellen Rechte ermittelt werden.[265] Der hier so bezeichnete *klassische* Vermögensbegriff geht im Kern von dem *Geldwert* aus, der den Hauptgrund bzw. die Regel für die Vererblichkeit bildet.

b. Der elastische Vermögensbegriff im Erbrecht

Einige Stimmen in der Literatur haben erkannt, dass die *schematische* Sichtweise auf den Vermögensbegriff, die im Wesentlichen auf

261 BGHZ, 104, 369, 371; 32, 367, 369; *Leipold*, in: MükoBGB, BGB § 1922 Rn. 19; *Lieder*, in: Erman, Bd. 2, BGB § 1922 Rn. 7; *Hoeren*, in: HK-BGB, BGB § 1922 Rn. 2; *Werner*, in: Deutsches Rechtslexikon, Stichwort: Vermögen (Erbrecht), S. 4510.

262 Siehe z. B. den Nießbrauch, der nach § 1061 S. 1 BGB erlischt, vgl. *Hoeren, in:* HK-BGB, BGB § 1922 Rn. 2, Demgegenüber steht die Mitgliedschaft in einem Idealverein, die erst durch satzungsautonome Entscheidung vererblich gestellt werden kann, siehe *Leipold*, in: MükoBGB, BGB § 1922 Rn. 19.

263 *Leipold*, in: MükoBGB, BGB § 1922 Rn. 19; *Kipp/Coing*, Erbrecht, S. 502; *Lieder*, in: Erman, Bd. 2, BGB § 1922 Rn. 6; zuletzt *Pockrandt*, S. 21.

264 *Kunz*, in: Staudinger, BGB § 1922 Rn. 10.

265 *Leipold*, in: MükoBGB, BGB § 1922 Rn. 19, gemeint ist hier wohl die Unterscheidung zwischen geldwerten und ideellen Rechtspositionen.

einen Geldwert abstellt, Ungenauigkeiten enthält.[266] Dieser Schwäche will der sogenannte *elastische Vermögensbegriff* begegnen und sie überwinden. Nach ihm ist Vermögen im Sinne des § 1922 Abs. 1 BGB nicht ohne Weiteres *nur* als die Summe aller geldwerten Güter zu verstehen; nur sein *Kern* bestimmt sich nach dem *Geldwert*, wodurch die Grenze nicht statisch, sondern elastisch zu ziehen ist: Geldwerte Rechtsbeziehungen seien zwar nicht per se vererblich; Selbiges gelte für nicht-geldwerte Rechtsbeziehungen, die von sich aus auch nicht unvererblich seien. Die Trennung geldwerter Bestandteile des Vermögens von solchen, die keinen Preis am Markt haben, sei dennoch ein *wichtiges* Indiz für die Übergangsfähigkeit nach § 1922 Abs. 1 BGB und bilde die Grundlage dieses Vermögensverständnisses.[267] Zudem öffnet sich der elastische Vermögensbegriff gegenüber der Orientierung am Markt- und dem Geldwert, indem er auch *Affektionsinteressen* (Interessen bzw. Werte aus Gefühl) im Rahmen des vererbbaren Vermögens berücksichtigt.[268] Die Vererblichkeit oder Unvererblichkeit einer Position oder Beziehung müsse sich darüber hinaus an den Grundsätzen des § 1922 Abs. 1 BGB orientieren, zu denen die *Kontinuitäts-* und *Zuordnungsfunktion* gehören. Herrenlose Nachlässe sollen folglich nach Möglichkeit vermieden werden, sodass die Zuordnung von Rechten trotz Wegfallens eines Rechtssubjektes beständig möglich bleibt und *keine Jagd auf den (herrenlosen) Nachlass* stattfindet.[269]

4. Zwischenbefund

Die Regel der Vererblichkeit geldwerter Rechtsbeziehungen und Unvererblichkeit affektiv begründeter Rechtsbeziehungen kennt eine Reihe gesetzlicher Ausnahmen.[270] Nach *Kunz* zeigen diese Beispiele zumin-

266 *Kunz*, in: Staudinger, BGB § 1922 Rn. 64 ff.
267 *Kunz*, in: Staudinger, BGB § 1922 Rn. 68.
268 *Kunz*, in: Staudinger, BGB § 1922 Rn. 68.
269 *Kunz*, in: Staudinger, BGB § 1922 Rn. 69a f.
270 Dementsprechend komme es in erster Linie auf positive gesetzliche Regelungen

dest die geringe Bedeutung des Geldwertes als Abgrenzungskriterium zur Bestimmung der Vererblichkeit einer Rechtsposition; es gebe hier genauso geldwertlose Gegenstände, die auf die Erben übergehen können.[271] Aber sowohl der *klassische* als auch der *elastische* Vermögensbegriff orientieren sich am Geldwert einer Rechtsposition, um ihre Vererblichkeit zu bestimmen: Während der klassische erbrechtliche Vermögensbegriff sich strikt am Geldwert orientiert, geht der elastische Vermögensbegriff lediglich von einer Indizwirkung des Geldwertes aus und berücksichtigt auch Affektionsinteressen.

Hiergegen können zwei Einwände erhoben werden: Es ist nicht einzusehen, weshalb eine Rechtsposition, der ein Geldwert zukommt, im Erbgang einen höheren Stellenwert genießen soll als eine Rechtsposition, der *nur* Affektionsinteressen zugrunde liegen. Schließlich ist gerade das Erbrecht ein Bereich, in dem es den Erben nicht nur auf die Vermögensnachfolge in geldwerte Positionen ankommt, sondern auch materiell *wertlose* Erinnerungsstücke an den Erblasser erinnern sollen. Zweitens: Es existiert keine gesetzliche Grundlage für die oben beschriebene *geldwertorientierte* Betrachtungsweise. Das Dogma vom Geldwert scheint ausschließlich terminologisch durch das Wort *Vermögen* begründet zu sein, das zumindest im Volksmund das Erfordernis eines Geldwertes nahelegt. Der *elastische* Vermögensbegriff sowie der *klassische* erbrechtsspezifische Vermögensbegriff leiden also unter einem ähnlichen Mangel. Nach ihnen besteht ein Regel-Ausnahmeverhältnis, das dem *Geldwert* ein gewisses Gewicht zu Gunsten der Vererblichkeit verleiht. Dem elastischen Vermögensbegriff ist immerhin abzugewinnen, dass er sich am Zweck des § 1922 Abs. 1 BGB, genauer der Gesamtrechtsnachfolge, orientiert und Affektionsinteressen im Grundsatz berücksichtigt: Kontinuitätsfunktion bzw. Zuordnungsfunktion stellen schließlich einen wichtigen erbrechtlichen Grundsatz dar, der nicht nur die unmittelbar am Rechtsübergang Beteilig-

an, die sich über die Vererblichkeit äußern, siehe *Leipold*, in: MükoBGB, BGB § 1922 Rn. 19.

271 *Kunz*, in: Staudinger, BGB § 1922 Rn. 69a.

ten betrifft, sondern ein überwiegendes Interesse der Allgemeinheit berücksichtigt: Herrenlose Nachlässe werden vermieden, sodass der Rechtsübergang einer Nachlassposition übersichtlich gestaltet bleibt. Aber auch die anderen Kriterien des klassischen Vermögensbegriffs können nicht recht die Frage nach der Vererblichkeit trennscharf beantworten. Schließlich gibt es zahlreiche Ausnahmen, die von dieser Regel abweichen. Nach der hier vertretenen Ansicht ist der in § 1922 Abs. 1 BGB verwendete Vermögensbegriff damit rechtstechnisch nicht zufriedenstellend präzisiert. Die hier benannten Ansätze zur Konkretisierung des Vermögensbegriff sind im Ergebnis unzureichend, da sie dem Geldwert einer Rechtsposition ein zu starkes Gewicht für die Frage der Vererblichkeit beimessen. Er bedarf einer neuen methodisch nachvollziehbaren Deutung.[272]

Die folgende Untersuchung soll zu diesem Zwecke zwei Fragen beantworten: Zunächst wird untersucht, inwieweit es sich beim Begriff des Vermögens um einen normativen Rechtsbegriff handelt, der in Hinblick auf den Umfang der Nachfolge von Todes wegen tatsächlich konstitutive Rechtsfolgen anordnet. Damit eng verbunden ist die zweite Frage nach der Herkunft der Lehre, die den Geldwert in den Mittelpunkt der Vererblichkeitsfrage stellt. Dabei wird zunächst in gebotener Kürze auf die Entstehung des Vermögensbegriffs eingegangen, um zu untersuchen, ob sich dort Anhaltspunkte für eine dogmatisch sinnvolle Begründung des Vermögensverständnisses finden lassen. Hierzu werden Rechtsprechung, Literatur und die geltenden Gesetze zur Vererblichkeit in den Blick genommen und untersucht, ob sich eine einheitliche und subsumtionsfähige Lösung zur Frage der Vererblichkeit finden lässt. Es wird sich zeigen, dass sich in Rechtsprechung und Literatur ein Vermögensbegriff herausgebildet hat, der hinsichtlich seiner Zweckmäßigkeit und dogmatischen Verbindlichkeit überbewertet wird, weshalb ihm seine Gültigkeit streitig gemacht werden darf.

272 *Kunz*, in: Staudinger, BGB § 1922 Rn. 1.

Zwei Thesen seien hier schon vorweggenommen. Erstens: Die Bestimmung der Unvererblichkeit muss sich letztlich auch an verfassungsrechtlichen Wertungen messen lassen; denn jede Entscheidung der Gesetzgebung oder Judikative über die Unvererblichkeit einer Rechtsposition stellt faktisch immer einen Eingriff in die *Testierfreiheit* bzw. (postmortale) Privatautonomie des Erblassers dar, soweit die betreffende Rechtsposition in den Schutzbereich des Art. 14 Abs. 1 BGB fällt und *tatsächlich* übergangsfähig ist. Denn die Unvererblichkeit einer Rechtsposition hat zwingend zur Folge, dass der Erblasser von Todes wegen nicht über sie verfügen kann.

Zweitens: Die Grenze der Vererblichkeit ist denklogisch bei Rechtspositionen erreicht, die faktisch nicht auf die Erben übergehen können (z. B. Familienverhältnisse).[273] Dies gibt dem Sachproblem der Vererblichkeit schon hier einen groben Rahmen, der auf der einen Seite aus den Wertungen des Verfassungsrechts sowie dem Zweck des Erbrechts und auf der anderen Seite aus den Grenzen des Möglichen gebildet wird. Dazwischen gibt es solche Rechtspositionen, deren Übergang auf die Erben zwar möglich bzw. denkbar ist, aber im Ergebnis zu kuriosen Situationen führen würde, so etwa die Vererblichkeit eines *Arbeitsverhältnisses*.[274]

Problematisch sind also besonders Grenzfälle, bei denen es nicht von vornherein eindeutig ist, ob die sie betreffenden Rechtspositionen auf die Erben übergehen (sollten). In dieser Hinsicht betroffen sind oftmals solche Positionen, bei denen die Interessen zwischen Erblasser, dessen Vertragspartner sowie den Erben kollidieren. Aus dieser Situation ergeben sich Rechtsunsicherheiten für die Beteiligten. Für den Inhaber eines bestimmten Rechts ist es nicht möglich, das Schicksal seiner Rechte nach seinem Tod zu steuern. Er weiß schließlich nicht, in wessen Hände die problematischen Bestandteile seines Nachlasses fallen. Auch für die Erben kann dies eine belastende Situ-

273 *Dietzel*, S. 8.

274 Der Urlaubsabgeltungsanspruch des Arbeitnehmers ist jedoch vererblich, vgl. EuGH, NZA 2018, 1474.

ation darstellen, da sie nicht wissen, ob sie in bestimmte Rechtsverhältnisse eintreten oder nicht. Diese Unsicherheiten sind erst dann beseitigt, wenn ein Gericht rechtskräftig über die Übergangsfähigkeit entschieden hat. Besonders deutlich wird diese prekäre Lage, wenn es um die Vererblichkeit von Vertragsverhältnissen im digitalen Kontext geht: Im Falle von *Facebook* haben drei verschiedene Gerichte unterschiedliche Urteile gefällt.[275] Dies zeigt, dass für die Frage der Vererblichkeit im Interesse aller Beteiligten nun endlich Rechtsklarheit herzustellen ist. Der folgende Abschnitt widmet sich daher dem (erbrechtlichen) Vermögensbegriff und versucht zu ergründen, welche tatsächlichen Aussagen § 1922 Abs. 1 BGB über den Inhalt des Erbrechts trifft. Daraufhin wird analysiert, wie zwischen vererblichen und unvererblichen Rechten getrennt werden kann.

275 Vgl. BGH, NJW 2018, 3178; KG, RNotZ 2017, 457; LG Berlin, ZD 2016, 182.

B. Historische Analyse des erbrechtlichen Vermögensbegriffs

Ob der Begriff *Vermögen*, der als Kernbegriff des Erbrechts angesehen wird, tatsächlich eine *unmittelbare* und *verbindliche* Aussage darüber trifft, *was* im Wege der Gesamtrechtsnachfolge übergeht, ist Gegenstand dieses Abschnitts. Nach der herrschenden Meinung besteht der Kern des erbrechtlichen Vermögensbegriffs in der grundsätzlichen Vererblichkeit vermögens- bzw. geldwerter werter Rechtsbeziehungen und die regelmäßige Unvererblichkeit nicht-vermögensrechtlicher Beziehungen.[276] Dieses Regel-Ausnahmeverhältnis liegt zunächst nahe, da bei flüchtiger Betrachtung das Kerninteresse der Erben auf solche Rechtsbeziehungen gerichtet ist, die sich in Geld umwandeln lassen. Das Schicksal eben jener Rechtspositionen, die keinen Marktwert bzw. in Geld schätzbaren Wert haben, wie die *Locke der geliebten Freundin*,[277] liegt daher naturgemäß nicht im Kerninteresse rechtswissenschaftlicher Forschung, da die Erben dort nicht das nötige Geld und nicht die nötige Kraft aufwenden wollen, gerichtlich darüber zu streiten; und das, obwohl manche Erinnerungsstücke für die Erben einen unschätzbaren Wert haben können, die ggf. aber keinen Preis am Markt erzielen. Und doch hat der Fall der verstorbenen Facebook-Nutzerin gezeigt, dass auch für die Erben geldwertlose Rechtspositionen (das Benutzerkonto selbst hat wohl kaum einen in Geld schätzbaren Wert) von erheblichem Interesse sein können, um die es sich aus Sicht der Erben zu streiten lohnt. Um eindeutige Antworten zu finden, wird in diesem Abschnitt der Begriff des Vermögens auf seine Qualität untersucht. Zu Beginn steht eine historische Betrachtung: Das heutige BGB und damit auch die Ideenwelt des Erbrechts beruht in weiten Teilen auf der *Pandektenwissenschaft*. Die

276 *Boehmer*, in: Staudinger, 1954, BGB § 1922 Rn. 149; *Dietzel*, S. 19; *Kipp/Coing*, Erbrecht, S. 502; *Lieder*, in: Erman, Bd. 2, BGB § 1922 Rn. 7.

277 *Enneccerus/Nipperdey*, Allgemeiner Teil I, Hb. 1, S. 454.

Auslegung der hier enthaltenen Begriffe kann bei *Savigny* beginnen, dessen Wirken als *Geburtsstunde der juristischen Gegenwart* bezeichnet wird.[278] Die in Fortentwicklung der von ihm begründeten Historischen Rechtsschule[279] arbeitenden Pandektisten, vor allem *Windscheid*, haben das BGB ausgehend von der Tradition des *Corpus Iuris Civilis* erheblich geprägt.

Bereits der Erste Entwurf des BGB (E I) hatte eine dem heutigen § 1922 BGB ähnliche Vorschrift: § 1749 E I regelte, dass mit dem Tode einer Person (Erbfall) das Vermögen derselben als Ganzes (Erbschaft) auf eine oder mehrere andere Personen (Erben) übergeht.[280] Der Begriff des Vermögens hat sich also nicht erst kürzlich zu dem angenommenen Fundamentalbegriff des Erbrechts entwickelt, sondern war schon im Ersten Entwurf zum heutigen BGB der Zentralbegriff der Norm. § 1749 E I wurde im folgenden Zweiten Entwurf zu § 1799 E II; der Wortlaut der Vorschrift hat sich seither bis zum heute geltenden § 1922 Abs. 1 BGB kaum geändert. Eine historische Betrachtung erscheint somit äußerst vielversprechend.

I. Die Entwicklung der Vermögensordnung

Schon der erste Teilentwurf des BGB-Erbrechts, der von *Gottfried Schmitt* vorgelegt wurde, enthielt den Begriff *Vermögen*.[281] Das Wort selbst entstammt dem mittelhochdeutschen Verb »vermügen« und wurde dort als Verb verwendet und nicht unbedingt in einem wirtschaftlichen Sinne verstanden.[282] Vielmehr verstand man das Wort

278 *Rückert/Seinecke*, Methodik, Rn. 95.

279 *Rüfner*, in: Schmoeckel/Stolte, Examinatorium Rechtsgeschichte, S. 180.

280 Siehe *Mugdan*, Bd. V, S. I zur Entwicklung der Norm im E I und E II.

281 Siehe z. B. § 1 sowie § 318 TE-ErbR bei *Schmitt*, in: Schubert, Vorentwürfe d. Redaktoren z. BGB, ErbR 1, S. 7, 67.

282 *L. Sedatis*, in: HRG Bd. V, Stichwort: Vermögen, Sp. 769, dort übersetzt als »Machtvollkommenheit« bzw. »Fähigkeit« als Substantivierung des Verbs »vermügen« übersetzt also »imstande sein« bzw. »etwas können«.

dem Sinne, dass jemand »etwas vermag«, also fähig ist, etwas zu tun, bzw. in der Lage ist, etwas zu tun.[283] Die Etymologie des Wortes zeigt bereits, dass weniger das Geld, sondern mehr die Herrschaftsgewalt über etwas im Mittelpunkt steht.

Der Kern der folgenden Untersuchung besteht darin, den ursprünglichen Sinngehalt eines (erbrechtlichen) Vermögensbegriffs zu ermitteln, denn dieser historische Rückblick kann eine Bedeutung für das heutige Recht erlangen. Das Wissen um die Hintergründe der gesetzgeberischen Entscheidung und die hinter ihr stehenden Personen kann nämlich hier einen gewichtigen Beitrag zum Verständnis des heutigen Rechts liefern: Zwar ist die (historische) Auseinandersetzung eines Begriffs nicht die Panazee zur Auslegung des geltenden Rechts,[284] allerdings ist das Erbrecht, das durchaus als statische Materie bezeichnet werden kann, für eine fruchtbare Auseinandersetzung mit seinen Hintergründen gerade paradigmatisch: Es hat sich seit Inkrafttreten des BGB kaum verändert, sodass die Untersuchung der (gesetzgeberischen) Grundeinstellungen und Wertungen noch für eine heute gültige Interpretation fruchtbar sein kann. Dies gilt ebenso für die Begriffe, sodass die Auslegung der damaligen Begriffe nichts an Aktualität eingebüßt hat. Bevor diese entwicklungsgeschichtliche Untersuchung beginnen kann, ist festzuhalten, dass die Idee eines spezifisch-erbrechtlichen Vermögensbegriffs relativ neu ist. Wie sich der Begriff des *Vermögens* im Laufe der Zeit zum heutigen Verständnis entwickelt haben könnte, ist Gegenstand der folgenden Untersuchung.

---

283 *Grimm/Grimm*, Deutsches Wörterbuch, Bd. 25, Stichwort: Vermögen, Sp. 883.

284 *Kunz* sieht in dem Versuch, Begriffe gut durchdacht und subsumtionsfähig zu definieren, die Gefahr, aneinander vorbeizureden. Vielmehr stehe die in den Begriffen enthaltene Werteentscheidung im Vordergrund. Ein Begriff sei nichts wert, wenn eine wertende Kontrolle schließlich nicht zum Begriff passt, weshalb ein Begriff nur der Ausgangspunkt einer Untersuchung sein kann, *Kunz*, in Staudinger, BGB § 1922 Rn. 91. Dieser Ansicht schließt sich diese Untersuchung an. Daher wird der Begriff auf seinen Gehalt untersucht und schließlich die sich in ihm befindlichen Werteentscheidungen beleuchtet.

1. Die Vermögensordnung im germanisch-deutschen Recht bis zum 19. Jahrhundert

Im älteren deutschen Recht war eine Vermögensordnung, in der frei über Güter verfügt werden kann, nicht bekannt. Die Güter waren ursprünglich in ihrer Gänze der übergeordneten Gemeinschaft (z. B. Sippe oder Familie) zugeordnet, sodass der Einzelne als individueller Inhaber von Gütern und Rechten nicht existierte.[285] Erste Lockerungen der unnachgiebigen Bindung des *Vermögens* an die Hausgemeinschaft ergaben sich in der *fränkischen Zeit* und später unter Einfluss des *kanonischen Rechts*. Dadurch wurde das hausgebundene Vermögen seines Gemeinschaftszwecks immer weiter entkleidet und künftig der individuellen Verfügungsbefugnis des Einzelnen in Form der Verfügung von Todes wegen sowie der Verfügung unter Lebenden geöffnet.[286] Die Vermögensordnung wandelte sich im Laufe der Zeit. Ursprünglich war das Vermögen geprägt von einer engen persönlichen, rechtlichen und sozialen Bindung zu seinem Inhaber und tendierte später mehr zu seiner Verwirtschaftlichung. Auf diese Entwicklung reagierte auch das Recht.[287] Sie wurde für die spätmittelalterlichen Stadtrechte signifikant, die die freie Verfügung über selbst erworbenes Vermögen (Kaufgut) erlaubten, in denen das ererbte Vermögen (Erbgut) aber weiterhin familiengebunden blieb[288] und somit auch nicht in der freien Dispositionsbefugnis des Eigentümers stand.[289] Eine grundlegende Veränderung der Vermögensordnung, die mit der heutigen Vermögensordnung zumindest im Ansatz vergleichbar ist, bewirkte erst der Liberalismus und die mit ihm verbundenen wirtschaftlichen, gesellschaftlichen und rechtlichen Veränderungen im 19. Jahrhundert. Diese waren gekennzeichnet durch eine

285 *Sedatis*, in: HRG Bd. V, Stichwort: Vermögen, Sp.770.

286 *Sedatis*, in: HRG Bd. V, Stichwort: Vermögen, Sp. 772.

287 *Ogris*, Die persönlichen Sicherheiten im Spätmittelalter, ZRG (GA), Bd. 82 (1965), 140, 178.

288 *Sedatis*, in: HRG Bd. V, Stichwort: Vermögen, Sp. 773

289 *Sedatis*, in: HRG Bd. V, Stichwort: Vermögen, Sp. 773.

umfassende Bodenbefreiung.[290] Für das Verständnis der heutigen Vermögensordnung war auch die industrielle Revolution seit Mitte des 18. Jahrhunderts von außerordentlicher Bedeutung (Manchesterkapitalismus). Mit ihr wurden gewissermaßen neben dem Eigentum weitere Vermögenswerte »geschaffen«: Die Kommerzialisierbarkeit von Kapital, menschlicher Arbeitskraft und Produktionsmitteln bewirkte einen weiteren Schritt zur wirtschaftlichen Betrachtung des Vermögensrechts.[291] Sowohl die Bodenreform als auch die industrielle Revolution haben somit den Grundstein für das wirtschaftliche Verständnis des Vermögensrechts geschaffen,[292] wodurch sich eine Vielzahl von Gütern von streng gebundenen Gütern zu der freien Verfügungsbefugnis des Einzelnen unterliegenden Gütern entwickelt hat.

Aus diesem Exkurs wird deutlich, dass der Begriff des Vermögens mit einem Blick auf seinen Ursprung in einem strengen Zusammenhang mit der *Verfügungsbefugnis* bzw. *Verfügungsmöglichkeit* und der abstrakten Kommerzialisierbarkeit von Gütern zu verstehen ist: Mit der Industrialisierung wurden die klassischen Vermögensrechte (z.B. Eigentum) um Arbeitsleistung und Kapital ergänzt, über welche verfügt werden konnte. Das Vermögensrecht kann damit durch zwei Elemente charakterisiert werden: Die Verfügungsbefugnis des Inhabers über ein Gut und die Kommerzialisierbarkeit eines Gutes, wobei die Kommerzialisierbarkeit zwar eine Verfügungsbefugnis, aber umgekehrt die Verfügungsbefugnis zumindest nicht zwingend die Kommerzialisierbarkeit eines Gutes (in Geld) voraussetzt. Somit müsste weniger das geldwerte Interesse, das eine Person an einem Gut hat, im Vordergrund stehen, sondern eher die Befugnis, die die Rechtsordnung dem Einzelnen einräumt, über dieses Gut zu verfügen. Man kann diesen historischen Überblick auf die heutige Zeit übertragen und fortdenken: Am Anfang stand die Kommerzialisierung

290 Hierfür bekannt sei besonders das Edikt vom 9. Oktober 1807, das in Preußen die rechtliche Grundlage für die Mobilisierung von Grundeigentum schuf, vgl. *Sedatis*, in: HRG Bd. V, Stichwort: Vermögen, Sp. 774.

291 *Sedatis*, in HRG Bd. V, Stichwort: Vermögen, Sp. 774.

292 *Sedatis*, in HRG Bd. V, Stichwort: Vermögen, Sp. 774.

von Eigentum im Vordergrund, zur Zeit der industriellen Revolution wurde zunehmend mit Arbeitskraft und Kapital Geld verdient, und heute generieren die größten Konzerne der Welt ihren Umsatz mit der Kommerzialisierung von *persönlichen Daten.* Auf diese Entwicklung bezüglich der erst- und zweitgenannten Güter hat das positive Recht reagiert; am Ende dieser Entwicklung scheint das Recht nun vor einem neuen Vermögensgegenstand zu stehen, über den verfügt und welcher kommerzialisiert werden kann: die persönlichen Daten. Diese gesellschaftliche Entwicklung der Vermögensordnung – für die unsere Rechtsordnung ebenfalls offen sein sollte – wird im Folgenden ergänzt durch eine Untersuchung der rechtlichen Situation im heutigen Deutschland.

2. Grundlegung: Die Pandektistik und die Bedeutung der Begriffe

Einen großen Einfluss auf das heutige Zivilrechts- und damit Vermögensverständnis hatte die *Pandektistik.* Diese entwickelte sich aus dem romanistischen Hauptzweig der Historischen Rechtsschule heraus, als dessen Mitbegründer *Friedrich Carl von Savigny* gilt.[293] Sein Arbeitsgebiet war das gesamte römische und rezipierte römische Recht in der Tradition des Corpus Iuris Civilis. Seine Methode verfolgte eine *doppelte Orientierung*[294]*: Ihr lag die Rechtsanschauung des rechtswissenschaftlichen Positivismus* zugrunde.[295] Gemäß der rechtspositivistischen Vorstellung sollte die Pandektistik ihre Rechtssätze und ihre Anwendung hauptsächlich aus System, zentralen Begriffen sowie Lehrsätzen der Rechts*wissenschaft* ableiten.[296]

293 *Kiefner*, in: HRG Bd. IV, Stichwort: Savigny Sp. 1314.
294 *Rückert/Seinecke*, Methodik, Rn. 94.
295 Vgl. *Wieacker*, Privatrechtsgeschichte, S. 349 ff.; S. 431.
296 *Savigny*, System Bd. I, S. 14. *Wieacker*, S. 431, 376; *Rückert/Seinecke*, Methodik, Rn. 94 ff.

Puchta und *Windscheid* trieben auf Grundlage von *Savignys* System vor allem den »begrifflichen Formalismus« (sog. *Begriffsjurisprudenz*) voran.[297] Besonders Windscheid verarbeitete viele Fragmente der Digesten und konzentrierte sie mit einem präzisen Fußnotenapperat zu einem Werk.[298] Sein Werk, *Pandektenrecht*, zeichnet sich besonders durch seine literarische Vollständigkeit und darüber hinaus durch die »unvergleichliche disziplinierte Präzision der Sprache, der Begriffsbildung und Systemformung aus.«[299] Daher erscheint es nicht verwunderlich, dass *Windscheids* Lehrbuch des Pandektenrechts in vielen Bereichen des BGB als Gradmesser der Rechtssetzung und Rechtsanwendung galt (»Jurisprudenz, das heißt Pandekten, Pandekten, das heißt Windscheid«).[300] Sein Hauptanliegen, die Begriffs-, Ordnungs- und Systemarbeit bis ins kleinste Detail zu realisieren, erregte jedoch Anstoß bei den Vertretern der sog. *Zweckjurisprudenz*.[301] Diese, zu denen *Rudolf Jhering* gehörte, kritisierten die unverrückbare Treue zu den Begriffen vor allem als »*lebensfremd*«; sie vernachlässige die Verkehrsinteressen; auch das Gerechtigkeitsgefühl bleibe außer Betracht und in der Konsequenz bliebe auch kein Raum für die Beseitigung von Gesetzeslücken.[302] *Jhering* wandte sich der *Begriffsjurisprudenz* ab. Für ihn diente das Recht dem Schutz individueller und gesellschaftlicher Interessen und in dessen Mittelpunkt stand die Minimierung von Konfliktpotenzial innerhalb einer Gesellschaft (sog. *Interessenjurisprudenz*).[303]

Diese kurze historische Betrachtung hat die wichtigsten Punkte der damaligen Rechtsanschauungen sowie deren Vertreter aufgezeigt und die Grundlage für das Verständnis der Tradition unseres heutigen Rechts gelegt, was notwendig für das Verständnis der folgenden

297 *Rückert/Seinecke*, Methodik, Rn. 280f.
298 *Rückert/Seinecke*, Methodik, Rn. 293f.
299 *Rückert/Seinecke*, Methodik, Rn. 293f.
300 Zitiert nach *Falk*, in: *M. Stolleis*, Juristen: Ein biographisches Lexikon, S. 673.
301 *Rückert/Seinecke*, Methodik, Rn. 298.
302 *Rückert/Seinecke*, Methodik, Rn. 300 ff.
303 *Zimmermann*, in: HKK, Bd. I, Vor § 1 Rn. 6.

Ausführungen wird. Nun kann vor diesem Hintergrund der Vermögensbegriff beleuchtet werden.

3. Der Vermögensbegriff im 19. Jahrhundert

Getreu den Lehren der historischen Schule hatte *Savigny* die Vorstellung, die Rechtswissenschaft als logisches System zu begreifen und darzustellen,[304] das mithilfe seiner Wirkungsgeschichte ausgelegt und erklärt werden muss.[305] Damit verfolgte die Pandektenwissenschaft eine system- und begriffsbildende Logik.[306] Im Zentrum von Savignys privatrechtlichem Systemdenken standen die *Rechtsverhältnisse*, die er »als tiefere Grundlage des Rechts« betrachtete.[307] Das positive Recht sei »dazu bestimmt, die Natur dieser Rechtsverhältnisse festzustellen«.[308] Rechtsverhältnisse sowie Rechtsinstitute bildeten gemeinsam einen organischen Zusammenhang.[309] Ausgangspunkt in Savignys System war die Bestimmung des Wesens der Rechtsverhältnisse, das darin bestand, dem Willen einer einzelnen Person ein Gebiet »unabhängiger Herrschaft« zu verleihen: Ein subjektives Recht gleichbedeutend mit der »der einzelnen Person zustehenden Macht: ein Gebiet, worin ihr Wille herrscht, und mit unserer Einstimmung herrscht.«[310]

Diese Willensherrschaft konnte sich in *Savignys* System einerseits auf die »unfreye Natur«, also Sachen, und andererseits auf »fremde Personen« erstrecken.[311] Die »Herrschaft über eine *Person* könne sich jedoch nicht »auf die fremde Person im Ganzen, sondern nur auf eine einzelne Handlung derselben beziehen«.[312] Bezöge sie sich

304 *Wieacker*, Privatrechtsgeschichte, S. 376.
305 *Wieacker*, Privatrechtsgeschichte, S. 396.
306 *Wieacker*, Privatrechtsgeschichte, S. 399
307 *Savigny*, System Bd I, § 4; *Rückert/Seinecke*, Methodik, Rn. 228.
308 *Savigny*, System Bd I, S. 212; *Rückert/Seinecke*, Methodik, Rn. 228.
309 *Rückert/Seinecke*, Methodik, Rn. 228.
310 *Savigny*, System Bd. I, S. 7, 333.
311 *Savigny*, System Bd. I, S. 338.
312 *Savigny*, System Bd. I, S. 339.

vollständig auf einen Menschen, handelte es sich dabei um Sklaverei.[313] Dieses »Verhältnis der [begrenzten] Herrschaft über eine einzelne Person« nennt Savigny *Obligation*.[314] Demgegenüber steht das Eigentum als zweite Erscheinungsform des subjektive Rechts: »Die unfreye Natur kann von uns beherrscht werden nicht als Ganzes, sondern nur in bestimmter räumlicher Begränzung«.[315] Unter diesem begrenzbaren oder begrenzten Teil der unfreien Natur versteht Savigny das Recht an einer Sache, namentlich das Eigentum bzw. die dinglichen Rechte.[316] In dieser Hervorhebung der Willensmacht kann man schon den Ansatz der heute geläufigen Definition des *subjektiven Rechts* wiedererkennen, die eine Kombination der Willens- und Interessentheorie[317] darstellt: »die von der Rechtsordnung anerkannte und geschützte, auf ein Gut oder Interesse gerichtete menschliche Willensmacht.«[318] Der Willensherrschaft eines Menschen unterworfen werden können nach *Savignys* Ansicht nach nur die sog. *erworbenen Rechte*, das seien alle »diejenigen Rechte, die erst später und zufällig an den Menschen herankommen und vergänglicher Natur« sind. Mit diesen sachenrechtlichen und obligatorischen Rechten treten somit die beiden »wichtigsten Elemente des Rechtslebens zutage«, die von *Savigny* als *Vermögensrechte* bzw. das *Vermögensrecht* zusammenfügt werden. Nach *Savignys* System umfasst das *Vermögensrecht* damit alle körperlichen Gegenstände (Sachen) wie auch obligatorische Rechte.[319] Die Existenz sogenannter positiver *Urrech-*

313 *Savigny*, System Bd. I, S. 338 f., 367.

314 *Savigny*, System Bd. I, S. 339.

315 *Savigny*, System Bd. I, § 53, S. 338 f.

316 Vgl. *Wieacker*, Zum System des deutschen Vermögensrechts, S. 357, 383; Zu diesem Aspekt führt *Savigny* aus: »das Recht an einer Sache welches in seiner reinsten und vollständigsten Gestalt Eigentum heißt.«, *Savigny*, System Bd. I, S. 338 f.

317 Siehe zur Willens- und Interessentheorie im Ganzen, *Auer*, AcP 208 (2008), S. 584–634.

318 *Auer*, AcP 208 (2008), S. 584, 599 f. mit Verweis auf *Jellinek*, System der subjektiven öffentlichen Rechte, S. 44.

319 *Savigny*, System Bd. I, S. 367 ff.; *Coing* NJW 1979, 2018, 2020; *Wieacker*, Zum System des deutschen Vermögensrechts, S. 357, 385. Laut *Puchta* zerfällt das das Pri-

te, also diejenigen Rechte die dem Menschen angeboren und unveräußerlich sind,[320] hält Savigny für redundant, da die Macht des Menschen über sich selbst als Grundlage und Voraussetzung »aller wahren Rechte nicht bezweifelt werden« könne »und der Schutz der Urrechte durch das Criminalrecht«, also das Strafrecht respektive Deliktsrecht, gewährleistet sei.[321] Schwierigkeiten bereitete die Abgrenzung des Familienrechts vom Vermögensrecht. In *Savignys* System gehörten Familienverhältnisse nicht zum Vermögensrecht, obwohl sie wie die Obligationen Rechtsverhältnisse zwischen Personen darstellten.[322] Das Familienrecht hatte nach *Savigny* jedoch einen anderen Charakter als das Vermögensrecht und weise am meisten Ähnlichkeit mit der *Person an sich* auf; die »Vermögensverhältnisse bringen die Person im Gegensatz dazu mit äußerlichen, willkürlichen Elementen in Verbindung.«[323] Aus heutiger Sicht lassen sich die Familienverhältnisse im Sinne von Savigny als *Statusverhältnisse* bezeichnen.[324] Dem Erbrecht kam im System eine Sonderrolle zu: *Savigny* stellte es als »sucessives« Vermögensrecht dar.[325] Auf diese Weise wurden die Rechtsverhältnisse auch von nahezu allen anderen Pandektisten systematisiert.

vatrecht in das Vermögensrecht und Familienrecht, *Puchta*, Pandekten, § 33, S. 50.

320 *Grimm/Grimm*, Deutsches Wörterbuch, Bd. 24, Stichwort: Urrecht, Sp. 2501.

321 *Savigny*, System Bd. I, S. 334 f., 338; Die sog. positiven *Urrechte* scheiden nach *Savignys* Ansicht gänzlich aus, da die »rechtmäßige Macht des Menschen über sich selbst nicht bezweifelt werden könne« und zweitens sei diese Macht logische Grundvoraussetzung zur Erlangung der o. g. Rechte. Damit betrachtete *Savigny* solche Urrechte als obsolet, *Savigny*, System Bd. I, S. 336. Später erhielten die Persönlichkeitsrechte dennoch Einzug in das BGB, etwa in Form des Namensrechts nach § 12 BGB. Heute ist anerkannt, dass Persönlichkeitsrechte wie das Eigentum in der allgemeinen Rechtslehre zu den absoluten subjektiven Rechten zählen, siehe nur *Wagner*, in: MükoBGB, BGB § 823 Rn. 363; *Mitteis/Lieberich*, Deutsches Privatrecht, S. 51 ff.

322 *Michaels*, in: HKK, Bd. II/1, Vor § 241 Rn. 36; *Puchta*, Pandekten, §§ 33 f, S 46.

323 *Savigny*, System Bd. VIII, S. 324; *Savigny*, System Bd. I, S. 349, 389.

324 *Kunz*, in: Staudinger, BGB § 1922 Rn. 65.

325 *Savigny*, System Bd. I, S. 387.

Diese Zusammenfassung[326] des Vermögensrechts in Sachenrechte und Obligationen sowie die Ausgliederung des Familienrechts geht auf den *gaianischen res-Begriff* zurück, bei welchem *res* in körperliche Sachen (*res corporales*) und unkörperliche Sachen (*res incorporales*), wozu auch die Obligationen zählten, unterteilt sind.[327] Dennoch waren Sachen- und Schuldrecht zugleich strikt voneinander getrennt, da beide Gebiete je unterschiedliche *Rechtsverhältnisse* behandelten.[328] Hier kann man bereits die Tradition des heutigen Vermögensverständnisses wiedererkennen, die sich einerseits durch das Abstaktionsprinzip[329] als auch im Aufbau des BGB, wo Sachenrecht und Schuldrecht strikt in zwei Büchern getrennt sind, manifestiert. Andererseits treffen sich beide Rechtsgebiete wieder in ihrem gemeinsamen Nenner: Der Zugehörigkeit zum Vermögenrecht.

Vermögen waren in der Pandektistik alle und nur die obligatorischen bzw. schuldrechtlichen sowie die sachenrechtlichen Rechte.[330] Der Vermögensbegriff hat also im Pandektensystem einen verbindlichen Inhalt, der sich in dingliche und schuldrechtliche Rechte »aufklappen« lässt. Einen *besonderen* erbrechtlichen Vermögensbegriff gab es nicht. Wenn man nach der Vermögenszugehörigkeit einer Rechtsposition fragt, muss man nach diesem Verständnis diese Rechtsposition auf ihre Existenz und ihre Kategorie untersuchen und kann nicht

326 *Savigny*, System Bd. I, 340, 367 f.; 403; *Michaels*, in: HKK Bd. II/1, Vor § 241, Rn. 34; Eigentum und Obligationen standen laut Savigny aber dennoch nicht in einem völlig gegensätzlichen Verhältnis zueinander. Vielmehr komme ihnen eine ähnliche Natur zu, da neben der individuellen Machterweiterung Obligationen wie auch Eigentum ein Schätzwert in Geld zukäme, da die Erfüllung der Obligation durch den Schuldner nicht anderes sei als eine Verwandlung in Geldeigentum. Daneben bestünden die meisten Obligationen zu dem Zwecke, Eigentum zu erwerben, siehe dazu *Savigny*, System Bd. I, S. 339, 372.

327 Zum gaianischen res-Begriff siehe im Ganzen, *Michaels*, in: HKK, Bd. II/1, Vor § 241 Rn. 28, 33f; *Rüfner*, in: HKK, Bd. I, §§ 90–103, Rn. 3; *Kaser/Knütel/Lohsse*, S. 117 m. w. N.

328 *Michaels*, in: HKK, Bd. II/1, Vor § 241 Rn. 33f.

329 Zu dessen Entdeckung *Rüfner*, in: Schmoeckel/Stolte, Examinatorium Rechtsgeschichte, S. 181 mit Verweis auf *Savigny*, System Bd. III, S. 354, 359 ff.

330 *Michaels*, in: HKK, Bd. II/1, Vor § 241 Rn. 35.

vom Vermögensbegriff selbst ausgehend die Zugehörigkeit zum Vermögensrecht definieren. Dementsprechend ist die für die Frage nach dem Vermögen also im Folgenden zu untersuchen, welche Voraussetzungen an die Wirksamkeit eines schuldrechtlichen Verhältnisses oder dinglichen Rechts zu knüpfen sind. Daran, dass der Wille, sich rechtlich zu binden, erforderlich ist, besteht auch aus heutiger Sicht kein Zweifel. Für die Obligation wurde in der Pandektistik diskutiert, ob ein *geldwertes Interesse* ein Erfordernis der Obligation sei,[331] woher neben dem verbreiteten Begriffsverständnis vermutlich auch die heute noch geldwertorientierte Betrachtungsweise rührt. Demgemäß wäre ein Schuldverhältnis, dem kein geldwertes Interesse zu Grunde liegt, nicht Bestandteil des Vermögens und in der Folge ausgehend vom Wortsinn des § 1922 Abs. 1 BGB auch nicht vererblich. Ob das Erfordernis eines geldwerten Interesses aus damaliger und heutiger Sicht Bestand haben kann, wird im Folgenden untersucht.

a. Vermögensrechtliches, geldwertes Interesse als Erfordernis der Obligation

Zwar verbindet man heute typischerweise mit dem Wort *Vermögen* eine Gesamtheit an Geld oder geldwerten Vorteilen, die einer Person zustehen. Allerdings zeigt die Etymologie des Wortes Vermögen, dass es nicht allein für eine wirtschaftliche Betrachtungsweise steht.[332] *Savigny* bemerkte dennoch, dass die *Obligation* zum Eigentum eine

> »specielle Beziehung hat: erstlich durch eine mögliche Schätzung der Obligation in Geld, welche nichts anderes ist als Verwandlung in Geldeigentum; zweytens dadurch, dass die meisten und wichtigsten Obligationen keinen anderen Zweck haben, als zum Erwerb von Eigenthum, oder zum vorübergehenden Genuß desselben.«[333]

331 *Dorn*, in: HKK, Bd. II/1, § 241 Rn. 103 f.; *Savigny*, System Bd. I, S. 339, 375 ff.; *Savigny*, Obligationenrecht I, S. 16f.

332 Davon abweichend z. B. RGSt, 44, 230, 233, wonach der Vermögensbegriff in erster Linie ein Begriff des wirtschaftlichen Lebens ist.

333 *Savigny*, System Bd. I, S. 339, 375; *Savigny*, Obligationenrecht I, S. 16 f.

In diesem Passus ist die Ansicht zu erkennen, dass Forderungen einen Vermögenswert bzw. einen in Geld schätzbaren Wert haben müssten.[334] Diese Ansicht *Savignys* wird an späterer Stelle nochmals deutlicher: Da die einzelnen Rechte, die das Vermögen insgesamt ausmachen, vom Vermögen im Ganzen zu abstrahieren sind und als

> »eine reine Quantität von gleichartigem Gehalt zu verstehen sind,[335] ist es notwendig, die einzelnen Vermögenswerte auf ein gemeinschaftliches Drittes zu reduzieren, das durch den Werth vermittelt wird.«[336]

Als Gegenstand von Obligationen wurden damit nur solche »Handlungen« betrachtet, deren Wert in Geld geschätzt werden kann bzw. die unmittelbar einen Vermögenswert haben.[337] Im Mittelpunkt von *Savignys* Vermögensverständnis steht somit die mögliche Schätzung und Umwandlung der *Obligation* in einen Geldwert, der dadurch zum wesentlichen Faktor bei der Bestimmung der Vermögenszugehörigkeit wird.[338] Diese Betrachtungsweise, die im 19. Jahrhundert populär wurde,[339] führte dazu, dass die Möglichkeit der Umwandelbarkeit in einen Geldwert den Vermögensbegriff und damit das Verständnis vom Obligationen- und Sachenrecht nachhaltig prägte.[340] Diese zunächst herrschende Ansicht[341], wonach für die Wirksamkeit

334 *Savigny*, System Bd. I, S. 377.
335 *Savigny*, System Bd. I, S. 375.
336 *Savigny*, System Bd. I, S. 376 f.
337 *Savigny*, Obligationenrecht I, § 2, S. 9. Demgegenüber sollen solche Handlungen nicht Gegenstand von Obligationen sein, für die eine Verwandlung in Geldsummen völlig undenkbar sein würde, *Savigny*, System Bd. I, S. 377.
338 *Savigny*, System Bd. I, S. 376 f.; so bereits *Würthwein*, Schadensersatz, S. 370.
339 *Würthwein*, Schadensersatz, S. 373; *Coing*, Europäisches Privatrecht, Bd. 2, S. 430 f.
340 Damit wandte sich nach der Ansicht von *Würthwein* der Blick nicht auf die rechtliche Einordnung des einzelnen Rechts, sondern mehr auf die abstrakte Bewertung ihres Vermögenswertes, *Würthwein*, Schadensersatz, S. 371.
341 Siehe Nachweise zu den Vertretern der Ansicht, ein geldwertes Interesse sei für eine Obligation erforderlich, *Dorn*, in: HKK, Bd. II/1, § 241 Rn. 103.

einer Obligation ein Geldinteresse vorausgesetzt wurde,[342] geht auf einige Digestenstellen zurück, in denen nur ein geldwertes Interesse als durchsetzbar gebilligt wurde.[343] Savigny begründet seine Auffassung mit einem Verweis auf ein Fragment aus den *Gaius*-Institutionen,[344] in der die »praktische Zurückführung aller Rechte auf Geldwerth besonders sichtbar hervortrete.«[345] Aus diesem Fragment soll sich ergeben, dass ein Urteil im römischen Zivilprozess in Form des Formularprozesses nach dem Prinzip der Geldkondemnation stets auf Geld lauten musste (sog. *condemnatio pecuniaria*).[346] Weitere Belege für diese Auffassung sollen sich bei *Ulpian*, *Papinian* und *Marcian* finden lassen.[347]

b. Zeitgenössische Kritik

Diese Auffassung *Savignys*, eine Forderung müsse auf einen Geldwert gerichtet sein, entsprach zwar zunächst der herrschenden Meinung, wurde aber zunehmend in Frage gestellt.[348] Zunächst verwiesen die Anhänger der Gegenauffassung auf Stellen in den Digesten, in denen auch *Interessen* Beachtung fanden, die nicht auf ein geldwertes Interesse zurückzuführen waren.[349] *Windscheid* bemerkte etwa, dass Handlungen, die Gegenstand eines Forderungsrechts sind, zwar regelmäßig einen Geldwert für den Gläubiger haben, dieser aber keinesfalls eine notwendige Voraussetzung sei, um ein Forderungsrecht zu

342 *Savigny*, System Bd. I, S. 376; *Puchta*, Pandekten, § 220, S. 337; *Mommsen*, Beiträge zum Obligationenrecht, II, Lehre von dem Interesse, S. 15; S. 122 ff.

343 *Dorn*, in: HKK, Bd. II/1, § 241 Rn. 20.

344 Gai. Inst. IV, 48: *Omnium autem formularum, quae condemnationem habent, ad pecuniariam aestimationem condemnatio concepta est (...).*

345 *Savigny*, System Bd. I, S. 376 Fn. k; *Coing*, Europäisches Privatrecht II, S. 430; *Würthwein*, Schadensersatz, S. 371.

346 Dazu *Kaser/Knütel/Lohsse*, S. 206 f.; *Savigny*, System Bd. I, S. 376 Fn. k.; *Kindler*, S. 25.

347 *Dorn*, in: HKK, Bd. II/1, § 241 Rn. 103.

348 Siehe Nachweise zu den Vertretern der Ansicht, ein geldwertes Interesse sei für eine Obligation nicht erforderlich, *Dorn*, in: HKK, Bd. II/1, § 241 Rn. 104.

349 *Dorn*, in: HKK, Bd. II/1, § 241 Rn. 20; vgl. dazu auch, *Kindler*, S. 25, 33 f.

erzeugen.[350] Dazu führte er an, dass es zwar tatsächlich Quellen gebe, bei denen die Existenz des Forderungsrechts verneint wurde, allein deshalb, weil der Gläubiger kein Geldinteresse habe.[351] Dies sei allerdings auf die Notwendigkeit der im Formularprozess des römischen Rechts herrschenden *Geldkondemnation* zurückzuführen, unter deren unabdingbarer Voraussetzung die einzelnen Quellen verfasst wurden.[352] Dass sich dieses antike Obligationenverständnis vollständig auf das »heutige« Recht übertragen ließe, hielt *Windscheid* aber für eine nicht zu rechtfertigende Behauptung: Zum einen macht er Stellen aus, in denen auch im römischen Recht Forderungsrechte ohne Vermögensinteresse des Gläubigers anerkannt wurden.[353] Zum anderen argumentierte *Windscheid*, dass es für die Existenz eines Forderungsrechts nicht auf die Frage nach der *Geldkondemnation* oder die Frage der Vollstreckbarkeit ankommen dürfe, da der Richter die Befolgung des Urteils »heute« auch durch Strafen erzwingen könne.[354] Damit verweist *Windscheid* auf das »moderne« Prozessrecht, das die *Realkondemnation* sowie die *Realexekution* kennt.[355]

Dieser Auffassung *Windscheids* bezüglich der Notwendigkeit eines Geldwertes entspricht auch *Jherings* Verständnis des Vermögensrechts. Dieser meint ebenso, dass ein Vermögenswert für eine obligatorische Leistung kein Erfordernis sei[356] und die (oben zitierte) Gaius-Stelle *im rechtshistorischen Eifer* interpretiert und damit überbewertet wurde. Dieser Quelle werde nach Ansicht *Jherings* nur deshalb eine sol-

350 *Windscheid*, Pandekten Bd. II, S. 3 f.

351 *Windscheid*, Pandekten Bd. II, S. 4 ff. Fn. 3.

352 *Windscheid*, Pandekten Bd. II, S. 4 ff. Fn. 3.

353 Aus diesen Quellen gehe jedoch hervor, dass der Richter auf die Zahlung von einer in seinem Ermessenen stehenden Summe verurteilt habe, weshalb es sich um ein schwaches Argument handele.

354 *Windscheid*, Pandekten Bd. II, S. 4 ff. Fn. 3.

355 *Dorn*, in: HKK, Bd. II/1, § 241 Rn. 20; *Windscheid/Kipp*, Pandekten II, § 250, S. 4, Fn. 3; *Dernburg*, Pandekten II, § 17; *Windscheid*, Pandekten Bd. II, § 251 Anm. 3.

356 *Jhering*, Ein Rechtsgutachten, in: *Jhering*, Gesammelte Aufsätze aus den Jahrbüchern für die Dogmatik des heutigen römischen und deutschen Privatrechts, Bd. 3, S. 126 f.

che Bedeutung zugemessen, weil sie *plötzlich* zu Tage getreten sei. Die auf einem Palimpset erhaltenen Gaius-Institutionen wurden im Jahr 1816 zufällig in der Kapitel-Bibliothek in Verona entdeckt.[357] Nach *Jhering* bereite der behauptete Grundsatz, dass der Richter alle Klagen abweisen müsse, wo sich ein Vermögenswert nicht dartun lasse, große Schwierigkeiten. Auch der Schutz nicht-ökonomischer und persönlicher Interessen müsse ausreichend berücksichtigt werden.[358] Das »Dogma« vom Geldwert, wie *Jhering* es nennt, sei insgesamt in die eine Richtung zu weit und in die andere Richtung zu eng.[359] Vielmehr stellt *Jhering* auf die Merkmale von *Geselligkeit* und *Gefälligkeit* ab, die nach seiner Ansicht dann keinen Rechtsschutz genießen sollen, wenn das Versprechen aus einer *bloßen Laune* heraus geschehen ist und keine schutzwürdigen Interessen Gegenstand der Vereinbarung waren.[360] Zum Beispiel stehe die *Geselligkeit* außerhalb des Rechts und genieße keinen Rechtsschutz, wenn dort vermeintliche Ansprüche vor staatlichen Stellen geltend gemacht werden sollen.[361] Die Frage nach der Vermögenszugehörigkeit setzt nach *Jhering* also dort an, wo heute zwischen reiner Gefälligkeit und rechtsgeschäftlichem Schuldverhältnis unterschieden wird. Andere beurteilten das Vorliegen einer Obligation auch nach den jeweilig für sie geltenden Entstehungsvoraussetzungen, also ob bei Rechtsgeschäften die Wirksamkeitsvor-

357 *Kaser/Knütel/Lohsse*, S. 18.

358 *Jhering*, Ein Rechtsgutachten, in: *Jhering*, Gesammelte Aufsätze aus den Jahrbüchern für die Dogmatik des heutigen römischen und deutschen Privatrechts, Bd. 3, S. 127 ff.

359 *Jhering*, Ein Rechtsgutachten, in: *Jhering*, Gesammelte Aufsätze aus den Jahrbüchern für die Dogmatik des heutigen römischen und deutschen Privatrechts, Bd. 3, S. 175 f.

360 *Jhering*, Ein Rechtsgutachten, in: *Jhering*, Gesammelte Aufsätze aus den Jahrbüchern für die Dogmatik des heutigen römischen und deutschen Privatrechts, Bd. 3, S. 175 f.

361 *Jhering*, Ein Rechtsgutachten, in: *Jhering*, Gesammelte Aufsätze aus den Jahrbüchern für die Dogmatik des heutigen römischen und deutschen Privatrechts, Bd. 3, S. 175 ff. Bspw. komme der Einladung eines Freundes, auf seinem Hof die Sommermonate zu verbringen, ein Geldwert zu, es komme aber niemand auf die Idee, die Kosten einzuklagen, sollte die Einladung zurückgenommen werden.

aussetzungen der Willenserklärung vorlagen, namentlich ob ihnen ein Rechtsbindungswille zugrunde lag und ob die vereinbarte Leistung nicht gegen die guten Sitten verstoße oder sonst unerlaubt sei.[362] Gleichsam lässt *Puchta* auch Forderungen und Obligationen zu, die ohne das Erfordernis des Vermögenswertes auskommen. In diesen Fällen sei die Grundlage für eine Forderung das *Affektionsinteresse*.[363]

Man gelangte also schon in der Mitte des 19. Jahrhunderts teilweise zur Überzeugung, dass auch Ansprüche auf Handlungen und Tun unabhängig von ihrem Geldwert einklagbar und erzwingbar sein müssten.[364] Nach *Windscheid* dürfe weder die Frage nach der Kondemnation noch die Frage nach der Exekution von einer möglichen Kondemnation in Geld abhängen, da mit Schaffung der §§ 774, 775 CPO (heute § 888 ZPO) Zwangsgeld und Zwanghaft möglich seien. Schließlich sei es »heute« möglich, nicht nur auf Geld zu klagen, sondern Ansprüche auch *in natura* zu vollstrecken. *Windscheids* und *Jherings* Ansicht bezüglich der Geldkondemnation entspricht auch der heutigen Differenzierung zwischen Schuldverhältnis und Gefälligkeit, bei der der Rechtsbindungswille der Parteien fehlt.[365] Es ist für die Begründung eines (durchsetzbaren) Schuldverhältnisses nicht erforderlich, dass Schuldner oder Gläubiger ein *Geldinteresse* verfolgen.

Dennoch wurde der Geldwert als charakteristisches Merkmal in *Windscheids* Pandektenlehrbuch nicht vollständig aufgegeben. Im Rahmen seiner Neubearbeitung – nach Erlass des BGB – fügte *Theodor Kipp* in einer Fußnote[366] hinzu:

362 *Dorn*, in: HKK, Bd. II/1, § 241, Rn. 20.

363 *Puchta*, Vorlesungen über das heutige römische Recht, Bd. 2, S. 5f.

364 *Würthwein*, Schadensersatz, S. 322; 373; *Würthwein*, Vertragsverletzungen im Gemeinen Recht, S. 28 ff.

365 Siehe z. B. *Busche*, in: MükoBGB, BGB § 145 Rn. 7.

366 Dieser Zusatz findet sich in der letzten, nur von *Windscheid* bearbeiteten 7. Auflage des Lehrbuchs noch nicht, weshalb davon auszugehen ist, dass die Fußnote von *Theodor Kipp* ergänzt wurde, siehe *Windscheid*, Pandekten Bd. I, § 42, S. 96, Fn. 1.

> »Vermögen ist nicht jede, sondern nur die wirtschaftliche Macht. Vermögensrechte sind die Rechte von wirtschaftlichem Wert, und da im System der Geldwirtschaft jeder wirtschaftliche Wert in Geld ausgedrückt werden kann, so kann man mit *Dernburg* I, § 22, I dafür sagen: die Geldwerten Rechte.«[367]

Es gebe zwar Forderungsrechte ohne Geldwert, diese bilden aber die verschwindende Ausnahme.[368] Dennoch stellte sich *Kipp* an der gleichen Stelle ausdrücklich der Ansicht entgegen, dass ein Vermögenswert ein Erfordernis der Obligation darstelle.[369] Damit lässt sich die Stelle so interpretieren, dass der Geldwert für die Obligation zwar ein prägendes Merkmal, aber für die Wirksamkeit derselben tatsächlich unerheblich sei, da *Kipp* sich sonst in ein und derselben Fußnote widersprochen hätte. Davon ist nicht auszugehen. Vielmehr ist man geneigt, die Stelle so zu verstehen, dass ein theoretischer Geldwert ausreicht, womit wiederum nichts anderes als die *Verfügungsmacht* des Rechteinhabers über das in Rede stehende Gut gemeint ist.

4. Kodifikationsentwürfe des BGB

Auch *von Kübel*, der Redaktor des Schuldrechts zum Ersten Entwurf des BGB, hat sich eingangs seiner Begründung zum Entwurf des *Rechts der Schuldverhältnisse* (TE-OR) mit dem Begriff des Schuldverhältnisses und dessen Voraussetzungen auseinandergesetzt.[370] *Von Kübel* war der Auffassung, dass der Leistung bzw. dem durch die Leistung bezweckte Erfolg eines Schuldverhältnisses »irgendein« Interesse des Gläubigers zu Grunde liegen müsse, das des rechtlichen Schutzes nicht aus anderem Grunde unwürdig ist; ohne ein solches bestehe

367 *Windscheid/Kipp*, Pandekten Bd. I, § 42, S. 178 Fn. 1.
368 *Windscheid/Kipp*, Pandekten Bd. I, § 42, S. 178 Fn. 1.
369 *Windscheid/Kipp*, Pandekten Bd. I § 42, S. 178 Fn. 1 mit Verweis auf *Windscheid/Kipp*, Pandekten Bd. II, § 250 Fn. 3.
370 *Kübel*, in: Schubert, Vorentwürfe d. Redaktoren z. BGB, SchuldR 1.

ein Schuldverhältnis nicht.[371] In der Regel sei ein solches Interesse in Geld schätzbar, jedoch sei dieses in Geld schätzbare Interesse keine begriffswesentliche oder notwendige Voraussetzung für den Bestand des Schuldverhältnisses.[372] Da das Prinzip der (Notwendigkeit der) Geldkondemnation weggefallen sei, gibt es aus der Sicht *von Kübels* keinen Grund, einem Schuldverhältnis die rechtliche Anerkennung deshalb zu versagen, weil die Leistung, auf die das Schuldverhältnis gerichtet ist, sich nicht auf einen Geldwert zurückführen lässt.[373] Mit Verweis auf *Jhering* konstatiert *von Kübel* letztlich, dass der Entwurf ein Vermögeninteresse nicht voraussetze.[374] Aus den Motiven zum Schuldrecht ergibt sich, dass sich die erste Kommission der Ansicht *von Kübels*, *Jherings* und *Windscheids* zu ihren Obligationsverständnis angeschlossen hat.[375] In der Einleitung zu den Motiven findet sich die eindeutige Aussage, dass ein vermögensrechtliches Interesse nicht zum Wesen der Obligation gehöre.[376]

5. Stellungnahme zur historischen Untersuchung

Das Fünf-Bücher-System des BGB mit der strikten Trennung des Vermögensrechts in *Schuldverhältnisse* und *Sachenrecht* fand sich

371 *Kübel*, in: Schubert, Vorentwürfe d. Redaktoren z. BGB, SchuldR 1, S. 11.

372 *Kübel*, in: Schubert, Vorentwürfe d. Redaktoren z. BGB, SchuldR 1, S. 11.

373 *Kübel*, in: Schubert, Vorentwürfe d. Redaktoren z. BGB, SchuldR 1, S. 11.

374 *Kübel*, in: Schubert, Vorentwürfe d. Redaktoren z. BGB, SchuldR 1, S. 15. »Damit, daß der Entwurf das Erfordernis des Vermögensinteresses nicht erwähnt, ist die Ablehnung desselben zur Genüge ausgedrückt«, Allerdings sieht *Kübel* auch, dass auch das sächsische BGB im § 662 dem Prinzip der Geldkondemnation folgt. Allerdings sei auch die Beachtung von *Affektionsinteressen* laut *Siebenhaar* nicht ausgeschlossen, siehe *Siebenhaar*, Commentar zu dem Bürgerlichen Gesetzbuche für das Königreich Sachsen, Zweiter Band, § 662.

375 Mot. II, S. 3; 5, S. 21 f.; *Mugdan*, Bd. II, S. 12, zu E I S. 221.

376 Auch sei für die Wirksamkeit eines Schuldverhältnisses nicht erforderlich, dass der Gläubiger »ein anderes schutzwürdiges Interesse« an der Leistung habe. Dies gelte jedoch vorbehaltlich der Frage, ob in diesen Fällen ein rechtlicher *Verpflichtungswille* anzunehmen ist (...), Mot. II, S. 3.

zunächst bei *Gustav Hugo* und wurde von *Arnold Heise* in die Pandektistik eingeführt und dort fortgedacht.[377] Die Pandektisten unterteilten das Vermögensrecht streng in Sachenrecht (Herrschaft über eine fremde Sache[378]) und Obligationenrecht (die begrenzte Herrschaft über eine fremde Person[379]). Diese Rechtsverhältnisse, die die Macht des Einzelnen erweitern, bezeichnet *Savigny* als das Vermögen und die Gesamtheit der darauf bezüglichen Rechtsinstitute das Vermögensrecht.[380] Das Vermögensrecht beschreibt also die Gesamtheit aller (wirksamen) schuldrechtlichen und dinglichen Rechte. Diese scharfe Aufteilung ist wiederum auf das römische Recht der Klagearten zurückzuführen, wo zwischen *actio in personam* (persönliche Klage) und *actio in rem* (dingliche Klage) unterschieden wurde.[381] Das *Vermögen* wurde abgegrenzt von familienrechtlichen *Statusverhältnissen* sowie den sog. *Urrechten*, deren Existenz aber teilweise abgelehnt wurde (*Savigny*). Es ist also nicht ersichtlich, dass das Vermögen als ein eigenständiger Begriff der Zivilrechtsordnung fungierte, der autark und ungebunden für unterschiedliche Bereiche des Privatrechts definiert werden kann. Der Rechtsbegriff *Vermögen* hat aus geschichtlicher Sicht einen verbindlichen Inhalt, der sich in *Schuldverhältnisse* und *sachenrechtliche Rechte* aufklappen lässt.

Die Frage nach dem Geldwert entfachte zum Thema der Wirksamkeit von Obligationen eine erregte Diskussion. Für sachenrechtliche Rechte hat sich diese Diskussion nicht gestellt, da dingliche Rechte für die Autoren der Pandektistik offenbar greifbarer und handfester waren: der *Willensherrschaft* über Sachen, also dem Eigentum, komme per se ein Geldwert zu, da dieses immer in eine Geldsumme auf-

377 Vgl. *Kaser/Knütel/Lohsse*, Römisches Privatrecht, S. 31; siehe z. B. *Savigny*, System Bd. V, S. 4 ff.; *Windscheid*, Pandekten, Bd. I, § 42.

378 *Savigny*, System Bd. I, S. 338.

379 *Savigny*, System Bd. I, S. 339; *Savigny*, Obligationenrecht I, S. 4 ff.

380 *Savigny*, System Bd. I, S. 339 f., zur Terminologie siehe dort: Fn. (b): *Savigny* bezeichnet Vermögen als die aus dem Wesen des Rechts erwachsene Macht, im Sinne von »zu etwas imstande sein, etwas vermögen.«

381 *Michaels*, in: HKK, Bd. II/1, Vor § 241, Rn. 34 mit Verweis auf Gai. Inst. IV, 2–5.

gelöst werden könne.[382] Demgemäß bringt das Eigentum den Geldwert zum Ausdruck. Heute wird die Frage nach dem Geldwert als mögliches Charakteristikum bemüht, um den Begriff des Vermögens im Allgemeinen aufzufüllen. Dies ist aus zweierlei Gründen nicht folgerichtig: Erstens wird der wahre (historische) Gehalt des Vermögensbegriffs ignoriert. Da er einen verbindlichen Inhalt hat, kann er nicht um ein weiteres beliebiges Merkmal ergänzt werden. Dementsprechend hat sich zweitens erwiesen, dass das Dogma vom Geldwert, selbst wenn es an richtiger Stelle[383] diskutiert würde, überholt ist und die Wirksamkeit eines Schuldverhältnisses nicht (mehr) im prozessualen Kontext zu untersuchen ist. Auch wenn die Wirksamkeit eines Schuldverhältnisses dogmatisch noch streng von seiner Durchsetzbarkeit abhinge, bietet die heutige Zivilprozessordnung die Möglichkeit, auch »geldwertlose« Forderungen durchzusetzen. Um zu untersuchen, ob etwas Vermögen ist bzw. Bestandteil dessen ist, ist ausschließlich herauszufinden, ob das betreffende Schuldverhältnis wirksam ist; aber hier ist primär der Wille der Parteien entscheidend, sich rechtgeschäftlich zu binden, und nicht das Interesse an einem *geldwerten* Vorteil. Daneben gehören regelmäßig Schuldverhältnisse zum Vermögen, die auf gesetzlichem Wege bereits entstanden sind.[384] Die Idee des Geldwertes als Erfordernis des Schuldverhältnisses ist alles in allem Relikt[385] des vom Prinzip der *condemnatio pecuniaria* geprägten römischen Formularprozesses.

Trotz dieser Deutlichkeit ist es umso verwunderlicher, dass heute – vor allem im Erbrecht – ein zumindest *geldwertorientierter* Vermögensbegriff vertreten wird.[386] Das Vermögen wird im Allgemei-

382 *Savigny*, System Bd. I, S. 377.

383 Damit ist die oben untersuchte Frage gemeint, ob der Geldwert ein Wirksamkeitserfordernis der Obligation ist. Stellt man die Frage, ob der Geldwert ein Erfordernis des Vermögens ist, überspringt man diesen wichtigen Schritt.

384 Damit sind traditionell die »bereits entstandenen Vermögensfolgen« gemeint.

385 So schon *Jhering*, Ein Rechtsgutachten, betreffend die Gäubahn, in: Jherings Jahrbuch 18 (1880). S. 1–128, besonders S. 41, 42 50, 51; *Windscheid*, Bd. II, § 250.

386 So besonders deutlich im erbrechtlichen Kontext, vgl. *Wortmann*, S. 67 ff.; *Bender*, S. 165 f.

nen als Summe aller einer Person zustehenden (geldwerten) Rechte verstanden,[387] wohingegen nach heutigem Verständnis anders als bei *Savigny* auch Immaterialgüterrechte Gegenstand des Vermögens sein können.[388] *Würthwein* erklärt diese paradoxe Situation, indem sie dieses Verständnis von den geldwerten Rechten relativiert und auf die *generelle Möglichkeit* der geldwerten Umsetzung einer Rechtsposition abstellt und nicht auf die Verwertbarkeit im Einzelfall.[389]

Dieses Verständnis stellt damit de facto nicht auf einen tatsächlichen *Geldwert* ab, da alle Rechtspositionen *irgendeinen* Geldwert haben *können*, sondern auf den Grad der mit der Rechtsposition einhergehenden Verfügungsmacht, die dem Inhaber von der Rechtsordnung hierzu eingeräumt wird. Dieses sich bereits aus den vorstehenden Erwägungen ergebene Resultat wird weiterhin dadurch gestützt, dass der gemeine Wert einer Rechtsposition ohnehin kein rechtliches oder tatsächliches Faktum ist, das in der Rechtsposition selbst seinen Grund hat und auch nicht von ihr selbst ausgeht, sie kennzeichnet oder näher beschreibt. Der monetäre Wert einer Rechtsposition bestimmt sich allein nach dem Mechanismus von Angebot und Nachfrage, dem unbestimmte und unbestimmbare Funktionsprämissen zugrunde liegen. Es kommt für die Zugehörigkeit zum Vermögen demnach lediglich darauf an, ob eine Rechtsposition hypothetisch kommerzialisierbar ist, was wiederum voraussetzt, dass der Inhaber über dieses Gut rechtswirksam verfügen kann. Der Standpunkt deckt

387 *Würthwein*, Schadensersatz, S. 374; *Neuner*, Allgemeiner Teil, S. 318; *Brox/Walker*, Allgemeiner Teil, S. 350, *Köbler*, in: Deutsches Rechtslexikon, Stichwort: Vermögen, S. 4510; a.A.: *Enneccerus/Nipperdey*, Allgemeiner Teil I, Hb. 1, S. 453 ff.

388 *Würthwein*, Schadensersatz, S. 374; *Köbler*, in: Deutsches Rechtslexikon, Stichwort: Vermögen, S. 4510; *Larenz*, Allgemeiner Teil, S. 305 schließt Immaterialgüterrechte zum Vermögen dazu, wenn ihnen ein Geldwert zukommt. Diese Erweiterung lässt sich dadurch erklären, dass es sich bei Immaterialgüterrechten um absolute, also den sachenrechtlichen Rechten ähnliche, Rechte handelt, vgl. dazu im bereicherungsrechtlichen Kontext, *Zurth*, GRUR 2019, 143.

389 *Würthwein*, Schadensersatz, S. 375 mit Verweis auf *Larenz/Wolf*, Allgemeiner Teil, S. 381, wonach auch wertlosen Sachen sowie Geistesprodukten ein hypothetischer Geldwert zukommt, da es auf die generelle Möglichkeit der geldwerten Verwertung ankomme.

sich zumindest mit der Entwicklung der Vermögensordnung im deutschen Recht, wonach Vermögen primär im Zusammenhang mit der Verfügungsbefugnis des Rechteinhabers genannt wurde. Auch der ursprüngliche Wortsinn des Begriffs »Vermögen« spricht überwiegend für ein Verständnis, das eher auf die Verfügungs*macht* abstellt als auf den Geldwert. Vom Vermögen umfasst wären demnach alle dinglichen und schuldrechtlichen Rechte, die tatsächlich in der Verfügungsmacht ihres Inhabers stehen. Im Folgenden wird untersucht, ob dieses Verständnis eine Rückwirkung auf das Verständnis des Vermögensbegriffs im Erbrecht haben kann.

Die Frage des nach dem Erfordernis eines Geldwertes wird heute im Wesentlichen normbezogen diskutiert. Verwiesen sei an dieser Stelle vor allem auf die §§ 241 Abs. 1, 812 BGB oder § 312 BGB, die in Einklagng mit den vorstehenden Ausführungen keinen Geldwert voraussetzen. Heute entspricht es der herrschenden Meinung, dass Forderungen nach § 241 Abs. 1 BGB nicht auf eine geldwerte Leistungen gerichtet sein müssen.[390] Nichts anderes gilt für das *erlangte Etwas* im Kondiktionsrecht: Hier ist ebenso anerkannt, dass ein *Vermögenswert*, verstanden als Geldwert, nicht erforderlich ist.[391] *Canaris* nennt hier als Beispiele etwa Fotos und Briefe, die »nicht den geringsten wirtschaftlichen Wert haben«, aber dennoch kondizierbar sind.[392] Weiterhin ist der in § 312 BGB verwendete Begriff der *entgeltlichen Leistung* im weitesten Sinne auszulegen,[393] sodass »alles was ein Unternehmer von einem Verbraucher erhält, das in irgendeiner Weise für ihn nützlich ist«, als Entgelt zu charackterisieren ist.[394] Das bedeutet gerade auch, dass die Leistung eines geldwerten Vorteils nicht erforderlich ist.

390 *Bachmann*, in: MükoBGB, BGB § 241 Rn. 6; *Dorn*, in: HKK, Bd. II/1, § 241 Rn. 4, 110.

391 Siehe nur *Canaris*, JZ 1971, 560, 561; *Schwab*, in: MükoBGB, BGB § Rn. 3.

392 *Canaris*, JZ 1971, 560, 561.

393 *Wendehorst*, NJW 2014, 577, 580.

394 *Wendehorst*, in: MükoBGB, BGB § 312 Rn. 37.

Umso weniger erscheint es einsichtig, aus welchem Grunde dem Geldwert ein derartiges Gewicht für die Frage der Vererblichkeit beigemessen wird.

II. Der erbrechtliche Vermögensbegriff und seine funktionelle Bedeutung

Es hat sich erwiesen, dass einem *allgemeinen* Vermögensbegriff im BGB nur insoweit eine inhaltliche Aussage zukommt, als er die Summe aller seinem Inhaber zustehenden sachenrechtlichen Rechte sowie schuldrechtlichen Beziehungen umschreibt, über die er zu Lebzeiten verfügen kann. Der Nießbrauch nimmt hier eine Sonderstellung ein: Er ist zwar kein Gut, über das nicht naturgemäß verfügt werden könnte; dennoch hat sich der Gesetzgeber für die Unübertragbarkeit entschieden; diese Entscheidung fußt aber nicht auf der Natur des Nießbrauchs, sondern ist eine eher rechtspolitische Vernunftsentscheidung. Wäre der Nießbrauch als absolutes Recht vererblich, führte dies zu einer dauerhaften Entleerung des Eigentumsrechts.[395]

Damit gehören zum Vermögen *im Grundsatz* auch solche Positionen, die allein aufgrund einer positiven Rechtsnorm der Verfügungsmacht ihres Inhabers entzogen sind. Im erbrechtlichen Kontext beschriebe *Vermögen* dementsprechend (nur) Rechtsstellungen, über die der Erblasser zu Lebzeiten verfügen konnte. Im Folgenden stellt sich die Frage, ob auch dem Erbrecht dieser *allgemeine Vermögensbegriff* zugrunde liegt, oder ob es aus historischer Sicht Rückschlüsse auf einen möglicherweise »spezifischen« Vermögensbegriff in § 1922 Abs. 1 BGB gibt.[396] Auf diese Weise kann ermittelt werden,

395 Vgl. *Willems*, Justinian als Ökonom, S. 229.

396 Für einen einheitlichen BGB-Vermögensbegriff, siehe z. B. *Larenz*, Allgemeiner Teil, S. 379; *Lange/Kuchinke*, Erbrecht, S. 86, 88, die das Vermögen als »die dem Rechtssubjekt zustehende Rechtsmacht« beschreiben. Für einen besonderen erbrechtlichen Vermögensbegriff z. B. OLG Hamm OLGZ 1979, 44, 45; *Stein*, in: Soergel, Erbrecht, BGB § 1922 Rn 13; *Kunz*, in Staudinger, BGB § 1922 Rn. 66;

ob bei dem Vermögensbegriff in § 1922 Abs. 1 BGB von einer Inhaltsbestimmung der Nachfolge von Todes gesprochen werden kann. Es entspricht zwar der herrschenden Meinung, dass dem Zivilrecht kein einheitlicher Vermögensbegriff zugrunde liegt,[397] was aber mit Blick auf die hier dargestellte Entwicklung des allgemeinen Vermögensbegriffs durchaus begründungsbedürftig erscheint. Verstünde man den Begriff für alle Bereiche des Privatrechts in einem Sinne, erschöpfte sich seine Funktion gemeinsam mit der Universalsukzession in der Neuzuordnung der dem Erblasser zustehenden Rechte.[398] Dann käme § 1922 Abs. 1 BGB selbst gerade keine *Filterfunktion* zu, wie teilweise behauptet wird; ihm käme lediglich die Funktion eines Vehikels zu, das gewissermaßen den Korridor zwischen altem Bezugsobjekt (Erblasser) und neuen Bezugsobjekt (Erben) für alle Positionen bildet. Zudem hätte der Vermögensbegriff in § 1922 Abs. 1 BGB ebenso wie der allgemeine Vermögensbegriff einen verbindlichen Inhalt und wäre zu definieren »*als Gesamtheit aller dem Erblasser zustehenden (wirksamen) schuldrechtlichen Beziehungen und sachenrechtlichen Rechte.*« Als Oberbegriff kann er selbst damit nicht die Frage nach der Vererblichkeit beantworten; es käme allein darauf an, welche (wirksamen) dinglichen Rechte sowie sachenrechtlichen Rechte dem Erblasser zustehen. Diese gingen dann im Erbfall grundsätzlich auf den oder die Erben über. Für schuldrechtliche Beziehungen gilt dann, dass sich die Unvererblichkeit aus dem Schuldverhältnis selbst oder dem Gesetz ergeben muss; es würde dann eine dem Schuldverhält-

Marotzke, in: Staudinger, 2008, BGB § 1922 Rn 113; *Boehmer*, in: Staudinger, 1954, BGB § 1922 Rn 67; *Hoeren*, in: HK-BGB, BGB, § 1922 Rn 2 lässt die Frage offen.

397 So *Kunz*, in: Staudinger, BGB § 1922 Rn. 68; OLG Hamm OLGZ 1979, 44, 45; *Stein*, in: Soergel, Erbrecht, BGB § 1922 Rn 13; *Marotzke*, in: Staudinger, 2008, BGB § 1922 Rn 113; *Boehmer*, in: Staudinger, 1954, BGB § 1922 Rn 67.

398 *Stein*, in: Soergel, Erbrecht, BGB § 1922 Rn 13 sieht die Funktion des Begriffs darin, dass dieser die unvererblichen Rechte und Pflichten aus dem universalen Status des Erblassers ausscheidet. Nach *Lange/Kuchinke*, Erbrecht, S. 86 dürfe die Funktion des § 1922 Abs. 1 BGB nicht überbewertet werden. § 1922 Abs. 1 BGB sei (nur) Leitsatz und Grundregel des Erbrechts.

nis anhaftende, charakteristische Eigenschaft darstellen. Es wird nun überprüft, ob dem BGB ein einheitlicher Vermögensbegriff zugrunde liegt oder ob dieser für das Erbrecht gesondert zu bestimmen ist, mit der Folge, dass er *begrifflich* eine mögliche Aussage über den Inhalt des Erbrechts treffen könnte.

1. Rückgriff des Erbrechts auf den allgemeinen Vermögensbegriff?

Der Anteil des rezipierten römischen Rechts ist auch im Erbrecht des BGB erkennbar hoch.[399] Der Gedanke der Universalsukzession, also dass der Erbe vollständig in die Rechte des Erblassers (*»omne universum ius defuncti«*) eintrete, hat sich allmählich im römischen Recht entwickelt.[400] Auf dem Wege zum BGB wurden die Grundsätze jedoch nicht vollständig übernommen, wie bspw. die Sonderrechtsnachfolge zeigt. Diese war in der Antike noch unbekannt. Die Abkehr von römischen Grundlagen ist aber auch im Erbrecht als Seltenheit festzustellen.[401] Es bietet sich daher auch hier an, die Untersuchung der funktionellen Bedeutung des Vermögensbegriffs bei der Pandektistik zu beginnen.

a. Erbrecht in der Pandektistik

Savigny rekurriert zur Bestimmung des Erbrechts auf den *Vermögensbegriff*, den er schon in dem oben dargestellten Sinne beschrieb.[402] In *Savignys* System war das Vermögen der Komplex von Rechten und Verbindlichkeiten, der als Einheit von dessen Inhaber zusammengehalten werde.[403] Er war der Ansicht, dass dieser Komplex mit dem

399 *Kaser*, JuS 1997, 337.

400 *Hagemann*, in: HRG Bd. I, Stichwort: Erbrecht, Sp. 1381 f.; *Lange/Kuchinke*, Erbrecht, S. 85; *Leonhard*, Kommentar zum Erbrecht, § 1922, S. 2.

401 *Kaser*, JuS 1997, 337.

402 *Savigny*, System, Bd. I, S. 385.

403 *Savigny*, System, Bd. I, S. 380.

Tode seines Inhabers auseinanderfallen müsste, da er seine Grundlage verliere.[404] Um diese Folge, namentlich der Untergang der Schulden sowie das Entstehen eines herrenlosen Nachlasses, zu verhindern, seien positive Rechtsnormen des Staates nötig.[405] Diese eröffneten den Weg zur »*künstlichen Erstreckung der Macht*«, also auch des Willens eines Menschen über die »Grenze des Lebens hinaus.«[406] Damit übertrug er seine Theorie der Willensherrschaft auf das Erbrecht, das daher im *gewöhnlichen* vermögensrechtlichen Kontext zu verstehen ist.[407] Nach *Savignys* Auffassung werden Eigentum und Obligationen vererbt; Ehe, väterliche Gewalt und Verwandtschaft wiederum nicht.[408] Dies entspricht sowohl seinem Verständnis des Vermögensbegriffs, dass die familienrechtlichen Statusverhältnisse nicht unter diesen fallen, als auch der Tradition des römischen Rechts, nach welchem *manus* und *patria potestas* mit dem Tod des Gewalthabers untergingen. Übergeordneter Zweck des Erbrechts sollte es sein, den *gesamten vermögensrechtlichen Rechtsorganismus* ununterbrochen erhalten zu lassen.[409] Dies erinnert in der Folge an die heute als äußerst wichtig erachtete Kontinuitäts- und Zuordnungsfunktion der Gesamtrechtsnachfolge. In der Historischen Rechtsschule kümmerte man sich demnach primär um erbrechtliche Besonderheiten, die sich aber abseits der Begrifflichkeiten, wie dem Vermögensbegriff, abspielten. Letztlich wurde das Erbrecht als »*sucessives*« Vermögensrecht beschrieben, was den Schluss nahelegt, dass man von einem für das Zivilrecht einheitlich geltenden Vermögensbegriff ausging.[410] Dieses Vermögen ginge dann mit dem Tod des Erblassers sukzessive auf die Erben über.

404 *Savigny*, System, Bd. I, S. 380.
405 *Savigny*, System, Bd. I, S. 380.
406 *Savigny*, System, Bd. VIII, S. 295.
407 *Savigny*, System, Bd. VIII, S. 295; *Savigny*, System Bd. I. 385 f.
408 *Savigny*, System, Bd. I, S. 385.
409 *Savigny*, System Bd. I, S. 381, 386.
410 *Savigny*, System Bd. I, S. 387, so auch ohne Begründung *Kunz*, in: Staudinger, BGB § 1922 Rn. 64.

b. Windscheid

Windscheid sieht in seinem Lehrbuch des Pandektenrechts im Erbrecht den Übergang des *Erblasservermögens* auf den oder die Erben. Die vermögensrechtlichen Rechtsverhältnisse des Erblassers erlöschen abgesehen von Ausnahmen nicht.[411] Nur die Familienverhältnisse erlöschen und die auf diesen beruhenden Rechte gehen mit dem Tod des Erblassers unter.[412] Die spezielle Bestimmung eines erbrechtlichen Vermögensbegriffs nimmt *Windscheid* in seinem Werk nicht vor, was den Schluss zulässt, dass dieser wie *Savigny* von einem einheitlichen Vermögensbegriff ausging. Das Erbrecht ist auch für *Windscheid* der Eintritt des Erben in *alle* einzelnen Vermögensverhältnisse, in denen der Erblasser stand.[413]

Auch nach *Windscheid* bildet im Erbrecht der Begriff Vermögen somit wohl den Überbegriff für alle existierenden und ursprünglich dem Erblasser zustehenden Rechtsverhältnisse. Ob ein Rechtsverhältnis zum Vermögen gehört, hängt von der fraglichen Vermögensposition selbst ab. Die einzige Besonderheit für das Erbrecht, die *Windscheid* sieht, ist, dass nicht alle Rechtsverhältnisse, die dem Erblasser zustanden, auf die Erben übergehen können.[414] Es liegt hier nahe, dass sich diese Unvererblichkeit nicht aus den Begriffen ergeben sollte, sondern aus der fraglichen Rechtsposition selbst: *Windscheid* befasste sich mit dem Sachproblem erkennbar nicht im Kontext des Vermögensbegriffs.[415]

c. Teilentwurf Erbrecht (TE-ErbR) von Gottfried Schmitt

Der *Teilentwurf Erbrecht* (TE-ErbR) und dessen ausführliche Begründung[416] geht auf *Gottfried Schmitt* zurück.[417] Da die Idee des heuti-

411 *Windscheid*, Pandekten, Bd. III, S. 1 f; S. 197.
412 *Windscheid*, Pandekten, Bd. III, S. 1 f; S. 197.
413 *Windscheid*, Pandekten, Bd. III, S. 197.
414 *Windscheid*, Pandekten, Bd. III, S. 1 f; Bd. II, § 359.
415 *Windscheid*, Pandekten, Bd. III, S. 197.
416 Abgedruckt bei: *Schubert*, Vorentwürfe d. Redaktoren z. BGB, ErbR 1, 2.
417 *Henle*, Deutsche Juristenzeitung, XIII. Jahrg. 1908, Nr. 18, S. 1015.

gen BGB-Erbrechts unmittelbar auf diesen TE-ErbR zurückgeht,[418] ist von diesem Standpunkt aus weiterhin zu untersuchen, wie sich ein spezifisch erbrechtlicher Vermögensbegriff für das BGB entwickelt haben könnte. Unübersehbar ist bereits zu Beginn, dass der Teil »Recht der Erbfolge« nicht mit allgemeinen Bestimmungen, etwa über den Inhalt des Erbrechts oder die Erbfolge, beginnt, sondern mit Vorschriften über die *Testierfreiheit*.[419] Nichtsdestotrotz enthält die Vorschrift bereits das Wort »*Vermögen*«: So heißt es in § 1 TE-ErbR, dass jedem das Recht zusteht, über sein *Vermögen* von Todes wegen zu verfügen.[420] Eine dem § 1922 BGB ähnliche Vorschrift fand sich in *Schmitts* Entwurf erst im § 302 TE-ErbR zur Erwerbung der Erbschaft:

> »Mit dem Anfalle geht der Nachlass als ein Ganzes oder Bruchteilganzes (Erbschaft, Erbtheil) kraft des Gesetzes, jedoch vorbehaltlich des Rechtes der Entschlagung auf den oder die Berufenen über. Erwerbung der Erbschaft.«[421]

Zum Übergang der Rechtsverhältnisse heißt es in § 318 TE-ErbR[422] sinngemäß:

Mit der Erwerbung der Erbschaft tritt der Erbe in alle nicht durch den Eintritt des Erbfalles nach gesetzlicher Bestimmung erloschenen Vermögens-Rechtsverhältnisse des Erblassers unmittelbar ein.

Offenbar geht *Schmitt* wie schon die Autoren der Pandektistik von einem allgemeinen *Vermögensbegriff* aus. Dies ergibt sich daraus, dass das Wort *Vermögen* in der Begründung des Entwurfs nicht gesondert behandelt, sondern vorausgesetzt wird. *Schmitt* stellte aber klar, dass

418 *Marotzke*, in: Staudinger, 2008, BGB Einl. zum ErbR Rn 6.
419 Schmitt galt als ein Verfechter der Testierfreiheit, siehe *Schubert*, in: Schubert, Vorentwürfe d. Redaktoren z. BGB, ErbR 1, S. XIV.
420 *Schmitt*, in: Schubert, Vorentwürfe d. Redaktoren z. BGB, ErbR 1, S. 7.
421 *Schmitt*, in: Schubert, Vorentwürfe d. Redaktoren z. BGB, ErbR 1, S. 67.
422 *Schmitt*, in: Schubert, Vorentwürfe d. Redaktoren z. BGB, ErbR 1, S. 67.

nicht alle Rechtspositionen des Erblassers des Rechtsübergangs von Todes wegen fähig sein können.[423] Hier findet sich eine mehrseitige Auflistung derjenigen Rechtsverhältnisse, die nicht selbst Gegenstand der erbrechtlichen Sukzession sind.[424] Diese Beispiele sollen anhand *bereits gefasster Kommissionsbeschlüsse* sowie einzelner *Reichsgesetze* andeuten, inwiefern der Umfang des erbschaftlichen Übergangs bzw. der Inbegriff des Nachlasses als Erwerbsgegenstand begrenzt ist.[425] Ohne nun auf die Beispiele im Einzelnen einzugehen, verfestigt sich hier der Eindruck, dass sich die Vererblichkeit einer Rechtsposition nicht nach abstrakten und objektiv bestimmbaren Merkmalen (wie etwa dem Geldwert) bestimmen lässt, sondern die Unvererblichkeit jeweils in der Rechtsposition selbst begründet liegt. Dies bestimmt sich, wie die mehrseitige Anreihung von Beispielen zeigt, nach dem Einzelfall. Dies könnte daran liegen, dass man allgemeine Begriffsdefinitionen in den Gesetzestexten vermeiden wollte und man sich deshalb in den Beratungen nicht damit befasste.[426] Auch im Rahmen der Beratungen zum Erbrecht befassten sich die Kommissionsmitglieder nicht inhaltlich mit dem Vermögensbegriff.[427] Vielmehr fokussierte man sich auf die Fragen des Übergangsmodus,[428] der Testierfreiheit und der Erbfolgeordnung.

423 *Schmitt*, in: Schubert, Vorentwürfe d. Redaktoren z. BGB, ErbR 2, S. 858.

424 *Schmitt*, in: Schubert, Vorentwürfe d. Redaktoren z. BGB, ErbR 2, S. 857 f. ff. Fn 2.

425 *Schmitt* verweist hierbei auf *Savigny*, System Bd. V, § 230. Beispielhaft seien hier genannt Familienverhältnisse (Ehe und Verwandtschaft) sowie der Anspruch auf den Widerruf einer Schenkung wegen Undankbarkeit, *Savigny*, System Bd. V, § 230 S. 202. Eine derartige Aufzählung findet sich auch bei *Windscheid*, Pandekten, Bd. II, § 359.

426 Siehe *Jakobs/Schubert*, Die Beratungen des Bürgerlichen Gesetzbuches, Einführung, Biographien, Materialien, S. 263 ff.

427 Vgl. *Jakobs/Schubert*, Die Beratungen des Bürgerlichen Gesetzbuches, Tb. 1, § 1922–2385 S. 43–76. In der 19. Sitzung der Redaktoren vom 13. März 1875 wollte man den Begriff »Vermögen« nicht als »terminus technicus« erläutert wissen, sondern hat hier nur Fragen der letztwilligen Verfügung und andere Themen behandelt, siehe *Jakobs/Schubert*, Die Beratungen des Bürgerlichen Gesetzbuches, Einführung, Biographien, Materialien, S. 263 ff.

428 Vgl. *Jakobs/Schubert*, Die Beratungen des Bürgerlichen Gesetzbuches, § 1922–2385, 1 Tb. S. 18, 31.

Dies gibt prima facie Anlass zur Annahme, dass der Begriff *Vermögen* (auch im erbrechtlichen Sinne) aus entwicklungsgeschichtlicher Sicht nicht dazu bestimmt war, die Übergangsfähigkeit einer Rechtsposition selbst zu regeln. Vielmehr erfolgt die Aufzählung der unvererblichen Rechtspositionen ohne begrifflichen Kontext. Auch der Teilentwurf *Schmitts* folgt also einer klaren Linie, die schon bei *Savigny*, *Puchta* und *Windscheid* erkennbar war. Nicht zum Vermögensrecht gehören demgemäß Familienverhältnisse.[429] Ein erbrechtsspezifischer Vermögensbegriff war somit nicht vorgesehen. Durch den Erbfall kann das Vermögen des Erblassers gefiltert, allerdings nicht durch den Begriff selbst, sondern durch eine faktische Komponente, die Übergangsfähigkeit überhaupt, die sich immanent aus dem in Frage stehenden Rechtsverhältnis selbst ergibt. Im Moment des Todes verliert das Vermögen des Erblassers seinen ursprünglichen Träger. In diesem Moment fällt es dem oder den Erben *unmittelbar* an; dazwischen liegt eine logische Sekunde, in der das Vermögen zur Erbschaft bzw. zum Nachlass transformiert wird. In dieser logischen Sekunde gehen grundsätzlich alle *Vermögensrechte* über, manche erlöschen oder aber gehen auf anderem Wege auf andere Personen über.

d. Der erste Entwurf (E I) und Motivesowie der zweite Entwurf (E II) und Protokolle (Prot. II)

Die Motive bestehen zum größten Teil aus von Hilfsarbeitern zusammengestellten Auszügen aus den Begründungen der Redaktoren zu den Teilentwürfen sowie den Protokollen der Kommission, die häufig gekürzt und aus dem Zusammenhang gerissen sind. Auch enthalten die Motive eigene Ausführungen und Gedankengut der Hilfsarbeiter (für das Erbrecht war es *Wilhelm Konrad Neubauer*), soweit diese sich nicht aus den Protokollen oder Begründungen der Redaktoren zurückführen lassen.[430] Der zweite Entwurf des BGB von 1895

429 *Schmitt*, in: Schubert, Vorentwürfe d. Redaktoren z. BGB, ErbR 2, S. 857 f. ff. Fn 2.

430 Siehe im Ganzen zum Wert der Motive als Quellenwerk *Jakobs/Schubert*, Die

beginnt mit dem Abschnitt *Erbfolge*, welcher wiederum mit einer des heutigen § 1922 BGB ähnlichen Norm beginnt: »Mit dem Tode einer Person (Erbfall) geht deren Vermögen (Erbschaft) als Ganzes auf eine oder mehrere andere Personen (Erben) über.« Diese Norm wurde unverändert aus dem ersten Erbrechtsentwurf übernommen.[431] In den Protokollen zum Zweiten Entwurf sprach man sich dafür aus, »von einer Definition der Erbschaft, wenn möglich, abzusehen und den Begriff durch Inhalt und Form der einzelnen Rechtssätze klarzustellen (...).«[432] Darüber hinaus finden sich keine Informationen über das damalige Verständnis des Vermögensbegriffes. Dies gibt Anlass zur Annahme, dass der Begriff aus der Sicht der Kommissionsmitglieder keine inhaltliche Bedeutung haben sollte; anderenfalls hätte man in den Beratungen gewiss, wie heute, deutlich intensiver über eine Begriffs- und Inhaltsbestimmung gestritten. Abgesehen davon wurde diskutiert, ob auch Verbindlichkeiten zum *Vermögen* gehören oder ob § 1967 Abs. 1 BGB die Vererblichkeit von Verbindlichkeiten erst positiv anordnet.[433] In den Protokollen zum BGB finden sich demgemäß Ausführungen zur Frage, wie die Begrifflichkeit *»als Ganzes«* zu interpretieren sei. Es wurde diskutiert, wie diese Terminologie zu den *Verbindlichkeiten* bzw. *Schulden* passen sollte.[434] Ausweislich der Ausführungen dort war man sich im Ergebnis einig, dass die einzelnen Rechte und Verbindlichkeiten *mit Rücksicht auf den Erbgang zusammengefasst* sind. In Einklang mit diesen Ausführungen in den Protokollen zum Zweiten Entwurf des BGB[435] wird heute mehrheitlich davon ausgegangen, dass nicht nur die Aktiva, sondern auch die Verbindlichkeiten des Erblassers Bestandteil des erbrechtlichen

Beratungen des Bürgerlichen Gesetzbuches, Einführung, Biographien, Materialien, Die Entstehungsgeschichte des BGB, S. 51 f.

431 Siehe *Mugdan*, Bd. V, S. 1.

432 Prot. V, S. 2.

433 Siehe zum Meinungsstand in der Pandektistik *Boehmer*, in: Staudinger, 1954, BGB § 1922 Rn. 70.

434 Prot. V, S. 2.

435 Prot. V, S. 2.

Vermögens sind und *als Ganzes* auf die Erben übergehen.[436] § 1967 Abs. 1 BGB hat insoweit nur eine deklaratorische Wirkung, statuiert aber darüber hinaus, dass Verbindlichkeiten aus dem Nachlass als Einheit befriedigt werden (sollen). Hat der Erbe die Erbschaft erworben, so gilt er als Repräsentant des Erblassers und hat dessen Handlungen zu »*prästiren*«, folglich auch für die Erbschaftsschulden einzustehen.[437] Dies deckt sich auch mit der inneren Systematik des BGB, wonach der Vermögensbegriff in einem einheitlichen Sinne verwendet wurde und Schulden regelmäßig aus einem bestehenden Schuldverhältnis oder Abwicklungsverhältnis rühren.[438] Dass die Schulden wie auch die *Aktiva* auf die Erben übergehen, unterstreicht das, was schon in der Pandektistik herrschendend war: Der oder die Erben führen das Vermögen unbenommen der im Moment des Erbfalls erloschenen Rechtsverhältnisse des Erblassers fort. Dazu gehören *positive* als auch *negative* Forderungen.

2. Zwischenergebnis: Erbrechtliche Besonderheiten

Der erbrechtliche Vermögensbegriff enthält kein normatives Merkmal, aus dem sich Folgen für die Vererblichkeit ableiten lassen. Die teilweise in der Literatur vertretene Exemplifikation, zum *Vermögen* gehörten alle vererblichen Rechte, ist durchaus zutreffend, da hier-

436 BGH, NJW 1988, 2729; *Stein*, in: Soergel, Erbrecht, BGB § 1922 Rn. 13; *Weidlich*, in: Palandt, BGB § 1922 Rn. 7; *Leipold*, in: MükoBGB, BGB Rn. 17; *Müller-Christmann*, in: BeckOK BGB, BGB § 1922 Rn. 12; *Lieder*, in: Erman, Bd. 2, BGB § 1922 Rn. 6; *Stürner*, in: Jauernig, BGB § 1922 Rn 3; *Puchta*, Pandekten, S. 51. Nach a. A. ordnet erst § 1967 BGB den Übergang von Passiva an, siehe *Kipp/Coing*, Erbrecht, S. 502. Dieser Streit hat allerdings keine praktische Relevanz, weil eine Teilannahme allein der Aktiva gem. § 1950 BGB nicht möglich ist und somit in jedem Falle ein Übergang der Schulden auf den Erben stattfindet, so pragmatisch *Hoeren*, in: HK-BGB, BGB § 1922 Rn. 2.

437 Vgl. zum Repräsentationsprinzip im Erbrecht, *Jakobs/Schubert*, Die Beratungen des Bürgerlichen Gesetzbuches, Tb. 1, § 1922–2385 S. 30.

438 A. A. *Boehmer*, in: Staudinger, 1954, BGB § 1922 Rn. 70, der davon ausgeht, dass das BGB drei Vermögensbegriffe unterscheidet.

durch lediglich gesagt wird: Die Vererblichkeit oder Unvererblichkeit ergibt sich aus der fraglichen Rechtsposition selbst. Besser wäre es gewiss zu sagen: Auf die Erben gehen diejenigen Bestandteile des Vermögens über, die vererblich sind. Freilich ist dadurch noch nichts darüber gesagt, wann dingliche und schuldrechtlichen Rechte nicht vererblich sind bzw. mit dem Tod *untergehen*. Welche Rechte im Wege der Universalsukzession auf die Erben übergehen, muss sich also direkt aus dem in Frage stehenden Rechtsverhältnis selbst ergeben.

Die historische Untersuchung zeigt, dass sich der (allgemeine) Vermögensbegriff im Laufe seiner Geschichte an die rechtstatsächlichen Gegebenheiten angepasst hat: Während ursprünglich der Einzelne vermögensrechtlich nicht als individueller Rechtsträger galt und auch kaum eine individuelle Dispositionsbefugnis existierte, hat sich ein Vermögensbegriff herausgebildet, der sich an der *Kommerzialisierbarkeit* eines Gutes orientierte: Am Ende einer langen geschichtlichen Entwicklung konnte nicht mehr nur über Sachen, sondern auch etwa über Arbeitskraft oder andere nicht-materielle Güter verfügt werden.[439] In Hinblick auf das Erfordernis der Kommerzialisierbarkeit ist es insoweit verständlich, dass viele Autoren in der Literatur direkt auf den Geldwert eines Gutes rekurrieren, um dessen Vermögenszugehörigkeit zu bestimmen. Die Kommerzialisierbarkeit eines Gutes setzt aber nicht voraus, dass ein tatsächlicher *Geldwert* existiert, sondern nur, dass seinem Inhaber von der Rechtsordnung ein Mindestmaß an Verfügungsbefugnis eingeräumt wird, das sich in einem weiteren Schritt in der tatsächlichen Kommerzialisierung realisiert bzw. realisieren kann. Somit könnte man das Vermögen eher umschreiben als Gesamtheit der Objekte, über die eine Person verfügen kann. Ein Anhaltspunkt für die Vererblichkeit eines Rechtsverhältnisses könnte somit der Grad der mit dem Gut einhergehenden bzw. vorausge-

439 Die Familiengebundenheit des Vermögens ist heute rudimentär im BGB noch vorhanden: So ist es dem Ehegatten im gesetzlichen Güterstand nicht gestattet, über sein ganzes Vermögen frei zu verfügen. Das Pflichtteilsrecht bindet das Vermögen einer Person quotal an die direkten Nachkommen des Erblassers.

setzten Verfügungsmacht, die dem Erblasser bezüglich der in Frage stehenden Rechtsposition eingeräumt wird, abhängen, was mit der *hypothetischen Kommerzialisierbarkeit* eines Rechts gleichzusetzen ist. Der *Vermögensbegriff* selbst ist nicht mehr als ein Instrumentarium oder ein strukturgebender Begriff, der im Erbrecht zur Zuordnung des Erblasservermögens zu seinem neuen Träger nötig ist.

Der uneingeschränkte Übergang *aller* Bestandteile des Vermögens könnte jedoch zu kuriosen Ergebnissen führen. So wäre es kaum zu rechtfertigen, wenn Arbeitsverhältnisse (vollumfänglich) vererblich wären. Man stelle sich vor, dass die Dienstverpflichtung eines Arztes auf Erben übergeht, die kein Medizinstudium absolviert haben.[440] Daher muss es Grundsätze geben, anhand derer sich die Unvererblichkeit einer Rechtsposition bestimmen lässt. Darüber war man sich bereits während der Abfassung des BGB einig. Unvererblichkeitsregelungen könnten theoretisch auf zwei Wegen aufgestellt werden: Erstens könnte man versuchen, allgemeingültige Unvererblichkeitsregelungen aufzustellen, welche für alle theoretisch veräußerlichen Rechtsposition gelten und dadurch eine rechtssichere und einfache Rechtsanwendung ermöglichen. Dass dieser Weg aufgrund der Mannigfaltigkeit privatrechtlicher Rechtsposition mit großen Schwierigkeiten verbunden ist, war *Schmitt* sowie den anderen Kommissionsmitgliedern bewusst. Dies zeigt sich dadurch, dass er nur eine Reihe von unvererblichen Rechtspositionen in einer Liste zusammenfasste. Man könnte sich der Grenze zwischen Vererblichkeit und Unvererblichkeit allerdings *annähern,* und zwar wie folgt: Ist es dem Erblasser möglich, zu Lebzeiten über ein Gut zu verfügen, müsste er dessen Schicksal *grundsätzlich* ebenso per letztwilliger Verfügung bestimmen können.

Exkurs: Wenn der Erblasser per letztwilliger Verfügung über ein Gut verfügen kann, muss es auch im Wege der Intestaterbfolge überge-

440 In diese Richtung bereits argumentierend, *Oettinghaus*, S. 31.

hen (können). Gesetzliche Erbfolge und gewillkürte Erbfolge unterscheiden sich technisch nicht, sondern ausschließlich dadurch, dass die Güter in dem jeweiligen Falle unterschiedliche Wege gehen.

Bezüglich der Art der Erbfolge darf es also in Hinblick auf das *Ob* des Rechtsübergangs keine Unterschiede geben. Nun liegt es nahe, die Verfügung von Todes wegen (*mortis causa*) mit der Verfügung unter Lebenden (*inter vivos*) in Anlehnung an die Vorschriften über die Übertragung von Forderungen nach §§ 398 ff. BGB in einen sachlichen Kontext zu setzen und den verbindlichen Grundsatz zu formulieren: Worüber der Erblasser zu Lebzeiten hätte verfügen können, darüber kann er auch von Todes wegen verfügen; ergo: wenn es sich bei einem bestimmten Gut um einen Gegenstand, der zu Lebzeiten in der Verfügungsmacht des Erblassers stand, handelt, kann es auch im Wege der Universalsukzession auf die Erben übergehen, oder umgekehrt gesagt: Diejenige Rechtsposition ist unvererblich, über die der Erblasser zu Lebzeiten ebenfalls nicht hätte verfügen können. Während die erste (positive) Annahme grundsätzlich noch richtig sein mag (Verfügung zu Lebzeiten erlaubt auch Verfügung von Todes wegen), wäre die Behauptung, die Unübertragbarkeit zu Lebzeiten führe zur Unübertragbarkeit von Todes wegen, nicht interessengerecht. Problematisch an diesem negativen Rückschluss ist, dass der Vertragspartner des Erblassers zwar in beiden Fällen einen neuen Gläubiger bzw. Schuldner erhält. Aber die Folge der Unvererblichkeit wäre eine andere als die Unübertragbarkeit zu Lebzeiten: Die Unvererblichkeit einer Rechtsposition führt grundsätzlich dazu, dass diese erlischt. Die Unübertragbarkeit zu Lebzeiten führt allenfalls dazu, dass die Rechtsposition bei ihrem Inhaber verbleibt und letztlich in ihrer Existenz unberührt fortdauert. Daraus folgt: Es wäre nicht interessengerecht, aus der Unübertragbarkeit zu Lebzeiten auf die Unvererblichkeit zu schließen. Umgekehrt kann die Übertragbarkeit zu Lebzeiten durchaus als ein die Vererblichkeit indizierendes Kriterium gesehen werden: Warum sollte eine Rechtsposition per se unvererblich sein, wenn der Erblasser schon zu Lebzeiten hierüber hätte verfügen können?

Gegenstand der folgenden Untersuchung ist nun die Frage, wie zwischen Vererblichkeit und Unvererblichkeit einer Rechtsposition negativ abgegrenzt werden kann. Schließlich können die meisten Schuldverhältnisse durch andere Person übernommen werden, sie sind insofern also grundsätzlich übertragbar; der Übergang auf die Erben wäre aber oft ein Kuriosum und erscheint dementsprechend diskutabel. Auf der anderen Seite könnte man eine Grenze zwischen Vererblichkeit und Unvererblichkeit ziehen, indem man jede Rechtsbeziehung individuell in den Blick nimmt und die Entscheidung über die Vererblichkeit dem Einzelfall überlässt, was entsprechende Nachteile für die Rechtssicherheit mit sich brächte. Zu Gunsten der Rechtssicherheit müssten dann möglichst klar formulierte Regeln und Gesichtspunkte gefunden werden, die die Entscheidung über die Unvererblichkeit dogmatisch möglichst eindeutig rationalisieren. Im folgenden Abschnitt wird daher untersucht, ob sich allgemeingültige Grenzen zur Ermittlung der Unvererblichkeit ziehen lassen.

C. Kriterien zur Grenzziehung zwischen Vererblichkeit und Unvererblichkeit

Im vorangegangenen Teil wurde festgestellt, dass im Wege der Universalsukzession grundsätzlich alle Vermögensbestandteile einer Person, also alle dinglichen sowie schuldrechtlichen Rechte auf die Erben übergehen. Die grundsätzliche Vererblichkeit der *Vermögensbestandteile* schließt, wie oben angedeutet, nicht die Vererblichkeit aller Rechte und Rechtsbeziehungen ein.[441] Es gibt Rechtspositionen, die nicht auf die Erben übergehen und mit dem Tod ihres Inhabers erlöschen müssen, etwa weil die Ausübung einiger Rechte durch einen anderen als den ursprünglichen Rechtsinhaber entsprechend ihrem besonderen Inhalt undenkbar erscheint. Auch existieren solche Rechte, die mit dem Tod ihres Inhabers zwar nicht erlöschen,[442] aber nach anderen Regeln oder erbrechtlichen Gesichtspunkten auf einen neuen Rechtsträger übergehen.[443]

Die Bestimmung der Unvererblichkeit birgt große Schwierigkeiten: Es scheint zumindest auf den ersten Blick nicht möglich, abstrakte und zugleich *evidente* Kriterien zur Bestimmung der Unvererblichkeit zu bilden. Oben wurde bereits angedeutet, dass die Verfügungsbefugnis zu Lebzeiten ein gültiges Indiz für die Vererblichkeit sein kann, wobei dabei noch nichts über die Unvererblichkeit gesagt ist. Im Schrifttum wird hierzu teilweise vertreten, dass sich die Unvererblichkeit bei Rechtspositionen aus dem *Gesetz*, *Gewohnheitsrecht* oder der *Natur*

441 *Otte*, in: Staudinger, BGB Einleitung zum Erbrecht, Rn. 63.

442 *Herzog* sieht im Untergang eines Rechts grundsätzlich die Alternative zur Vererblichkeit, *Herzog*, in: Stellungnahme DAV 34/2013, S. 30, 31, 40. Dies gelte vor allem für *höchstpersönliche Rechte*, die nur dem Erblasser zustehen.

443 Die Unvererblichkeit deckt sich also nicht zwingend dem Untergang einer Rechtsposition; siehe nur *Dietzel*, Untergang statt Fortbestand, S. 9; *Leipold*, in: MükoBGB, BGB § 1922 Rn. 19. Beispielsweise erlischt etwa ein Mietverhältnis nicht mit dem Tod des Mieters, sondern geht im Todesfall außerhalb des Erbrechts auf den Ehegatten oder Lebenspartner über. Weitere Beispiele finden sich bei *Leipold*, in: MükoBGB, BGB § 1922 Rn. 19–141.

der Sache ergeben müsse.[444] Nach dieser Auffassung sollen die einzelnen positiven Rechtsnormen bei *vermögensrechtlichen* als auch bei *nichtvermögensrechtlichen* Positionen für die Frage der Vererblichkeit in erster Linie entscheidend sein.[445] Soweit eine klare Aussage fehle, könne eine Antwort unter Berücksichtigung des Zwecks oder der Zweckbindung der einzelnen Rechtspositionen, der Interessenlage und des in § 1922 Abs. 1 BGB enthaltenen Prinzips der grundsätzlichen Vererblichkeit der geldwerten Rechte und Nichtvererblichkeit der immateriellen Rechte gefunden werden.[446] Bei Auslegungs- und Abgrenzungsschwierigkeiten müsse der Vermögensbegriff zu Gunsten der Vererblichkeit weit ausgelegt werden.[447]

Auch *Savigny* überlegte – nicht auf materiellrechtlicher Ebene, sondern in der Tradition des römischrechtlichen Aktionensystems –, wie sich der Tod auf die *Klagen* einer Person auswirkte. Zunächst stellt *Savigny* fest, dass von Seiten des Klägers die »allermeisten« Klagen vererblich seien, also die Unvererblichkeit eine seltene Ausnahme darstelle. Vor dem Hintergrund der oben beschriebenen Aufteilung des Rechts, nach der das Familienrecht aus dem *Vermögensrecht* ausgegliedert ist, geht *Savigny* davon aus, dass Klagen aus »natürlichen« Familienverhältnissen erlöschen.[448] Daneben seien solche Klagen unvererblich, die *Savigny* als *anomalische* Rechte[449] bezeichnete. Ihre

444 *Herzog*, in: Stellungnahme DAV 34/2013, S. 30, 31; *Leipold*, in: MükoBGB, BGB § 1922 Rn. 19.

445 *Leipold*, in: MükoBGB, BGB § 1922 Rn. 19, vermutlich wird diese Exemplifikation in der Weise verwendet, dass *vermögensrechtlich* mit *geldwert* gleichzusetzen ist, was wie oben gesehen aber nicht richtig ist.

446 BGH, NJW 2001, 2084 – Rückforderungsanspruch des Schenkers; BGH, NJW 2014, 2871 – Vererblichkeit des Geldentschädigungsanspruchs bei Persönlichkeitsrechtsverletzung.

447 *Bock*, AcP 217 (2017), 370, 375.

448 *Savigny*, System Bd. V, S. 199. Zu den natürlichen Familienverhältnissen zählt *Savigny* die Ehe, die väterliche Gewalt sowie die Verwandtschaft.

449 Vgl. *Savigny*, System Bd. II, §§ 71–74: »Rechte, obgleich ihrer Form nach mit anderen Rechten gleichartig, dennoch mehr den natürlichen, oder den politischen Menschen, als den juristischen (den Träger der Privat-Rechtsverhältnisse) angehen.«

Grundlage liege nicht in einem Vermögensrecht, sondern in einem »ganz individuellen Verhältnis«. Hierzu nennt *Savigny* beispielsweise den Nießbrauch (*usus fructus*)[450] oder das Vermächtnis eines Wohnrechts (*habitatio*).[451] Aus heutiger Sicht könnte man diese Rechte als solche umschreiben, die dem Rechtsverkehr und der freien Verfügung entzogen sind. Hierin ist aber kein allgemeiner Grundsatz zu erblicken, weshalb aus ihnen für heutige Zwecke nicht die Unvererblichkeit geschlossen werden kann. Weiterhin sei ein Erlöschensgrund darin zu sehen, dass eine Klage dann erlischt, wenn sie derart an die Person des Berechtigten *gebunden* ist, dass das Erlöschen der Klage die zwingende Folge ist.[452] Charakteristisch für unvererbliche Rechtspositionen ist, dass sie (rechtlich) nicht von jedem denkbaren Rechtsinhaber ausgeübt werden können.[453]

Nach *Sintenis* erlöschen diejenigen Rechtsverhältnisse, die ihrer Natur nach an die Person ihres Inhabers geknüpft und von dieser untrennbar sind. Dazu gehören die den Familienverhältnissen angehörenden Rechte sowie die angeborenen und besonderen Rechte. Erstere seien solche, die in der physischen Natur des Menschen begründet sind und mit der Person des Erwerbers so eng verknüpft sind, dass sie mit dem Tod erlöschen und nicht auf die Erben übergehen. *Sintenis* bemerkt, dass sich hier ein allgemeiner Grundsatz nicht finden lasse;[454]

> »es sind teils solche, die ihrer Natur oder gesetzlichen Bestimmung nach auf die Person als Individuum beschränkt sind, wie die väterliche Gewalt und Nießbrauch, theils solche, die auf die Befriedigung eines persönlichen Bedürfnisses berechnet sind, wie die verschiedenartigen Verhältnisse, welche die unmittelba-

---

450 *Savigny*, System Bd. II, S. 91.

451 *Savigny*, System Bd. II, S. 113; dazu auch *Willems*, Justinian als Ökonom, S. 213 ff. m. w. N.

452 *Sintenis*, Das praktische gemeine Civilrecht, 1. Bd., S. 278 f. Fn. 11.

453 *Savigny*, System Bd. I, S. 385.

454 *Sintenis*, Das praktische gemeine Civilrecht, 1. Bd., S. 278. *Sintenis*, Das praktische gemeine Civilrecht, 2. Bd. S. 454 ff. § 106, besonders S. 456 f.

> re Lebensversorgung durch Alimentation oder durch Dotation der Töchter betreffen; teils solche Verträge, welche ein besonders persönliches Vertrauen der Kontrahenten begründet und daher denn auch, wenn es die Person des Verpflichteten betrifft, mit dessen Tod ebenfalls enden müssen, indem die Erfüllung gerade meist nur von der Person des Verpflichteten erwartet wird, wie der Gesellschafts- oder Mandatscontract und die Dienstmiethe, theils endlich gehören sie zu denen, welche als Klagerechte nicht auf die Erben übergehen.«[455]

Auch vertragsmäßige Bestimmungen der Parteien können nach der Auffassung *Sintenis* zur Beendigung des Rechtsverhältnisses führen.

I. Der Geldwert als ein für die Vererblichkeit sprechendes Indiz

Ob ein Geldwert eine Wirksamkeitsvoraussetzung für das Vorliegen einer Obligation bzw. eines Schuldverhältnisses ist, wurde oben bereits erläutert und konnte mit aller Deutlichkeit verneint werden. Viele Autoren erachten im Erbrecht den Geldwert einer Rechtsposition zwar nicht als zwingendes Merkmal, aber sehen in ihm eine Indizwirkung zu Gunsten der Vererblichkeit. Damit wird das Dogma vom Geldwert genutzt, um die Grenze zwischen Vererblichkeit und Unvererblichkeit zu ziehen: Vermögenswerte Nachlasspositionen, die einen Bezug zu einem Geldwert haben, seien grundsätzlich vererblich;[456] bei nichtvermögenswerten, also in diesem Sinne nichtgeldwerten, Rechtsverhältnissen sei die Unvererblichkeit die Regel.[457] Nach dieser Begriffsbestimmung scheint auf den ersten Blick ein Geld-

455 *Sintenis*, Das praktische gemeine Civilrecht, 1. Bd., S. 278. *Sintenis*, Das praktische gemeine Civilrecht, 2. Bd. S. 454 ff. § 106 va. S. 456 f.

456 *Herzog*, in: Stellungnahme DAV 34/2013, S. 30

457 *Herzog*, in: Stellungnahme DAV 34/2013, S. 30f.; *Leipold*, in: MükoBGB, BGB § 1922 Rn. 19.

wert für die Frage der Vererblichkeit einer Rechtsposition das zentrale Kriterium zur Abgrenzung von vererblichen und unvererblichen Rechtspositionen zu sein. Die Autoren der Protokolle betrachteten den Umfang des erbschaftlichen Übergangs demgegenüber unter dem Lichte des allgemeinen Vermögensbegriffs und zogen aus dessen Bestandteil einen entscheidenden Schluss: Da ein vermögensrechtliches Interesse schon nicht zum Wesen der Obligation gehöre, »könne es nicht zweifelhaft sein«, dass solche Obligationen, bei denen es an einem solchen Interesse mangele, ebenso den allgemeinen Sukzessionsgrundsätzen unterstehen.[458] Daher kann in Einklang mit den vorstehenden Erwägungen[459] gesagt werden, dass der Geldwert ebenso im Erbrecht kein dogmatisch brauchbares Kriterium ist, das zur Grenzziehung zwischen Vererblichkeit und Unvererblichkeit geeignet ist. Damit ist die (Geld-)Wertlosigkeit einer Rechtsposition ebenfalls kein Indiz für die Unvererblichkeit. Sowohl aus historischer als auch aus heutiger Sicht setzt der in § 1922 Abs. 1 BGB verwendete Begriff *Vermögen* nicht voraus, dass der in Frage stehenden Rechtsposition ein *Geldwert* zukommt. Der tatsächliche Geldwert einer Rechtsposition ist demnach nicht einmal ein Indiz für die Vererblichkeit.[460] Die *Locke der Geliebten*[461] ist demgemäß nicht weniger vererblich als ein Grundstück am Starnberger See. Ein (hoher) Geldwert kann allenfalls ein berechtigtes Interesse der Erben an der Erlangung der Rechtsposition begründen. Die Bestimmung, wann eine Rechtsposition unvererblich ist, muss allerdings auf anderem Wege erfolgen.

458 *Jakobs/Schubert*, Die Beratungen des Bürgerlichen Gesetzbuches, Tb. 1, § 1922–2385 S. 45, *Mugdan*, Bd. V, S. 2.

459 Siehe C II 5.

460 So auch *Sohm*, in: Jherings Jahrbücher für die Dogmatik des bürgerlichen Rechts, Bd. 53, S. 373, 374.

461 *Enneccerus/Nipperdey*, Allgemeiner Teil I, Hb. 1, S. 454.

II. Abweichungen vom Vererblichkeitsgrundsatz in Rechtsprechung und Gesetz

Im Folgenden werden Normen vorgestellt, die von § 1922 Abs. 1 BGB abweichende Regelungen enthalten. Schließlich findet sich in den Gesetzesmaterialien häufig der Satz »Die Rechtsverhältnisse des Erblassers gehen auf die Erben über, *soweit sie nicht nach gesetzlicher Bestimmung erlöschen.*« Es ist zu überprüfen, ob sich aus diesen gesetzlichen Bestimmungen ein gemeinsamer Nenner zur Bestimmung der Unvererblichkeit ableiten lässt. Auch wird auf Normen eingegangen, die im Laufe des Gesetzgebungsprozesses noch allgemeine Regelungen über die Unvererblichkeit enthielten, aber im heutigen BGB nicht mehr vorhanden sind. Es ist zumindest denkbar, dass sich auch aus historischen Dogmen ein gemeinsamer Gedanke ergibt, der Rückschlüsse auf allgemeine Wertungen bzgl. der Unvererblichkeit zulässt. Auch ihre Wertungen könnten bei Vorliegen aller Voraussetzungen für digitale Hinterlassenschaften übernommen werden.

1. Bestimmungen über Unvererblichkeit in den Entwürfen zum BGB

Sowohl der Referentenentwurf zum Obligationenrecht als auch der Teilentwurf *Schmitts* sowie deren Nachfolgervorschriften im E I enthielten allgemeine Unvererblichkeitsregelungen. Während der Beratungen hatte man demnach Vorstellungen davon, wann gewisse Erblasserbeziehungen im Allgemeinen erlöschen.[462]

a. TE-OR (Nr. 31) § 1 und § 292 E I

Mit § 292 E I enthielt der Erste Entwurf eine Norm im Allgemeinen Schuldrecht, die das Schicksal von Forderungen und Verbindlich-

462 Prot. I 8879, abgedruckt in: *Jakobs/Schubert*, Beratungen ErbR, Tb I, S. 45.

keiten für den Fall regelt, dass eine Partei eines Schuldverhältnisses verstirbt.[463] § 292 E I regelte primär, dass der Tod einer Person zwar grundsätzlich keine Auswirkung auf den Bestand des sie betreffenden Schuldverhältnisses habe. § 292 E I hatte folgenden Text.

> »Das Schuldverhältniss erlischt nicht durch den Tod des Gläubigers oder des Schuldners, es sei denn, dass aus dem Gesetze oder aus dem Rechtsgeschäfte oder aus der Natur der Leistung ein Anderes sich ergiebt«[464]

Diese Vorschrift geht auf den TE-OR (Nr. 31) § 1[465] von *von Kübel*[466] *zurück. In seiner Begründung betonte von Kübel*, dass sich der Paragraph der Regelung des § 318 TE-ErbR[467] inhaltlich anschließe, wonach der Tod des Gläubigers oder des Schuldners nur ausnahmsweise den Bestand eines Schuldverhältnisses tangiere.[468] Dies sei dann der Fall, wenn eine rechtsgeschäftliche oder gesetzliche Bestimmung existiere, die die Unvererblichkeit anordnet, oder gemäß der Natur des Schuldverhältnisses dieses an die Person des Schuldners oder des Gläubigers *geknüpft* ist.[469] *Von Kübel* bemerkte darüber hinaus, dass das Gesetz trotz dieser allgemeingültigen Vorschrift bei den besonderen Schuldverhältnissen die Unvererblichkeit nochmals gesondert klarstellen sollte, wie es etwa beim Nießbrauch in Form von § 1061 S. 1 BGB geschehen ist. In diesem Zuge sollte auch die Frage geklärt werden, ob das Schuldverhältnis in diesen Fällen unmittelbar erlischt oder ob einerseits schon entstandene Ansprüche auf die Erben übergehen und ob andererseits die Erben noch Verpflichtungen im Inter-

463 *Mugdan*, Bd. II, S. XX.
464 *Mugdan*, Bd. II, S. XX; Mot. II, S. 64; Prot. II, S. 569.
465 Diese Norm ähnelt § 1007 SächsBGB.
466 *Kübel*, in: Schubert, Vorentwürfe d. Redaktoren z. BGB, SchuldR 1, S. 1113.
467 *Kübel*, in: Schubert, Vorentwürfe d. Redaktoren z. BGB, SchuldR 1, S. 1115 f.
468 *Kübel*, in: Schubert, Vorentwürfe d. Redaktoren z. BGB, SchuldR 1, S. 1115 f.
469 *Kübel*, in: Schubert, Vorentwürfe d. Redaktoren z. BGB, SchuldR 1, S. 1115 mit Verweis auf *Windscheid*, Pandekten, Bd. II, § 359; *Jakobs/Schubert*, Die Beratungen des Bürgerlichen Gesetzbuches, § 241–432 S. 738 f.

esse des Gläubigers erfüllen müssen.[470] Damit forcierte Kübel eine Art *Abwicklung* der früheren Erblasserbeziehung. Die Vorschrift wurde mit kleineren aus heutiger Sicht nicht mehr erheblichen Veränderungen im E I als § 292 E I aufgenommen, aber von der 2. Kommission wieder gestrichen, da sich der erste Halbsatz, der das grundsätzliche Bestehenbleiben der Schuldverhältnisse anordnet, schon aus § 2051 E I[471] ergebe und der zweite Halbsatz, der die Ausnahmen benenne, eine *Selbstverständlichkeit* sei.[472] Aus dem Umstand, dass eine allgemeine Vorschrift über das Erlöschen von Schuldverhältnissen beim Tod einer Person im heutigen BGB nicht mehr vorhanden ist, ergebe nach *Claussen* dennoch keine inhaltliche Abkehr von der ursprünglichen gesetzgeberischen Entscheidung.[473]

b. § 318 TE-ErbR und § 2051 S. 1 E I

Nach § 2051 S. 1 E I gehen die zum Vermögen des Erblassers gehörenden Rechte und die vermögensrechtlichen Verbindlichkeiten, soweit sie nicht mit dem Tod des Erblassers erlöschen, auf die Erben über.[474] In den Beratungen zu § 2051 S. 1 E I konzentrierte man sich überwiegend darauf, hervorzuheben, dass die Universalsukzession auch hinsichtlich der Verbindlichkeiten des Erblassers kraft Gesetzes eintrete; Hinweise auf etwaige Erlöschensgründe fehlen hier.[475] Man befand später in der vorläufigen Zusammenstellung der Beschlüsse mit Gründen, dass der Begriff der Erbschaft den Begriff des Vermögens prä-

470 *Kübel* verweist hierzu auf eine Zusammenstellung solcher Schuldverhältnisse auf § 318 TE-ErbR, *Schmitt*, in: Schubert, Vorentwürfe d. Redaktoren z. BGB, ErbR 1, S. 67.

471 § 2051 E I konstatierte, dass die zum Vermögen des Erblassers gehörenden Rechte und die vermögensrechtlichen Verbindlichkeiten, soweit sie nicht mit dem Tod des Erblassers erlöschen, auf die Erben übergehen.

472 *Jakobs/Schubert*, Die Beratungen des Bürgerlichen Gesetzbuches, §§ 241–432, S. 739; Prot. II, Bd. 1, S. 376; *Mugdan*, Bd. II, S. 569.

473 *Claussen*, S. 50.

474 *Mugdan*, Bd. V, S. LXVII.

475 *Jakobs/Schubert*, Die Beratungen des Bürgerlichen Gesetzbuches, Tb. 1, § 1922–2385 S. 290.

zisiert: Zur *Erbschaft* gehören diejenigen Vermögensbestandteile des Erblassers, die mit dem Tode des Erblassers nicht erloschen sind.[476] § 2051 E I ergänzte folglich die Vorschrift des § 2025 E I, wonach das Vermögen als Ganzes auf die Erben übergeht, um die ausdrückliche Erwähnung der Verbindlichkeiten.[477] In der Begründung zu § 318 TE-ErbR, der Vorgängervorschrift des § 2051 E I, definiert *von Schmitt* den *Nachlass*, der wohl gleichbedeutend mit der *Erbschaft* zu verstehen ist, wie folgt: »Den Nachlass bilden die zu dem allgemeinen und einen Vermögenskreise des Erblassers gehörigen Rechtsverhältnisse, sofern sie der Übertragung fähig sind.«[478] In einer mehrseitigen Fußnote zählt *von Schmitt* Rechtsverhältnisse auf, die nicht in den Nachlass fallen, sondern in der oben angesprochenen logischen Sekunde zwischen Erbfall und Erbschaftsanfall erlöschen. Übergangsfähig seien demnach »nicht andere als vermögensrechtliche Verhältnisse«; namentlich gehören damit nicht zur Erbschaft die »nicht privatrechtlichen Verhältnisse« und »die personen- und familienrechtlichen Verhältnisse des Erblassers.«[479] Von den vermögensrechtlichen Beziehungen seien diejenigen, die die Erwartung einer erbrechtlichen Sukzession zum Inhalte haben, nicht selbst Gegenstand einer erbrechtlichen Sukzession (z. B. Ansprüche aus Verträgen zugunsten Dritter auf den Todesfall, § 331 BGB). Eine dritte Kategorie bildet *von Schmitt* in Gestalt der »sonstigen Beziehungen des Erblassers.« Hier bestehen von der Regel der grundsätzlichen Vererblichkeit »nur vereinzelte Ausnahmen.« Hierbei handele es sich um solche

> »Beziehungen, welche durch die Natur der Sache, Bestimmung der Betheiligten oder Gesetz an des Erblassers Person gebunden, dessen Tod zu überdauern unfähig sind und deshalb, sofern es

476 *Jakobs/Schubert*, Die Beratungen des Bürgerlichen Gesetzbuches, Tb. 1, § 1922–2385 S. 294f.

477 *Mugdan*, Bd. V, S. 280 mit Verweis auf *Windscheid*, Pandekten Bd. III, §§ 528, 605, abweichend davon: das sächs. BGB, §§ 2281, 2284.

478 *Schmitt*, in: Schubert, Vorentwürfe d. Redaktoren z. BGB, ErbR 2, S. 858 ff.

479 *Schmitt*, in: Schubert, Vorentwürfe d. Redaktoren z. BGB, ErbR 2, S. 858 ff.

> sich nicht um darauf schon für den Erblasser eingetretenen Vermögensfolgen handelt, unübertragbar sind.«[480]

Hierzu folgt wiederum eine mehrseitige Auflistung, die sich im Wesentlichen an Einzelfällen aus dem römischen Recht, dem Code Civil und den Partikularrechten orientiert. Es handelte sich um Rechtspositionen, die schon in diesen anderen Rechtsordnungen als besonders problematisch erachtet wurden, weshalb *von Schmitt* es für erforderlich hielt, die dort gewonnen Erkenntnisse für das Bürgerliche Gesetzbuch zu übernehmen.[481] Zu den mit dem Tod erlöschenden Rechtsverhältnissen zählen etwa der Auftrag durch Tod des Beauftragten sowie der Dienstvertrag durch Tod eines Dienstverpflichteten. Einige davon, wie zudem die Unvererblichkeit des Nießbrauchs, wurden in das BGB übernommen. Eine allgemeingültige Unvererblichkeitsregelung ist dieser Auflistung allerdings nicht zu entnehmen.[482] Einen Anhaltspunkt bietet nur die Aussage, dass Rechtspositionen dann unvererblich sind, wenn sie derart an die Person des Erblassers *gebunden* sind, dass sie dessen Tod zu überdauern unfähig sind. Diese *personengebundenen* Verhältnisse stellen aber wiederum (nur) einen Unterfall derjenigen Positionen dar, die gemäß *der Natur der Sache*[483] oder aufgrund *der Bestimmungen der Beteiligten* unvererblich sind.

c. Exkurs: Der Verweis auf das Sächsische Bürgerliches Gesetzbuch

Von Schmitt verweist hinsichtlich der unvererblichen Rechtsverhältnisse besonders häufig auf § 862 sowie § 1007 des sächsischen BGB, die von *Siebenhaar* kommentiert wurden.[484] In der Regel sei der Tod

480 *Schmitt*, in: Schubert, Vorentwürfe d. Redaktoren z. BGB, ErbR 2, S. 867.

481 Vgl. *Schmitt*, in: Schubert, Vorentwürfe d. Redaktoren z. BGB, ErbR 2, S. 867–876.

482 So bereits im Allgemeinen, *Savigny*, System Bd. V, § 230 S. 204.

483 Zum Wert des Begriffs der Natur der Sache *Säcker*, in: MüKoBGB, Einl. BGB Rn. 94.

484 Die Materialien zum Bürgerlichen Gesetzbuch für das Königreich Sachsen wer-

eines Gläubigers oder Schuldners für den Fortbestand des Forderungsrechts unerheblich. Eine Einschränkung sieht *von Schmitt* mit Verweis auf § 852 sächs. BGB, der folgenden Inhalt hat:[485]

> »Rechte und Verbindlichkeiten aus Verträgen gehen, sofern sie nicht rein persönlich sind, auf die Rechtsnachfolger der vertragsschließenden Theile über.«

Darüber hinaus bezieht sich *von Schmitt* auf einen Kommissionsbeschluss vom 6. Oktober 1877, der den Satz enthält:

> »Forderungen, welche eine solche Beziehung auf die Person eines bestimmten Gläubigers haben, dass die Leistung nur an diesen erfolgen kann, sind nicht übertragbar.«

Es sei nach *von Schmitt* daher zu überlegen, verschiedene Kategorien der *nichtzessiblen* Forderungen hervorzuheben und diese auf das Erbrecht zu übertragen. Diese Kategorien entsprechen dem Gedanken des für die Abtretung geltenden § 966 sächs. BGB, aus dem *von Schmitt* folgende Kategorien der Veräußerungsverbote liest:

> »Forderungen, bei welcher der Leistungsgegenstand durch die Leistung an einen anderen Gläubiger sich ändern würde, und Forderungen, die an eine nicht übertragbare Eigenschaft des Gläubigers geknüpft seien, möglicherweise noch als dritte Kategorie Forderungen, bei welchen die Leistung an einen anderen als den Gläubiger unmöglich ist.«

---

den herausgegeben von Christian Hattenhauer sowie Frank L. Schäfer, abrufbar unter: www.saechsisches-bgb.de.

485 *Schmitt*, in: Schubert, Vorentwürfe d. Redaktoren z. BGB, ErbR 2, S. 867; Vgl. auch *Windscheid*, Pandekten, Bd. III, § 359.

Von Schmitt war der Auffassung, dass diese Sätze nicht nur für die Zession, sondern auch auf die Gesamtrechtsnachfolge Anwendung finden könnten. Diese Ausnahmen seien aber nicht normativ anwendbar, sondern müssten sich wiederum entweder aus dem *Gesetz* oder der *stillschweigenden* oder *ausdrücklichen* Bestimmung des Rechtsgeschäfts ergeben.[486] Somit kann aus historischer Sicht gesagt werden, dass diese Unübertragbarkeitsregeln bei der Abtretung zumindest mit der Unvererblichkeit in einem gewissen Zusammenhang stehen; eine unmittelbare und zwingende Deckung war historisch nicht gewollt und scheint auch mit Blick auf die Rechtsfolgen nicht interessengerecht. Dass sich die Unvererblichkeit direkt aus dem *Gesetz* sowie aus dem *Rechtsgeschäft* selbst ergeben kann, wurde in den hier beschriebenen Materialien mehrfach betont und erscheint auch aus heutiger Sicht nicht zweifelhaft.

d. Stellungnahme

Die Untersuchung hat gezeigt, dass grundsätzlich *Vermögensrechte* auf die Erben übergehen. Davon abzugrenzen sind die *öffentlich-rechtlichen* Verhältnisse, die *familienrechtlichen* und die *personenrechtlichen* Verhältnisse, die mit dem Tod ihres Inhabers erlöschen. Eine Ausnahme besteht aber oft dann, wenn die *Vermögensfolgen* bereits eingetreten sind, womit wohl bereits entstandene und fällige Ansprüche gemeint sind.[487] Auf ein Verzeichnis der erlöschenden Rechte und Verbindlichkeiten, wie es noch in der Begründung des § 318 TE-ErbR, bzw. § 292 E I vorhanden war, hat man bewusst verzichtet, da ein solches Verzeichnis »von keinem geltenden Recht angefügt« sei.[488] Eine beispielhafte Erwähnung einzelner Rechte wäre der Regelungstechnik des BGB darüber hinaus ohnehin fremd. Im Rahmen der Arbeiten der Zweiten Kommission wurde § 2051 S. 1 E I gestrichen, da sich

486 *Schmitt*, in: Schubert, Vorentwürfe d. Redaktoren z. BGB, ErbR 2, S. 868.
487 Vgl. *Schmitt*, in: Schubert, Vorentwürfe d. Redaktoren z. BGB, ErbR 2, S. 858 ff.
488 Mot. V, S. 526; *Mugdan*, Bd. V, S. 280 f.

sein Inhalt bereits aus § 1749 E I ergeben könne.[489] Im späteren Verlaufe der Beratungen blieb infolgedessen nichts mehr von den zuvor aufgestellten »Unvererblichkeitsregeln«, die zuletzt in § 2051 S. 1 E I und § 292 E I enthalten waren, übrig. Dass in dieser bewussten Nichtregelung gleichwohl eine gesetzgeberische Wertung zu erblicken ist, erscheint nicht zweifelhaft. Dass die *allgemeinen Grundsätze* des allgemeinen Schuldrechts zur Anwendung gelangen sollten ergibt sich des Weiteren aus einer Motivstelle zum Dienstvertrag. Demnach sei die todesbedingte Beendigung eines Dienstverhältnisses eine Folge der sich daraus ergebenen objektiven Unmöglichkeit der Leistung (§ 237 Abs. 1 E I, entspricht in etwa § 275 Abs. 1 BGB) wenn der Dienstverpflichtete in Person zu Leisten hatte (vgl. § 613 S. 1 BGB).[490]

In einer logischen Sekunde zwischen Tod des Erblassers und Anfall der Erbschaft gehen einige, wenige Bestandteile des Vermögens unter, was auch nach Untersuchung dieser Materialien als Ausnahme zu charakterisieren ist. Auf die Frage, wann Vermögensbestandteile konkret untergehen, können die oben untersuchten Materialen nur bedingt eine verbindliche Antwort geben. Die Begründung des TE-ErbR zeigt, dass die Grenzziehung schon damals äußerst schwierig war und erhebliche dogmatische Probleme aufgeworfen hat, sodass sich die damaligen Autoren vornehmlich auf induktivem Wege dem Sachproblem genähert haben. Es lassen sich nur einige Grundvorstellungen der Kommissionsmitglieder und des Redaktors *von Schmitt* über die Unvererblichkeit extrahieren. Vor allem hat *von Schmitt* einen Versuch unternommen, die Frage der Unvererblichkeit einer rationalen und allgemeingültigen Regel zuzuführen.

Man kann die oben untersuchten Materialen, wenngleich die ihr zugrundeliegenden Vorschriften nicht im heutigen BGB vorhanden sind, folgendermaßen interpretieren: Grundsätzlich wird die Vererblichkeit vermutet, da der Tod in der Regel für den Bestand des Schuld-

489 *Mugdan*, Bd. V, S. 421.
490 Mot. II, S. 465.

verhältnisses unerheblich ist.[491] Daneben gibt es Gründe, die in der fraglichen Rechtsposition selbst liegen, weshalb bestimmte Rechtspositionen unvererblich sind. Diese ergeben sich vornehmlich aus dem *Gesetz* und soweit das Gesetz schweigt, *kommt es auf stillschweigende und ausdrückliche Regelungen* in Bezug auf das in Frage stehende Schuldverhältnis selbst an. Aber auch in der *Natur des Schuldverhältnisses* soll aus historischer Sicht ein Grund für die Unvererblichkeit liegen können.

Im Folgenden wird daher zunächst untersucht, ob sich aus bestehenden gesetzlichen Regelungen Anhaltspunkte ableiten lassen, aus welchen Gründen Rechtspositionen im Allgemeinen und sodann insbesondere im Falle von digitalen Hinterlassenschaften erlöschen könnten. Aber auch der als vorgeblich *selbstverständlich* gestrichene § 292 E I kann zumindest einen Anhaltspunkt zur Bestimmung der Unvererblichkeit liefern. Es ist richtig, dass sich die Unvererblichkeit aus den (ausdrücklichen oder stillschweigenden) Bestimmungen der Parteien (das ergibt sich schon aus der Privatautonomie) und dem Gesetz ergeben kann. Daran wird heute niemand zweifeln. Die Unvererblichkeit, die aus der Natur der Sache folgen soll, ist demgegenüber kritisch zu betrachten. *Die Natur der Sache* ist in der Rechtsanwendung ein Totschlagargument bzw. eine Leerformel.[492] Ihr kann für die Frage nach der Vererblichkeit einer Rechtsposition kein Gewicht beigmessen werden. Soweit sie als Tatbestandsmerkmal im Gesetz niedergeschrieben ist, wie es bei § 269 BGB der Fall ist, fristet sie überdies ein dogmatisches Schattendasein. So wiederholt die Entscheidung über den Leistungsort *aufgrund der Natur des Schuldverhältnisses* nur das, was bei einer – auch ergänzenden – Auslegung der Parteivereinbarung der Fall wäre.[493] Zusammenfassend kann der bewussten Entscheidung des BGB-Gesetzgebers, § 292 E I zu steichen, entnommen werden, dass sich die Unvererblichkeit außer aus besonderen gesetzli-

491 *Schmitt*, in: Schubert, Vorentwürfe d. Redaktoren z. BGB, ErbR 2, S. 868.
492 *Säcker*, in: MüKoBGB, Einl. BGB Rn. 94.
493 *Krüger*, in: MüKoBGB, BGB § 269 Rn. 18, dem folgend z. B. *Fußeder*, S. 76, 85.

chen Bestimmungen für gewöhnlich aus dem Schuldverhältnis selbst, respektive dem Parteiwillen ergibt.

2. Das Erbrecht betreffende Regelungen, die eine Aussage über die Vererblichkeit treffen

Rechtspositionen, bei denen geschriebene Gesetze die Unvererblichkeit anordnen, werden dem Nachlass vollständig entzogen und erlöschen regelmäßig mit dem Tod des Erblassers bzw. gehen unter. Grundsätzlich gilt, dass es für die Unvererblichkeit (von Rechtsbeziehungen) besonderer gesetzlicher Vorschriften oder Anhaltspunkte im Gesetz bedarf.[494] Es ist dort weiter zu unterscheiden zwischen unvererblichen Rechtsstellungen, die zwingend unvererblich sind, sowie solchen, die trotz gesetzlich angeordneter Unvererblichkeit kraft privatautonomer Bestimmungen vererblich gestellt werden können.[495] Es ist im Folgenden zu untersuchen, ob sich allgemeine Regeln über die Unvererblichkeit aus dem Gesetz ergeben, die entsprechend auf die digitalen Hinterlassenschaften angewendet werden können. Aus dem Gesetz kann sich die Unvererblichkeit in unmittelbarer Anwendung aber auch in mittelbarer Anwendung bzw. auf dem Rechtsgedanken einer Vorschrift ergeben.[496]

a. Zwingende Unvererblichkeit

Als *zwingend* unvererblich gilt zum Beispiel der Nießbrauch. Der Nießbrauch beruht regelmäßig auf einer besonderen Beziehung zwischen Nießbraucher und Eigentümer, weshalb der Eigentümer nicht gezwungen werden soll, die Erben des Nießbrauchers als neue Nutzer des Eigentums zu dulden.[497] Er ist jedoch kein Gut, über das natur-

494 *Leipold*, in: MüKoBGB, BGB § 1922 Rn. 19; *Stürner*, in: Jauernig, BGB § 1922 Rn. 4ff.

495 *Kunz*, in: Staudinger, BGB § 1922 Rn. 134.

496 *Dietzel*, S. 24.

497 *Pohlmann*, in: MüKoBGB, BGB § 1061 Rn. 1.

gemäß nicht verfügt werden könnte; dennoch hat sich der Gesetzgeber für die Unübertragbarkeit entschieden. Diese Entscheidung ist eine rechtspolitische Vernunftsentscheidung. Wäre der Nießbrauch als absolutes Recht vererblich, führte dies zu einer dauerhaften Entleerung des Eigentumsrechts.[498] § 1061 BGB soll verhindern, dass der Nießbraucher seinen Nießbrauch weiter *vererbt*, ohne dass der Eigentümer der Sache bei Einräumung des Nießbrauchs die Erben des Begünstigten im Sinn hatte. Andernfalls wäre es wahrscheinlich, dass das Eigentumsrecht und die Befugnis der Sachnutzung dauerhaft auseinanderfielen.[499] Der Nießbrauch kann nämlich zu Lebzeiten nicht mehr einseitig beendet werden.[500] In der Folge könnte der Nießbrauch sogar auf die folgenden Erbengeneration übergehen, sodass das Eigentum letztlich ökonomisch nutzlos werden würde.[501] Darüber hinaus erlöschen auch andere beschränkte persönliche Dienstbarkeiten gemäß §§ 1090 ff. BGB grundsätzlich mit dem Tod ihres Inhabers. Dies ergibt sich aus § 1090 Abs. 2 BGB mit dem Verweis auf die entsprechende Anwendung des § 1061 BGB, der die Vererblichkeit des Nießbrauchs ausschließt. Auch hierbei handelt es sich um ein subjektiv-persönliches Recht von natürlichen oder juristischen Personen.[502] Der Grund für die gesetzlich angeordnete Unvererblichkeit dürfte ebenso wie beim Nießbrauch auch auf der *persönlichen Vertrauens- (Beziehung) zwischen dem Inhaber des beschränkt dinglichen Rechts und dem Besteller* liegen.[503] Die Unvererblichkeit des Nießbrauchs war schon im römischen Recht und später daran anschließend bei *Windscheid* vorgesehen.[504] Da der Nießbrauch auf eine ganz bestimmte Person bezogen ist bzw. eine bestimmte Person begüns-

498 Vgl. *Willems*, Justinian als Ökonom, S. 229.

499 *Willems*, Justinian als Ökonom, S. 235.

500 *Pohlmann*, in: MüKoBGB, BGB § 1030 Rn. 161.

501 *Willems*, Justinian als Ökonom, S. 230; 235.

502 *Mohr*, in: MüKoBGB, BGB § 1090 Rn. 1.

503 *Kunz*, in: Staudinger, BGB § 1922 Rn. 389; *Heinze*, in: Staudinger, BGB § 1061 Rn. 1; *Mugdan* Bd. III, S. 762 f.; BGH, NJW 2016, 1953, 1954; *Mohr*, in: MüKoBGB, BGB § 1090 Rn. 1; *Pohlmann*, in: MüKoBGB, BGB § 1061.

504 *Windscheid*, Pandekten, Bd. III, § 359 S. 331 Fn. 2

tigen soll, liegt der Grund für die Unvererblichkeit in der Person des Gläubigers, also des Nießbrauchers.

b. Grundsätzliche, aber nicht zwingende Unvererblichkeit

Weiterhin enthält das BGB solche Vorschriften, die grundsätzlich unvererbliche Bestandteile des Vermögens betreffen, aber kraft privatautonomer Entscheidung vererblich gestellt werden können.[505] Dazu gehören etwa das schuldrechtliche Vorkaufsrecht, Mitgliedschaftsreche in einem Verein,[506] die Ausführung eines Auftrags oder einer Geschäftsbesorgung.[507] Von besonderem Interesse ist § 38 S. 1 BGB, der die Unvererblichkeit der Vereinsmitgliedschaft gesetzlich anordnet. Gemäß § 40 BGB kann aufgrund der Satzung hiervon abgewichen werden, sodass den Erben ein Eintrittsrecht eingeräumt werden kann. Die grundsätzlich angeordnete Unvererblichkeit hat ihren Ursprung im Charakter der Vereinsmitgliedschaft: Eine Mitgliedschaft im Verein hat grundsätzlich einen *individuellen Einschlag*: Der Verein ist ein auf freiwilliger und auf Dauer angelegter Zusammenschluss natürlicher oder juristischer Personen, die einen gemeinsamen Zweck verfolgen.[508] Er bietet dem Menschen, der als geselliges Wesen zu begreifen ist, die Möglichkeit, sich mit anderen gleichgesinnten zusammenzuschließen, um gemeinsamen privaten Belangen nachzugehen. Daher besteht aus Sicht der Gemeinschaft grundsätzlich ein hohes Bedürfnis, sich neue Mitglieder selbst aussuchen zu können, was im Falle einer grundsätzlichen Vererblichkeit der Vereinsmitgliedschaft nicht gewährleistet wäre. Da das Vereinswesen in Deutschland breit aufgestellt ist und Vereine existieren, die aufgrund ihrer Größe kaum Wert auf den Charakter des einzelnen Mitglieds legen (Publikumsvereine), überlässt das BGB es dem betreffenden

505 *Kunz*, in: Staudinger, BGB § 1922 Rn. 134.

506 Ausweislich der Gesetzgebungsmaterialien zum BGB sollten die der »Spezialmaterie angehörigen Normen« über die Vererblichkeit der Mitgliedschaft in einem Personenverein *als sonstiges persönliches Recht* entscheiden, siehe Mot. V, S. 2.

507 *Kunz*, in: Staudinger, BGB § 1922 Rn. 135.

508 *Mansel*, in: Jauernig, BGB § 21 Rn. 1–7.

Verein selbst, vom beschriebenen gesetzlichen Regelfall abzuweichen. Wie auch beim Nießbrauch ist die Unvererblichkeit einerseits in der Person des Vereinsmitglieds begründet, allerdings können die Gründe für die Unvererblichkeit gleichsam im Verein selbst liegen.

c. Sonder- und Sonderrechtsnachfolgen

Neben den *unvererblichen* Rechtspositionen, die mit dem Tod ihres Inhabers untergehen, gibt es auch solche, die zwar nicht untergehen, aber eigenen, von § 1922 BGB unabhängigen Regeln folgen. Die sog. *Sonderrechtsnachfolgen* durchbrechen das Prinzip der Universalsukzession in zweierlei Hinsicht: Der Erbe wird nicht zwangsläufig Rechtsnachfolger des Erblassers und zudem wird der Erbschaft von vornherein ein Bestandteil entzogen, der stattdessen einer bestimmten Person dinglich zugewendet wird.[509] Dies hat zur Folge, dass etwa die Erbschaft ausgeschlagen und gleichzeitig die begünstigte Person Inhaber des Gegenstandes der Sonderrechtsnachfolge werden kann. Zu den Sonderrechtsnachfolgen gehört bspw. die Nachfolge in das Mietverhältnis über Wohnraum gemäß §§ 563–563b BGB, wonach die Kinder oder der Ehegatte des Erblassers in das Mietverhältnis eintreten können. Der Normzweck besteht im Bestandsschutz des Mietverhältnisses zu Gunsten der in § 563 BGB Genannten, wenn sie die Wohnung als Lebensmittelpunkt erhalten wollen.[510] Möchten sie dies nicht tun, steht ihnen das Recht zur Kündigung gemäß § 563 Abs. 3 BGB zu. Aber auch der Vermieter hat ebenso gemäß § 563 Abs. 4 BGB ein Kündigungsrecht, *wenn in der Person des Eingetretenen ein wichtiger Grund vorliegt*.[511]

Daneben gibt es *Sondererbfolgen*, die einen Unterfall der Sonderrechtsnachfolge darstellen. Deren Zweck ist es, bestimmte Vermögenspositionen, die eine wirtschaftliche Einheit darstellen, gegen eine

509 *Kunz*, in: Staudinger, BGB § 1922 Rn. 149.

510 Vgl. BT-Drs. 14/4553 S. 60; siehe auch BGH, NZM 2007, 285, 286.

511 Zur Terminologie siehe *Bieber*, in: MükoBGB, BGB § 540 Rn. 20; *Blank/Börstinghaus*, in: Blank/Börstinghaus, BGB § 540 Rn. 78 f.

wirtschaftliche Entwertung nach dem Tod des Erblassers zu schützen; dafür greifen sie in den Erwerbsmodus ein und wenden den betreffenden Gegenstand unmittelbar an eine bestimmte Person aus dem Kreis der Erben zu.[512] Hierzu zählt beispielsweise die Vererbung von Höfen, die eine gesetzliche Sondererbfolge darstellt. Aber auch die privatautonom initiierte Vererbung von Anteilen an einer Personengesellschaft ist höchstrichterlich als zulässige Sondererbfolge anerkannt.[513] Die Sondererbfolge stellt eine Anomalie im deutschen Recht dar und kann Vorteile für den Erblasser sowie Nachteile für die Nachlassgläubiger haben, da sie letztlich die Haftungsmasse des Nachlasses schmälern.[514] Sonderrechtsnachfolgen ergeben sich ausschließlich aus gesetzlichen Regelungen oder privatautonomer Entscheidung der Beteiligten. Somit sind auch Sonderrechtsnachfolgen in Hinblick auf die hier behandelten digitalen Hinterlassenschaften nicht unmittelbar von Belang; aus ihnen lassen sich jedenfalls keine allgemeingültigen Regelungen ableiten, die für sie Geltung beanspruchen können. Diese Ausnahmen der Gesamtrechtsnachfolge liegen teilweise in der Person des Erblassers und der Erben begründet (Mietverhältnis über Wohnraum und Personengesellschaft) sowie in der Rechtsposition selbst (Höfe).

d. §§ 130 Abs. 2, 153 BGB

Weiterhin regeln §§ 130 Abs. 2, 153 BGB, dass der Tod auf eine abgegebene Willenserklärung grundsätzlich keinen Einfluss hat und ein Vertrag auch dann zustande kommt, wenn der Antragende vor der Annahme durch eine andere Person verstirbt. In erster Linie handelt es sich bei § 130 Abs. 2 BGB um eine Vorschrift, die vornehmlich dem Schutz des Erklärungsempfängers dient.[515] Dessen Vertrauen auf den

512 *Kunz*, in: Staudinger, BGB § 1922 Rn. 29.
513 *Kunz*, in: Staudinger, BGB § 1922 Rn. 142.
514 Anteile an Personengesellschaften fallen nach h.M. in den Nachlass und sind dem Zugriff der Nachlassgläubiger demnach zugänglich, siehe dazu *Kunz*, in: Staudinger, BGB § 1922 Rn. 142.
515 *Einsele*, in: MüKoBGB, BGB § 130 Rn. 42.

Bestand der Willenserklärung soll in der Hinsicht geschützt werden, dass er im Vertrauen hierauf etwaige Vorkehrungen trifft, etwa sich bei der Kündigung seines Mietverhältnisses eine Wohnung sucht, oder im Falle einer Rücktrittserklärung die Sache an eine andere Person verkauft.[516] Sollte es sich bei dieser Willenserklärung um einen Antrag einer Person handeln, gibt § 153 BGB vor, dass dieser Antrag angenommen werden kann, wenn der Antragende vor der Annahme verstirbt. Insoweit handelt es sich um die »Anordnung einer Gesamtrechtsnachfolge« bezüglich einzelner Willenserklärungen.[517]

Dieser Rechtsgedanke lässt sich auf bestehende Verträge erstrecken, dass etwaige Rechtshandlungen den Tod einer Person überdauern sollen; mit der Ausnahme, dass ein anderer Wille des Antragenden anzunehmen ist. Insoweit wird zum Ausdruck gebracht, dass der Gesetzgeber die Gesamtrechtsnachfolge für ein gewichtiges Prinzip hält, weshalb es bereits Auswirkungen auf den Moment der Vertragsanbahnung hat. Regelmäßig bestand auf Seiten des Antragenden ein wirtschaftliche Bedürfnis zum Abschluss eines Vertrages, das mit dem Tode wie das Vermögen des bisherigen Inhabers in andere Hände übergeht.[518] Diese Regel gilt jedoch dann nicht, wenn »aus dem Antrag oder den Umständen des Falles ein anderer Wille des Antragenden hervorgeht.«[519] Dies wird in Einzelfällen dann der Fall sein, wenn der Antragende beispielsweise einen Maßanzug bestellt, denn hier ist es evident, dass dieser Antrag nur zur *Erfüllung eines persönlichen Bedürfnisses*[520] gemacht wurde.

Auch aus dieser Norm wird mit dem oben Gesagten deutlich, dass sogar das Erlöschen eines sich in der Anbahnung befindlichen Schuldverhältnisses nur dann in Betracht kommt, wenn sich aus diesem ein entgegenstehender (mutmaßlicher) Parteiwille ergibt. Besonders die-

516 Mot. I, S. 159; *Einsele*, in: MüKoBGB, BGB § 130 Rn. 42. So auch BGH, NJW 1968, 496.

517 Vgl. *Busche*, in: MüKoBGB, BGB § 153 Rn. 1; BGH, BeckRS 2010, Rn. 25.

518 Mot. I, S. 176.

519 Mot. I, S. 159, 176.

520 Siehe zur Terminologie, Mot. I, S. 176.

se Wertung ist in die Entscheidung über die Grenzziehung zwischen Vererblichkeit und Unvererblichkeit miteinzubeziehen. Der Unterschied zu einem *vererbten Schuldverhältnis* besteht in den Fällen des § 153 BGB lediglich darin, dass der Antragsempfänger bei § 153 BGB die Wahl hat, das Angebot noch anzunehmen oder abzulehnen. Der Grund hierfür dürfte in Schuldnerschutzaspekten liegen, denn die Wahl über den Vertragspartner ist ein nicht zu vernachlässigender Aspekt der Privatautonomie. Dieser Schutz wird bei der Vererbung von bestehenden Schuldverhältnisses jedoch ohnehin zwangsläufig durchbrochen.

e. Zwischenergebnis

Von Schmitt konstatierte in der Begründung zum TE-ErbR, dass sich die Unvererblichkeit primär aus dem Gesetz ergeben müsse.[521] Bei vielen von ihm aufgezählten Rechtsverhältnissen, von denen einige hier beispielhaft aufgeführt sind, wurde die Unvererblichkeit gesetzlich festgelegt, bei anderen überlässt das BGB die Entscheidung über die Vererblichkeit den Parteien. Aus den oben dargestellten Beispielen lässt sich ein gemeinsamer Grundgedanke, auf dem sich die Unvererblichkeit einer Rechtsposition im Allgemeinen begründen lässt, entnehmen: Der Gesetzgeber klammert in der Regel solche Rechtspositionen aus dem Erbgang aus, die aus seiner Sicht auf einer *individuellen (Vertrauens-)Beziehung* zwischen dem Erblasser und seinem Vertragspartner fußen.[522] Hier handelt es sich jedoch nicht um ein subsumtionsfähiges Kriterium, sondern es induziert *lediglich* das Erfordernis einer näheren Untersuchung. Es bedarf damit eines genaueren Blickes auf die Parteiinteressen. Es liegt der Schluss nahe, dass der Gesetzgeber bei der Entscheidung gegen die Vererblichkeit der genannten Rechtspositionen die Interessenlage der Beteiligten als Grundlage genommen hat, um die betroffene Rechtsposition entweder untergehen zu lassen ihr einen besonderen Verbleib nach dem

521 *Schmitt*, in: Schubert, Vorentwürfe d. Redaktoren z. BGB, ErbR 2, S. 858ff.
522 *Budzikiewicz*, AcP 218 (2018), 558, 565.

Tod zu bestimmen. Insofern hat man *von Schmitts* Auffassung[523] teilweise durch gesetzliche Regelungen angenommen, wonach *Rechte, die eine solche Beziehung zu der Person eines bestimmten Gläubigers haben, dass die Leistung nur an diesen erfolgen kann*, nicht übertragbar und unvererblich sind.

Beim Nießbrauch möchte der Besteller (möglicherweise aus altruistischen Gründen) nur einer ganz bestimmten Person den Nießbrauch einräumen. Verstirbt diese Person, ist davon auszugehen, dass dieser sein Eigentum wieder grundsätzlich mit allen damit verbundenen Rechten nutzen möchte. Man könnte sagen, dass § 1061 S. 1 BGB eine Abwägung zwischen den Interessen von Erben, Erblasser sowie Besteller zugrunde liegt, die im Rahmen der praktischen Konkordanz den Besteller und sein Eigentumsrecht nach Art. 14 Abs. 1 S. 1 GG begünstigt. Ein dauerhafter und durch die Erben fortgeführter Nießbrauch würde ihn wohl in Art. 14 Abs. 1 GG unverhältnismäßig verletzen, wohingegen die Verfügungsbefugnis *mortis causa* zurücktritt. Insoweit kann man sagen, dass der Nießbrauch auf die Person des Erblassers bezogen ist bzw. der Grund für den Nießbrauch in der Person des Nießbrauchers liegt. Ähnliches dürfte für das Erlöschen des Rentenversprechens (§ 520 BGB) sowie das Widerrufsrecht des Schenkers (§ 530 BGB) gelten.

Gleiches gilt für die Vererblichkeit der Mitgliedschaft in einem Verein. Hier besteht aufgrund des individuellen Einschlags der Vereinsmitgliedschaft unter Umständen ein hohes Interesse der Vereinsmitglieder, nicht Jedermann in ihre Gemeinschaft aufnehmen zu müssen. Demgegenüber stehen die Interessen der Erben, dem Erblasser in seiner Mitgliedschaft zu folgen, die sich in der Regel in Grenzen halten dürften. In der Lebenswirklichkeit dürften die Vereinszwecke in besonderem Maße spezifisch sein, dass eine Nachfolge von Todes wegen für keinen am Nachlass Beteiligten von allzu großem Interesse wäre. Für Publikumsvereine bleibt die Möglichkeit einer ander-

523 Siehe D. II. 1. b.–d.

weitigen Gestaltung durch die Satzung bestehen. Insgesamt lässt sich konstatieren, dass es in bestimmten Fällen sinnvoll ist, dem *überlebenden* Vertragsbeteiligten ein Lösungsrecht einzuräumen. Denn es ist – wie oben schon angedeutet – grundsätzlich ein gewichtiger Bestandteil der Privatautonomie, sich seinen Vertragspartner selbst aussuchen zu dürfen.

f. Denkbare Rechtsfolgen der Unvererblichkeit

Die Unvererblichkeit der Vereinsmitgliedschaft und des Nießbrauchs sind jedoch nicht gleichzusetzen mit dem Erlöschen aller Ansprüche aus diesen Rechts- und Pflichtenbündeln (oder Erblasserbeziehungen). Der Untergang der Rechtsbeziehung ist nur eine mögliche Variante der Unvererblichkeit. Beim Nießbrauch oder der Mitgliedschaft betrifft die Unvererblichkeit etwa nicht alle sich aus dem Verhältnis ergebenen Rechte und Pflichten.[524] Stirbt ein Vereinsmitglied, das vorher Aufwendungen für den Verein gemacht hat, gehen die beim Erblasser entstandenen Ansprüche gegen den Verein auf die Erben über.[525] Auch der Verein wird sich aufgrund wirtschaftlicher Interessen bemühen, offene Forderungen bei den Erben geltend zu machen. Es entsteht eine Art Abwicklungsverhältnis *ex nunc*, das dazu führt, dass die Interessen der am Nachlass Beteiligten und dessen Vertragspartner bestmöglich gewahrt bleiben. Das Schuldverhältnis endet erst dann vollständig, wenn es sich in der Vollbeendigung finalisiert. Das Gleiche gilt für den Nießbrauch: Er selbst ist zwar unvererblich; einzelne Ansprüche aus diesem Rechte- und Pflichtenbündel bleiben jedoch bestehen. Es entsteht mit dem Tod des Inhabers (Erblasser) ein gesetzliches *Abwicklungsverhältnis*, das auf die Erben übergeht.[526] Beispielhaft sei im Falle des Nießbrauchs die Rückgabepflicht des Nieß-

524 *Leuschner*, in: MüKoBGB, BGB § 38 Rn. 47.

525 *Schmitt* spricht in der Begründung zu seinem Entwurf von »bereits eingetretenen Vermögensfolgen«, siehe *Schmitt*, in: Schubert, Vorentwürfe d. Redaktoren z. BGB, ErbR 2, S. 858 ff.

526 BGH, DNotZ 2016, 469 Rn 19; *Pohlmann*, in: MüKoBGB, BGB § 1061 Rn 12; *Heinze*, in: Staudinger, BGB Vorb. zu §§ 1030 ff Rn. 6.

brauchers genannt, die auf die Erben übergeht (§ 1055 Abs. 1 BGB).[527] Gemeinsame Rechtsfolge ist im Wesentlichen die Abwicklung der früheren Erblasserbeziehungen durch die Erben oder der Untergang der Position. Die hier vorgestellten Fälle sind gesetzlich oder durch die Parteien gesondert geregelt, woraus sich die rechtliche Beurteilung im Erbfall bemisst, wohingegen gesetzliche Regelungen für Schuldverhältnisse zwischen Diensteanbieter und Nutzer nicht existieren. Auch lassen sich ihre Rechtsgedanken nicht unmittelbar auf andere Schuldverhältnisse anwenden. Festzuhalten bleibt, dass bei beiden Rechtspositionen ein individueller Einschlag bzw. eine gewisse Vertrauensbeziehung erkennbar ist, bei welchem sich der BGB-Gesetzgeber entschieden hat, diese nicht in den Nachlass fallen zu lassen.

Die Abwicklung der früheren Erblasserbeziehung kann als mögliche Rechtsfolge, die sich aus einer ausdrücklichen oder stillschweigenden Vereinbarung[528] ergeben kann, im Hinterkopf behalten werden.[529] Denn die Abwicklung ist aus Sicht der Erben und des Erblassers weniger einschneidend als der vollständige Untergang sämtlicher Rechtspositionen. Auch die Privatautonomie des überlebenden Vertragsteils wird bestmöglich gewahrt, wenn dieser sich für die Zukunft vom Vertrag lösen kann. Das gleiche gilt für das Kündigungsrecht des Vermieters nach § 563 Abs. 4 BGB. Hiernach kann der Vermieter kündigen, wenn *in der Person des Eingetretenen* ein wichtiger Grund liegt. Auch das sächsische BGB kannte mehr als nur den Untergang als Alternative zur Vererblichkeit. Dazu führt *Siebenhaar* in seiner Kommentierung zu § 852 sächs. BGB:

527 *Kunz*, in: Staudinger, BGB § 1922 Rn. 390.

528 Andere Gründe, die ein Abwicklungsverhältnis entstehen lassen, sind bis hierher nicht ersichtlich. Nach der Auffassung des OLG Dresden ist es dem Diensteanbieter nicht ohne Weiteres gestattet, die Inhalte auf der Plattform ohne Weiteres zu löschen, selbst wenn die Rechtsbeziehung schon beendet wurde, vgl. OLG Dresden, NJW-RR 2013, 27.

529 *Sintenis*, Das practische gemeine Civilrecht, 2. Bd., S. 456

> »Beispiele rein persönlicher Rechte aus Verträgen vergl. beim Vorkaufe § 1127, beim Leibrentenvertrage § 1150, beim Auszuge § 1157, beim Dienstvertrage § 1229 folg., wobei nur zu berücksichtigen ist, daß theils der Uebergang bald auf der einen, bald auf beiden Seiten ausgeschlossen ist, theils auch aus rein persönlichen Rechtsverhältnissen, während ihres Bestehens Forderungen entstanden sein können, welche in und ad heredes, beziehentlich successores übergehen, z. B. aus dem Dienstvertrage der Anspruch auf verdientes Dienstlohn und Ersatz vom Diener verursachter Schäden.«

Diese Beispiele befassen sich jedoch nicht mit der Abwicklung und damit der Entstehung eines neuen Abwicklungsverhältnisses, sondern betreffen nur bereits entstandene Ansprüche, die auf die oder den Erben übergehen (sollen). Eine Abwicklung *mortis causa* bei Schuldverhältnissen mit komplexer Pflichtenstruktur erscheint dennoch als eine interessengerechte Lösung. Wie eine solche Abwicklung dogmatisch hergeleitet werden kann, soll an späterer Stelle erörtert werden. Die Abwicklung bei den oben genannten Beispielen fußt auf speziellen gesetzlichen Regelungen. Es müsste also eine allgemeine Grundlage für eine Abwicklung von Schuldverhältnissen gefunden werden – vorweggenommen könnte sich eine solche jedenfalls aus dem Parteiwillen ergeben, da sie eine Variante der Beendigung von Schuldverhältnissen darstellt, die die Interessen und Rechtsgüter der Parteien bestmöglich schont.

3. Unvererblichkeit höchstpersönlicher sowie personenbezogener Rechtsbeziehungen

Als Gegenstück zu den *vermögenswerten Rechtsbeziehungen* werden heute oft die sogenannten *höchstpersönlichen Rechte* genannt, die unvererblich seien.[530] Das Kriterium der *Höchstpersönlichkeit* soll dazu dienen, die Entscheidung über die Unvererblichkeit einer Rechtsposition durch einen Begriff zu rationalisieren. Teilweise wird auch der Begriff der *Personenbezogenheit* bemüht, der synonym zu *Höchstpersönlichkeit* zu verstehen sei.[531] Dieser Abschnitt untersucht sowohl den Begriff der Höchstpersönlichkeit als auch den Begriff der Personenbezogenheit auf ihren ursprünglichen Sinngehalt und soll ermitteln, ob beiden Begriffen ein tatsächlicher Wert für die Diskussion um die Unvererblichkeit einer Rechtsposition zukommen kann. So wurde etwa über die Unvererblichkeit von nicht geltend gemachten Ansprüchen aus der gesetzlichen Rentenversicherung richterlich entschieden.[532] Die Besonderheit bestehe hier darin, dass sich die Unvererblichkeit dieser (geldwerten) Rechtsbeziehung nicht direkt aus einer ausdrücklichen gesetzlichen Regelung ergibt, sondern aus dem *Wesen* der gesetzlichen Rentenversicherung. Diese Ansprüche seien »untrennbar an die Person des Versicherten gebunden und daher höchstpersönlicher Natur.«[533] Auch stelle das Erlöschen einer Apothekenkonzession aufgrund des damaligen § 3 Nr. 1 BApothG[534] mit dem Tod des Inhabers[535] keinen unverhältnismäßigen Eingriff in die Testierfreiheit des Erblassers dar, da die Betriebserlaubnis ein *höchstpersönliches Recht* darstelle.[536]

530 *Marotzke*, in: Staudinger, 2008, BGB § 1922 Rn 115; *Lange/Kuchinke*, Erbrecht, S. 112; *Olechowski*, in: HRG Bd. III, Stichwort: Nachlass, Sp. 1743; *Weidlich*, in: Palandt, BGB § 1922 Rn. 36.

531 *Kunz*, in: Staudinger, BGB § 1922 Rn. 73.

532 BVerfG, NJW 1966, 195 ff.

533 BVerfG, NJW 1966, 195, 1962, 886. Dies gelte aber nicht, wenn der Versicherte den Anspruch zu Lebzeiten schon selbst erhoben hat.

534 Hier ging es im Wesentlichen um das Verbot des Mehrbetriebs. Der Erbe war bereits Betreiber einer anderen Apotheke, der Übergang öffentlich-rechtlicher Verhältnisse bestimmt sich ohnehin nach den maßgeblichen Vorschriften des öffentlichen Rechts, vgl. *Lange/Kuchinke*, Erbrecht, S. 94 f. Insofern kann dieses Beispiel als wenig aussagekräftig bezeichnet werden.

535 BVerfGE, 17, 249.

536 BVerfG, NJW 1964, 1067, 1071. So argumentiert das Bundesverfassungsgericht, allerdings ergibt sich aus der Gesetzesbegründung, dass allein entscheidend ist, dass die Betriebsberechtigung nicht von unqualifizierten Personen wahrgenom-

a. Der Begriff der Höchstpersönlichkeit

Dass sogenannte *höchstpersönliche Rechte* »von selbst ausscheiden«, ergibt sich im unmittelbaren Zusammenhang des BGB erstmalig aus den Protokollen der Ersten Kommission über die Beratungen der Bestimmungen der Teilentwürfe.[537] Besonders oft wird dieses vermeintliche Kriterium in der neueren Literatur im Zusammenhang von Hinterlassenschaften im digitalen Kontext herangezogen.[538] Was unter höchstpersönlichen Rechten zu verstehen ist, wird in der heutigen Diskussion aber ohne weitere Erläuterungen hingenommen und auch in den Materialien zum BGB nicht weiter konkretisiert. Problematisch an dem Begriff ist, dass sein Sinngehalt nicht selbsterklärend ist; allerdings ist denjenigen, die den Begriff verwenden, zuzugestehen, dass er zumindest eine Grundlage in den Gesetzesmaterialen hat.

aa. Herkunft

Um ein eindeutiges Urteil über die Relevanz des Begriffs der Höchstpersönlichkeit bilden zu können, ist sein Ursprung zu untersuchen. Im *gaianischen System* war das Recht in Personen, Sachen, Klagen (*personae, res, actiones*) kategorisiert, wobei die subjektiven Rechtspositionen (z. B. *obligationes*) den *res* zugeordnet waren und in diesem Sinne *unkörperliche* Sachen *(res incorporales)* darstellten.[539] Für

men wird, siehe BT-Drucks. 3/35, S. 11. Daher fußt die diskutierte Unvererblichkeit im Urteil auch eher auf dem Verbot des Mehrbetriebs.

537 *Jakobs/Schubert*, Die Beratungen des Bürgerlichen Gesetzbuches, Tb. 1, § 1922–2385 S. 45; Mot. V S. 2; *Mugdan*, Bd. V, S. 2.

538 Siehe z. B. *Bock* in: Groll/Steiner, Praxis-Handbuch Erbrechtsberatung, Digitaler Nachlass, Rn. 20.11; *Brinkert/Stolze/Heidrich*, ZD 2013, 153, 154; *Hoeren*, NJW 2005, 2113, 2114; *Martini*, JZ 2012, 1145, 1148; *Bräutigam*, in: Stellungnahme DAV 34/2013, S. 17, 19 insbesondere ausführlich zur Infektionsthese, nach welcher das gesamte Konto höchstpersönlich ist, sobald es auch »höchstpersönliche« E-Mails enthält; *Herzog*, in: Stellungnahme DAV 34/2013, S. 30 ff.; *Klas/Möhrke-Sobolewski* NJW 2015, 3473, 3474.; *Leeb*, K&R 2014, 693, 694; *Bock*, AcP 217 (2017), 370, 383 ff., 392 f., 395; *Budzikiewicz*, AcP 218 (2018), 558, 571; kurz angerissen von *Gloser*, MittBayNot 2016, 12, 16.

539 *Michaels*, in: HKK, Bd. II/1, vor § 241, Rn. 28; *Rüfner*, in: HKK, Bd. I, §§ 90–103, Rn. 3 f.

die Systematik der *obligatio* war entscheidend, auf welche Art von Rechtsobjekt ihr Erwerb gerichtet war.[540] In diesem Sinne unterteilte *Gaius* die Obligationen in drei mögliche Inhalte: *dare, facere und praestare* (Eigentum verschaffen, tun, gewähren).[541] *Actiones* betrafen das Schuld- und Prozessrecht und *personae* das Personen- sowie Familienrecht. *Savigny* unterteilte in Nachfolge dieses *res*-Begriffs das Vermögensrecht in Sachen- und Schuldrecht.[542] Diese Trennung von Sachen- und Schuldrecht steht wiederum im Zusammenhang mit dem römischen Recht der Klagearten (*actiones*); dort gab es eine Teilung in dingliche und persönliche Klagen, namentlich der *actio in rem* und der *actio in personam*.[543] Die *actio in rem* war eine Klage auf die Sache, aus heutiger Sicht ein dinglicher Anspruch.[544] Die *actio in personam* war demgegenüber im weiteren Sinne *auf die Person gerichtet* und hatte Obligationen bzw. Schuldverhältnisse zum Gegenstand.[545]

Andere beschrieben den Gegensatz in der Weise, dass die *actio in rem* die »unpersönliche Klage« und die *actio in personam* die »persönliche Klage« sei und der Klagegegenstand dementsprechend einerseits etwas »Unpersönliches« und auf der anderen Seite etwas »Persönliches« zum Gegenstand haben könne.[546] Für die vorliegende Untersuchung kommt es aber nur auf die Terminologie an, sodass dies keiner weiteren Untersuchung bedarf.

540 *Michaels*, in: HKK, Bd. II/1, vor § 241, Rn. 29, 32.

541 Dabei war nur *dare* notwendig auf Sachen gerichtet, Michaels, in: HKK, Bd. II/1, vor § 241, Rn. 32.

542 *Michaels*, in: HKK, Bd. II/1, vor § 241, Rn. 33; vgl. *Savigny*, System Bd. I, S. 340, 376 ff.

543 *Michaels*, in: HKK, Bd. II/1, vor § 241, Rn. 34.

544 Savigny, System Bd. V, S. 23; *G. A. W. Du Roi*, Noch einige Bemerkungen über actio in rem und actio in personam, jus in re und obligatio, AcP 6. Bd., H. 2 (1823) S. 252, 253 mit Verweis auf die Definition von *Ulpian*.

545 *G. A. W. Du Roi*, Noch einige Bemerkungen über actio in rem und actio in personam, jus in re und obligatio (Fortsetzung und Beschluß), AcP 6. Bd., H. 3 (1823) S. 386, 419 f.

546 *Windscheid*, Die Actio des römischen Civilrechts, vom Standpunkte des heutigen Rechts, S. 8 f.

In der Übersetzung der *actio in personam* in *persönliche Rechte* könnte demgemäß der Ursprung für die Terminologie der sog. persönlichen Rechte liegen. Diese waren solche, die im Gegensatz zur Vindikation (*ius in re*) auf ein *Verhalten* des Schuldners gerichtet waren. War also Inhalt einer Obligation auf das Verschaffen von Eigentum (*dare*) oder auf einen Dienst (*facere*) gerichtet, konnten diese Rechte mit der *actio in personam* durchgesetzt werden. Die *actio in personam* in Ausprägung der *obligatio* war funktionell auf *dare* oder *facere* gerichtet.[547] Nach *Savigny* unterteilten manche Autoren die Obligationen als *jura personalia* in *jura personalia in specie* und *jura ad rem*.[548]

Die Unterteilung der Obligationen in *dare* und *facere* hat im Laufe der Zeit an Bedeutung verloren, da sie materiellrechtlich kaum Relevanz hatte.[549]

Daneben existierte das *ius personarum*, das auf den *personae* aufbaute, sinngemäß übersetzt als das Personenrecht.[550] Der Begriff *Höchstpersönlichkeit* taucht bisher überhaupt nicht auf. *Dernburg* befasste sich auf dieser Grundlage sehr ausdifferenziert mit den verschiedenen Begriffen der *personae*. Er beschreibt das Personenrecht als das Recht, das die privatrechtlichen Beziehungen einer Person abgesehen vom *Vermögen* behandelt.[551] Es kann einerseits in der eigenen Person bestehen, wozu nach *Dernburg* das Namensrecht, der Titel oder das auch Recht zum Führen eines Wappens gehört; auch gehören weite Teile des Familienrechts zum Personenrecht. In einer Fußnote nimmt *Dernburg* dann eine für die damalige Zeit unübliche präzise terminologische Unterscheidung von Personenrechten, persönlichen Rechten und höchstpersönlichen Rechten vor.[552] Personenrechte seien demnach der Gegensatz zu den Vermögensrechten (s.o.). Die persönlichen Rechte seien eine Unterkategorie der Rubrik *Vermögenswerte*:

547 *Vangerow*, Pandekten, Bd. I, S. 169 f.
548 *Savigny*, System Bd. I, S. 372 Fn. b.
549 *Michaels*, in: HKK, Bd. II/1, vor § 241, Rn. 29, 32.
550 So auch vom Vermögensrecht abgrenzend, *Savigny*, System Bd. I, S. 345, 370 f.
551 *Dernburg*, Pandekten, Bd. 1 S. 51.
552 *Dernburg*, Pandekten, Bd. 1 S. 51 Fn. 7.

Sie umfassen nach *Dernburg* Forderungsrechte, also Rechte, die eine Leistung eines Schuldners zum Gegenstand haben und mit einer *actio in personam* geltend gemacht wurden.[553] Letztlich seien die *höchstpersönlichen* Rechte diejenigen, die an die individuelle Persönlichkeit des Berechtigten derart geknüpft sind, dass sie auf andere Personen nicht übergehen können,[554] bzw. solche, die in einer Person entstehen, an sie gebunden sind und mit ihr untergehen.[555] Dementsprechend hatten diese genannten *persönlichen Rechte* ursprünglich nicht viel mit den sog. *höchstpersönlichen* Rechten gemein. Diese wurden teilweise als das *jus personalissimum*[556] bezeichnet und stellten damit zumindest sprachlich den Superlativ zu den persönlichen Rechten dar. Sie zeichnen sich dadurch aus, dass sie der Person quasi angeboren sind und derart eng mit der Person ihres Inhabers verbunden sind, dass sie dem Rechtsverkehr vollständig entzogen sind.[557] Im Laufe der Zeit erhielt der Begriff Einzug in die damalige Literatur. Auch *Windscheid* bemerkte etwa, dass z. B. das Recht aus der Berufung zum Erben ein höchstpersönliches Recht sei, das prinzipiell weder vererblich noch veräußerlich ist.[558]

bb. Heutiger Wert des Begriffs

Die Verwendung des Begriffs erfolgt im erbrechtlichen Kontext oft ohne nähere Erläuterung.[559] Allein der BGH erwähnte Näheres in

553 Diese wiederum stehen laut Dernburg im Gegensatz zu den dinglichen Rechten, die mit der *actio in rem* geltend gemacht werden, vgl. *Dernburg*, Pandekten, Bd. I S. 51 Fn 7.

554 *Dernburg*, Pandekten, Bd. I S. 51, *Jakobs/Schubert*, Die Beratungen des Bürgerlichen Gesetzbuches, §§ 241–432, S. 738.

555 So auch *Gierke*, Deutsches Privatrecht Bd. 1, S. 707

556 Der Ausdruck stammt wahrscheinlich von *Kant* und beschreibt unveräußerliche Rechte, vgl. *Kant*, Von der Rechtmäßigkeit des Büchernachdrucks, Berlinische Monatsschrift 5 (1785), S. 403–417 (417), nachgedruckt in UFITA 106 (1987), 145–154.

557 *Kant*, Von der Rechtmäßigkeit des Büchernachdrucks, Berlinische Monatsschrift 5 (1785), S. 417 Fn. 4.

558 *Windscheid*, Pandekten, Bd. III, S. 21 f.; S. 178.

559 So schon *Dietzel*, S. 10.

einem Nebensatz: Ein Anspruch sei höchstpersönlich, wenn »er weder unter Lebenden noch von Todes wegen ganz oder auch nur teilweise auf andere übergehen könnte.«[560] Diese Definition wird heute nur selten aufgegriffen und verwendet. Dies mag an der offensichtlichen Tautologie liegen,[561] wenn erbrechtliche Fragen gelöst werden sollen: Da der Begriff der *Höchstpersönlichkeit* von seinem Sinngehalt her den Umfang des erbschaftlichen Übergangs beschränken soll, ist nichts weiter gewonnen, wenn das Abgrenzungskriterium selbst die *Übergangsfähigkeit im Todesfall* ist. Dennoch trifft die Beschreibung des BGH den Gehalt der Höchstpersönlichkeit auf den Punkt. Die Höchstpersönlichkeit stellt auf die faktische Komponente der rein tatsächlichen Übergangsfähigkeit unter Lebenden und von Todes wegen ab. Um dies ganz zu verdeutlichen, sollte ergänzt werden, dass höchstpersönliche Rechte solche sind, die *de facto* nicht übertragbar sind. Beispielsweise macht eine rechtsgeschäftliche oder per Gesetz angeordnete Unübertragbarkeit bzw. Unvererblichkeit ein naturgemäß (nur) persönliches Recht nicht zum höchstpersönlichen Recht. Auch die sich aus einer Auslegung ergebende Unvererblichkeit führt nicht dazu, dass ein Recht *höchstpersönlich* wird. Nach *Dietzel* ist die Definition der Höchstpersönlichkeit wie folgt zu fassen:

> »Höchstpersönlich ist eine Rechtsbeziehung, wenn diese so eng mit dem berechtigten oder verpflichteten Rechtssubjekt verbunden ist, dass sie nicht von diesem Rechtsubjekt gelöst werden kann, ein Wechsel des Rechtssubjekts damit ausgeschlossen ist und der Tod des Rechtssubjekts zum Untergang der Rechtsbeziehung führt.«[562]

Freilich sieht *Dietzel* selbst keinen eigenen Wert für die Ermittlung der Unvererblichkeit von Rechtsbeziehungen und ergänzt seine Kritik mit einigen Stimmen aus der Literatur, die den Begriff der *Höchstpersön-*

560 BGH, NJW 1983, 2627, 2628.
561 *Leonhard*, Kommentar Erbrecht S. 6.
562 *Dietzel*, S. 12.

lichkeit als reine Tautologie[563] zu *unvererblich* bezeichnen. Obwohl die Herkunft sowie der Sinngehalt des Begriffs ermittelt wurde, ist *Dietzel* hier insgesamt zuzustimmen. Es handelt sich um eine Leerformel, soweit man dem Begriff die Qualität eines Kriteriums zur Bestimmung der Unvererblichkeit zusprechen möchte. In dieser Hinsicht steht die Brauchbarkeit in umgekehrtem Verhältnis zum Informationsgehalt.[564]

Die historische Analyse hat gezeigt, dass dem Begriff selbst nur beschreibende Qualität zukommt, wenn es um die Diskussion der Unvererblichkeit einer Rechtsbeziehung geht. Es muss die Frage gestellt werden, *welche* Rechte mit dem Tod des Erblassers erlöschen und *aus welchem Grunde* sie dies tun. Die äußerste Grenze wird dort zu ziehen sein, wo eine andere Person respektive der Erbe de facto nicht Inhaber des in Frage stehenden Rechts sein kann. Beispielhaft kann mit *Dernburg* gesagt werden, dass dies die schon zu Lebzeiten *absolut* unveräußerlichen und unverzichtbaren Rechte des Erblassers sind, wozu vorbehaltlich gesetzlicher Bestimmung die Folgenden zu zählen sind: das *Namensrecht, das allgemeine Persönlichkeitsrecht, die Ehe, das Verlöbnis* usw. Es lässt sich also sagen, dass die Vererblichkeit sowie die abstrakte *Verfügungsbefugnis zu Lebzeiten* im Zusammenhang stehen.[565]

Hiergegen kann auf den ersten Blick der Einwand erhoben werden, dass dies der gesetzlichen Regelung des § 28 Abs. 1 UrhG widerspricht, wonach das Urheberrecht als ein an die Person seines Inhabers gebundenes und unveräußerliches Recht trotzdem vererblich ist. Doch konstituiert § 28 Abs. 1 UrhG gerade die Vererblichkeit eines grundsätzlich unvererblichen Rechts durch eine gesetzliche Bestimmung, was eine Abweichung von dem Grundsatz »absolute Unveräußerlichkeit gleich Unvererblichkeit« darstellt.

Somit sind die Exemplifikationen von *Dietzel* sowie die des BGH theoretisch geeignet, ein allgemeines Abgrenzungsmerkmal darzu-

563 *Leonhard*, Kommentar Erbrecht S. 6.
564 *Albert*, S. 19, Anm. 15.
565 Siehe schon oben C. II. 5.

stellen. Dieses beschränkt sich jedoch auf die oben genannten unveräußerlichen Rechte. Der Begriff der *Höchstpersönlichkeit* in diesem Zusammenhang ist dennoch zur praktischen Anwendung ungeeignet, da er diesen Inhalt terminologisch nicht einmal andeutet. Daher ist anstatt des Begriffs der Höchstpersönlichkeit in der Rechtsanwendung der Begriff der *Personengebundenheit* vorzuschlagen, denn er beschreibt letztlich nichts anderes als die unlösbare bzw. absolute Gebundenheit eines Gutes an die Person des Berechtigten.

b. Unvererblichkeit wegen besonderer Personenbezogenheit

Neben der Höchstpersönlichkeit wird in Literatur und Rechtsprechung das Abgrenzungskriterium der *Personenbezogenheit* bzw. Persönlichkeitsbezogenheit herangezogen, um die Unvererblichkeit zu bestimmen.[566] Rein terminologisch ist unter der *Personenbezogenheit* zu verstehen, dass eine Rechtsposition einen *gewissen Bezug* zu einer (am Rechtsverhältnis beteiligten) Person hat. Da praktisch jedes Rechtsverhältnis *irgendeinen* Bezug zu seinen Beteiligten hat, wird das Merkmal auf solche Rechte oder Verpflichtungen beschränkt, die *in besonderem Maße* personenbezogen sind. Teilweise wird vertreten, dass die Begriffe *Personenbezogenheit* und *Höchstpersönlichkeit* synonym zu verstehen sind.[567] Dies hat sich zusammen mit der vorangegangenen Untersuchung des Begriffs der *Höchstpersönlichkeit* jedoch als unrichtig herausgestellt: Während das Merkmal der *Höchstpersönlichkeit* bzw. *Personengebundenheit* ein tatsächliches Kriterium ist, hat die *Personenbezogenheit* lediglich beschreibenden Charakter in dem Sinne, dass ein größerer Bezug des Schuldverhältnisses zu einer bestimmten Person besteht (z. B. Lieferung eines maßgeschneiderten Anzugs). Ob das Schuldverhältnis unvererblich ist, kann sich jedoch in diesen

566 Siehe z. B. *Leipold*, in: MükoBGB, BGB § 1922 Rn. 23; *Lieder*, in: Erman, Bd. 2, BGB § 1922 Rn. 8; *Raude*, ZEV 2017, 433, 436. Oft wird das Merkmal jedoch nur verwendet, um zu begründen, weshalb sich der Gesetzgeber für die Unvererblichkeit einer Rechtsposition entschieden hat, siehe z. B. *Große-Boymann*, in: Burandt/Rojahn, BGB § 1922 Rn. 75.

567 *Kunz*, in: Staudinger, BGB § 1922 Rn. 77.

Fällen erst aus der Auslegung dieses Vertrages ergeben. Nichts anderes gilt für den Begriff der *besonderen Personenbezogenheit.*

Eine Rechtsbeziehung kann aus drei Perspektiven auf eine Person bezogen sein: Zum einen, weil die Leistung, die *durch den Schuldner* erbracht werden soll, auf dessen Person bezogen ist (bspw. Verträge, die auf eine Mitwirkung eines Künstlers bei einem Film gerichtet sind; diese stellen im Übrigen Verträge im Sinne des § 613 BGB dar[568]). Zum anderen kann die geschuldete Leistung *auf die Person des Gläubigers* bezogen sein, wie es etwa bei einem Behandlungsvertrag im Sinne der §§ 630a ff. BGB oder dem oben beschriebenen Maßanzug regelmäßig der Fall ist. Je nach Konstellation haben der überlebende Geschäftspartner oder die Erben ein geringes Interesse, an den ursprünglichen Vertrag gebunden zu sein bzw. den Vertrag mit den Erben fortzuführen. Auch kommen Verträge in Betracht, die *korrelativ personenbezogen* sind, weil Grundlage des Vertrages das *gegenseitige* Vertrauen der Vertragsparteien ist (z. B. Personengesellschaften). Möchte man also die Unvererblichkeit mithilfe der *Personenbezogenheit* bestimmen, müsste man bei jeder fraglichen Rechtsposition die widerstreitenden Interessen am Bestand bzw. Untergang der Rechtsbeziehung miteinander abwägen, um zu einer entsprechenden Vertragsauslegung zu kommen. Problematisch hieran sind damit verbundene Rechtsunsicherheiten. Diese wären nicht nur bei ungeklärten Rechtspositionen die Folge, sondern jeder erdenkliche Einzelfall könnte konträr entschieden werden, da im konkreten Einzelfall auch bei ein und demselben konkreten Schuldverhältnis (z. B. einem Kaufvertrag) je nach Interesse am ursprünglichen Vertragspartner (z. B. Kaufsache) die Vertragsauslegung unterschiedlich ausfallen könnte. Bei der Personenbezogenheit handelt es sich somit nicht um einen normativen Rechtsbegriff, sondern um einen Begriff, der den Charakter einer *Leistung* umschreibt. Um die Personenbezogenheit genau zu bestimmen bzw. die Entscheidung über die Unvererblichkeit zu rationalisieren, müs-

568 *Müller-Glöge*, in: MükoBGB, BGB § 611 Rn. 136.

sen daher Abwägungsmaterial bzw. die berücksichtigungsfähigen und berücksichtigungspflichtigen Umstände herausgearbeitet werden.[569] Da die Vererblichkeit eines Schuldverhältnisses die Regel ist, trifft – ähnlich wie bei § 153 BGB – denjenigen die Beweislast, der sich auf die Unvererblichkeit des Schuldverhältnisses beruft.[570]

4. Gesetzliches oder rechtsgeschäftliches Abtretungs- oder Übertragungsverbot analog § 399 BGB.

In der Literatur wird weiterhin die Unübertragbarkeit einer Rechtsposition im Sinne von § 399 BGB unter Lebenden als Indiz für die Unvererblichkeit gesehen.[571] Damit ist aber nicht die Unübertragbarkeit aufgrund der oben angesprochenen *Höchstpersönlichkeit* gemeint, die die absolute *Unübertragbarkeit* unter Lebenden umschreibt. Die Unvererblichkeit folge hier aus den Unübertragbarkeitsregeln des § 399 BGB (*relative* Unübertragbarkeit). Da § 399 BGB die Verfügung einer Rechtsbeziehung unter Lebenden betrifft, resultiere die Unvererblichkeit auf einer analogen Anwendung bzw. dem Rechtsgedanken der Vorschrift.[572] Nach § 399 BGB kann eine Forderung nicht abgetreten werden, wenn die Leistung an einen anderen als den ursprünglichen Gläubiger *nicht ohne Veränderung ihres Inhalts erfolgen kann* oder wenn die *Abtretung durch eine Vereinbarung zwischen den Parteien ausgeschlossen* wurde; es handelt sich um eine Schuldnerschutzvorschrift.[573] Die analoge bzw. mittelbare Anwendung der Norm auf das Erbrecht beruht auf einem Erst-Recht-Schluss: Wenn

569 *Riehm*, Abwägungsentscheidungen in der praktischen Rechtsanwendung, S. 31.
570 *Busche*, in: MükoBGB, BGB § 153 Rn. 6.
571 *Leipold*, in: MükoBGB, BGB § 1922 Rn. 19; *Kunz*, in: Staudinger, BGB § 1922 Rn. 73; *Marotzke*, in: Staudinger, 2008, BGB § 1922 Rn 115, mit entsprechenden Bedenken schon oben angesprochen bei C. II. 2.
572 *Leipold*, in: MükoBGB, BGB § 1922 Rn. 21; *Stein*, in: Soergel, Erbrecht, BGB § 1922 Rn. 39; LG Berlin ZEV 2016, 189, 191.
573 *Leipold*, in: MükoBGB, BGB § 1922 Rn. 21.

eine Rechtstellung schon zu Lebzeiten nicht übertragbar war, kann sie nach dem Tod ihres Inhabers erst Recht nicht per Gesetz (§ 1922 Abs. 1 BGB) auf einen anderen Rechtsträger (die Erben) übergehen.

a. Unvererblichkeit aufgrund gesetzlich angeordneter Unübertragbarkeit

In einer *gesetzlich* angeordneten Unübertragbarkeit zu Lebzeiten könne ein Indiz für die Unvererblichkeit eines Rechts gesehen werden.[574] Hierfür könnte argumentiert werden, dass sich der Gesetzgeber für eine Unübertragbarkeit zu Lebzeiten entschieden hat, die auch auf das Schicksal des Rechts nach dem Tod durchschlägt, da der Vertragspartner sowohl zu Lebzeiten als auch im Falle des Todes gleichermaßen ein berechtigtes Interesse an der ursprünglichen Gläubiger- bzw. Schuldnerperson hatte. Damit wäre auch die Unvererblichkeit des Dienstvertrages analog § 613 BGB oder gemäß seines Rechtsgedankens indiziert, da sowohl Dienstpflichten als auch der Dienstleistungsanspruch bereits zu Lebzeiten im Zweifel nicht übertragbar sind.[575]

b. Unvererblichkeit wegen Veränderung der Leistung analog § 399 Alt. 1 BGB analog

Auch das LG Berlin prüfte, ob der Zugangsanspruch zu einem Facebook-Account entsprechend dem Gedanken des § 399 Alt. 1 BGB unvererblich ist, wonach die Vererblichkeit eines Schuldverhältnisses dann ausgeschlossen ist, »wenn sein Inhalt in einem solchen Maße auf die Person des Berechtigten oder des Verpflichteten zugeschnitten ist, dass bei einem Subjektwechsel die Leistung in ihrem Wesen verändert würde.«[576] Wesentlich sei hier eine Vertrauensbeziehung

574 *Marotzke*, in: Staudinger, 2008, BGB § 1922 Rn. 115; *Kunz*, in: Staudinger, BGB § 1922 Rn. 73. Beispielsweise ordnet § 613 BGB die Unübertragbarkeit der Dienstleistungspflicht sowie des Anspruchs auf die Dienste an.

575 Vgl. *Müller-Glöge*, in: MükoBGB, BGB § 613 Rn. 1.

576 Im Ergebnis aber ablehnend LG Berlin, ZEV 2016, 189, 191 mit Verweis auf *Leipold*, in: MükoBGB, BGB § 1922 Rn. 21; *Kunz*, in: Staudinger, BGB § 1922 Rn. 73; *Herzog*, NJW 2013, 3745, 3747 f.

zwischen Erblasser und seinen Vertragspartnern bzw. das Vertrauenselement einer Rechtsbeziehung.[577] Auch dieses Kriterium ist vage und bedürfte einer logisch-methodischen Deutung. Aufgefüllt wird es mit dem *Vertrauenselement*[578] *oder der Vertrauensbeziehung*, die für die Ermittlung der Unvererblichkeit als Dreh- und Angelpunkt im Vordergrund stehen soll. Damit ist gemeint, dass der Vertragspartner des Erblassers ein besonderes Interesse an der Person des Erblassers als Vertragspartner hatte und schutzwürdiges Vertrauen in Anspruch genommen hat.[579] Das heißt, dass eine Rechtsposition je weniger vererblich ist, desto eher sie mit dem Erblasser verflochten und enger die Vertrauensbeziehung zwischen Erblasser und Vertragspartner war.[580] Eine unmittelbare Anwendung des § 399 Alt. 1 BGB lehnte das LG Berlin (zu Recht) ab.[581] Für eine analoge Anwendung des § 399 BGB bedarf es im Folgenden der Untersuchung einer planwidrigen Regelungslücke sowie einer vergleichbaren Interessenlage.

c. Vereinbarung über Unvererblichkeit, § 399 Alt. 2 BGB analog

Dass eine Rechtsposition aufgrund einer stillschweigende Vereinbarung der beteiligten Parteien unvererblich ist, ist zwar möglich, aber nur in seltenen Fällen vorstellbar.[582] Bereits *Schmitt* führte zwar in seinem Entwurf aus, die Unvererblichkeit könne sich bei Dienstverhältnissen daraus ergeben, dass der Vertrag ausdrücklich mit Rücksicht auf oder die Person des Dienstherrn eingegangen, und so gewissermaßen stillschweigend auf die Person des Vertragspartners gestellt ist.[583]

577 Vgl. zur Frage der Vererblichkeit eines Giroverhältnisses, BGH, NJW 1996, 190, 191.

578 Das Vertrauenselement soll bei Vertragsverhältnissen im Vordergrund stehen, siehe BGH, NJW 1996, 190, 191 – Zur Frage der Vererblichkeit eines Giroverhältnisses.

579 *Kunz*, in: Staudinger, BGB § 1922 Rn. 74.

580 *Kunz*, in: Staudinger, BGB § 1922 Rn. 75.

581 So bereits *Lieder/Berneith*, FamRZ 2016, 743.

582 *Armbrüster*, in: MükoBGB, BGB Vorb. § 116 Rn 6 ff.

583 *Schmitt*, in: Schubert, Vorentwürfe d. Redaktoren z. BGB, ErbR 2, S. 870; siehe auch *Buddeus*, in: Rechtslexikon für Juristen, Bd. IV, Stichwort: Gesinde, S. 772.

Dabei müsse aber das Schuldverhältnis selbst einen rechtsgeschäftlichen Willen erkennen lassen, der auf das Erlöschen des Schuldverhältnisses mit dem Tod gerichtet ist. Es reicht damit nicht aus, wenn sich die Auslegung nur auf die Person bezieht, sie muss sich vielmehr unmittelbar auf die *Unvererblichkeit* beziehen. Daher ist bei der stillschweigenden Vereinbarung der Unvererblichkeit grundsätzlich Zurückhaltung geboten, undenkbar ist dies indes nicht. Dies gilt für allem mit Blick auf die Interessen des Erblassers, der regelmäßig die Kontrolle über seine Nutzungsdaten eher in den Händen seiner Erben wissen möchte als in den Händen von *Facebook*, *Yahoo!* und Co. Mit der Vereinbarung eines Untergangs mit dem Tod würde er schließlich ein hohes Maß an Selbstbestimmung über das Schicksal seiner Vermögensbestandteile bzw. seine persönlichen, digital gespeicherten Inhalte und Daten aufgeben bzw. in fremde Hände legen, was im Zweifel von ihm nicht gewollt ist. An diesem Ergebnis ändern auch etwaige Allgemeine Geschäftsbedingungen nichts, die zwar grundsätzlich als Auslegungshilfe (bezogen auf die Unübertragbarkeit zu Lebzeiten) verwendet werden können, aber in Hinblick auf die Bedeutung der Rechtsnachfolge von Todes wegen keinesfalls vorschnell als konstitutiv für die Unvererblichkeit verstanden werden dürfen.[584]

Ein weiterer Aspekt ist hier problematisch: Da in den meisten Verträgen zwischen Diensteanbieter und Nutzer kein ausdrückliches Abtretungsverbot im Sinne von § 399 Alt. 2 BGB zu finden sein wird, müsste sich ein solches ebenfalls aus einer stillschweigenden Vereinbarung oder einer ergänzenden Vertragsauslegung nach § 133, 157 BGB ergeben.[585] Ein Abtretungsverbot auf diese Weise zu ergründen erscheint zwar begründungsbedürftig, aber nicht undenkbar. Es ist lediglich zu beachten, dass die Rechtsprechung schon die Annahme eines stillschweigenden Abtretungsverbotes durchaus restriktiv hand-

584 So bereits für die Abtretung: Vgl. BGH, NJW 1957, 498; BGH, NJW-RR 1991, 305; vgl. demgegenüber OLG Düsseldorf NJW-RR 1994, 438 zum Verbot der Abtretung gemäß § 399 Alt. BGB eines Vergütungsanspruchs, dem eine Verpflichtung zu strengstem Stillschweigen zugrunde lag.

585 So bereits angedeutet von *Oettinghaus*, S. 25.

habt.[586] Sollte ein solches Abtretungsverbot in den Vertrag zwischen Erblasser und seinem Vertragspartner hinausgelesen werden können, sind dadurch noch nicht die Voraussetzungen einer Analogie erfüllt.

d. Vergleichbare Interessenlage

Für die analoge Anwendung einer Vorschrift ist eine planwidrige Regelungslücke erforderlich. Zwar hat man im Rahmen des Gesetzgebungsvorgangs § 292 E I, sowie § 2051 E I, die noch die Unvererblichkeit bestimmter Rechtsbeziehungen anordneten, als *Selbstverständlichkeit* gestrichen; in Anbetracht der heute bestehenden Rechtsunsicherheiten bezüglich der Grenzziehung zwischen Vererblichkeit und Unvererblichkeit dürften diese Folgen während der Entwicklung des BGB nicht vorhersehbar gewesen sein. Insofern kann die Streichung und das Entstehen dieser Regelungslücke bei äußerst entgegenkommender Betrachtung zu Gunsten einer Analogie – zumindest hinsichtlich der Auswirkungen der Streichung – als *planwidrig* gedeutet werden, wenngleich nicht geleugnet werden darf, dass bei bewussten Entscheidungen des Gesetzesgebers tendenziell eher von der *Planmäßigkeit einer Regelungslücke* ausgegangen werden sollte.

Auch ist für die analoge Anwendung der Abtretungsvorschriften weiterhin die Vergleichbarkeit der betroffenen Interessenlagen eine Voraussetzung. Die Verfügungen *mortis causa* und *inter vivos* unterscheiden sich grundlegend.[587] Kann der Erblasser von Todes wegen (die Verfügungsbefugnis mortis causa bedingt die Vererblichkeit einer Nachlassposition) nicht über eine Rechtsbeziehung verfügen, ist die Rechtsfolge grundsätzlich der Untergang dieser Rechtsposition, denn sie verliert mit dem Tod ihres Inhabers dann ihr Zuordnungsobjekt. Im Gegensatz dazu gestaltet sich die Rechtsfolge der Verfügung inter vivos: Dort kann der Inhaber der Forderung hinsichtlich ihres Verbleibes wählen:[588] Tritt er eine Forderung nicht ab,

586 Vgl. BGH, NJW 2007, 2106.
587 Siehe dazu im Ganzen *Kunz*, S. 418–430.
588 *Fußeder*, S. 78.

weil ihm § 399 BGB dieses Recht verwehrt, kann er die Forderung noch selbst geltend machen, als Folge bleibt die Forderung letztlich kontinuierlich enthalten, bis sie beispielsweise erfüllt wird oder aus anderem Grunde erlischt.[589] Die daraus gezogenen Vorteile gelangen zwangsläufig zu der Person, der sie gemäß des ihr zugrundeliegenden Schuldverhältnisses zugeordnet sein sollen. Der Inhaber der Forderung hat das Schicksal der Forderung bis zu ihrer Realisierung also in seiner Hand, die Vorteile fallen im äußersten Falle bei ihm selbst an. Beim Untergang einer Forderung (weil sie nicht vererblich ist) würde dem Schuldner des Erblassers sozusagen die Erfüllung seiner Schuld »erspart«, was zu Folge hätte, dass der Vorteil aus dem Schuldverhältnis dem Geschäftsgegner des Erblassers zugute käme und nicht seinen Erben, denen solche Vorteile erbrechtlich gebühren. Insoweit hinge es vom Zufall, also vom Zeitpunkt des Todes des Rechtsinhabers ab, wer die Vorteile aus einer bestimmten Rechtsposition zieht. Die entscheidende Frage, die den Unterschied zwischen Vererblichkeit und Übertragbarkeit zu Lebzeiten auf den Punkt bringt, ist, welches »Lager« der Vorteil einer Rechtsposition begünstigen soll. Diese Frage kann bereits mit Blick auf das Prinzip der Familiengebundenheit des Vermögens beantwortet werden. Im Falle der Unvererblichkeit wäre der Geschäftspartner des Erblassers regelmäßig der Begünstigte, was dieser Wertung deutlich widerspricht. Gleiches gilt für die Vererblichkeit von Verbindlichkeiten: Es wäre ebenso nicht gerechtfertigt, wenn sich die Erben von den Schulden des Erblassers ohne Weiteres freizeichnen könnten bzw. wenn die Erben wegen eines Ereignisses, auf das sie keinen Einfluss haben, auf Kosten des Gläubigers bereichert werden.[590]

Darüber hinaus stellt die Möglichkeit der Abtretung technisch eine Ausnahme des intersubjektiv wirkenden Schuldrechts dar (*pacta sunt servanda*), wohingegen die Verfügung von Todes wegen und die Universalsukzession notwendigerweise das Prinzip der Relativi-

589 Ähnlich bereits *Fußeder*, S. 80.

590 Vgl. *Larenz*, Methodenlehre, S. 418.

tät der Schuldverhältnisse durchbricht.[591] Verfügungen *mortis causa* haben zum Zweck, das Vermögen des Erblassers im Sinne der Kontinuitäts- sowie Zuordnungsfunktion möglichst auf die Erben zu überführen. Demgegenüber haben die Unübertragbarkeitsregeln des § 399 BGB gerade den Zweck, das *berechtigte Interesse* des Schuldners oder des Gläubigers am Bestand der ursprünglichen Person zu schützen.[592] Den Verfügungen von Todes wegen und denjenigen unter Lebenden liegen somit zwei vollständig unterschiedliche Qualitäten bezüglich zivilrechtlicher Grundprinzipien zu Grunde: Während die Abtretung technisch gesehen eine *Ausnahme* eines generellen Prinzips ist, leistet die Universalsukzession bzw. die Testierfreiheit entsprechend ihrem Zweck einen wichtigen Beitrag zu der im Rechtsverkehr grundsätzlich erforderlichen Kontinuität von Schuldverhältnissen. Letztlich müssen die Anforderungen für den Untergang eines Rechtsverhältnisses daher strenger sein, als sie § 399 BGB für die Abtretung bestimmt, da die Rechtsfolgen für die Beteiligten bzw. für den Bestand der Forderung vollkommen unterschiedlich sind und das Schicksal der Forderung gemäß ihrer Zweckrichtungen diametral beeinflussen.[593]

e. Zwischenergebnis

Eine analoge Anwendung des § 399 Alt. 2 BGB auf erbrechtliche Fälle ist weder erforderlich noch möglich. Da die Folgen bei der Unvererblichkeit deutlich gravierender sind als bei der Unübertragbarkeit zu Lebzeiten, darf keine unmittelbare Geltung der Abtretungsvorschriften und auch kein unmittelbarer Zusammenhang zwischen Unübertragbarkeit und Unvererblichkeit hergestellt werden. Von der Unübertragbarkeit zu Lebzeiten kann also *grundsätzlich* nicht auf die Unvererblichkeit geschlossen werden. Ohnehin darf § 399 BGB in seinem Anwendungsbereich nicht überbewertet werden, da die Voraussetzungen der Norm selbst wiederum das Ergebnis einer Auslegung

591 Ähnlich *Fußeder*, S. 80.
592 Roth/Kieninger, in: MükoBGB, BGB § 399 Rn. 1.
593 Ähnlich *Fußeder*, S. 78.

sind, die auch bei der Vererblichkeitsfrage bei Schuldverhältnissen stattfindet. Die Unvererblichkeit selbst kann sich damit aus dem Vertrag ergeben, namentlich aus einer ausdrücklichen oder bei Fehlen einer schriftlichen oder verbalen Äußerung der Parteien auch *stillschweigend* oder aus einer ergänzenden Vertragsauslegung nach §§ 133, 157 BGB. Es ist aber zu beachten, dass bereits das (aus Sicht des Erblassers mit milderen Folgen versehene) stillschweigende Abtretungsverbot nur in engen Grenzen denkbar ist. Daher muss ebenfalls ein strenger Maßstab für die Unvererblichkeit gelten. Wenn man schon geneigt ist, den Ausschluss der Abtretung durch eine stillschweigende Vereinbarung nur in seltenen Fällen zu bejahen, ist es nur schlüssig, wenn für einen stillschweigenden Vererblichkeitsausschluss mindestens ebenso engere Grenzen gelten. Schließlich muss darüber hinaus die wertsetzende Bedeutung des Grundgesetzes, namentlich die grundrechtlich garantierte postmortale Privatautonomie, berücksichtigt werden, da nicht davon auszugehen ist, dass der Erblasser gegenüber seinem Vertragspartner auf die Vererbung seiner Vermögensbestandteile verzichten möchte. Wenn die Parteien den Vertrag zu Ende gedacht hätten, ist im Zweifel davon auszugehen, dass der Erblasser das ihm zu Lebzeiten zustehende Vermögen seinen Erben zuwenden möchte. Eine Aufgabe einzelner Vermögensbestandteile im Todesfall ist tendenziell nicht gewollt.

Es mag Fälle geben, in denen die Fortführung des Rechtsverhältnisses durch die Erben bzw. die Inanspruchnahme der oder durch die Erben einzelner Forderungen zu gänzlich absurden Ergebnissen führen könnte. Beispielhaft kann hierfür das Arbeitsverhältnis genannt werden, bei welchem es unsinnig wäre, wenn die Erben eines Chefarztes auf dessen Arbeitsleistung in Anspruch genommen werden könnten. In einem solchen evidenten Fall dürfte es den Parteien aber klar sein, dass diese Verpflichtung mit dem Tode des Verpflichteten untergehen (muss). Man könnte also sagen, dass Vertragsverhältnisse, die aus Sicht der Parteien *evident* auf die Person des Berechtigten oder Verpflichteten bezogen sind, im Zweifel unvererblich sind. Es handelt sich hierbei nicht um ein objektives Kriterium, wie die *Höchstpersönlichkeit* eines ist, sondern die Unvererblichkeit wird in diesen Fällen aus subjektiver Sicht im Wege der Auslegung ermittelt. Aufgrund des kleinen Anwendungsbereichs der *Evidenz* wird es viele Schuldverhältnisse geben, die durch das Raster der *Evidenz* fallen, dessen Fortbestand von mindestens einer Partei aber nicht gewollt ist. Diese Folge kann in vielen Fällen durch die obligatorische Anwendung des § 275 BGB abgemildert werden, wenn das Vermögen auf die Erben übergegangen ist. Oft wird bei ohnehin schon kuriosen Ergebnissen die Leistungserbringung durch die Erben oder an die Erben nach § 275 Abs. 1 BGB unmöglich sein.594 Auch ist es denkbar, dass den Parteien ein Leistungsverweigerungsrecht nach § 275 Abs. 2, 3 BGB zusteht und eine Forderung nicht durchsetzbar ist.595 Auch die Verpflichtung des Vertragspartners zur Leistung kann wegen Zweckfortfalls untergehen. Überdies besteht bei Dauerschuldverhältnissen ein gesetzliches Kündigungsrecht nach § 314 Abs. 1 BGB, wenn eine der überlebenden Vertragsparteien kein Interesse an der Fortführung des übergegangenen Schuldverhältnisses hat.596 Daher ist der Schutz vor unerwünschten Verträgen nach dem Erbfall auf beiden Seiten unter anderem durch das Leistungsstörungsrecht ausreichend gewährleistet, nachdem die Erben in das ursprüngliche Schuldverhältnis eingerückt sind.

Daher bedarf es dem Grunde nach keines objektiven Kriteriums, das sich als Unvererblichkeitskriterium unmittelbar auf den Erbfall auswirkt und der Erbschaft von vornherein ein Bestandteil des Vermögens entzieht. Die Unmöglichkeit sowie die Kündigung wirken im Gegensatz zur Unvererblichkeitsbestimmung nämlich nicht im Erbfall, sondern erst dann, wenn die Erbschaft bereits angefallen ist und die Erben Vertragspartner der überlebenden Vertragspartei wer-

594 Diesen Ansatz verfolgen auch *Fußeder*, S. 85 und *Oettinghaus*, S. 30 f.

595 *Lange/Kuchinke*, Erbrecht, S. 95 f.

596 Ausführlich dazu, *Oettinghaus*, S. 6, 30 f., 167 ff., 203; *Fußeder*, S. 84.

den.[597] Dass dann dem Grunde nach ein Schadensersatzanspruch nach §§ 280 Abs. 1, 3, 283 BGB entstehen kann, ist für die Erben nicht weiter problematisch, da diese das Leistungshindernis regelmäßig nicht zu vertreten haben werden.[598]

III. Rechtsfolge: Unvererblichkeit oder Abwicklung?

Wenig Beachtung in der Untersuchung fand bisher die Frage, ob der *Untergang* alternativlos zum *Fortbestand* eines Schuldverhältnisses ist. Die Alternative zur Vererblichkeit muss nämlich nicht zwingend der ersatzlose Untergang einer Rechtsposition sein.[599] Es ist auch denkbar, dass sich das Schuldverhältnis im Erbfall in ein Abwicklungsschuldverhältnis wandelt und das vorherige Schuldverhältnis ersetzt bzw. modifiziert. Diese Folge lässt sich durch zwei Wege erreichen. Zum einen könnte man annehmen, dass sich Dauerschuldverhältnisse infolge ihrer Unvererblichkeit *automatisch* in ein Abwicklungsverhältnis wandeln, wenn auch das ersatzlose Löschen eines Rechts nicht mehr sachgerecht erscheint und dadurch in tatsächlicher Hinsicht *Abwicklungsbedarf* besteht.[600] Dogmatisch könne sich die Abwicklung eines Schuldverhältnisses laut *Windel* vollständig aus dessen eigener Regelung ergeben.[601] Gedanklich beruht diese Idee auf § 1969 BGB, wonach die Erben für 30 Tage nach dem Erbfall den in der Norm genannten Personen Unterhalt zu gewähren haben, hier demnach gewissermaßen eine Abwicklung bzw. ein Auslaufen der Unterhaltsverpflichtung stattfindet. Insofern bringt der Gesetzgeber durch diese Norm zum Ausdruck, dass gewisse Umstände im Todesfall einer vorläufi-

597 So bereits *Fußeder*, S. 85.
598 So bereits *Fußeder*, S. 83.
599 So aber z. B. *Marotzke*, in: Staudinger, 2008, BGB § 1922 BGB Rn. 115; *Herzog*, in: Stellungnahme DAV 34/2013, S. 30; *Herzog*, NJW 2013, 3745, 3748; siehe im Allgemeinen, Dietzel, Untergang statt Fortbestand.
600 *Budzikiewicz*, AcP 218 (2018), 558, 566.
601 *Windel*, Modi der Nachfolge, S. 2 ff.

gen Erhaltung würdig sind.[602] Hinsichtlich der Rechtsfolgen kann dieser Gedanke überzeugen, da die Interessen der am Vermögensgegenstand Beteiligten bestmöglich gewahrt werden und die Friedensfunktion des Rechts optimal ihre Wirksamkeit entfalten kann. Die dogmatische Begründung bleibt bisher vage; zum einen bezweckt die Norm nur eine vorläufige Erhaltung der bisherigen Lebensbedingungen der Erben und sichert somit den status quo. Sie erweitert gerade nicht – wie im Erbrecht sonst – den Vermögenskreis der in § 1969 BGB genannten Personen. Außerdem wird nicht deutlich, wann und unter welchen Voraussetzungen genau eine Abwicklung des betreffenden Schuldverhältnisses durch eine entsprechende Auslegung *hineingelesen* werden kann. Hierzu wären entsprechend der Lehren des Allgemeinen Teils des BGB zumindest zwei übereinstimmende Willenserklärungen und eine entsprechende Auslegung, die auf diese Folge gerichtet sind, erforderlich.

Eine solche Abwicklung könnte man zum anderen erreichen, indem man das personenbezogene Schuldverhältnis als Ganzes in seine konkreten Inhalte ausdifferenzieren und die Vererblichkeit jedes einzelnen Anspruchs aus dem Schuldverhältnis für sich betrachtet. Dies entspricht im weiteren Sinne der im Schuldrecht anwendbaren Kombinationsmethode, bei der das Recht der für den entsprechenden Vertragsbestandteil relevanten Normen Anwendung findet.[603] In diesem Sinne könnte auch die Frage nach der Vererblichkeit durch die Betrachtung des jeweiligen Vertragsbestandteils Aufschluss geben. Damit ließe sich durch Auslegung des Parteiwillens (§§ 133, 157 BGB) ermitteln, dass das Rechtsverhältnis als Ganzes bzw. als *Hülle*, das die Grundlage für alle bestehenden und zukünftigen Ansprüche bildet, untergeht, aber einzelne Ansprüche aus diesem fortbestehen. Mit dem Untergang des Rechtsverhältnisses im Allgemeinen (z. B. einem Arbeitsverhältnis) gehen bei besonderen personenbezo-

602 *Küpper*, in: MükoBGB, BGB § 1969 Rn. 1. Insofern besteht eine Parallele zu § 563 BGB.
603 *Stadler*, in: Jauernig, BGB § 311 Rn. 33.

genen Ansprüchen dann die zukünftigen Rechte (Pflicht zur Arbeitsleistung) unter, wobei andere Ansprüche aus diesem Schuldverhältnis im weiteren Sinne einer eigenen Prüfung zu unterziehen sind, ob diese auf die Erben übergehen. De facto käme dies einer o. g. Abwicklung gleich, nur, dass hier die dogmatische Begründung in der Weise erfolgen kann als man das Rechtsverhältnis als Ganzes in einzelne Ansprüche ausdifferenziert und in fraglichen Fällen jeden einzelnen Anspruch für sich betrachtet. So kann beim Arbeitsverhältnis etwa die Pflicht zur Arbeitsleistung unvererblich sein, während der Entgeltanspruch für bereits erbrachte Arbeitsleistung, der eigentlich Teil des Arbeitsverhältnisses ist, auf die Erben übergeht.

IV. Bewertung der bisherigen Untersuchungsergebnisse

Zunächst ist festzuhalten, dass dem Erbrecht kein spezieller Vermögensbegriff zugrunde liegt und § 1922 Abs. 1 BGB insoweit keine eigene Aussage über die Vererblichkeit bzw. Unvererblichkeit einer Rechtsbeziehung trifft: Die Unvererblichkeit ergibt sich aus dem Rechtsverhältnis selbst. Damit einher geht die Tatsache, dass (zumindest aus historischer Sicht) die Übergangsfähigkeit von solchen Nachlasspositionen zu bejahen ist, die keinen Marktwert haben, der Erblasser an ihnen zu Lebzeiten *kein Vermögensinteresse* hatte und die Erben nach dem Erbfall ein solches ebenso nicht haben werden. Auch stellt der Geldwert einer Vermögensposition kein dogmatisch gültiges Indiz für die Vererblichkeit dar. Auch aus heutiger Sicht gibt es keinen sinnvollen Grund zwischen geldwerten und nichtgeldwerten Gütern zu unterscheiden.

Für die Unvererblichkeit von Schuldverhältnissen gilt, dass über jeder denkbaren ungeschriebenen Unvererblichkeitsregel zunächst die gesetzlichen Bestimmungen, die die Vererblichkeit oder Unvererblichkeit ausdrücklich anordnen, stehen. Fehlt eine gesetzliche Bestimmung, muss sich die Unvererblichkeit aus dem in Frage stehenden Rechtsverhältnis selbst ergeben. Die Untersuchung der TE-OR sowie TE-ErbR hat ergeben, dass es im Laufe der Gesetzgebungsgeschichte des BGB zwar Regelungen zur Bestimmung der Unvererblichkeit von Vermögensverhältnissen gab, diese aber nicht ins BGB übernommen wurden. Trotzdem war ihre Untersuchung fruchtbar, da sich aus ihnen einige Grundvorstellungen des Gesetzgebers entnehmen ließen.[604] Zunächst ergab die historische Betrachtung, dass die Vererblichkeit von Vermögensrechten grundsätzlich zu vermuten ist[605] und die Unvererblichkeit eine seltene Ausnahme darstellen sollte. Nur eine solche Betrachtungsweise wird auch der Kontinuitäts- und Zuordnungsfunktion der Universalsukzession gerecht. Schweigt das Gesetz, ist die Vererblichkeit bei solchen Rechtspositionen ausgeschlossen, die *personengebunden* sind, also realiter nicht auf andere Personen übertragen werden *können*. Andere nennen sie *höchstpersönliche* Rechte.[606] Dazu gehören primär Personenrechte (z. B. das Namensrecht und das allgemeine Persönlichkeitsrecht und Familienverhältnisse). Bereits oben wurde erörtert, dass Vermögensrechte in Abgrenzung dazu solche Rechte sind, über die der Erblasser grundsätzlich verfügen kann.

Die Vererblichkeit bei *Vermögensrechten*, also solchen Rechten, die grundsätzlich in der Rechtsmacht des Inhabers stehen, ist zunächst die Regel. Es gibt aber auch Vermögensrechte, die unvererblich sind. Hier kann zur näheren Untersuchung nach dem Inhalt des Rechts unterschieden bzw. dessen Zuordnungsobjekt betrachtet werden: Bei dinglichen Rechten ist die Rechtsmacht ihrer Inhaber zu Lebzeiten *absolut*. Ungeachtet gesetzlicher Regelungen, gilt dies auch für Verfügungen von Todes wegen. Schwieriger ist die Betrachtung bei Schuldverhältnissen, da hier nicht nur Erbe und Erblasser betroffen sind, sondern auch die Vertragspartner des Erblassers. In früherer Zeit ließen diese sich in die Kategorie *obligatio dandi* und *obligatio*

604 So schon *Dietzel*, S. 23.
605 So schon *Dietzel*, S. 25.
606 LG Berlin, ZEV 2016, 189, 190 f.; *Hoeren*, NJW 2005, 2113, 2114.

faciendi aufspalten, also in *gegenstandsbezogene* und *handlungsbezogene* Forderungsrechte. *Gegenstandsbezogene* Forderungsrechte sind solche, die unmittelbar auf einen Gegenstand gerichtet sind, wie es etwa beim Kaufvertrag der Fall ist. Die handlungsbezogenen Forderungen sind solche Forderungen, die auf eine Handlung des Schuldners gerichtet sind. Man kann sie auch als *personenbezogene* Forderungsrechte bezeichnen, die Dauerschuldcharakter haben können.

Forderungen können in verschiedene Richtungen auf die Person einer Partei bezogen sein: Entweder ist die Leistung, die *durch* den Erblasser erfolgen soll, personenbezogen (der Erblasser ist zum Beispiel ein besonders guter Konditor) oder die Leistung, die *an* den Erblasser erfolgen soll, ist personenbezogen (der Erblasser hat zum Beispiel vor seinem Tod einen Behandlungsvertrag mit einem Krankenhaus abgeschlossen).

Drittens kann das Schulverhältnis bi- oder multilateral auf die Beteiligten bezogen sein. Hier ist etwa an die BGB-Gesellschaft zu denken, bei welcher der Grundsatz der personellen Geschlossenheit gilt, wonach die Erreichung des Gesellschaftszwecks wechselseitiges Vertrauen unter den Gesellschaftern voraussetzt.[607]

In der Konsequenz ist der Begriff der *Personenbezogenheit* hilfreich, um diese Gemengelage zu beschreiben. Die positive Annahme der Personenbezogenheit führt aber nicht zur Unvererblichkeit. Vielmehr ist bei *personenbezogenen Rechtspositionen* ein genauer Blick auf den Willen der Parteien sinnvoll, durch welchen zu ermitteln sein kann, ob die Vererblichkeit von den Parteien nicht gewollt war. Dies kann im Besonderen bei Arbeitsverhältnissen sowie kurz vor dem Tode des Erblassers abgeschlossenen Werkverträgen (z. B. Maßanzug[608]) anzunehmen sein, bei welchen es *evident* ist, dass die Erben an der Leistung kein Interesse haben (werden). Wie oben gesehen sind an diese Annahme hohe Anforderungen zu stellen. Bevor ein vollständiges Erlöschen des Schuldverhältnisses angenommen kann, ist aber

607 *Stürner*, in: Jauernig, BGB § 705 Rn. 2.
608 *Lange/Kuchinke*, Erbrecht, S. 95 f.

zu prüfen, ob nur die Fortführung der Erben nicht gewollt ist, aber einzelne Ansprüche auf die Erben übergehen. Das heißt, der Erbfall bedeutete nicht das abrupte Ende des Schuldverhältnisses, sondern lässt (andere) bereits entstandene Ansprüche mitübergehen.

Die Untersuchung hat weiterhin gezeigt, dass es darüber hinaus äußerst müßig ist, für den Bereich der Vermögensrechte allgemeingültige Maßstäbe für die Unvererblichkeit zu suchen. Daher ist Begriff des Vermögens im erbrechtlichen Sinne von seiner vermeintlichen normativen Bestimmbarkeit zu lösen und nur deskriptiv zu verstehen: Er kann allenfalls indizieren, dass grundsätzlich alle faktisch verkehrsfähigen Ansprüche und Forderungen des Erblassers vererblich sind. Darüber hinaus wurde mehrfacht betont, dass solche Rechtsbeziehungen nicht erlöschen, bei denen die *Vermögensfolgen* schon eingetreten sind, also die Ansprüche schon entstanden, fällig und durchsetzbar sind, wie zum Beispiel der Entgeltanspruch des Arbeitnehmers.

Beispielhaft ist hier wieder das Arbeitsverhältnis zu nennen. Hier ist gesetzlich die Leistung durch den Schuldner persönlich vorgesehen und darüber hinaus dürfte der Erbfall das Arbeitsverhältnis beenden.[609] Dennoch gehen Ansprüche aus dem Arbeitsverhältnis und sogar der Urlaubsabgeltungsanspruch auf die Erben über[610], einzelne Ansprüche aus dem Arbeitsverhältnis sind somit vererblich.

V. Quintessenz: Fallgruppen

Die Untersuchung hat gezeigt, dass es aufgrund der Vielfältigkeit schuldrechtlicher Beziehungen und Ansprüche kein einheitliches objektives Kriterium zur Bestimmung der Unvererblichkeit geben kann. Daher ist die Unvererblichkeit im Einzelfall zu bestimmen. Um

609 Vgl. auch *Budzikiewicz*, AcP 218 (2018), 558, 572 mit Verweis auf *Windel*, Modi der Nachfolge, S. 2 f.

610 Wobei das BAG den Urlaubsabgeltungsanspruch nicht als Surrogat des Urlaubsanspruchs sieht, sondern als Aluid in Form eines selbstständigen Geldanspruchs, vgl. BAG, NZA 2016, 37.

einen Überblick zu geben, werden im Folgenden Fallgruppen aufgestellt, die eine Kategorisierung verschiedener Rechtspositionen erlaubt.

1. Grundsätzliche Vererblichkeit

Grundsätzlich geht das Vermögen des Erblassers auf die Erben über. Dazu gehören grundsätzlich alle dinglichen sowie schuldrechtlichen Rechtspositionen des Erblassers unabhängig von ihrem Geldwert, die verfügungs- und veräußerungsfähig sind (Vermögensrechte).[611] Damit ist die äußerste Grenze der Vererblichkeit weit gezogen.[612]

2. Geltungsvorrang: Gesetzliche Regelungen

Dieser Grundsatz gilt zunächst nicht, wenn eine gesetzliche Regelung die Unvererblichkeit bestimmt (z. B. § 1061 BGB für den Nießbrauch). Hier bestimmen sich die Rechtsfolgen im Falle des Todes nach dem Gesetz. Das gleiche gilt für Regelungen, welche die Vererblichkeit explizit anordnen (Urheberrecht, § 28 Abs. 1 UrhG).[613] Hierbei kommt es nicht darauf an, ob die Rechtspositionen etwa als höchstpersönlich bzw. personenbezogen sind. Ausdrückliche Regelungen haben Ausnahmecharakter und genießen vor allgemeinen Regelungen Vorrang.

611 Vgl. *Windel*, Modi der Nachfolge, S. 103, der in dieser Hinsicht aber keine zwingende Deckung annimmt.

612 Dabei spielen gesetzliche Übertragungs- bzw. Veräußerungsverbote zunächst keine Rolle, es handelt sich hierbei um ein *faktisches* Merkmal.

613 Siehe dazu im Ganzen *Leipold*, in: MükoBGB, BGB § 1922 Rn. 116 mit Verweis auf *Sohm*, in: Jherings Jahrbücher für die Dogmatik des bürgerlichen Rechts, Bd. 53, S. 373, 375 ff.

3. Erste Fallgruppe: Personenrechte und personengebundene bzw. höchstpersönliche Güter

Der Grundsatz der Vererblichkeit gilt ebenso nicht bei solchen Gütern, die an die Person des Erblassers gebunden sind. Dazu zählen bereits solche Güter, die schon in der Pandektistik und auch teilweise von Germanisten[614] aus dem Vermögensrecht ausgeklammert wurden (Familienverhältnisse). Auch sind solche Rechte personengebunden, die untrennbar mit der Person des Erblassers verbunden, die ihm Kraft seines Mensch-Seins zukommen, also solche, die *Savigny* noch als *Urrechte* bezeichnete. Heute kennt man diese als Rechte und Pflichten, die derart an die persönliche Existenz des Erblassers gebunden sind, dass sie nicht in der Person des Erblassers fortgesetzt werden können.[615] Dazu gehört zum Beispiel der Name.[616] Bei diesen Rechtspositionen handelt es sich um solche, bei welchen die Inhaberschaft dieser Rechte durch eine andere Person als den Erblasser rechtlich und tatsächlich nicht vorstellbar bzw. unmöglich ist. Besonders deutlich wird die *Personengebundenheit* bei familienrechtlichen Ansprüchen bzw. Statusverhältnissen wie der Ehe, dem Verlöbnis oder der elterlichen Sorge. Diese sind unvererblich, weil es sich bei ihnen um solche Rechtspositionen handelt, die dergestalt mit dem Erblasser verbunden sind, dass sie nicht von seiner Person getrennt werden können und derer sich der Erblasser auch nicht entäußern kann (absolute Unübertragbarkeit).[617]

614 Siehe z. B. *Gierke*, Deutsches Privatrecht Bd. I, S. 276 Fn. 28; 706.

615 *Werner*, in: Deutsches Rechtslexikon, Stichwort: Vermögen (Erbrecht), S. 4510.

616 BGH, NJW 2007, 684; *Weidlich*, in: Palandt, BGB § 1922 Rn. 36; *Ellenberger*, in: Palandt, BGB § 12 Rn. 16; *Stein*, in Soergel, Erbrecht, BGB § 1922 Rn. 29; *Leipold*, in: MükoBGB, BGB § 1922 Rn. 123 f.

617 *Budzikiewicz*, AcP 218 (2018), 558, 565 f.; *Große-Boymann*, in: Burandt/Rojahn, BGB § 1922 Rn. 31ff; *Leipold*, in: MükoBGB, BGB § 1922 Rn. 95; BVerfG, NJW 2001, 2957, 2959; BGH, NJW 2000, 2195, 2197; BGH, 2014, 3786, 3788; Kunz, in: Staudinger, BGB § 1922 Rn. 300.

a. Grenzfall: Das Allgemeine Persönlichkeitsrecht

Persönlichkeitsrechte sind in ihrer Natur nach *höchstpersönliche* bzw. *personengebundene* bzw. ideelle Rechte[618], sie sind als solche keine *Vermögensrechte*.[619] Es entspricht der herrschenden Meinung, dass das aus Art. 2 Abs. 1 i. V. m. Art. 1 Abs. 1 GG abgeleitete allgemeine Persönlichkeitsrecht und seine *Tochterrechte* unübertragbar und unveräußerlich sind.[620] Daher müsste es entsprechend den oben aufgestellten Grundsätzen mit dem Tod seines Inhabers ersatzlos erlöschen, da es seinen Träger bzw. sein Subjekt in diesem Moment verliert. Dies hätte aber letztlich zur Folge, dass das Ansehen bzw. der Wert- und Achtungsanspruch einer Person nach dessen Tod etwaigen Verletzungen durch Dritte schutzlos ausgesetzt wäre. Um dem entgegenzuwirken, haben sich zum Schutz der postmortalen Person im Wege der richterlichen Rechtsfortbildung von der oben genannten Regel abweichende bzw. *ergänzende*[621] Grundsätze herausgebildet. Demnach bestimmt sich die Vererblichkeit von Persönlichkeitsrechten dualistisch.[622] Nach den von der Rechtsprechung entwickelten Grundsätzen ist das allgemeine Persönlichkeitsrecht in *materielle* und *immaterielle* Bestandteile zu trennen.[623] Demnach sind die sog. *materiellen* oder sog. *vermögenwerten* Bestandteile des allgemeinen Persönlichkeitsrechts vererblich.[624] Die

---

618 *Beuthien*, NJW 2003, 1220, 1222.

619 *Gierke*, Deutsches Privatrecht Bd. I, S. 706 f.

620 Siehe nur *Kannowski*, in: Staudinger, BGB Vorbem. zu § 1 Rn 29; *Rixecker*, in: MükoBGB, BGB Anh. zu § 12 Rn. 39; *Ellenberger*, in: Palandt, BGB § 12 Rn. 16; *Hager*, in: Staudinger, BGB § 823 Rn. C 50b.

621 So BVerfG, NJW 3409, 3410.

622 *Lieder*, in: Erman, Bd. 2, BGB § 1922 Rn. 9; *Sprau*, in: Palandt, BGB § 823 Rn. 89 f.; *Weidlich*, in: Palandt, BGB § 1922 Rn. 36; kritisch in der Hinsicht *Schack*, Rn. 58, der das Problem über eine weitläufige Bemessung des immateriellen Schadensersatzes lösen möchte.

623 Vgl. BGH, NJW 2000, 2195.

624 *Jauernig*/Stürner, BGB § 1922 Rn. 12; *Lieder*, in: Erman, Bd. 2, BGB § 1922 Rn. 9; *Sprau*, in: Palandt, BGB § 823 Rn. 89 f. Das Bundesverfassungsgericht hat die Vererblichkeit vermögenswerter Bestandteile des zivilrechtlichen allgemeinen Persönlichkeitsrechts im Rahmen der richterlichen Rechtsfortbildung als zulässig erachtet, BVerfG, NJW 2006, 3409 ⊠ Marlene Dietrich; kritisch zum Persönlichkeitsgüterrecht Schack, Rn. 58.

Erben haben demnach das Recht, über die wirtschaftliche Verwertung dieser Bestandteile des Persönlichkeitsrechts zu entscheiden, wohingegen den nächsten Angehörigen das Recht zusteht, den Wert- und Achtungsanspruch des Verstorbenen wahrzunehmen, dessen sofortiges Erlöschen mit dem Tod nicht mit Art. 1 Abs. 1 GG vereinbar wäre.[625] Die Frage nach der Rechtsinhaberschaft des postmortalen Persönlichkeitsrechts auf zivilrechtsdogmatischer Ebene ist umstritten.[626] Letztlich überzeugt die Ansicht, die das Recht treuhänderisch den vom Toten zu seinen Lebzeiten Berufenen bzw. seinen Angehörigen zuordnet.[627] Dieses Ergebnis lässt sich auf einer analogen Anwendung oder einem Erst-recht-Schluss zu den §§ 22 f. KUG erreichen.[628] Wichtig hieran ist die Erkenntnis, dass das postmortale Persönlichkeitsrecht (zumindest was seine ideellen Bestandteile betrifft) im dogmatischen Sinne unveräußerlich und unvererblich ist.[629] Bei konsequenter Anwendung der §§ 22 f. KUG müsste für die nicht-ideellen Bestandteile, also für die verfügungsfähigen bzw. vermögensrechtlichen Bestandteile des allgemeinen Persönlichkeitsrechts selbiges gelten, da diese Norm in dieser Hinsicht selbst nicht zwischen materiellen und immateriellen Bestandteilen differenzieren. Entscheidend für das gegenständliche Sachproblem ist das Bewusstsein, dass sich diese kommerzielle Ausbeutung von Persönlichkeitsbestandteilen im Wege der richterlichen Rechtsfortbildung entwickelt und somit einen Sonderfall auf dem Gebiet des Erbrechts darstellt.

Dieser Sonderfall ändert aber nichts daran, dass es sich bei den Persönlichkeitsrechten im Kern um Güter handelt, die in ihren integralen Bestandteilen unverzichtbar und unveräußerlich sind, soweit

625 *Rixecker*, in: MükoBGB, BGB Anh. zu § 12 Rn. 46 ff. Demgegenüber sei Art. 2 Abs. 1 GG nicht mehr tangiert, da dieser eine handlungsfähige Person voraussetzt, vgl. *Hager*, in: Staudinger, BGB § 823 Rn. C 40.

626 Vgl. zum Meinungsstand, *Hager*, in: Staudinger, BGB § 823 Rn. C 38.

627 So *Hager*, in: Staudinger, BGB § 823 Rn. C 39; *Larenz/Canaris*, Lehrbuch des Schuldrechts, S. 534.

628 *Hager*, in: Staudinger, BGB § 823 Rn. C 39.

629 *Hager*, in: Staudinger, BGB § 823 Rn. C 39; *Wunderlin/Bielajew*, IPRB 2014, 223, 224.

sie dem Schutz ideeller Interessen dienen.[630] Damit wären sie grundsätzlich unvererblich, da nur die Inhaber der Persönlichkeitsrechte selbst Träger derselben sein können. Die Persönlichkeitsrechte als solche können darüber hinaus nicht übertragen werden; lediglich Nutzungsrechte können Dritten zur Ausübung überlassen werden.[631] Diese Einräumung von Nutzungsrechten wirkt jedoch nicht wie in §§ 929, 938 BGB translativ bzw. dinglich, sondern konstitutiv.[632] Das heißt, dass sie nicht als Ganzes übertragen werden können, sondern nur unter Abspaltung einzelner Nutzungsrechte.[633] Diese werden auf Grundlage eines schuldrechtlichen Vertrages übertragen, sind also wiederum in Teilen verkehrsfähig. In Einklang mit den vorangegangenen Ausführungen können nur die verkehrsfähigen Bestandteile des Vermögensrechts auf die Erben übergehen.

b. Rechtsfolge: Begründung von Wahrnehmungsrechten

Mit dem Tod kann der Erblasser seine Persönlichkeitsrechte nicht mehr selbst ausüben. Auch ist er selbst nicht in der Lage, Rechtsverletzungen zu verfolgen. Dies kann vor allem Angehörige des Erblassers zur Verzweiflung treiben, denn der Verstorbene wäre Rechtsverletzungen schutzlos ausgesetzt. Da weder die sog. vermögenswerten, noch die ideellen Bestandteile der Persönlichkeitsrechte schutzlos gestellt werden dürfen, ist es möglich, ein Recht zur Ausübung dieser Rechte zu bestellen.[634] Davon sind nicht alle Persönlichkeitsrechte umfasst. Die Entscheidung über die Vererblichkeit einzelner Bestandteile des allgemeinen Persönlichkeitsrechtes darf aber nicht in Hinblick auf allgemeine Kriterien um die Diskussion von Unvererblichkeitsregeln überbewertet werden. Schon das allgemeine Persönlichkeitsrecht existiert *nur* auf Grundlage richterrechtlicher Rechtsfortbildung.[635] Nach der

630 BVerfG, NJW 2006, 3409, 3411; BGH, NJW 2000, 2195.

631 *Schack*, Rn. 346.

632 *Schack*, Rn. 594,

633 So auch *Hager*, in: Staudinger, BGB § 823 Rn. C 50b.

634 *Schack*, Rn. 638.

635 Siehe nur BGHZ 13, 334 ff; BVerfGE, 34, 269 ff., 281; BGHZ 20, 345 ff.

Schaffung des allgemeinen Persönlichkeitsrechts musste logischerweise irgendwann die Frage nach seiner Vererblichkeit gestellt werden. Da schon dem allgemeinen Persönlichkeitsrecht eine positiv-rechtliche Grundlage fehlt,[636] wundert es nicht, dass die Entscheidung über sein Schicksal nach dem Wegfall seines Inhabers auf richterlicher Rechtsfortbildung beruht. Die Vererblichkeit des allgemeinen Persönlichkeitsrechts stellt somit wie auch die positiv-rechtlich geregelte Vererblichkeit des Urheberrechts eine Anomalie dar, die somit keine Auswirkungen auf die oben getroffene Differenzierung hat und die in dieser Arbeit aufgestellte Regel nicht zu widerlegen vermag. Daher lassen sich aus diesen Grundsätzen keine Regeln ableiten, die die digitalen Hinterlassenschaften des Erblassers betreffen.

4. Dritte Fallgruppe: Personenbezogene Rechtsbeziehungen

Die dritte Fallgruppe ist aus Rechtsbeziehungen gebildet, die oftmals Dauerschuldcharakter haben oder eine komplexere Rechte- und Pflichtenstruktur aufweisen. Bei ihnen war die Wahl der Vertragspartner durch die Vertragsparteien mutmaßlich nicht willkürlich. Es gibt daher Schuldverhältnisse, bei denen ein Wechsel des Vertragspartners zwar grundsätzlich vorstellbar und auch rechtlich möglich ist, der Vertragspartner des Erblassers aber ein Interesse an der Beibehaltung der Gläubigerperson hat (relative Unübertragbarkeit).[637] Diese relative Unübertragbarkeit deckt sich aber nur in Ausnahmefällen mit der Unvererblichkeit.

Kunz vertritt die Ansicht, dass die Unvererblichkeit in derartigen Grenzfällen in Anlehnung an *Otte*[638] komparativ zu bestimmen sei. Demnach sei eine Rechtstellung eher unvererblich, je eher sie mit dem

636 Siehe dazu Ludyga, ZEV 2014, 333, 335.
637 Vgl. für die Abtretungsverbote, *Roth/Kieninger*, in: MükoBGB, BGB § 399 Rn. 8.
638 *Otte*, Zur Anwendung komparativer Sätze im Recht, in: Das Bewegliche System, S. 271–285.

Erblasser *verbunden* war.[639] Und: eine Rechtsstellung sei weniger vererblich, je enger die Vertrauensbeziehung zwischen dem Erblasser und seinem Vertragspartner war. Diese komparativen Sätze seien zumindest im Ansatz geeignet, die Entscheidung über die Unvererblichkeit zu rationalisieren. Dennoch ist mit ihnen nichts weiter Konkretes gesagt. Für eine (objektive) offene *Abwägung*, die über die Vererblichkeit oder Unvererblichkeit bestimmt, fehlt eine gesetzliche Grundlage; vielmehr muss besonders bei Dauerschuldverhältnissen oder bei Schuldverhältnissen mit komplexerer Pflichtenstruktur im Rahmen der (ergänzenden) Vertragsauslegung ermittelt werden, wie die Parteien den Vertrag in Hinblick auf den Verbleib nach dem Tode zu Ende gedacht hätten. Wie bereits gesehen ist dies bei Fehlen einer verbalen oder schriftlichen Äußerung nur selten der Fall. Selbst wenn die Auslegung ergibt, dass ein Schuldverhältnis mit dem Tode erlischt, ist im Zweifel davon auszugehen, dass vor allem seitens des Erblassers eine Abwicklung gewollt ist und bereits entstandene Ansprüche auf die Erben übergehen, wenngleich das Schuldverhältnis als Bündel von Rechten und Pflichten untergeht. Insgesamt fehlen auch bei personenbezogenen Schuldverhältnissen objektive Kriterien zur Bestimmung der Unvererblichkeit.

5. Vierte Fallgruppe

Die vierte Fallgruppe betrifft *dingliche Rechte* sowie Schuldverhältnisse mit einer einfachen Pflichtenstruktur. Einfache Pflichtenstruktur meint in der Regel Zielschuldverhältnisse, die schon durch das einmalige Erbringen einer Leistung erlöschen. Damit einher geht nämlich ein relativ geringes Interesse der Vertragsparteien an einer bestimmten Person. Diese sind regelmäßig ohne weiteres vererblich.

639 *Kunz*, in: Staudinger, BGB § 1922 Rn. 75.

6. Rechtsfolge

Die Untersuchung hat gezeigt, dass die Unvererblichkeit, also das Erlöschen einer Rechtsbeziehung mit dem Tode des Erblassers eine seltene Ausnahme darstellt. Ein individueller Interessenausgleich kann (neben der Vertragsauslegung) vor allem dadurch erreicht werden, dass die Parteien den Vertrag nach § 314 Abs. 1 BGB kündigen oder sich auf Unmöglichkeit nach § 275 BGB berufen.

D. Vertragsverhältnisse über soziale Netzwerke sowie E-Mail Accounts

Es hat sich erwiesen, dass grundsätzlich die Gesamtheit aller sachenrechtlichen Rechte sowie schuldrechtlichen Verhältnisse im Wege der Universalsukzession als Vermögen auf die Erben übergehen. Eindeutige Ausnahmen bestehen dabei ausschließlich bei Gütern, die personengebunden sind, sowie bei solchen, deren Unvererblichkeit durch eine gesetzliche Regelung angeordnet wird. Diese oben gewonnenen Grundsätze werden in diesem Abschnitt auf die Bestandteile der digitalen Hinterlassenschaften angewendet.

Da grundsätzlich alle Rechts- und Pflichtenstellungen (Rechtsbündel) sowie die daraus erwachsenen Aktiva und Passiva des Erblassers auf die Erben übergehen,[640] gelten die soeben dargestellten Grundsätze der Universalsukzession prinzipiell auch für die erbrechtliche Nachfolge der zwischen dem Erblasser und Dritten bestehenden Schuldverhältnisse im digitalen Kontext. Besonders im Fokus stehen daher die hinter den Accounts und Daten stehenden *Nutzungsverträge*. Es ist allgemein anerkannt, dass gemäß § 1922 BGB nicht nur dingliche und beschränkt dingliche Rechte an Sachen, insbesondere Eigentum und Besitz,[641] sondern auch *Rechtsbeziehungen*, die zu Lebzeiten zwischen Erblasser und seinen Vertragspartnern bestanden, grundsätzlich übergangsfähig sind. Dazu gehören auch die damit zusammenhängenden Gestaltungsrechte oder Hilfsrechte, die bereits dem Erblasser zugestanden haben.[642]

Nach diesem Grundsatz kann daher auch das Nutzungsverhältnis zwischen Erblasser und Diensteanbieter vollständig auf die Erben

640 *Kunz*, in: Staudinger, BGB § 1922 Rn. 16.

641 Vgl. § 857 BGB; *Große-Boymann*, in: Burandt/Rojahn, BGB § 1922 Rn. 71, 73.

642 BGH, NJW 1989, 1601 – Auskunftsanspruch; BGH, NJW 1951, 308 – Gestaltungsreche; im Allgemeinen dazu: *Große-Boymann*, in: Burandt/Rojahn, BGB § 1922 Rn. 74; *Herzog*, in: Stellungnahme DAV 34/2013, S. 30, 34; *Kunz*, in: Staudinger, BGB § 1922 Rn. 78.

übergehen. Vielfach wird in diesem Zusammenhang der Charakter der in Rede stehenden Schuldverhältnisse diskutiert;[643] meistens wird ein typengemischter Vertrag angenommen.[644] Dabei kommt es nach der hier vertretenen Lösung für die Vererblichkeit nicht darauf an, um welche Art von Rechtsverhältnis es sich handelt. Ob es sich um einen Nutzungsvertrag mit miet-, dienst- und werkvertraglichen Komponenten[645] handelt oder um einen Nutzungsvertrag *sui generis* ist für die allein erbrechtliche Beurteilung nicht von Relevanz. Wichtig ist lediglich, dass es sich um einen gegenseitigen Vertrag gemäß §§ 311, 320 ff. BGB handelt, bei welchem gegenseitige Ansprüche und eine gegensätzliche Interessenlage vorliegt. Hauptleistung ist das Bereitstellen des Dienstes (vgl. NetzDG) und Gegenleistung ist die Einwilligung des Nutzers in die Verwendung seiner Daten.[646]

I. Unvererblichkeit wegen des Wesens des Schuldverhältnisses (Personengebundenheit)

Im Rahmen der Frage nach der Vererblichkeit dieses Vertrages wurde bisher diskutiert, ob sich die Unvererblichkeit aus dem Wesen des Vertrages ergeben könne. Dies könne dann der Fall sein, wenn »der Inhalt des Rechts in einem solchen Maß auf die Person des Erblassers zugeschnitten ist, dass sich bei einem Subjektwechsel die Leistung in ihrem Wesen verändert würde.[647] Wie bereits oben konstatiert, sind aus dem Rechtsgedanken bzw. einer analogen Anwendung des § 399 BGB kaum Unvererblichkeitsregeln abzuleiten. In tatsächli-

643 Die Einordnung des in Rede stehenden Nutzungsvertrages hängt im Wesentlichen von der angebotenen Leistung ab, vgl. *Budzikiewicz*, AcP 218 (2018), 558, 565.

644 *Lange/Holtwiesche*, ZErB 2016, 125, 127.

645 *Bräutigam*, MMR 2012, 635, 636; *Brinkert/Stolze/Heidrich*, ZD 2013, 153, 154.

646 Vgl. nur *Schmidt-Kessel/Grimm*, ZfPW 2017, 84, 89.

647 BGH, NZFam, 2018, 800, 803, Rn. 34; *Leipold*, in: MükoBGB, BGB § 1922 Rn. 21; *Kunz*, in: Staudinger, BGB § 1922 Rn. 596.10 f.

cher Hinsicht können die Verträge von den Erben ohne Weiteres fortgeführt werden. Darüber hinaus geht der BGH auch zu Recht davon aus, dass, selbst wenn der Rechtsgedanke des § 399 BGB derart extensiv auf die Frage der Vererblichkeit übertragen werden könnte, die Leistung des sozialen Netzwerks Facebook abstrakt in der Bereitstellung der Netzwerkfunktionen besteht; der Inhalt dieser Leistungen ist gerade nicht individuell auf die Person des Nutzers zugeschnitten, was die hier vertretene Ansicht weiterhin unterstreicht.[648]

II. Personenbezogenheit des Nutzungsverhältnisses

Auf der anderen Seite wird behauptet, das Nutzungsverhältnis sei in gewisser Hinsicht auf die Person des Kontoberechtigten zugeschnitten, da allein dieser berechtigt sei, unter dem Konto Nachrichten zu versenden sowie andere Inhalte zu veröffentlichen.[649] Oben wurde bereits gesagt, dass das Merkmal der Personenbezogenheit tatsächlich Fälle beschreibt, in denen das Vertragsverhältnis einen gewissen Bezug zur Person hat. Dass ein Nutzungsverhältnis personenbezogen ist, führt jedoch nicht (zwingend) zur Unvererblichkeit desselben, sondern bietet Raum für eine ergänzende Vertragsauslegung bzw. macht diese in Einzelfällen sogar erforderlich. Dabei ist zu fragen, wie die Parteien sich in Hinblick auf die Rechtsnachfolge von Todes wegen entschieden hätten, wenn die Parteien den Vertrag zu Ende gedacht hätten.[650]

Inhalt der Leistungspflicht bei sozialen Netzwerken und E-Mail-Diensten ist auf Seiten des Diensteanbieters das Zurverfügungstellen der Dienste. Das soziale Netzwerk schuldet also namentlich die (einwandfreie) Nutzbarkeit der Netzwerkdienste, bei Facebook gehört dazu etwa die Möglichkeit des Nutzers, mit anderen Nutzern zu kommu-

648 BGH, NZFam, 2018, 800, 803; *Kutscher*, S. 157.
649 BGH, NZFam, 2018, 800, 803 Rn. 36.
650 *Busche*, in: MükoBGB, BGB § 157 Rn. 27.

nizieren oder die Möglichkeit, Inhalte auf der Seite Inhalte zu *posten*. Ganz ähnlich ist der Inhalt der Leistungspflicht bei E-Mail-Diensten. Hier schuldet der E-Mail-Diensteanbieter, dass die E-Mails versendet und empfangen werden können. Darüber hinaus müssen gesendete und empfangene E-Mails gespeichert werden (mietvertragliches Element). Ob diese Dienste vom Nutzer selbst oder seinen Erben genutzt werden, ist für die Diensteanbieter regelmäßig weder erkennbar noch unmittelbar von Belang. Demgegenüber willigt der Nutzer in die Verarbeitung seiner *personenbezogenen Daten* durch das soziale Netzwerk ein. Diese personenbezogenen Daten ergeben sich schließlich individuell aus dem Nutzungsverhalten des jeweiligen Nutzers, sodass die personenbezogenen Daten der Erben bei uneingeschränkter Fortführung des Accounts mit den Daten des Erblassers *vermischt* werden.

Bei E-Mail-Accounts wird vereinzelt in diesem Zusammenhang vertreten,[651] dass geschäftliche und private E-Mails zu trennen seien, wobei auf die Rechtsprechung zur Vererblichkeit des Allgemeinen Persönlichkeitsrechts verwiesen wird: Geschäftliche E-Mails des Erblassers seien als *vermögenswerte* Bestandteile des Nachlasses einzuordnen und damit den Erben zugewiesen, wohingegen private Kommunikation als *nichtvermögensrechtliche Positionen* nicht vererblich sei; dort seien ausschließlich die nächsten Angehörigen zur Wahrnehmung der Rechte berufen.[652] Da aber die Unterscheidung zwischen *vermögensrechtlichen* und *nichtvermögensrechtlichen* Bestandteilen eine einmalige Ausnahme darstellt, die für das Allgemeine Persönlichkeitsrecht geschaffen wurde, kommt es darauf bei den digitalen Hinterlassenschaften nicht an.[653] Zudem sind auch nicht

651 Dafür: z. B. *Hoeren*, NJW 2005, 2113, 2114; dagegen z. B. *Pruns*, ErbR 2018, 614, 617.

652 *Hoeren*, NJW 2005, 2113, 2114; vgl. auch Brinkert/Stolze/Heidrich, ZD 2013 153, 155; *Rott/Rott*, NWB-EV 2013, 160, 163 ff.; *Brisch/Müller-ter Jung*, CR 2013, 446, 447; auf diesem Gedanken aufbauend: *Martini*, JZ 2012, 1145, 1152, der vorschlägt, die E-Mails einem Dritten (etwa Nachlassgericht oder Testamentsvollstrecker) einstweilen zu überlassen, damit dieser die E-Mails nach Sichtung an den richtigen Rechtsnachfolger weiterleiten kann.

653 Vgl. im Ergebnis auch Klas/Möhrke-Sobolewski, NJW 2015, 3473, 3474 f. die

die E-Mails selbst Gegenstand der Vermögensnachfolge, sondern die Rechtsverhältnisse zwischen Diensteanbieter und Erblasser selbst. An E-Mail-Accounts, E-Mails oder sozialen Netzwerken bestehen keine (dinglichen) Rechte, sodass nur das Rechtsverhältnis als solches oder einzelne Ansprüche aus demselben als Gegenstand der Gesamtrechtsnachfolge in Betracht kommen. *Herzog* stellt zu Recht den prägnanten Satz auf, die Leistungen durch die Diensteanbieter seien nicht personenbezogen, sondern accountbezogen.[654]

1. Fortführung durch die Erben: Einwilligung in die Nutzung ihrer Daten

Die Erben müssten aus datenschutzrechtlichen Gründen gemäß Art. 6 Abs. 1 UAbs. 1 lit. a DSGVO in die Nutzung ihrer personenbezogenen Daten einwilligen, wenn sie das Netzwerk oder den E-Mail-Account des Nutzers weiternutzen wollen.[655] Der Bestand der durch die Erben generierten personenbezogenen Daten dürfte sich in den meisten Fällen auf *Nutzungsdaten* nach § 15 TMG bzw. Inhaltsdaten beschränken, da die *Bestandsdaten* (Name und Geburtsdatum des Nutzers) nach § 2 Nr. 3 TKG in den wenigsten Fällen von den Erben im Account des Erblassers eingegeben werden dürften.[656] Dennoch ist die Einwilligung zur Verarbeitung der Daten konstitutiv, da die sozialen Netz-

aber im Wesentlichen mit mangelnder Praktikabilität argumentieren: Eine Trennung zwischen nichtvermögensrechtlichen und vermögensrechtlichen Bestandteilen sei praktisch nicht möglich. Auch Schwartmann/Ohr sehen in dieser Trennung praktische Schwierigkeiten, S. 21. So auch Hohenstein, K&R 2018, 5, 7; Pockrandt, S. 32.

654 *Herzog*, ErbR 2018, 549.

655 *Budzikiewicz*, AcP 218 (2018), 558, 570; Bericht der Arbeitsgruppe Digitaler Neustart, S. 204; Bräutigam MMR 2012, 635, 640; *Schmidt-Kessel/Grimm*, ZfPW 2017, 84, 89.

656 Zu den Voraussetzungen der Einwilligung und deren Wirkung vgl. *Albers/Veit*, in: BeckOK Datenschutzrecht, Wolff/Brink, DSGVO, Art. 6 Rn. 19–27.

werke die Daten andernfalls nicht verarbeiten können.[657] Dies heißt nicht, dass die Erben das soziale Netzwerk dann nicht nutzen dürften, schließlich besteht eine Schuld (Einwilligung in die Verarbeitung) unabhängig davon, ob die entsprechende Gegenleistung bereits erfüllt wurde. Der Ball liegt in dieser Hinsicht nur beim sozialen Netzwerk, welches (im eigenen Interesse) unverzüglich die Einwilligung durch die Erben zur Nutzung in die Daten einholen sollte, wenn es Kenntnis vom Tod des Nutzers erlangt hat. Ob diese Auseinandersetzung im Interesse des sozialen Netzwerkes, der Erben oder des Erblassers liegt, steht auf einem anderen Blatt Papier und sei an anderer Stelle erörtert.[658] Insofern ist jedenfalls der abstrakte Inhalt der Leistungspflicht selbst bei einem Subjektwechsel der gleiche. Auch schuldete der Erblasser zu Lebzeiten nicht die konkrete Nutzung des Netzwerkes, sondern nur abstrakt die Einwilligung in die Nutzung der personenbezogenen Daten. Für E-Mail-Accounts gilt nichts Anderes. Auch ein *Vertrauenselement* oder sogar eine *Vertrauensbeziehung* ist bei sozialen Netzwerken nicht anzunehmen. Es ist in Hinblick auf § 13 Abs. 6 TMG sogar höchst unwahrscheinlich, dass soziale Netzwerke und E-Mail-Dienste ein besonderes Vertrauen ihrer Nutzer in Anspruch nehmen. Schließlich haben Diensteanbieter die Pflicht, die Nutzung der Diensteanbieter anonym oder pseudonym zu ermöglichen, was für das Gegenteil spricht. Darüber hinaus handelt es sich bei Verträgen in digitalem Kontext um Publikumsverträge, die grundsätzlich ohne Kenntnis der Identität des Nutzers abgeschlossen werden. Eine stillschweigende oder ausdrückliche Unvererblichkeitsbestimmung ist den Verträgen mit Blick auf das oben Gesagte grundsätzlich nicht zu entnehmen.[659]

---

657 Schmidt-Kessel/Grimm, ZfPW 2017, 84, 89. Nutzen die Erben die Dienste mit einer anonymen IP-Adresse, liegen schon keine personenbezogenen Daten vor, siehe § 15 Abs. 3 TMG.

658 *Budzikiewicz* verneint dies im Zusammenhang mit der Personengebundenheit der Leistungspflicht des Nutzers, siehe *Budzikiewicz*, AcP 218 (2018), 558, 570.

659 Siehe dazu im Allgemeinen *Leipold*, in: MükoBGB, BGB § 1922 Rn. 21.

2. Mutmaßlicher Wille des Erblassers

Für den mutmaßlichen Willen des Erblassers ist im Rahmen der Vertragsauslegung zu differenzieren: Bei E-Mail-Konten sowie sozialen Netzwerken spricht nicht viel dafür, dass der Erblasser das Erlöschen des Kontos gewollt hätte. Schließlich ist es auch in seinem Interesse, wenn seine Erben die Kontrolle über seine digitalen Hinterlassenschaften erlangen, anstatt, dass seine Konten und Daten *herrenlos* im Internet verbleiben. Der Erblasser möchte seine Daten und sonstigen Inhalte und die Kontrolle hierüber in guter Hand wissen, um gegebenenfalls seinen Achtungsanspruch nach dem Tod zu wahren und einen Missbrauch zu verhindern.[660] *Sorge* formuliert im Kontext des postmortalen Persönlichkeitsrechts treffend, dessen Achtung sei »weit weniger gefährdet durch missgünstige Verwandte bzw. habgierige Erben, als vielmehr durch Datenmining und -handel mit Daten von unsterblichen juristischen Personen.«[661] Bei Partnervermittlungsverträgen[662] kann man demgegenüber davon ausgehen, dass ein Erlöschen sämtlicher Inhalte sowie der Vertragsbeziehung gewollt gewesen wäre, wenn die Parteien den Vertrag zu Ende gedacht hätten. Hier ist ein Erlöschen aufgrund einer stillschweigenden Unvererblichkeitsbestimmung mit dem Tod des Kontoinhabers zumindest denkbar.

3. Auslegung: Zwischenergebnis

Die Vertragsverhältnisse hinter den E-Mail-Postfächern und Accounts sozialer Netzwerke sind zwar in gewisser Hinsicht personenbezogen, da sie umständehalber auf die Person des Erblassers zugeschnitten sind. Aus Sicht der Diensteanbieter scheint ein Gläubigerwechsel aus zweierlei Hinsicht störend zu sein: Bei sozialen Netzwerken oder E-Mail-

660 *Steiner/Holzer*, ZEV 2015, 262, 265.
661 *Sorge*, MMR 2018, 372, 377.
662 *Budzikiewicz*, AcP 218 (2018), 558, 569 f.

Accounts erschiene es sonderbar, wenn jeder Nutzer damit rechnen müsste, dass die Erben unter dem Namen des Erblassers weiterhin aktiv sein könnten. Hier sprechen sogenannte Authentizitätsbedürfnisse gegen den Übergang auf die Erben.[663] Dies stört die Kommunikation innerhalb des Netzwerkes oder des E-Mail-Verkehrs und birgt eine gewisse Missbrauchsgefahr. Andererseits ist es dennoch essentiell für das Erbrecht, den Erben die Möglichkeit zu geben, auf die Hinterlassenschaften des Erblassers zuzugreifen. Diesem Interesse der Erben kann wiederum auch eine Abwicklung des Vertrages gerecht werden. Es kommt den Erben schließlich nicht darauf an, die Vertragsverhältnisse im Internet fortzuführen, sondern für eine gewisse Dauer einen uneingeschränkten Zugriff auf die Inhalte zu haben. Die Erben können schließlich ohne Weiteres eigene Verträge mit E-Mail-Diensteanbietern sowie sozialen Netzwerken abschließen, wenn sie die Funktionen des Anbieters nutzen wollen.[664] Für eine Auslegung, die auf die Beendigung des Nutzungsverhältnisses gerichtet ist, bleibt bei Fehlen entsprechender Informationen jedoch kein Raum.

Aufgrund dessen ist bei einer ergänzenden Vertragsauslegung nicht von einem vollständigen Erlöschen des Nutzungsverhältnisses inkl. sämtlicher Rechtspositionen auszugehen. Diesbezüglich hat der BGH jüngst ausgeführt, die Vererblichkeit des Zugangs zu einem sozialen Netzwerk beinhalte – auch aufgrund des sprachlichen Inhalts des Wortes *Zugang* – für die Erben die Möglichkeit, »vom Konto und dessen Inhalt auf dieselbe Art und Weise Kenntnis nehmen zu können, wie dies die Erblasserin konnte.«[665] Nach Ansicht des BGH gehe damit jedoch keine aktive Nutzung bzw. Fortführung des Benutzerkontos durch die Erben einher, sondern nur das *passives Hineingehen* in das Konto.[666] Diese Betrachtungsweise beruhe einerseits auf dem Tenor des erstinstanzlichen Urteils sowie auf den Entschei-

663 *Sorge*, MMR 2018, 372, 374.
664 So bereits *Budzikiewicz*, AcP 218 (2018), 558, 590.
665 BGH, MMR 2020, 688, 689 Rn. 11.
666 BGH, MMR 2020, 688, 689 f. Rn. 11; 27.

dungsgründen des Senatsurteils, durch welches die Verurteilung von Facebook zur Zugangsgewährung zum vollständigen Benutzerkonto bestätigt wurde.[667] Hiernach genüge zur Erfüllung gerade nicht nur der Zugang zu den Kommunikationsinhalten, etwa durch Übermittlung eines Datensticks.[668]

Aufgrund der umfassenden Wirkung der Universalsukzession sei den Erben aus übergegangenem Recht ein mit dem der Erblasserin »nach Art und Weise identischer Zugang zu dem Benutzerkonto« zu gewähren wie er der Erblasserin zu Lebzeiten zustand.[669] Der aktuelle Referentenentwurf des BMJV sieht freilich einen derart weites *Zugriffsverständnis* nicht vor. Dabei ist jedoch zu konstatieren, dass sich diese Betrachtungsweise des jüngsten Senatsurteils auf den dort entschiedenen Einzelfall bezieht und daher im Wesentlichen auf der Tenorierung und den Entscheidungsgründen des ernstinstanzlichen Urteils fußt und daher dogmatisch kein *Muss* ist. Auch ist zu beachten, dass das Urteil des BGH von der richtigen Prämisse ausgeht, dass das Nutzungsverhältnis mit dem Tod grundsätzlich nicht endet; und gerade dessen Beendigung ist Tatbestandsvoraussetzung für die Anwendungs des § 327p Abs. 3 BGB-RefE. Insofern handelt es sich um zwei Situationen, die strikt voneinander zu trennen sind. Aus erbrechtlicher Perspektive kommt § 327p Abs. 3 BGB-RefE somit nur dann zum Tragen, wenn der Nutzer stirbt, (kurz) nachdem das Nutzungsverhältnis beendet wurde, oder der Tod des Nutzers – etwa aufgrund bilateraler Vereinbarung – zur Beendigung des Schuldverhältnisses geführt hat. Denn der zivilrechtliche Anspruch aus § 327p BGB-RefE wäre wiederum grundsätzlich vererblich.

---

667 BGH, MMR 2020, 688, 689 Rn. 11; 16 mit Verweis auf LG Berlin, ZD 2016, 182 sowie BGH, MMR 2018, 740, 743 Rn. 36; BGH, NJW 1996, 190, 191.

668 Facebook ließ den Erben einen Daten-Stick übermitteln, der etwa 14.000 Seiten durchsuchbarer elektronischer Dateien mit Kommunikationsinhalten enthielt, die die Verstorbene mit anderen Facebooknutzern ausgetauscht hatte. Die Kommunikationsinhalte waren mit den Namen von Sender und Empfänger versehen sowie nach Datum und Uhrzeit geordnet, vgl. BGH, MMR 2020, 688, 689 Rn. 8.

669 BGH, MMR 2020, 688, 689 Rn. 19;

Dem Gesetzgeber bleibt es daher unbenommen, bezüglich des Datenzugriffes für den Fall der Beendigung des Nutzungsverhältnisses im Rahmen der Vorgaben der entsprechenden Richtlinie einen eigenen Anspruchsinhalt zu bestimmen. Wird das Nutzungsverhältnis nicht beendet, bleibt es zukünftig beim vom BGH Gesagten.

Dem Diensteanbieter bleibt die theoretische Möglichkeit, anderweitige Gestaltungsmöglichkeiten durch den Einsatz Allgemeiner Geschäftsbedingungen zu treffen. Wie weit diese reichen dürfen, ist Gegenstand des folgenden Teils.

3. Teil: Abweichungen vom Grundsatz der Vererblichkeit

Es hat sich erwiesen, dass die Nutzungsverhältnisse zwischen Erblasser und Diensteanbieter grundsätzlich zu dessen *Vermögen* im Sinne des § 1922 Abs. 1 BGB gehören und im gesetzlichen Regelfall vererblich sind. Von dieser Grundannahme ausgehend können die Erben das Vertragsverhältnis mit dem Diensteanbieter wie der Erblasser fortführen. Die uneingeschränkte Weiternutzung eines Benutzerkontos in einem sozialen Netzwerkes oder eines E-Mail Accounts durch einen Dritten respektive Erben mag aus der Sicht eines Dritten jedoch auf den ersten Blick sonderbar anmuten. Warum sollte eine andere Person als der ursprüngliche Nutzer einen Account in einem sozialen Netzwerk unter fremdem Namen fortführen können? Das Erbrecht stellt insgesamt Rechtssätze auf, die im Allgemeinen zufriedenstellende Lösungen bieten; wenn sich aus dem Schuldverhältnis nicht selbst dessen Unvererblichkeit ergibt, besteht dieses fort. Dies ist entsprechend der Zweckrichtung der Universalsukzession vom Gesetzgeber so gewollt. Möchten die Beteiligten von einer gesetzlichen Rechtsfolge abweichen, bleibt ihnen entsprechend des *liberalen Charakters*[670] des BGB die Möglichkeit, einen abweichenden Rechtszustand herzustellen. In diesem Sinne entspricht es der herrschenden Meinung, dass die Parteien privatautonom die Unver-

670 So z. B. *Sohm*, Bürgerliches Recht, in: Systematische Rechtswissenschaft, S. 13.

erblichkeit der sie betreffenden Rechtsposition anordnen können.[671] *Gesetzliche* Unvererblichkeitsbestimmungen verstoßen nach Ansicht des Bundesverfassungsgerichts jedenfalls nicht per se gegen Art. 14 Abs. 1 S. 1 GG und gegen die dort verbürgte Testierfreiheit.[672] Welche Rechtsnatur *rechtsgeschäftliche* Unvererblichkeitsbestimmungen haben, wird nicht einheitlich beurteilt. Teilweise wird davon ausgegangen, dass es sich hierbei um vertraglich vereinbarte *Kündigungsrechte* handelt,[673] andere gehen davon aus, es handele sich bei Unvererblichkeitsbestimmungen rechtstechnisch um *Befristungen* gemäß §§ 158 Abs. 2, 163 BGB.[674] Nur letztere Qualifizierung kann überzeugen, da es sich bei der Kündigung um ein Gestaltungsrecht handelt, welches durch eine Willenserklärung ausgeübt werden muss. Es ist vielmehr davon auszugehen, dass die Parteien, die ein Rechtsverhältnis rechtsgeschäftlich auf die Lebenszeit des Erblassers beschränken, von einem zwangsläufigen Erlöschen mit dem Tode ausgehen, ohne dass es einer weiteren Willenserklärung bedarf. Eine solche Befristung kann sich wie im vorangegangenen Teil gesehen aufgrund des Rechtsgedankens von § 153 BGB auch – aber in engen Grenzen – aus einer ergänzenden Vertragsauslegung ergeben.

In diesem Teil stellt sich die Frage, ob die Vererblichkeit nicht nur *individualvertraglich*, sondern auch durch allgemeine Geschäftsbedingungen ausgeschlossen werden kann. Da es die Nutzer in den gegenständlichen Fällen im Wesentlichen mit großen Unternehmen zu tun haben, werden in der vorliegenden Untersuchung ausschließlich AGB-

671 *Brox/Walker*, Erbrecht, S. 13; *Lange/Kuchinke*, Erbrecht, S. 11; *Kunz*, in: Staudinger, BGB § 1922 Rn. 20; *Leipold*, in: MüKoBGB, BGB § 1922 Rn. 26; *Große-Boymann*, in: Burandt/Rojahn, BGB § 1922 Rn. 45; *Raude*, ZEV 2017, 433, 437; *Lange/Holtwiesche*, ErbR 2016, 487, 488; zur vertraglichen Einschränkung des Auskunftsrechts, siehe *Stürner*, in: Jauernig, BGB § 1922 Rn. 13.

672 BVerfG, NJW 1966, 195, 195 f.

673 *Kutscher*, S. 123 f.

674 BayOLG, NJW-RR 1993, 1164; *Bock*, AcP 217 (2017) 370, 412; für das Mietrecht vgl. *Blank*, in: Schmidt-Futterer, BGB § 575 Rn. 80, wonach ein Mietverhältnis auf Lebenszeit als ein befristetes Mietverhältnis zu qualifizieren ist. *Lützenkirchen*, in: Erman, Bd. 1, BGB § 542 Rn. 4; *Rolfs*, in: Staudinger, BGB § 542 Rn. 141 ff.

rechtliche Gesichtspunkte vorgebracht. In Bezug auf formularmäßige Unvererblichkeitsbestimmungen gilt im Grundsatz das gleiche wie für individualvertraglich vereinbarte Unvererblichkeitsbestimmungen; entsprechende Regelungen, die die Vererblichkeit formularmäßig ausschließen oder modifizieren, müssen sich an den Vorschriften des AGB-Rechts messen lassen. Demnach müssen sie nach §§ 305 f. BGB wirksam in den Vertrag einbezogen sein und zusätzlich der Inhaltskontrolle nach §§ 307 ff. BGB standhalten.

Viele Dienstanbieter, darunter *Google*, *Yahoo!* oder *Facebook*, weichen vom Grundsatz der Vererblichkeit von Rechtsverhältnissen durch ihre *Nutzungsbedingungen* ab,[675] was im Falle ihrer Wirksamkeit zur Beendigung oder zum Erlöschen des Vertragsverhältnisses nach dem Tod des Erblassers führt und im Ergebnis den Zugang der Erben zu den Kontoinhalten verhindern kann. In der Literatur und Rechtsprechung hat man sich der Problematik bereits angenommen und insbesondere die Wirksamkeit der Gedenkzustandsrichtlinie von Facebook und Erlöschensklauseln diskutiert.[676] Teilweise wird vertreten, Unvererblichkeitsbestimmungen und ähnliche Regelungen seien grundsätzlich im Sinne des § 307 Abs. 2 Nr. 1 BGB mit dem wesentlichen Grundgedanken des § 1922 Abs. 1 BGB nicht vereinbar, da dieser grundsätzlich die Vererblichkeit der dem Erblasser zustehenden Rechtspositionen anordne; solche Bestimmungen verstießen gegen ein entsprechendes Leitbild.[677] Andere diskutieren (teilweise darüber hin-

675 Vgl. zur Problematik im Allgemeinen *Redeker*, in: Stellungnahme DAV 34/2013, S. 59–65.

676 *Fußeder*, S. 218 ff.; *Kutscher*, S. 116 ff.; *Uhrenbacher*, S. 31 ff; Bericht der Arbeitsgruppe »Digitaler Neustart«, S. 351 ff.; *Redeker*, in: Stellungnahme DAV 34/2013, S. 62; *Deusch*, ZEV 2014, 2, 3 f., 6; *Deusch*, ZEV 2018, 687, 689 f.; *Raude*, RNotZ 2017, 17, 22 f.; *Willems*, ZfPW 2016, 494, 496 ff.; *Brisch/Müller-ter Jung*, CR 2013, 446, 447 f.; *Wüsthof*, ErbR 2018, 579, 581.

677 Z. B. BGH, NJW 2018, 3178, 3180 Rn. 30; *Pruns*, NWB 2014, 2185 f.; *Herzog*, in: NK-Nachfolgerecht, Kap. 9 Rn. 92; *Seidler*, S. 144 f.; a.A. *Budzikiewicz*, AcP 218 (2018), 558, 589; *Lange/Holtwiesche* ZErb 2016, 125, 129; *Bock*, AcP 217 (2017), 370, 412; *Bock*, in: Groll/Steiner, Praxis-Handbuch Erbrechtsberatung, § 20 Rn. 20.129.

aus) eine unangemessene Benachteiligung der Erben oder des Erblassers im Sinne der Generalklausel § 307 Abs. 1 BGB.[678] Entsprechendes gilt für Bestimmungen, die das ersatzlose Erlöschen des Nutzungsverhältnisses vorsehen.[679] Die vorliegende Arbeit geht unter Bezugnahme auf *Budzikiewicz* von der Anwendbarkeit des deutschen Rechts aus.[680]

678 BGH, NJW 2018, 3178, 3180 Rn. 30; *Budzikiewicz*, AcP 218 (2018), 558, 589; *Lange/Holtwiesche*, ZErb 2016, 125, 129; *Fußeder*, S. 225; *Seidler*, S. 144 f.

679 *Budzikiewicz*, AcP 218 (2018), 558, 589; *Herzog*, in: NK-Nachfolgerecht, Kap. 9 Rn. 95; *Willems*, ZfPW 2016, 494, 509.

680 *Budzikiewicz*, AcP 218 (2018), 558, 588 f.

A. AGB – Modelle ausgewählter Diensteanbieter

Im Folgenden werden zunächst drei Regelungsmodelle vorgestellt, die für die gegenständliche Untersuchung von besonderem Interesse sind, da sie die Rechte des Nutzers sowie der Erben gemäß ihrer intendierten Rechtsfolge auf unterschiedliche Weise einschränken.[681] Zunächst werden die Nutzungsbedingungen von *Yahoo!* vorgestellt, die die Unvererblichkeit des Kontos sowie seiner Inhalte mit dem Tod des Nutzers unzweideutig vorsehen. Das Konto soll mit dem Tod des Nutzers erlöschen. Komplexer sind die Nutzungsbedingungen von *Facebook*. Hier wird das Konto in den sog. *Gedenkzustand* versetzt, sobald der Anbieter vom Tod eines Nutzers Kenntnis erlangt. Das Konto wird im Gedenkzustand zwar nicht gelöscht, die vom Erblasser berufenen Personen erhalten aber nur eine sehr eingeschränkte Kontrolle über das Nutzerkonto und können insbesondere nicht auf die Kommunikationsinhalte zugreifen. Trifft der Nutzer in diesen Fällen zu Lebzeiten keine Entscheidung über eine Person, die eine eingeschränkte Kontrolle über das Konto erhalten soll, wird der Zugang zu den Kontoinhalten nochmals erschwert. Auch die Nutzungsbedingungen von *Google* sind von Interesse, da der Nutzer dort in den *Kontoeinstellungen* bereits weitreichende Regelungen für den Fall der Inaktivität des Kontos treffen kann.

Schließlich werden die angesprochenen Regelungen in ihre einzelnen Charakteristika ausdifferenziert und kategorisiert, um allgemeine Aussagen bezüglich der Wirksamkeit verschiedener Regelungstypen treffen zu können. Dieses Kapitel dient nicht dazu, selbst eine Prüfung der Wirksamkeit einzelner Klauseln vorzunehmen, sondern soll zunächst eine Kategorisierung verschiedener Regelungsmodelle vornehmen. Die Prüfung der Rechtskonformität verschiedener Klauseltypen wird im darauffolgenden Kapitel (B) vorgenommen.

681 Siehe ausführlich zu den verschiedenen Gestaltungs- und Vorsorgemöglichkeiten, die sowohl Erblasser als auch Diensteanbieter haben könnten, *Gloser*, MittBayNot 2016, 101 ff.

I. Yahoo!

Gemäß 3.a. der Allgemeinen Geschäftsbedingungen von *Yahoo!* bzw. *Verizon Media* ist der Account nicht übertragbar und alle Rechte an dem Account und den gespeicherten Inhalten *enden* mit dem Tod des Accountinhabers.[682] Hierin ist eine *klassische* rechtsgeschäftliche *Unvererblichkeitsbestimmung* bzw. *Befristungs-* oder *Beendigungsklausel* zu sehen, da gemäß ihres intendierten Regelungsgehalts das Nutzungsverhältnis zwischen Erblasser und Diensteanbieter mit dem Tod *endet*, wenn dieser verstirbt. Darüber hinaus sieht diese Klausel das Erlöschen sämtlicher Kontoinhalte mit dem Tod des Nutzers vor. Einerseits erlischt somit das Schuldverhältnis als Rechte- und Pflichtenbündel sowie auch die einzelnen (Folge-)Ansprüche, die sich aus der Beendigung des Schuldverhältnisses ergeben können. Es werden in zweierlei Hinsicht der Erbschaft rechtsgeschäftlich Bestandteile entzogen: Die Erben können das Benutzerkonto nicht wie der Erblasser uneingeschränkt weiternutzen und sind auch nicht berechtigt, auf das Konto zuzugreifen, um etwaige Inhalte zu speichern und oder anderweitig zu archivieren.[683]

II. Facebook

Das soziale Netzwerk *Facebook*[684] *legt seinem Verhältnis mit den Nutzern sogenannte Nutzungsbedingungen* zugrunde. Zum einen ist es dem Nutzer (zu Lebzeiten) nicht gestattet, die Nutzungsvertrag ohne

682 Abrufbar unter: https://policies.yahoo.com/ie/de/yahoo/terms/utos/index.htm bzw. unter https://www.verizonmedia.com/policies/ie/de/verizonmedia/terms/otos/index.html, zuletzt aufgerufen am 01.07.2020.

683 Vgl. *Rössel*, ITRB 2018, 224, 225.

684 Für alle Nutzer außerhalb der USA und Kanada ist nicht *Facebook Inc.* der Vertragspartner, sondern die Tochtergesellschaft *Facebook Ireland Limited.* Soweit es auf die Unterscheidung zwischen Mutter - und Tochtergesellschaft nicht ankommt, wird die Bezeichnung *Facebook* gewählt.

Einwilligung von Facebook an Dritte zu übertragen oder das Passwort an Dritte weiterzugeben.[685] Im Falle des Todes wird das Konto in den sog. Gedenkzustand versetzt.[686] Der Nutzer kann gemäß Nr. 5 der Nutzungsbedingungen eine Person aus dem Kreis seiner Facebook-Freunde benennen, die das Konto verwaltet, wenn es in den Gedenkzustand versetzt wird (sog. Nachlasskontakt).[687] Alternativ kann der Nutzer durch eine Option in den Privatsphäreeinstellungen festlegen, dass das Konto dauerhaft gelöscht wird. Der *Nachlasskontakt* ist laut diesen Nutzungsbedingungen berechtigt, die »Offenlegung« des Kontos zu *beantragen*, nachdem es in den Gedenkzustand versetzt wurde. Dazu ist aber nicht nur der Nachlasskontakt berechtigt, sondern auch Personen, die »in einem gültigen Testament oder ähnlichen Dokument« mit der eindeutigen Zustimmung zur Offenlegung der Inhalte dazu bestimmt wurden.

Ein Hyperlink[688] in den Nutzungsbedingungen unter dem Wort *Offenlegung* führt den Nutzer in den Hilfebereich.[689] Hier finden sich weitere Angaben zum Schicksal des Kontos, falls ein Nutzer verstirbt:

> »Du kannst entweder einen Nachlasskontakt bestimmen, der sich um dein Konto im Gedenkzustand kümmert, oder festlegen, dass dein Konto dauerhaft gelöscht wird.«

Facebook beschreibt den genannten Gedenkzustand als »Möglichkeit für Freunde und Familienangehörige, sich gemeinsam an einen verstorbenen Menschen zu erinnern.«[690] Gewissermaßen handelt es

685 https://www.facebook.com/legal/terms/update, zuletzt aufgerufen am 01.07.2020.

686 https://www.facebook.com/help/1506822589577997?ref=tos, zuletzt aufgerufen am 01.07.2020.

687 Diese Option gab es zum Zeitpunkt der Entscheidung des KG noch nicht, siehe schon *Knoke*, ZD-Aktuell, 2017, 05683.

688 Es handelt sich um eine sog. *Linkkette*, vgl. *Härting* in: Härting, Internetrecht, Rn. 1057; *Härting/Schätzle*, ITRB 2011, 40, 41.

689 https://www.facebook.com/help/, zuletzt aufgerufen am 01.07.2020.

690 https://www.facebook.com/help/1506822589577997?ref=tos, zuletzt aufgerufen am 01.07.2020.

sich um eine *virtuelle Trauerstätte.*[691] Der Gedenkzustand führt dazu, sollte der Nutzer einen Nachlasskontakt bestellt haben, dass nur noch dieser Änderungen am Profil[692] des Erblassers vornehmen oder die Löschung des Kontos *beantragen* kann. Das Konto des verstorbenen Nutzers bleibt solange für alle Nutzer sichtbar. Es wird den anderen Nutzern durch einen Schriftzug »in Erinnerung an« auf dem Profil des Verstorbenen deutlich gemacht, dass dieser nicht mehr lebt. Der Nachlasskontakt kann bei entsprechender Erlaubnis auch eine Kopie der Kontoinhalte herunterladen, aber sich nicht im Konto des Nutzers anmelden oder die *Kommunikationsinhalte* – die persönlichen Nachrichten – abrufen oder diese löschen. Der Nachlasskontakt, der ein sog. »Facebook Freund« des Nutzers sein muss, kann über die Löschung oder Fortführung des Kontos »*in Erinnerung*« entscheiden, soweit der Nutzer selbst keine entsprechende Regelung getroffen hat. Der Nachlasskontakt kann nach dem Tod nicht mehr geändert werden. Dementsprechend können die Inhalte des Accounts von keiner anderen Person modifiziert oder gelöscht werden; dazu gehören beispielsweise Fotos, Videos, Posts des Nutzers oder Pinnwandeinträge von Dritten. Unter der Rubrik im Hilfebereich »Wie fordere ich Inhalte des Facebook-Kontos eines verstorbenen Nutzers an?« stößt der Nutzer auf folgende Angabe, die eine Ausnahme des oben beschriebenen Grundsatzes darstellt:

Wenn ein Konto in den Gedenkzustand versetzt wurde, bleiben die Inhalte, die diese Person geteilt hat (z. B. Fotos, Beiträge), auf Facebook erhalten und können von den Menschen, mit denen sie geteilt wurden, weiterhin gesehen werden. Wenn der Kontoinhaber einen Nachlasskontakt ausgewählt hat, kann dieser bestimmen, wer Gedenkbeiträge auf dem Konto im Gedenkzustand veröffentlichen und wer diese sehen kann.

---

691 *Bock*, in: Groll/Steiner, Praxis-Handbuch Erbrechtsberatung, § 20 Rn. 20.127.

692 Z. B. kann der Nachlasskontakt das Profilbild des verstorbenen Nutzers ändern, siehe https://www.facebook.com/help/1506822589577997?ref=tos, zuletzt aufgerufen am 01.07.2020.

In seltenen Fällen geben wir Anfragen zu weiteren Kontoinformationen oder Inhalten statt. Du bist verpflichtet, nachzuweisen, dass du ein autorisierter Vertreter bist, z. B. ein Familienmitglied, und über eine gerichtliche Entscheidung verfügst. Beachte, dass das Senden einer Anfrage oder das Ausfüllen der entsprechenden Dokumentation nicht zwangsläufig bedeutet, dass wir dir die Kontoinhalte der verstorbenen Person tatsächlich zur Verfügung stellen können. Darüber hinaus versetzen wir das Konto der verstorbenen Person in den Gedenkzustand, sobald wir deine Anfrage erhalten haben.[693]

Aus diesem Passus ergibt sich, dass Facebook nur in Ausnahmefällen (»selten«) und unter strengen und in weiten Teilen undurchsichtigen Voraussetzungen Zugang zum Konto gewährt. Voraussetzung dieser *Offenlegung* ist, dass der Antragsteller ein »autorisierter Vertreter des Verstorbenen« ist und dieser in Besitz eines »rechtsgültigen Dokumentes (z. B. Testament)« ist, über »eine dauerhafte Vollmacht oder ein anderes von der verstorbenen Person unterzeichnetes Dokumentes ist, in dem niedergeschrieben ist, dass der Verstorbene dem Antragsteller persönlich oder einer anderen Person alle elektronische Kommunikation überlassen möchte.« Weiterhin fordert Facebook eine beglaubigte Kopie dieser Dokumente sowie einen Gerichtsbeschluss über die Offenlegung der elektronischen Kommunikation. Für die Sterbeurkunde muss eine beglaubigte Übersetzung in englischer Sprache vorliegen.[694] Darüber hinaus teilt Facebook an dieser Stelle mit, dass »mit dem Einreichen dieser Unterlagen keine Garantie auf die Bereitstellung von Konto-Inhalten verbunden ist.« Sollte der Antrag durch Facebook abgelehnt werden, werden laut Facebook keine Gründe für die Ablehnung oder andere Details diesbezüglich genannt.[695] »Direkte Familienmitglieder oder der Nachlassverwal-

693 https://www.facebook.com/help/123355624495297, zuletzt aufgerufen am 01.07.2020.

694 https://de-de.facebook.com/help/contact/398036060275245, zuletzt aufgerufen am 01.07.2020.

695 https://de-de.facebook.com/help/contact/398036060275245, zuletzt aufgerufen am 01.07.2020.

ter des Kontoinhabers« können lediglich die Löschung des Kontos beantragen.[696]

Aus Sicht des Nutzers sowie der Erben scheint es demnach zum größten Teil im *Ermessen* von Facebook zu liegen, unter welchen Voraussetzungen und in welcher Form Inhalte in diesem Sinne *offengelegt* werden. Keinesfalls ist es aus der Sicht von Facebook mit Verweis auf den »Schutz der Privatsphäre von Facebook-Nutzern« möglich, Anmeldeinformationen für ein Konto zur Verfügung zu stellen«.[697] Durch die Herausgabe dieser Anmeldedaten wäre es den Erben möglich, das Konto unter dem Namen des Erblassers fortzuführen. Diese Beschränkung dient laut Facebook dem Schutz der Privatsphäre der Nutzer. Insofern handelt es sich in Hinblick auf das Dauerschuldverhältnis selbst um eine Unvererblichkeitsbestimmung; die Archivierung der Kontoinhalte scheint nur teilweise und in Ausnahmefällen möglich zu sein, ist aber mit hohem Aufwand und aufgrund der erforderlichen Übersetzung der Sterbeurkunde mit nicht unerheblichen Kosten verbunden.

III. Regelungen von Google

Ähnlich wie bei Facebook verhält es sich beim Online-Dienst Google. Google ist durch seine Internet-Suchmaschine weltweit bekannt und hat mittlerweile ein vielfältiges Produktangebot. Unter anderem gehört dazu der Freemail-Dienst *Gmail* (auch bekannt als *Google Mail*), für dessen Nutzung ein Google-Konto erforderlich ist. Im Rahmen der Registrierung für ein Google-Konto sind Vor- und Zuna-

696 https://www.facebook.com/help/1518259735093203, zuletzt aufgerufen am 01.07.2020.

697 https://de-de.facebook.com/help/contact/228813257197480, zuletzt aufgerufen am 01.07.2020. Gemeint sind hier die Registrierungsdaten, namentlich Benutzername und Passwort. Es handelt sich dabei um sog. Bestandsdaten, vgl. nur Conrad/Licht/Strittmatter, in: Auer-Reinsdorff/Conrad, Handbuch IT- und Datenschutzrecht, § 22 Cloud Computing, Rn. 208.

me sowie Geburtsdatum und Geschlecht anzugeben. In einem nächsten Schritt muss der neue Nutzer bei der Anmeldung den *Nutzungsbedingungen* zustimmen. Bei der Anmeldung findet sich ebenso ein Hinweis auf die Datenverarbeitung durch Google im Rahmen einer Datenschutzerklärung.

Bedeutsam ist, dass sich in den *Nutzungsbedingungen*, denen der Nutzer bei der Anmeldung zustimmen muss, keine Hinweise über den Verbleib des Kontos und der Kontoinhalte im Falle des Todes des Nutzers finden. Auch lassen sich den *Nutzungsbedingungen* keine Regelung entnehmen, die es dem Nutzer verbieten, den Account an Dritte weiterzugeben oder den Zugriff zu ermöglichen. Der Nutzer möge nur sein Passwort vertraulich behandeln, *um sein Konto zu schützen*. Die Geheimhaltung des Passwortes soll also im Wesentlichen dem eigenen Interesse des Nutzers dienen.

Wie bei Facebook enthält nur der *Hilfe-Bereich* nähere Angaben zu den Konten verstorbener Nutzer. Über den Verweis auf die Erwartung der Nutzer hinaus, »dass ihre Informationen sicher sind, auch im Falle des Ablebens«, rät Google den Nutzern die Verwendung des Kontoinaktivitäts-Managers,[698] um damit den Zugriff auf das Konto durch einen Dritten zu regeln. Wenn der Nutzer den Kontoinaktivitäts-Manager verwenden möchte, muss dieser die E-Mail-Adresse einer anderen Person angeben, an welche von Google eine Benachrichtigung gesendet wird, wenn das Google-Konto nach einem durch den Nutzer zu bestimmenden Zeitraum inaktiv wird. Wählt der Nutzer etwa aus, dass das Konto als inaktiv gilt, wenn es sechs Monate nicht benutzt wurde, kann die angegebene Person nach dem Ablauf von sechs Monaten über eine Dauer von drei Monaten auf die Daten, von denen der Nutzer zuvor angegeben hat, dass er sie teilen möchte, zugreifen. Zugreifen bedeutet in diesem Zusammenhang, dass die ausgewählte Person die Daten von den Google-Servern herunterladen,

698 Vgl. zum sog. »Google-Testament«, welches insbesondere in Hinblick auf die Formvorschriften der §§ 2231 ff. BGB kritisch zu sehen ist, *Raude*, RNotZ, 2017, 17, 23.

aber nicht das Konto wie der Erblasser selbst fortführen kann. Für den Fall, dass der Nutzer auf diese Weise keine »letztwillige Verfügung« trifft, enthält der Hilfebereich von Google folgende Informationen:

Wir stellen fest, dass viele Personen sterben, ohne klare Anweisungen bezüglich der Verwaltung ihrer Onlinekonten zu hinterlassen. Wir können das Konto eines verstorbenen Nutzers in einigen Fällen in Abstimmung mit nahen Familienangehörigen und -vertretern auflösen. Unter bestimmten Umständen können wir auch Zugriff auf Inhalte im Konto eines verstorbenen Nutzers gewähren. In sämtlichen Fällen ist unsere hauptsächliche Verantwortung jedoch, die Daten der Nutzer zu schützen und vertraulich zu behandeln. Aus diesem Grund können wir keine Passwörter oder Anmeldedaten zur Verfügung stellen. Die Entscheidung darüber, ob einer Anfrage bezüglich eines verstorbenen Nutzers stattgegeben wird, erfolgt nur nach einer sorgfältigen Prüfung.[699]

Wie auch bei Facebook wird aus diesen Informationen nicht ersichtlich, unter welchen Voraussetzungen die Daten des Verstorbenen freigegeben werden, insbesondere nicht, welche »einige Fälle« gemeint sind und »welche bestimmten Umstände« vorliegen müssen, damit die Inhalte durch Google freigegeben werden. In Hinblick auf das Nutzungsverhältnis selbst handelt es sich auch um eine Unvererblichkeitsbestimmung, da das Konto nicht wie vom ursprünglichen Nutzer fortgeführt werden kann. Ein Recht zur *Räumung* des Kontos ist demgegenüber wenigstens möglich. Die Voraussetzungen hierzu lassen sich jedoch nicht einsehen. Wird der Kontoinaktivitäts-Manager verwendet, ist die Einsichtnahme demgegenüber ohne Weiteres möglich.

699 https://support.google.com/accounts/troubleshooter/6357590?hl=de#ts=6357652, zuletzt aufgerufen am 01.07.2020.

IV. Übereinstimmungen und Unterschiede

Google, Yahoo! sowie *Facebook* handhaben die Herausgabe der vollständigen Kontoinhalte des Verstorbenen äußerst restriktiv. Dieser Abschnitt ist der Kategorisierung der oben dargestellten AGB-Klauseln gewidmet. Um diese Klauseln bzw. Regelungsmodelle zuverlässig typisieren zu können, ist die Auslegung dieser Klauseln erforderlich. Allgemeine Geschäftsbedingungen sind objektiv auszulegen, das heißt ihr Sinngehalt ist »nach objektiven Maßstäben, losgelöst von der zufälligen Gestaltung des Einzelfalles und den individuellen Vorstellungen der Vertragsparteien, unter Beachtung ihres wirtschaftlichen Zwecks und der gewählten Ausdrucksweise« zu ermitteln.[700] Bestehen hinsichtlich des Bedeutungsgehalts einer AGB *tatsächliche* Unklarheiten, ist eine Klausel also zwei- oder mehrdeutig, geht diejenige Auslegung vor, die *hinsichtlich der Rechtsfolge* für den Vertragspartner des Verwenders die günstigste ist.[701] Diese wird dadurch im Sinne von § 305c Abs. 2 BGB zu Lasten des Verwenders ausgelegt.

1. Yahoo!

Hinsichtlich des Bedeutungsgehalts der Klausel von Yahoo! besteht kein Zweifel: Mit dem Tod soll das gesamte Schuldverhältnis zwischen Nutzer und Anbieter erlöschen. Die Klausel weicht vollständig vom gesetzlichen Regelfall, der Weiterführung der Accounts durch die Erben, ab. In der Konsequenz bedeutet dies eine Abweichung von der grundsätzlichen Vererblichkeit von Dauerschuldverhältnissen, wonach die Erben auch die Vertragsverhältnisse als Bündel von Rechten und Pflichten des Erblassers fortführen können. Auch eine Abwicklung des Schuldverhältnisses als Folge einer Beendigung ist von der Klausel nicht intendiert; alle Kontoinhalte werden durch Yahoo!

700 BGH, NJW 1956, 1915; *Basedow*, in: MüKoBGB, BGB § 305c Rn. 33.
701 *Basedow*, in: MüKoBGB, BGB § 305c Rn. 48 f.

gelöscht, sobald der Nutzer verstirbt. Es handelt sich somit um eine Unvererblichkeitsbestimmung.

2. Facebook und Google

Bei Facebook ist weiter zu differenzieren. Hier steht einerseits die Gedenkzustandsregelung zur Diskussion, wonach ein Facebook-Freund des Nutzers zur Verwaltung des Kontos berufen werden kann. In keinem Fall ist es möglich, das Konto zu übernehmen und nach dem Tod fortzuführen. Daher ist das Schuldverhältnis als Rechte- und Pflichtenbündel unvererblich, insoweit handelt es sich wie bei Yahoo! um eine *Unvererblichkeitsbestimmung*. Aber nicht nur der Account mit dem Nutzungsverhältnis als solchem wird durch die Gedenkzustandsrichtlinie von Facebook *de facto* unvererblich gestellt;[702] auch die konkreten Inhalte werden in weiten Teilen durch die Regelung vorenthalten.[703] Dies gilt im Besonderen für die Kommunikationsinhalte. Weiterhin haben sich die Erben zu autorisieren, indem sie bspw. einen Gerichtsbeschluss vorlegen. Im gesetzlichen Regelfall haben die Erben nur nach der gewöhnlichen Beweislastverteilung ihre Erbenstellung nachzuweisen.[704] Wer sich auf ein gesetzliches Erbrecht beruft, muss dementsprechend nur die hierfür erforderlichen tatsächlichen Voraussetzungen beweisen. Dazu gehört z. B. die Verwandtschaft, das Nichtvorliegen einer Verfügung von Todes wegen muss der Erbe nicht beweisen.[705] Behauptet eine Partei ein gewillkürtes Erbrecht, muss sie die Tatsachen beweisen, von denen die Echtheit einer Verfügung

702 Der BGH spricht in diesem Zusammenhang davon, dass die Rechte der Erben ausgehöhlt werden, siehe BGH, NJW 2018, 3178, 3180 Rn. 30, 78.

703 BGH, NJW 2018, 3178, 3180 Rn. 29 f.; a.A. KG Berlin, ZEV 2017, 386, 388 Rn. 58, wonach sich aus den Regelungen nicht ergebe, ob den Erben ein Zugangsanspruch in der Weise zusteht, dass sie auf gespeicherte Inhalte zugreifen können, sog. »passives Leserecht«.

704 *Leipold*, in: MükoBGB, BGB § 1922 Rn. 224.

705 *Leipold*, in: MükoBGB, BGB § 1922 Rn. 224.

von Todes wegen und dessen formgültiger Errichtung abhängen.[706] Der Beweis für den Tod des Erblassers kann gemäß § 54 Abs. 1 und 2 PStG bereits durch das Sterberegister (§ 31 PStG) oder die Sterbeurkunde (§ 60 PStG) geführt werden.[707] Ein Gerichtsbeschluss oder ähnliches ist jedenfalls nicht erforderlich.

Weiterhin steht bei Facebook und Google die Herausgabe der Inhalte an die Erben im Ermessen des jeweiligen Diensteanbieters, obwohl der Nutzer zu Lebzeiten auch nach Beendigung des Vertragsverhältnisses ein Recht darauf hätte, seine Inhalte zu archivieren.[708] Im gesetzlichen Regelfall würde dieser vertragliche Anspruch auf Sicherung der Kontoinhalte vollständig auf die Erben übergehen, insoweit wird dieser modifiziert.

3. Zusammenfassung

Es haben sich drei verschiedene Regelungsmodelle herauskristallisiert. Die Erlöschensklausel von *Yahoo!* sieht aus Sicht der Erben und des Erblassers die gravierendsten Folgen dar: Nicht nur das Schuldverhältnis endet mit dem Tod des Nutzers, sondern es werden auch alle Kontoinhalte des Diensteanbieters unwiderruflich gelöscht. Bei *Facebook* wird das Konto in den Gedenkzustand versetzt. Das bedeutet ebenfalls eine Beendigung des Schuldverhältnisses. Die Ausübung einer merklichen Kontrolle über die Kontoinhalte ist ebenfalls grundsätzlich nicht möglich, wenn der Erbe sich nicht legitimieren kann oder Facebook einem Zugangswunsch aus sonstigen Gründen nicht entspricht. Auch nach den Regelungen von Google endet das Schuldverhältnis mit dem Tod des Nutzers. Dieser kann zu Lebzeiten durch den Kontoinaktivitätsmanager allerdings festlegen, was mit den Kontoinhalten nach einer längeren Zeit der Kontoinaktivität geschieht.

706 *Leipold*, in: MükoBGB, BGB § 1922 Rn. 224.
707 *Leipold*, in: MükoBGB, BGB § 1922 Rn. 14; 224.
708 Siehe nur OLG Dresden, NJW-RR 2013, 27.

Werden dort keine Regelungen getroffen, stehen die Erben – wie auch bei Facebook – vor großen Hürden, Einsicht in die Kontoinhalte zu erhalten.

Für die AGB-Kontrolle heißt das, dass in einem ersten Schritt zunächst die (reine) Beendigung des Schuldverhältnisses auf ihre Wirksamkeit zu untersuchen ist, die faktisch von allen drei Regelungsvarianten vorgesehen ist: Die Zugangsgewährung in Form einer uneingeschränkten Weiternutzung der Nutzerkonten durch die Erben ist bei keinem der Anbieter vorgesehen. Vor allem ist aber das Augenmerk auf die Folgen der Beendigung zu legen. Denn die Weiterführung des Nutzungsverhältnisses ist für die Erben von eher untergeordnetem Interesse, vielmehr wird es ihnen um die Sichtung und Archivierung der Kontoinhalte gehen.

Dementsprechend ist einerseits zu untersuchen, ob Klauseln wirksam sind, die das unmittelbare Erlöschen aller Inhalte vorsehen. Den Schwerpunkt der Untersuchung bilden allerdings solche Klauseln, die den Erben das Recht verwehren, (zeitweise) auf das Konto zuzugreifen, um die Inhalte zu sichten und ggf. zu speichern. Dabei wird auch zu untersuchen sein, inwieweit der Diensteanbieter eine solche Sichtung und Speicherungsmöglichkeit gegenüber dem Erblasser oder den Erben beschränken darf.

Letztlich wird bei Facebook, Yahoo! und Google vom gesetzlichen Regelfall des Erbrechts abgewichen. Im gesetzlichen Regelfall darf der Erblasser mortis causa über sein Vermögen frei verfügen. Die prüfungsgegenständlichen Diensteanbieter weichen in ihren Geschäftsbedingungen hiervon ab, wodurch die postmortale Privatautonomie qua Vereinbarung zwischen Nutzer und Diensteanbieter beschränkt wird. Selbst wenn der Erblasser die Fortführung des Accounts durch eine letztwillige Verfügung anordnen wollte, behalten sich die Diensteanbieter Google und Facebook vor, im Sinne der anbietereigenen *Nachlassverwaltung* sich gegen den Willen des Erblassers zu stellen, indem sie Kontoinhalte des Verstorbenen zurückhalten oder von den Erben verlangen, sich besonders zu legitimieren. Durch die Gedenkzustandsregelung ist es dem Nutzer weiterhin weder möglich, zu entscheiden, ob die Erben das Konto weiterführen können, noch zu verfügen, dass sie einzelne Rechte aus dem Nutzungsvertrag geltend machen können.[709] Er gibt durch die Zustimmung in die AGB dementsprechend seine vollständige Rechtsmacht über das Nutzerkonto auf.

Da Yahoo! die Rechte am Account mit dem Tod des Nutzers als beendet betrachtet, gilt dort im Ergebnis nichts anderes. Daher ist zu konstatieren, dass die Gedenkzustandsrichtlinie von Facebook, der Kontoinaktivitäts-Manager von Google sowie die Beendigungsklausel von Yahoo! allesamt Unvererblichkeitsbestimmungen in jeweils verschiedenen Erscheinungsformen darstellen, die den Erben den Zugriff sowohl auf den Account selbst als auch auf die Inhalte unmittelbar oder de facto versagen bzw. die Herausgabe der Inhalte an intransparente Voraussetzungen und nach eigenem Ermessen knüpfen.[710] Insoweit ist der Auffassung des BGH in Hinblick auf den Gedenkzustand zuzustimmen, wonach die Vererbung der Nutzungsverhältnisse technisch gesehen zwar nicht gänzlich verhindert, jedoch aber ausgehöhlt wird, da die Erben ihr Recht auf Zugang verlieren.[711] Weiterhin wird untersucht, welche Bedeutung den Regelungen in AGB zukommt, die das Konto als *unübertragbar* deklarieren oder es dem Nutzer verbieten, das Passwort weiterzugeben (*Unübertragbarkeitsklauseln*). Schließlich wird untersucht, wie es sich auswirkt, dass die Offenlegung bzw. die Herausgabe der Inhalte in das Ermessen der Diensteanbieter gestellt wird (Verwaltungsbestimmungen mit Offenlegungsvorbehalt). Weiterhin werden die Bestimmungen auf ihre Wirksamkeit untersucht, die zur Offenlegung ein Testament oder einen anderen Nachweis verlangen, sog. *Legitimationsklauseln*.[712]

709 Teilweise wird hierin schon eine unangemessene Benachteiligung nach § 307 Abs. 1 BGB gesehen, vgl. *Kunz*, in: Staudinger, BGB § 1922 Rn. 596.26; *Lange/Holtwiesche*, ZErb 2016, 125, 129.

710 So auch *Redeker*, in: Stellungnahme DAV 34/2013, S. 63.

711 BGH, NJW 2018, 3178, 3180 Rn. 30.

712 Vgl. zu Legitimationsklauseln in Banken-AGB im Speziellen *Litzenburger*, FD-ErbR 2013, 351624.

B. Einschränkungen der Vererblichkeit durch AGB

Im Folgenden ist die konkrete materiell-rechtliche Untersuchung der vorgestellten Bestimmungen erforderlich. Es stellen sich grundlegende Fragen aus dem Recht der Allgemeinen Geschäftsbedingungen. Die Ausführungen werden in Einklang mit den oben getroffenen Feststellungen allgemein gehalten, gerade um möglichst allgemeingültige Aussagen über die Wirksamkeit betreffend der AGB-Regelungen von E-Mail-Diensteanbietern sowie Betreibern sozialer Netzwerke treffen zu können. Oben etwa wurde kurz angerissen, dass es sich bei der Gedenkzustandsregelung von Facebook um ein *Facebook-Spezifikum* handelt, das einer Unvererblichkeitsbestimmung gleichkommt,[713] da der Zugriff den Erben dem Grunde nach verwehrt wird.

I. Anwendungsbereich der Inhaltskontrolle

Der Anwendungsbereich der Inhaltskontrolle müsste zunächst eröffnet sein; und dies in sachlicher sowie persönlicher Hinsicht.

1. Kontrollfähigkeit

Es stellt sich zunächst die Frage, ob es sich bei Unvererblichkeitsbestimmungen oder Regelungen, die jedenfalls de facto den Zugriff durch die Erben vereiteln, nur um Leistungsbestimmungen handelt, die der Inhaltskontrolle entzogen sind.[714] Diese sind dadurch gekennzeich-

713 BGH, NJW 2018, 3178, 3180 Rn. 30; *Gomille* spricht in diesem Zusammenhang sogar von einem Aushöhlen des Nutzungsverhältnisses, *Gomille*, DNotZ 2018, 859, 861.

714 Siehe nur *Wurmnest*, in: MüKoBGB, BGB § 307 Rn. 13 ff.

net, dass bei ihrem Nichtvorliegen ein wirksamer Vertrag nicht mehr angenommen werden kann, da der wesentliche Vertragsinhalt ohne sie weder bestimmt noch bestimmbar ist.[715] Es fehlt etwa dann an der Kontrollfähigkeit einer Bestimmung, wenn rechtliche Kontrollmaßstäbe fehlen und solche auch nicht aus der objektiven Rechtsordnung entwickelt werden können.[716] Die Regelungen über die Unvererblichkeit müssten demgemäß nach § 307 Abs. 3 S. 1 BGB solche sein, die im weitesten Sinne vom dispositiven Gesetzesrecht abweichen. Es fehlt dann an einer gesetzlichen Regelung im Sinne des § 307 BGB, von der abgewichen werden kann. Exemplarisch werden hier meist solche Klauseln genannt, welche die Preisgerechtigkeit betreffen, da sie keine Abweichung vom objektiven Recht darstellen.[717] Klauseln, die das Hauptleistungsversprechen abweichend vom Gesetz in der Weise modifizieren, dass der Verwender unter bestimmten Voraussetzungen die versprochene Leistung nur modifiziert oder überhaupt nicht zu erbringen hat, sind demgegenüber inhaltlich zu kontrollieren, da hierzu ein rechtlicher Maßstab existiert.[718] Das KG Berlin hat in seiner Entscheidung zur Vererblichkeit eines Facebook-Kontos festgestellt, bei der oben beschriebenen Regelung zum Gedenkzustand handele es sich um eine *Leistungsbestimmung*, die der Inhaltskontrolle entzogen sei.[719] Die Regelungen von Facebook treffen nach Ansicht des KG keine Aussage darüber, *ob und inwieweit die Rechte aus dem Vertrag im Falle des Todes des Nutzers auf die Erben übergehen.* Facebook wolle lediglich die angebotene Leistung in der Weise beschreiben, dass das Vertragsverhältnis zwischen Facebook und Nutzer *personenbezogen*

715 BGH, NJW 2018, 3178, 3180 Rn. 29; BGH, NJW 2018, 534, 535 Rn. 15; BGH, NJW 2014, 2269. 2273 Rn 44; BGH, NJW 2014, 209, 210, Rn. 17; BGH, NJW 2011, 3510, 3511, Rn. 10.

716 *Wendland*, in Staudinger, BGB § 307 Rn. 284.

717 *Wendland*, in Staudinger, BGB § 307 Rn. 310.

718 Siehe z. B. aus der Rechtsprechung BGH, NJW 2018, 3178, 3180 Rn. 29 f.; BGH, NJW 2018, 534, 535 Rn. 15; vgl. auch BGH, NJW 2014, 2269. 2273 Rn 44; BGH, NJW 2001, 2635, 2636; BGH, NJW 2001, 2014, 2016.

719 KG Berlin, ZEV 2017, 386, 388, Rn. 58.

und *auf die Lebzeiten* des Nutzers beschränkt ist.[720] Außerdem sei aus der Regelung lediglich zu entnehmen, dass eine aktive Fortführung des Kontos durch die Erben ausgeschlossen ist; nicht jedoch, ob den Erben ein Zugriff auf die gespeicherten Inhalte im Sinne eines passiven Leserechts oder weitere, sich aus dem Nutzungsverhältnis ergebenen Rechte als Abweichung von § 1922 Abs. 1 BGB verwehrt werden.[721] Der BGH führt demgegenüber aus, es handele sich bei dem Gedenkzustand um eine Regelung, die zu der Art von Nutzungsbedingungen gehöre, die die Leistungspflicht des Verwenders *einschränken, verändern, ausgestalten oder modifizieren*; die Regelung zum Gedenkzustand sei eine Regelung, die die Dauer der Leistungspflicht nachträglich ändert, und sei inhaltlich zu kontrollieren.[722]

Zunächst ist festzuhalten, dass zwischen der Regelung, wonach die Weitergabe des Passwortes, der Zugriff durch Dritte sowie die Übertragung des Kontos zu Lebezeiten untersagt ist (Unübertragbarkeitsklausel) einerseits und den *Unvererblichkeitsbestimmungen* andererseits zu unterscheiden ist. Den Nutzungsbedingungen von Facebook sind nämlich zwei Aussagen zu entnehmen: Zum einen darf der Nutzer seine Anmeldedaten nicht herausgeben, da Dritte das Konto nicht nutzen sollen, und zum anderen wird der Zugriff durch die Erben eingeschränkt. Dies gilt auch für die Nutzungsbedingungen bei Google. Dem *KG* ist insoweit zuzustimmen, dass Diensteanbieter mit *Übertragungsverboten* zu Lebezeiten in erster Linie zum Ausdruck bringen wollen, das Konto sei in gewisser Hinsicht personalisiert und solle nur durch den Nutzer in persona verwendet werden.[723] Aus solchen Regelungen, die das Verhalten des Nutzers zu Lebzeiten betreffen, ergeben sich nach richtiger Auffassung des KG gerade nicht die Unvererblichkeit des Nutzungsverhältnisses. Schließlich wurde in dieser Untersuchung bereits angeführt, dass aus lebzeitig gültigen Übertragungsver-

720 KG Berlin, ZEV 2017, 386, 388, Rn. 58.

721 KG Berlin, ZEV 2017, 386, 388, Rn. 58.

722 BGH, NJW 2018, 534, 535 Rn 15; BGH, NJW 2001, 2014, 2016.

723 KG Berlin, ZEV 2017, 386, 388, Rn. 58.

boten nicht unmittelbar auf die Unübertragbarkeit auf den Todesfall geschlossen werden kann. Somit wird diesen Regelungen keine Aussage darüber zu entnehmen sein, »ob und inwieweit Rechte aus dem Vertrage im Falle des Todes des Nutzers auf die Erben übergehen.«[724] Bestimmungen, die das Nutzungsverhältnis auf die Person des Vertragspartners bzw. Nutzers beschränken, sind demzufolge tatsächlich *Leistungsbestimmungen* bzw. *Leistungsbeschreibungen*, die nicht der Inhaltskontrolle zugänglich sind, da ein gesetzliche Regelung fehlt, von welcher abgewichen werden könnte. Es ist nicht gesetzlich festgelegt, ob und inwieweit Dritte an einem Schuldverhältnis partizipieren können, weshalb dem KG in Hinblick auf die Qualifizierung der *Unübertragbarkeitsregelung* als *Leistungsbeschreibung* nicht zu widersprechen ist.

Abweichendes gilt für die Regelung über den Gedenkzustand und andere *Unvererblichkeitsbestimmungen.* Mit dem Tod des Nutzers gehen im gesetzlichen Regelfall die Rechte und Pflichten aus dem Nutzungsverhältnis auf die Erben über. Die Erben haben aber gemäß der Gedenkzustandsregelungen zum einen nicht die Möglichkeit, das Konto wie der Erblasser fortzuführen. Zum anderen steht es zusätzlich im Ermessen von Facebook, inwieweit abweichend von der Gedenkzustandsrichtlinie die Inhalte des Kontos »offengelegt« werden, nachdem das Konto in den Gedenkzustand versetzt worden ist. Die Erben können, wenn Facebook die Offenlegung verweigert, nicht auf die Kontoinhalte zugreifen, was dem gesetzlichen Regelfall des Erbrechts zuwiderläuft. Darüber hinaus werden die Gründe für die Ablehnung nicht mitgeteilt; eine Beschwerde gegen die Entscheidung ist ausgeschlossen. Daher ist dem BGH in der Aussage zuzustimmen, der Gedenkzustand betreffe nicht den unmittelbaren Leistungsgegenstand, sondern bewirke eine Änderung des bestehenden Leistungsumfangs, wenn der Nutzer verstirbt; die Verfügungsmacht des Nutzers bzw. dessen Erben sei eingeschränkt, weil ein wesentlicher

724 KG Berlin, ZEV 2017, 386, 388, Rn. 58.

Inhalt der Ansprüche aus dem Nutzungsvertrag »nach Mitteilung des Todes« modifiziert werde.[725] Die Auffassung des KG, wonach sich aus dem Inhalt der Gedenkzustandsregelung zwar ergebe, dass den Erben die aktive Fortführung des Accounts nicht möglich ist, diese aber keine Aussage über einen möglichen Zugang zu den sonstigen gespeicherten Inhalten des Accounts in Form ein Zugriffs- oder Leserechts treffe, ist demnach kaum vertretbar; laut der Gedenkzustandsregelung ist ein sonstiger Zugriff auf die Inhalte des Kontos letztlich eine Ausnahme und steht im alleinigen Ermessen des Diensteanbieters, was wiederum eine Abweichung vom gesetzlichen Regelfall bedeutet.

Letztlich ließe sich noch einwenden, dass aus beiden Regelungen als Regelungswerk *insgesamt* der Wille des Verwenders deutlich wird, die Leistungserbringung besonders zu individualisieren. Wenn die Bestimmungen als Gesamtheit betrachtet werden, kommt der *personenbezogene* Charakter des Nutzungsverhältnisses zum Ausdruck: Keiner außer dem Nutzer als ursprünglichem Vertragspartner selbst soll zu Lebzeiten oder nach dem Tod das Konto nutzen dürfen: Facebook möchte die Dienste nur an den Vertragspartner erbringen und dies auch nur zu dessen Lebzeiten.[726] Das Geschäftsmodell von *Facebook* ist schließlich nur dann sinnvoll und effizient, wenn der wirkliche Kontoinhaber das Konto nutzt und sich Dritte auf die Echtheit des Kontos verlassen können. Allerdings wäre die Annahme, beide Klauseln stünden im Zusammenhang zueinander und müssten als Gesamtheit betrachtet werden, schwer vertretbar. Maßstab der Inhaltskontrolle ist die einzelne Bestimmung, deren Angemessenheit jeweils für sich zu prüfen ist. Dies bedeutet aber nicht, dass zur Ermittlung der Unangemessenheit einer bestimmten Klausel das Vertragswerk als Gesamtheit ausgeblendet werden müsste.[727] Allerdings betrifft die Untersuchung der Kontrollfähigkeit nicht die Unangemessenheit der Klausel, sondern vielmehr die der Auslegung. Es kommt also darauf

725 BGH, NJW 2018, 3178, 3180 Rn. 29.
726 KG Berlin, ZEV 2017, 386, 388, Rn. 58.
727 Vgl. *Fuchs*, in: Ulmer/Brandner/Hensen, AGB, BGB § 307 Rn. 94, 116.

an, ob eine Bestimmung für sich einer Inhaltskontrolle unterzogen werden *kann*. Aus beiden Bestimmungen können inhaltlich voneinander trennbare, einzeln aus sich heraus mehr oder weniger sinnhafte Regelungen gebildet werden, die, zumindest theoretisch, einer isolierten Wirksamkeitskontrolle unterzogen werden können. Dies gilt auch dann, wenn beide Klauseln einen entfernten gemeinsamen Zweck verfolgen wie vorliegend dic Beschränkung der Nutzungsmöglichkeit auf den Nutzer zu Lebzeiten und die Gedenkzustandsrichtlinie. Nur, wenn das Zerlegen oder Wegdenken von Bestimmungen im Gesamtgefüge des Vertrages dazu führt, dass ein Teil ihren ursprünglichen Sinngehalt verliert oder verändert, müssen die in Frage stehenden Bestimmungen als Gesamtheit betrachtet werden.[728] Dies ist hier nicht der Fall, da die Aussage jeder Klausel für sich einen eigenen Regelungsgehalt hat; dies gilt auch dann, wenn beide Klauseln generell ein gemeinsames, übergeordnetes Ziel verfolgen sollen. Der Gegenstand der Inhaltskontrolle ist ebenso nicht das Vertragswerk als Ganzes, sondern immer nur die bestimmte in Frage stehende Klausel, dennoch muss bei der Inhaltskontrolle die in Frage stehende Klausel »in ihrem Zusammenwirken mit anderen Vertragsbedingungen« betrachtet werden.[729]

Bei der Regelung zur *Unübertragbarkeit* des Nutzungsverhältnisses zu Lebzeiten handelt es sich um eine Leistungsbestimmung, die nicht der Inhaltskontrolle zugänglich ist, sie bietet aber dennoch als Bestandteil des Vertrages eine Auslegungshilfe zum Vertragsinhalt gemäß §§ 133, 157 BGB. Aus ihr ergibt sich, dass die Leistungserbringung gegenüber den Nutzern und die Leistung durch die Nutzer in

728 Vgl. ähnliche Begründung zum sog. »blue pencil-Test« der Rechtsprechung, BGH, NJW 2015, 928, 930 Rn. 23; BGH, NJW 2014, 141, 142 Rn. 14; BGH, NJW 2009, 1664, 1666 Rn. 15, wonach Gesamtklauseln in einen zulässigen und unzulässigen Teil zerlegt werden können, wenn sie inhaltlich voneinander trennbare, einzeln aus sich heraus verständliche Regelungen enthalten. Dieses Vorgehen kann auf die prüfungsgegenständlichen Fälle übertragen werden.

729 *Wurmnest*, in: MüKoBGB, BGB § 307 Rn. 36; *Wendland*, in: Staudinger, BGB § 307 Rn. 124; *Fuchs*, in: Ulmer/Brandner/Hensen, AGB, BGB § 307 Rn. 94, 116.

persona erbracht werden sollen. Die Teile der Regelungen, die auch nur faktisch zur Unvererblichkeit des Nutzungsverhältnisses führen, sind kontrollfähig. Dies gilt sowohl für die Vollbeendigung, gleichbedeutend mit dem Erlöschen des gesamten Nutzungsverhältnisses ohne Abwicklung als auch für den Kontoinaktivitätsmanager – bzw. Gedenkzustandslösung, die de facto eine Beendigung des Nutzungsverhältnisses vorsieht und den Zugang zum Konto nur sehr eingeschränkt zulässt sowie für die Legitimationsklauseln. Insoweit handelt es sich um voneinander trennbare, einzeln aus sich heraus verständliche Bestimmungen, die getrennt einer Inhaltskontrolle unterzogen werden können.

2. Persönlicher und sachlicher Anwendungsbereich der Inhaltskontrolle

Zunächst ist der Prüfungsmaßstab der Inhaltskontrolle festzulegen. Problematisch bei Unvererblichkeitsbestimmungen könnte primär sein, dass diese den Erblasser in tatsächlicher Hinsicht nicht *mehr* benachteiligten, da dieser zu Lebzeiten keinen unmittelbaren Rechtsverlust verspürt. Andererseits sind die Erben regelmäßig nicht am Vertragsschluss beteiligt, weshalb wiederum unter Berücksichtigung dieses Umstands zu fragen ist, ob auch Personen unangemessen benachteiligt sein können, die bei Vertragsschluss (noch) nicht Vertragspartner des Verwenders sind. Daher ist im Folgenden zu untersuchen, ob die Erben im Sinne des § 307 Abs. 1 BGB »Vertragspartner des Verwenders« sind und damit in den Schutzbereich der Inhaltskontrolle fallen.

a. Nutzer bzw. Erblasser

Geschäftspartner im Sinne der Vorschrift sind in den vorliegenden Fällen in der Regel Privatpersonen bzw. Verbraucher, die bei einem Diensteanbieter mit diesem ein Nutzungsverhältnis eingehen. Insoweit handelt es sich regelmäßig um Verbraucherverträge im Sinne des

§ 310 Abs. 3 BGB. In sachlicher Hinsicht greift bei den gegenständlichen Nutzungsverhältnissen keine der in § 310 BGB genannten Ausnahmen, sodass die Inhaltskontrolle in sachlicher sowie persönlicher Hinsicht regelmäßig eröffnet ist. Fraglich ist, auf welche Person bei der AGB-Kontrolle abzustellen ist. Da die hier behandelten Nutzungsverhältnisse im gesetzlichen Regelfall vererblich sind, kommen bei der Prüfung des persönlichen Anwendungsbereichs zwei Personengruppen in Betracht. Ist bei etwa bei der Prüfung der unangemessenen Benachteiligung nur auf die Person des Erblassers abzustellen, obwohl in dem Moment, in dem die Klausel ihre Rechtsfolgen entfaltet, bereits der Vertragspartner des Verwenders der (neue Vertragspartner) ist, unterscheidet sich das Prüfungsprogramm der AGB-Kontrolle. So lässt sich durchaus argumentieren, dass eine Unvererblichkeitsbestimmung nicht gegen § 307 BGB verstoßen kann, da die Vereinbarung der Unvererblichkeit eines vertraglichen Schuldverhältnisses nicht den Nutzer selbst trifft, sondern nur seine Erben. Schließlich verspürt der Erblasser die Beendigung des Schuldverhältnisses oder andere Rechtsverluste, die mit dem Tod eintreten, nicht unmittelbar. Dennoch wird dem Erblasser die Möglichkeit genommen, über sein Vermögen von Todes wegen zu verfügen, weshalb der spürbare Rechtsverlust gewissermaßen vorverlagert wird. Sobald eine Rechtsstellung grundsätzlich vererblich ist, aber eine Unvererblichkeitsbestimmung von diesem Grundsatz abweicht, beschränkt dies die Möglichkeit, über diese Rechtsstellung zu verfügen.[730] Der Erblasser hat kraft einer Unvererblichkeitsbestimmung nicht mehr das Recht, das Vermögen an denjenigen zu vererben, an den er es vererben möchte.

b. Erben

Da es in den gegenständlichen Fällen die Erben sind, die vermeintliche Rechte an den Konten des Erblassers geltend machen, stellt sich im Besonderen die Frage, ob deren Interessen ebenso in den Genuss

730 Vgl. *Kunz*, in Staudinger, BGB § 1922 Rn. 6 zu gesetzlichen Unvererblichkeitsregelungen.

des Schutzes der Inhaltskontrolle kommen.[731] Da die Erben gemäß dem gesetzlichen Regelfall in die Vertragsverhältnisse des Erblassers erst nach Vertragsschluss eintreten, stellt sich mit Blick auf den Wortlaut des § 307 BGB dogmatisch die Frage, ob auch die Erben *Vertragspartner* des Verwenders im Sinne der AGB-Vorschriften sind, sodass sich die Inhaltskontrolle auch auf ihre Interessen bezieht. Zum Zeitpunkt des Vertragsschlusses sind sie es jedenfalls (noch) nicht. Daher ist nun zu erörtern, ob eine AGB-Regelung praktisch auch dann unwirksam sein kann, wenn sie auch die Rechtsnachfolger des Vertragspartners unangemessen benachteiligt. Die Frage ist also, ob die Erben in den Schutzbereich der AGB-Kontrolle einbezogen sind oder ob die Beantwortung der Frage streng nach dem Wortlaut des § 307 BGB zu richten ist, wonach es nur auf eine unangemessene Benachteiligung gegenüber dem (ursprünglichen) *Geschäftspartner des Verwenders* ankommt. Schließlich müssten sich die Verwender von AGB dann stets auch Gedanken darüber machen, ob ihre AGB erst zu einem späteren Zeitpunkt in Hinblick auf die Interessen Dritter als unwirksam erachtet werden könnten. Ob ein derart vorausschauendes Vorgehen für die Verwender im Rahmen des Zumutbaren liegt, erscheint fraglich. Andererseits betreffen gerade die gegenständlichen Klauseln in weiten Teilen gezielt die Erben, wodurch die Einbeziehung der Erben in den Schutz der Inhaltskontrolle für die Diensteanbieter als durchaus vorhersehbar und damit auch zumutbar erachtet werden kann.

731 Dafür: BGH, NJW 1990, 2686, wonach auch eine unangemessene Benachteiligung im Rahmen einer Brandschutzversicherung gegenüber dem Erwerber eines Grundstücks in Betracht kommt, obwohl dieser zuvor nicht am Vertragsschluss beteiligt war. Zur Begründung führt der BGH, aus, der Erwerber trete in die sich aus dem Versicherungsverhältnis ergebenden Rechte und Pflichten anstelle des Veräußerers ein. So auch *Fuchs*, in: Ulmer/Brandner/Hensen, AGB, BGB § 307 Rn. 109; dagegen *Dörner*, NJW 1991, 409, 410 der allenfalls den Rechtsnachfolger des (ursprünglichen) Vertragspartners vom Anwendungsbereich der AGB-Kontrolle umfasst wissen möchte. Die Erben sind hier die Rechtsnachfolger des Nutzers, sodass diese auch nach Dörner vom Schutz der Inhaltskontrolle umfasst sind. Instruktiv hierzu, *Baetge*, AcP 202 (2002), 972.

Weiterhin wird mit gutem Grund angeführt, dass die Regelung über den Gedenkzustand erst im Falle des Todes zur Anwendung komme und daher vermögensrechtliche Nachteile für die Erben nicht zu befürchten seien.[732] Diese haben schließlich zu Lebzeiten des Erblassers keinen Anspruch auf die Erbschaft und können zu diesem Zeitpunkt mangels subjektivem Recht keine Rechte an der Erbschaft geltend machen.[733] Schließlich würde man zunächst auch nicht auf die Idee kommen, die *individualvertraglich* vereinbarte Unvererblichkeit eines vertraglichen Schuldverhältnisses als Benachteiligung *gegenüber* den Erben zu bezeichnen. Vielmehr stellt dies eine oft nachvollziehbare Ausübung der Privatautonomie zu Lebzeiten dar, durch deren Folge die Erben zunächst nur mittelbar bzw. in ihrer Erberwartung betroffen sind. Auch sind Fälle denkbar, in denen der Erblasser seine Erben bewusst und aktiv von der Erbfolge ausschließt; genauso würde man hier im weitesten Sinne von einer legitimen Ausübung der postmortalen Privatautonomie sprechen und nicht von einer *rechtlichen* Benachteiligung der Erben im rechtlichen Sinne.

Zur Argumentation kann die Rechtsprechung des BGH zu Erbnachweisklauseln in Sparkassen-AGB herangezogen werden, wonach Klauseln unwirksam sind, die die Vorlage des Erbscheins nach dem Tode des Kunden zur Klärung der rechtsgeschäftlichen Berechtigung verlangen.[734] Hier wurde eine unangemessene Benachteiligung der Erben diskutiert. Diese Diskussion fußt auf dem Gedanken, dass die Erben im Wege der Universalsukzession in das Vertragsverhältnis mit der Bank einrücken und die AGB Bestandteil des Vertrages bleiben und dann praktisch gegenüber den Erben gelten.[735] Nach

732 *Strauß*, GRUR-Prax 2017, 313.

733 *Bock*, AcP 217 (2017), 370, 412; *Kutscher*, S. 158; *Leipold*, in: MüKoBGB, BGB § 1922 Rn. 147; *Weidlich*, in: Palandt, BGB § 1922 Rn. 4.

734 Vgl. BGH, NJW 2013, 3716, 3719 Rn. 41; OLG Hamm ZEV 2012, 678, 680; LG Dortmund BeckRS 2013, 10123; *Herzog*, in: NK-Nachfolgerecht, Kap. 9 Rn. 93 f.

735 Vgl. BGH, NJW 1990, 2686, 2687; OLG Celle NJW 1998, 82, 83 f.; *Keim*, WM 2006, 753, 755; *Bunte*, in: Schimansky/Bunte/Lwowski, Bankrechtshandbuch, 5. Aufl., § 10 Rn. 2c; a.A. noch *Bunte*, in: Schimansky/Bunte/Lwowski, Bankrechtshandbuch, 4. Aufl., § 10 Rn. 2c.

Auffassung des OLG Hamm konnte diese Frage im Falle der Sparkassen-AGB zwar offen bleiben, da *auch* der Erblasser kein Interesse daran habe, dass die Sparkasse *von den Erben* die Vorlage eines Kosten verursachenden Erbscheins verlangen kann.[736] Das LG Dortmund war jedoch der Auffassung, dass der Erbe des ursprünglichen Kunden der Sparkasse ebenso Verbraucher bzw. Vertragspartner im Sinne der AGB-Vorschriften sei, sodass auch dessen Interessen zu berücksichtigen seien. Es komme dabei nicht darauf an, ob dieser bereits bei Abschluss des Vertrages Vertragspartner des Verwenders gewesen sei oder erst später in das Rechtsverhältnis einrücke. Vielmehr trete der Erbe im Erbfall im Wege der Universalsukzession in das Vertragsverhältnis mit der Bank ein, sodass dieser Vertragspartner mit Bank werde und die AGB auch gegenüber diesem gelten.[737] Dadurch habe der Erbe *die gleichen* Rechte und Pflichten wie zuvor der Erblasser. Der Erbe müsse sich zudem genauso die Allgemeinen Geschäftsbedingungen der Bank gegen sich gelten lassen wie zuvor der Erblasser. Zu Recht führt das LG Dortmund weiterhin aus, dass schließlich auch die Sparkasse ihre AGB den Erben entgegenhalten möchte und dies im konkreten Fall auch getan hat; insofern könnte man gegenüber der Bank den Einwand des *venire contra factum proprium* erheben, wenn diese einerseits die Geltung ihrer AGB gegenüber den Erben beansprucht, andererseits aber eine Inhaltskontrolle gegen sich nicht gelten lassen möchte. Hier muss ein einheitlicher Maßstab angelegt werden. Es gibt neben dem Wortlaut des § 307 BGB auch keinen sinnvollen Grund, weshalb die Erben den teilweise aus ihrer Sicht negativ wirkenden AGB ausgesetzt sein sollte und der Verwender der AGB sich gleichzeitig von einer für ihn nachteiligen Auslegung freizeichnen können sollte. Dafür spricht auch der objektive Charakter des AGB-Rechts, dessen Maßstäbe in Hinblick auf seinen Anwendungsbereich grundsätzlich nicht auf die Person des Verwenders bezogen sind, sondern allgemein eine übermäßige einseitige Inan-

736 OLG Hamm, ZEV 2012, 678, 680.
737 *Keim*, WM 2006, 753, 755.

spruchnahme der Vertragsgestaltungsfreiheit durch den Verwender verhindern soll.[738] Aus diesen Gründen ist eine Beurteilung vorzugswürdig, die differenziert, ob eine solche Klausel die Erben tatsächlich nach dem Erbfall (rechtlich) trifft oder in die Gestaltungs -und Verfügungsbefugnis des Erblassers, über seinen Nachlass zu verfügen, beschränkt. Nach der hier vertretenen Auffassung sind sowohl die Erben als auch der Erblasser die Vertragspartner des Verwenders, sodass die Benachteiligung auch nicht (schon) im Rechtsverhältnis zwischen Erblasser und Diensteanbieter eintreten muss, wenn sie sich schließlich im Erbfall auswirkt.[739] Die Gesamtrechtsnachfolge hat eine derart umfassende Wirkung, dass auch die Erbeserben, die naturgemäß die erbrechtlichen Ansprüche des Erben geltend machen können, weiterhin von einer Inhaltskontrolle profitieren können, soweit das Schuldverhältnis dann noch besteht. Es kommt allein darauf an, ob die in Frage stehenden Personen unabhängig vom Zeitpunkt des Vertragsschlusses eigene Rechte aus dem Vertrag herleiten können.[740] Dies trifft aufgrund ihrer unmittelbaren Rechtsbeziehung zum Verwender auch auf die Rechtsnachfolger des ursprünglichen Vertragspartners zu.[741] Besonderheiten bestehen in Hinblick auf Unvererblichkeitsbestimmungen, die ein Erlöschen des Schuldverhältnisses vorstehen. Diese entfalten ihre Wirksamkeit auf den Moment des Erbfalls, sodass die Erben gerade nicht in das Schuldverhältnis mit dem Diensteanbieter einrücken. Dennoch gehört eine ordnungsgemäße und geordnete Nachlassabwicklung durch die Erben – wie das OLG Hamm zu Recht meint – zu den berücksichtigungspflichten Kerninteressen des Erblassers und der Erben, sodass auch hinsichtlich die-

738 Vgl. zum Zweck der Inhaltskontrolle, *Wendland*, in: Staudinger, BGB § 307 Rn. 2.

739 Vgl. *Wendland*, in: Staudinger, BGB § 307 Rn. 93.

740 *Wurmnest*, in: MüKoBGB, BGB § 307 Rn. 52; *Wendland*, in: Staudinger, BGB § 307 Rn. 144; *Fuchs*, in: Ulmer/Brandner/Hensen, AGB, BGB § 307 Rn. 109, 133; *Grüneberg*, in: Palandt, BGB 307 Rn. 11.

741 BGH, NJW 1990, 2686, 2687; *Fuchs*, in: Ulmer/Brandner/Hensen, AGB, BGB § 307 Rn. 109.

ses Aspekts eine Inhaltskontrolle angezeigt ist, da eine unangemessene Benachteiligung der Erben in Betracht kommt.

3. Vorliegen von AGB

Bei den Nutzungsbedingungen sowie den Hilfe-Bereichen der einschlägigen Diensteanbieter müsste es sich zunächst um Allgemeine Geschäftsbedingungen im Sinne des § 305 Abs. 1 BGB handeln. Es müsste sich also um vorformulierte Vertragsbedingungen handeln, die für eine Vielzahl von Verträgen gelten (sollen) und vom Verwender gestellt sind. Auch darf es keine vorgehende Individualvereinbarung geben, die im Einzelnen ausgehandelt wurde.[742] Dies ist in den Fällen der Unvererblichkeitsbestimmungen regelmäßig gegeben. Soweit der Nutzer ein Konto bei Facebook, Yahoo! oder Google eröffnen möchte, muss er im Anmeldeprozess den *Nutzungsbestimmungen* zustimmen. Diese gelten für alle Nutzer und sind offensichtlich nicht verhandelbar. Daher handelt es sich um AGB im Sinne des § 305 Abs. 1 BGB.

Dass der Nutzer bei Facebook eine Wahloption hat, bei der er zwischen dem Erlöschen des Profils und der Bestimmung eines Nachlasskontakts wählen kann, gilt hinsichtlich der AGB-Eigenschaft nichts anderes. Denn Facebook gibt dem Nutzer nicht die Möglichkeit, einen *eigenen* Alternativvorschlag zu unterbreiten; keine der möglichen Varianten würde aufgrund einer freien Entscheidung des Nutzers gewählt werden,[743] sodass die Wahlmöglichkeiten jeweils für sich als gestellt zu betrachten sind. Auch fehlt es an an einem ernsthaften *zur Disposition Stellen* mit der damit verbundenen Einräumung der »Gestaltungsfreiheit zur Wahrung der eigenen Interessen« auf Seiten des Nutzers und damit an einem *Aushandeln* im Sinne des § 305 Abs. 1 S. 3 BGB.[744]

742 Siehe nur *Basedow*, in: MüKoBGB, BGB § 305 Rn. 1.

743 Vgl. *Basedow*, in: MüKoBGB, BGB § 305 Rn. 21.

744 *Basedow*, in: MüKoBGB, BGB § 305 Rn. 35; vgl. auch BGH, NJW 2017, 2346,

Es widerspräche ohnehin dem Sinn und Zweck der AGB-Vorschriften, wenn der Verwender dem Kunden hypothetisch jeweils zwei für sich gesehen unwirksame Regelungen zur Verfügung stellen könnte, um sich dadurch der AGB-Kontrolle zu entziehen.

4. Einbeziehung in den Nutzungsvertrag

Um ihre intendierte Rechtsfolge zu entfalten, müssen die Unvererblichkeitsbestimmungen in den Nutzungsvertrag zwischen Nutzer und Diensteanbieter einbezogen werden. Dies richtet sich nach den Voraussetzungen der § 305 f. BGB. Erst dann stellt sich die Frage nach der Wirksamkeit der Klauseln im Einzelnen. Nach § 305 BGB werden Allgemeine Geschäftsbedingungen nur dann Vertragsbestandteil, wenn die in § 305 Abs. 2 Nr. 1 und 2 BGB näher genannten Voraussetzungen kumulativ erfüllt sind. Es gelten im Online Bereich strengere Maßstäbe an die Übersichtlichkeit nach § 305 Abs. 2 Nr. 2 BGB als in der analogen Welt.[745] Für einen ausdrücklichen Hinweis im Sinne des § 305 Abs. 2 Nr. 2 BGB reicht es aus, wenn ein Hinweis auf die AGB deutlich im Rahmen der Registrierung erfolgt.[746] Die Kenntnisnahme einer solchen Klausel im Sinne von § 305 Abs. 2 Nr. 2 BGB ist zudem dann typischerweise zumutbar, wenn die Klauseln inhaltlich übersichtlich gestaltet sind, sie in Ruhe betrachtet, gespeichert und leicht ausgedruckt oder auf einem Datenträger gespeichert werden können.[747] Der Maßstab für die Zumutbarkeit orientiert sich an den Fähigkeiten eines »normal informierten, angemessen aufmerksamen und verständigen Durchschnittsverbrauchers«.[748]

2347 Rn. 11 zu Wahlmöglichkeiten in Verträgen über Berufsunfähigkeitsversicherungen.

745 *Föhlisch*, in: Hoeren/Sieber/Holznagel, Multimedia-Recht, Teil 13.4, Rn. 116.

746 *Paul*, in: Hoeren/Sieber/Holznagel, Multimedia-Recht, Teil 7.4, Rn. 143.

747 *Föhlisch*, in: Hoeren/Sieber/Holznagel, Multimedia-Recht, Teil 13.4, Rn. 116, 117.

748 EuGH, EuZW 2014, 506, 509 Rn. 74.

Tatsächlich ist es in Anbetracht von § 305 Abs. 2 BGB problematisch, dass bei Facebook sowie bei Google die Informationen zum Schicksal des Accounts nach dem Tod des Erblassers oft nur im sogenannten *Hilfebereich* zu finden sind. Während oder vor der Anmeldung muss sich der Nutzer in beiden Fällen nicht konkret mit dem Inhalt des Hilfe-Bereichs des jeweiligen Anbieters auseinandersetzen oder ihm in irgendeiner Weise *zustimmen*.[749] Damit fehlt bei Google im Rahmen des Vertragsschlusses ein ausdrücklicher Hinweis auf die Regelungen im Hilfe-Bereich. Vielmehr muss sich der Nutzer von sich aus durch den unübersichtlichen und umfangreichen Hilfebereich klicken, um die vermeintlichen Regelungen zum Tod des Nutzers zu finden. Damit ist die Voraussetzung, dass die Regelungen selbst oder entsprechende Verweise nicht an unauffälliger Stelle versteckt sein dürfen und von einem Geschäftspartner mit durchschnittlicher Aufmerksamkeit jederzeit erkennbar sein müssen,[750] nicht erfüllt.[751] Es ist dem Nutzer nicht zuzumuten (§ 305 Abs. 2 Nr. 2 BGB), sich auf der Homepage des Diensteanbieters alle möglicherweise rechtlich relevanten Regelungen in verschiedenen Ressorts zusammenzusuchen, die aus seiner Sicht von Bedeutung sein können.[752] Dies gilt besonders auch für den Umfang und die Übersichtlichkeit des Hilfebereichs. Etwas anderes könnte nur gelten, wenn man davon ausgeht, dass der Hilfe-Bereich als Gesamtheit ein Teil der Nutzungsbedingungen ist und daher vom Einverständnis gegenüber den Nutzungsbedingungen mitumfasst ist. Eine solch weites Verständnis des Begriffs der Einbeziehung würde jedoch dem Wortlaut und dem Normzweck des § 305 Abs. 2 BGB zuwiderlaufen; es ist gerade ein *ausdrücklicher*

749 So auch *Willems*, ZfPW 2016, 494, 505.

750 *Basedow*, in: MüKoBGB, BGB § 305 Rn. 64.

751 Dasselbe gilt für eine Anmeldung über ein mobiles Endgerät, z. B. ein iPhone. Hier muss der Nutzer zwar vor der Anmeldung den Nutzungsbedingungen zustimmen. Inhaltlich wird hier nur auf die Gedenkzustandsrichtlinie hingewiesen. Die oben zitierten Wahlmöglichkeiten ergeben sich auch hier nur aus dem Hilfebereich, auf den durch Hyperlinks ebenfalls verwiesen wird.

752 BGH, NJW 2018, 3178, 3180 Rn. 29; *Willems*, ZfPW 2016, 494, 505.

Hinweis auf den Inhalt der Regelungen erforderlich, was ausschließen soll, dass der Verwender der AGB durch komplizierte Regelungswerke das ohnehin bestehende *strukturelle Ungleichgewicht* noch erhöht.[753]

Etwas anderes könnte bei Facebook gelten: Die Regelung über die Bestimmung des Nachlasskontaktes findet sich mittlerweile in den Nutzungsbedingungen, das Wort »Offenlegung« ist mit einem gut sichtbaren Hyperlink unterlegt, der den Nutzer, wenn er diesen öffnet, in den Hilfebereich führt.[754] Dort finden sich dann die oben dargestellten Regelungen zum Tod des Nutzers. Insofern könnte man anführen, der Hilfebereich sei in dieser konkreten Situation ein Bestandteil der Nutzungsbedingungen, denen der Nutzer während der Anmeldung zustimmt. Der BGH entschied, dass es für die Möglichkeit der Kenntnisverschaffung genügt, wenn die AGB bei einer Bestellung über das Internet auf der Bestellseite des Anbieters über einen gut sichtbaren Link aufgerufen und ausgedruckt werden können.[755] Dieses Urteil kann aber nur sehr eingeschränkt auf die Situation bei Facebook übertragen werden, da es im vom BGH zu entscheidenden Fall um eine AGB im Allgemeinen ging, deren Einbeziehung fraglich war. Bei Facebook ist die Situation eine andere: Dort enthalten die Nutzungsbedingungen, die bereits von sich aus unübersichtlich sind, wiederum weiterführende Links. Der Nutzer muss also innerhalb der Nutzungsbedingungen in einem weiteren Schritt wiederum einem weiteren Hyperlink folgen. Übertragen auf Facebook kann das Urteil also nur insoweit eine Aussage entnommen werden, als der Nutzer auch dann eine zumutbare Möglichkeit der Kenntnisverschaffung im Sinne des § 305 Abs. 2 BGB hat, wenn dieser während

753 Vgl. im Ganzen zum Regelungszweck des § 305 BGB: *Basedow*, in: MüKoBGB, BGB § 305 Rn. 54, 55; *Wendland*, in: Staudinger, BGB § 307 Rn. 2 ff.

754 Dieser Verweis existierte zum Zeitpunkt der der »Facebook-Entscheidung« des BGH noch nicht, weshalb der BGH sowie einige weitere Autoren in diesem Fall die Einbeziehung des Hilfebereichs unproblematisch verneinen konnten, siehe z. B. BGH, NJW 2018, 3178, 3180 Rn. 27 ff; *Ludyga*, ZEV 2018, 1, 3; *Willems*, ZfPW 2016, 494, 505, 509.

755 Vgl. BGH, NJW 2006, 2976, 2977 Rn. 16.

des Anmeldeprozesses einen »gut sichtbaren Link« aufrufen muss, um die AGB *leicht* ausdrucken zu können.[756] Aber auch das Ausdrucken der Nutzungsbedingungen stellt den Nutzer bei Facebook vor erhebliche Schwierigkeiten: Wählt man etwa im Browser die Option *drucken* aus, wird nur eine unvollständige Seite ausgedruckt, die Browserseite von Facebook ist zum Drucken ungeeignet formatiert. Der Nutzer müsste vielmehr den vollständigen Text in ein Textprogramm kopieren und die Nutzungsbedingungen von diesem ausgehend ausdrucken. Eine Möglichkeit, die Nutzungsbedingungen etwa als PDF-Dokument zu speichern, besteht nicht. Für den weiterführenden Link von den Nutzungsbedingungen in den Hilfebereich ist bei lebensnaher Betrachtung nicht davon auszugehen, dass der Nutzer sowohl die Nutzungsbedingungen als auch sämtliche Themen im Hilfebereich in zumutbarer Weise zur Kenntnis nehmen kann.[757]

Bei Yahoo! ist die Unvererblichkeitsbestimmung Teil der Nutzungsbedingung und wird nach Maßgabe des § 305 Abs. 2 BGB wirksam in das Nutzungsverhältnis einbezogen. Bei der Anmeldung findet sich ein ausdrücklicher Hinweis auf die Nutzungsbedingungen, deren Inhalt der Nutzer ohne Weiteres zur Kenntnis nehmen kann. Daher sind die Voraussetzungen des § 305 Abs. 2 BGB dann nur erfüllt, wenn eine Unvererblichkeitsbestimmung Teil der Nutzungsbedingungen ist, denen der Nutzer bei der Anmeldung zustimmen muss.

5. Zusammenfassung

Bei Google finden sich in den *Nutzungsbedingungen* keine Hinweise zum Schicksal des Kontos im Falle des Todes des Nutzers. Es entspricht in den gegenständlichen Fällen zu Recht der herrschenden Meinung,

756 BGH, NJW 2006, 2976, 2977 Rn. 16.

757 *Litzenburger*, FD-ErbR 2017, 392155, hält die Annahme, die Nutzer lesen bei der Profileinrichtung die vollständigen Geschäftsbedingungen für *lebensfremd*; *Ludyga*, ZEV 2018, 1, 3; *Willems*, ZfPW 2016, 494, 505.

dass der Hilfebereich sowie dessen Regelungen nicht wirksam Bestandteil des Vertrages werden.[758] Nichts anderes gilt, wenn über einen weiterführenden Link in den Hilfebereich verwiesen wird, der wiederum derart unübersichtlich ist, dass der Nutzer sich mühsam durch sämtliche Themen klicken muss. Diese sind nicht vom Einverständnis der Nutzer umfasst, da weder ein ausdrücklicher Hinweis auf den Hilfebereich existiert noch es dem Nutzer zugemutet werden kann, sämtliche Hilfethemen über die Querverweise zu studieren. Nur der Hinweis, dass das Konto von einem Nachlasskontakt verwaltet werden kann, findet sich in den Nutzungsbedingungen von Facebook. Damit bestehen bereits im Rahmen der Einbeziehung erhebliche Bedenken betreffend die wirksame Einbeziehung der AGB-Regelungen der hier behandelten Diensteanbieter.

II. Inhaltskontrolle

Im Rahmen dieser Inhaltskontrolle wird vorliegend entsprechend der verschiedenen Regelungsmodelle differenziert. Zum einen wird die »klassische« Unvererblichkeitsbestimmung auf ihre Wirksamkeit untersucht, die eine Vollbeendigung des Vertragsverhältnisses ohne Abwicklung der früheren Erblasserbeziehung darstellt. Zum anderen werden die Bestimmungen untersucht, die eine zweigliedrige Regelung vorsehen (Inaktivitätsmanager und Gedenkzustand): Dort ist zum einen die Fortführung des Kontos nicht möglich, und zum anderen steht der vollständige Zugriff durch die Erben gewissermaßen im Ermessen des Diensteanbieters. Auf welcher Grundlage die Diensteanbieter ihre Entscheidung über die Öffnung des Accounts treffen, wird aus den Regelungen regelmäßig nicht ersichtlich, weshalb in dieser Hinsicht zudem eine Transparenzkontrolle gemäß § 307 Abs. 3 S. 2, Abs. 1 S. 1 BGB angezeigt ist. Zweifel bei der Auslegung der

758 BGH, NJW 2018, 3178, 3180 Rn. 27; *Kutscher*, S. 122; *Willems*, ZfPW 2016, 494, 505.

AGB gehen nach § 305c Abs. 2 BGB zu Lasten des Verwenders; dieser Grundsatz gilt ausschließlich für das Stadium der Auslegung.[759] Hiernach ist » bei einer mehrdeutigen Klausel von den möglichen Auslegungen diejenige zu Grunde zu legen ist, die zur Unwirksamkeit der Klausel führt.[760] Denn damit ist die scheinbar 'kundenfeindlichste' Auslegung im Ergebnis regelmäßig die dem Kunden günstigste.«[761] Darüber hinaus fordern die Diensteanbieter, damit sie überhaupt eine Entscheidung über die Offenlegung der Kontoinhalte treffen, teilweise den Erbschein oder ein Testament.[762] Auch diese sog. *Legitimationsklauseln* sind der AGB-Kontrolle zugänglich und zugleich problematisch.[763] Sie werden in diesem Teil der Arbeit zuletzt behandelt. Zunächst ist jedoch die Rechtsnatur der in Frage stehenden Klauseln herauszuarbeiten, d. h. festzustellen, wie die Klauseln rechtlich auf das Schuldverhältnis wirken.

1. Rechtsnatur

Wer mit seinem Vertragspartner vereinbart, dass eine Rechtsposition nicht auf die Erben übergehen soll, vermindert damit das auf die Erben übergehende Vermögen und greift damit in das *Ob* des Rechtsübergangs ein.[764] Rechtstechnisch handelt es sich um eine Befristung des Nutzungsverhältnisses auf die Lebenszeit des Vertragspartners nach § 163 BGB, im Sinne einer auflösenden Bedingung nach § 158 Abs. 2 BGB.[765] Das Rechtsverhältnis geht entgegen dem gesetzlichen

759 *Basedow*, in: MüKoBGB, BGB § 305c Rn. 48; BGH, NJW 2008, 2172, 2174 Rn. 19.
760 BGH, NJW 1998, 3119.
761 BGH, NJW 2008, 2172, 2174 Rn. 19.
762 *Goratsch*, NZFam 2018, 810, 811.
763 Vgl. *Bock*, in: Groll/Steiner, Praxis-Handbuch Erbrechtsberatung, § 20 Rn. 20.134;
764 *Leipold*, in: MüKoBGB, BGB § 1922 Rn. 26; *Kunz*, in: Staudinger, BGB § 1922 Rn. 596.22.
765 *Bock*, AcP 217 (2017), 370, 412; vgl. im Mietrecht, *Blank*, in: Schmidt-Futterer, BGB § 575 Rn. 80; § 542 Rn. 163 ff.; *Lützenkirchen*, in: Erman, *Bd. 1, BGB* § 542 Rn. 4; Weidenkaff, in: Palandt, BGB § 542 Rn. 9, wonach auch ein Mitverhältnis auf

Regelfall nicht auf die Erben über, sondern erlischt, bevor die Erben in dieses Schuldverhältnis eintreten.

Inaktivitätsmanager und Gedenkzustandsregelung beenden das Schuldverhältnis mit dem Erben mit dem Todesfall. Mit der »bedachten« Person besteht das ursprüngliche Schuldverhältnis mit den Erben in modifizierter Form fort. Die Möglichkeit der Erben, die Herausgabe der Inhalte zu beantragen, stellt rechtstechnisch nur ein Antragsrecht dar, das im Falle der Antragsannahme durch Facebook oder Google wiederum eine Modifikation des Schuldverhältnisses bedeutet. Im Fokus steht im Folgenden also die Wirksamkeit Unvererblichkeitsbestimmung, da diese den Ausgangspunkt für die gegenständlichen Klauselwerke bilden.

2. § 308 Nr. 3 BGB

Nach § 308 Nr. 3 BGB ist eine Bestimmung in Verträgen, die nicht Dauerschuldverhältnisse sind, unwirksam, die dem Verwender das Recht einräumt, sich ohne sachlich gerechtfertigten und im Vertrag angegebenen Grund von seiner Leistungspflicht zu lösen. Eine Inhaltskontrolle nach Maßgabe der speziellen Verbote der §§ 308, 309 BGB soll nach einer in der Literatur vertretenen Ansicht in den vorliegenden Fällen nicht einschlägig sein, da sie keine Klauseln betreffen, welche die Vererblichkeit bestimmter Schuldverhältnisse modifizieren oder ausschließen.[766] Nach der hier vertretenen Ansicht erscheint in Bezug auf Unvererblichkeitsbestimmungen zumindest ein Blick auf das Klauselverbot des § 308 Nr. 3 BGB angezeigt. Das Klausel-

Lebenszeit als ein befristetes Mietverhältnis zu qualifizieren ist. Siehe aus der Rechtsprechung BayObLG, NJW-RR 1993, 1164; LG Frankfurt a. M., WuM 1990, 82; LG Mannheim, Urteil vom 11. März 1987 –4 S 158/86–, -juris.

766 *Bock*, in: Groll/Steiner, Praxis-Handbuch Erbrechtsberatung, § 20 Rn. 20.129; *Kutscher*, S. 122; *Lange/Holtwiesche*, ZErb 2016, 125, 128. Hierzu schlägt *Willkomm* vor, ein entsprechendes Klauselverbot ohne Wertungsmöglichkeit (§ 309 BGB) in das BGB aufzunehmen, siehe Willkomm, DRiZ 2020, 12, 13.

verbot umfasst nicht nur wie es die Überschrift – Rücktrittsvorbehalt – suggeriert Rücktrittsvorbehalte, sondern jede »technisch mögliche Lösungsmöglichkeit« vom Vertrag.[767] Im Zusammenhang mit der Unvererblichkeitsbestimmungen ist besonders die Befristung des Schuldverhältnisses nach §§ 158 Abs. 2, 163 BGB von Interesse, die im rechtstechnischen Sinne einen Lösungsgrund nach § 308 Nr. 3 BGB darstellen kann.[768] Die Klausel sieht einen Wegfall der Leistungspflicht des Verwenders vor, wenn der Vertragspartner des Verwenders verstirbt. Ein sachlich gerechtfertigter Grund kann auch in der Person oder im Verhalten des Vertragspartners liegen.[769] Ausdrücklich aus dem Anwendungsbereich dieses Klauselverbotes ausgenommen sind jedoch nach § 308 Nr. 3 Hs. 2 BGB Dauerschuldverhältnisse, also Verträge, *bei denen über längere Zeit hinweg ein dauerndes Verhalten geschuldet* wird.[770] Der Grund für den Geltungsauschluss ist darin begründet, dass den Parteien bei Dauerschuldverhältnissen ohnehin ein Kündigungsrecht nach § 314 BGB zusteht und die Parteien auch ohne Angabe eines sachlich gerechtfertigten Grundes das Schuldverhältnis beenden können. Es wurde festgestellt, dass es sich bei Nutzungsverträgen mit Diensteanbietern von E-Mail-Diensten sowie sozialen Netzwerken um Dauerschuldverhältnisse handelt. Dadurch fallen die vorliegenden Nutzungsverhältnisse aus dem Anwendungsbereich des § 308 Nr. 3 BGB. Dennoch kann aus § 308 Nr. 3 Hs. 2 BGB nicht ohne weiteres umgekehrt geschlossen werden, dass bei Dauerschuldverhältnissen die formularmäßige Vereinbarung eines unbeschränkten und fristlosen Kündigungsrechts per se wirksam ist.[771] Solche Klauseln sind im Rahmen von § 307 Abs. 1, 2 BGB zu berücksichtigen.[772]

767 *Coester-Waltjen*, in: Staudinger, BGB § 308 Nr. 3 Rn. 2.

768 Vgl. OLG Frankfurt, NJW-RR 2012, 51; *Grüneberg*, in: Palandt, BGB § 308 Rn. 16.

769 *Coester-Waltjen*, in: Staudinger, BGB § 308 Nr. 3 Rn. 16.

770 *Olzen*, in: Staudinger, BGB § 241 Rn. 356 ff.; *Gaier*, in: MüKoBGB, BGB § 314 Rn. 6; *Gierke*, in: Iherings Jahrbücher, Bd. 64, S. 355, 357.

771 *Coester-Waltjen*, in: Staudinger, BGB § 308 Nr. 3 Rn. 29.

772 *Wurmnest*, in: MüKoBGB, BGB § 308 Nr. 3 Rn. 8; *Becker*, in: BeckOK BGB, BGB

3. § 307 Abs. 1, Abs. 2 BGB

Zunächst in Betracht kommt eine Unwirksamkeit der Nutzungsbedingungen nach § 307 Abs. 1 und Abs. 2 BGB. Sie legen bereits den Prüfungsmaßstab für eine *offene* Inhaltskontrolle von AGB fest.[773] Die Regelbeispiele bzw. Konkretisierungen des § 307 Abs. 2 BGB stehen zu der Generalklausel in freier Konkurrenz.[774] Auch ist hier zunächst zwischen verschiedenen Klauseltypen zu unterscheiden: Dem ersatzlosen Erlöschen des Nutzungsverhältnisses inkl. der Verweigerung der Abwicklung einerseits steht die Beendigung des Nutzungsverhältnisses mit der Folge einer (eingeschränkten) Abwicklung andererseits gegenüber. Die Klausel, die ein Ermessen des Anbieters bezüglich der Herausgabe der Inhalte vorsieht und auch die Legitimationsklauseln werden ebenso unter § 307 Abs. 1 und Abs. 2 BGB inhaltlich kontrolliert.

Sowohl § 307 Abs. 1 BGB als auch § 307 Abs. 2 BGB setzen die *Unangemessenheit einer Benachteiligung* voraus. Damit ist im Wesentlichen gemeint, dass die in Frage stehende Benachteiligung *von erheblichem Gewicht* sein muss.[775] Das bedeutet konkreter, dass nicht jede Benachteiligung des Kunden vom Klauselverbot des § 307 Abs. 1 S. 1 BGB umfasst ist; vielmehr ist bei der Bewertung zu überprüfen, ob eine missbräuchliche Inanspruchnahme einseitiger Gestaltungsmacht des Verwenders im Raum steht.[776] Die Inhaltskontrolle in § 307 BGB wird tendenziell restriktiver gehandhabt, da die Privatautonomie sowie die Verantwortung des Vertragspartners des Verwenders bei Allgemeinen Geschäftsbedingungen nicht vollständig aufgehoben, son-

§ 308 Nr. 3 Rn. 37; *Roloff*, in: Erman, Bd. 1, BGB § 308 Rn. 27; *Coester-Waltjen*, in: Staudinger, BGB § 308 Nr. 3 Rn. 29.

773 *Wurmnest*, in: MüKoBGB, BGB § 307 Rn. 23.

774 *Wendland*, in: Staudinger, BGB § 307 Rn. 224; siehe zum Verhältnis von Nr. 1 zu Nr. 2, *Wendland*, in: Staudinger, BGB § 307 Rn. 263 ff.

775 *Wendland*, in: Staudinger, BGB § 307 Rn. 91; *Wurmnest*, in: MüKoBGB, BGB § 307 Rn. 33; BT-Drucks. 7/5422, S. 6; BGH, NVwZ-RR 2014, 515 Rn. 66.

776 Vgl. BGH, NJW-RR 2018, 843, 844 Rn. 18; BGH, NZM 2017, 759, 761 Rn. 19; *Fuchs*, in: *Ulmer/Brandner/Hensen*, AGB, BGB § 307 Rn. 108; *Schwab*, AGB-Recht, S. 38.

dern nur eingeschränkt werden darf. Nur bei Benachteiligungen von nicht unerheblichem Gewicht ist ein staatlicher Eingriff in die private Gestaltung der Parteien geboten.[777] Grundlage für die Ermittlung der *Unangemessenheit* ist eine umfassende Abwägung der *Interessen* derjenigen Personen, die von den fraglichen Klauseln berührt werden. Dies sind namentlich die Diensteanbieter, der Nutzer bzw. der Erblasser, dessen Kommunikationspartner sowie die Erben. Hierbei kommt es auf eine sorgfältige und alle Umstände des Falles in Betracht ziehende Ermittlung der Interessen an, die in erster Linie daran anknüpft, welches Interesse der Verwender an der Interessenbeeinträchtigung des Vertragspartners einerseits und den Gegeninteressen des Kunden am Wegfall und Ersetzung der Klausel durch § 306 Abs. 2 BGB der Klausel andererseits orientiert.[778] Dabei ist auch zu ermitteln, ob die konkrete Interessenbeeinträchtigung des Kunden erforderlich ist und ob eine *Kompensation* durch das Einräumen anderweitiger Vorteile möglich ist.[779] Berücksichtigungspflichtig sind damit ebenfalls anderweitige Gestaltungsmöglichkeiten des Verwenders sowie verfassungsrechtliche Wertungen, da auch das Grundgesetz über die Ausstrahlungswirkung der Grundrechte zur Bewertung von Generalklauseln herangezogen wird.[780]

Für die Ermittlung einer unangemessenen Benachteiligung nach § 307 BGB bieten die Regelbeispiele[781] des § 307 Abs. 2 BGB eine erste Orientierungshilfe.[782] Darin erschöpft sich beinahe auch schon der Beitrag des § 307 Abs. 2 BGB für die Rechtsfindung, da beide Konkretisierungen ähnlich weit und unbestimmt sind wie die General-

777 *Wendland*, in: Staudinger, BGB § 307 Rn. 5, 95.

778 *Wurmnest*, in: MüKoBGB, BGB § 307 Rn. 35.

779 *Wendland*, in: Staudinger, BGB § 307 Rn. 96; *Wurmnest*, in: MüKoBGB, BGB § 307 Rn. 38.

780 *Wurmnest*, in: MüKoBGB, BGB § 307 Rn. 55.

781 So nach *Fuchs*, in: Ulmer/Brandner/Hensen, AGB, BGB § 307 Rn. 3, 193; *Grüneberg*, in: Palandt, BGB § 307 Rn. 28 die herrschende Einordnung.

782 *Fuchs*, in: Ulmer/Brandner/Hensen, AGB, BGB § 307 Rn. 3 mit Verweis auf BT-Drucks. 7/3919, S. 23.

klausel des § 307 Abs. 1 S. 1 BGB selbst.[783] Teilweise überschneiden sie sich.[784] Vorliegend wird mit der Prüfung des § 307 Abs. 2 BGB begonnen, da der Interessenabwägung hierdurch ein grober Rahmen gegeben werden kann, der sich an den Regelbeispielen orientiert. Deren Kanalisierungsfunktion führt gewissermaßen zu einer »Entlastung der umfassenden Interessenabwägung« in § 307 Abs. 1 S. 1 BGB.[785] Daher wird hier anstelle einer Gesamtwürdigung aller Umstände der Fokus zunächst auf das dispositive Gesetzesrecht (Nr. 1) sowie die Natur des Vertrages und den Vertragszweck (Nr. 2) gelegt. Je stärker vom dispositiven Recht abgewichen wird, desto eher kommt eine unangemessene Benachteiligung in Betracht.[786]

Für beide Absätze sind die Interessen der Beteiligten gleichermaßen relevant, weshalb die typischen Interessen der Beteiligten ermittelt werden, um sodann eine Abwägung dieser Interessen sowohl nach den Regelbeispielen (Abs. 2) sowie der Generalklausel (Abs. 1) vornehmen zu können. Für die Abwägung kommt es nicht auf die konkreten Vertragsparteien oder die Umstände des Einzelfalls an, sondern auf eine »überindividuell generalisierende und typisierende Betrachtungsweise.«[787] Es fließen zwar der Vertragstyp, der wirtschaftliche Zweck sowie die speziellen Eigenheiten des Geschäfts mit in die Beurteilung ein, jedoch nicht die besonderen, im konkreten Einzelfall betroffenen Interessen des individuellen Vertragspartners.[788]

783 *Fuchs*, in: Ulmer/Brandner/Hensen, AGB, BGB § 307 Rn. 3.
784 *Wurmnest*, in: MüKoBGB, BGB § 307 Rn. 65.
785 *Fuchs*, in: Ulmer/Brandner/Hensen, AGB, BGB § 307 Rn. 195.
786 *Fuchs*, in: Ulmer/Brandner/Hensen, AGB, BGB § 307 Rn. 193.
787 BGH, NJW 1988, 2536, 2537; BGH, NJW 2014, 206, 208 Rn. 25; *Fuchs*, in: Ulmer/Brandner/Hensen, AGB, BGB § 307 Rn. 110; *Wurmnest*, in: MüKoBGB, BGB § 307 Rn. 41; *Roloff*, in: Erman, Bd. 1, BGB § 307 Rn. 5.
788 BGH, NJW 1987, 2575, 2576; BGH, NJW 1986, 2102, 2103; *Fuchs*, in: Ulmer/Brandner/Hensen, AGB, BGB § 307 Rn. 110. Siehe aber BGH, NJW 2013, 1526, 1527, wo persönliche Verhältnisse zur Ermittlung des Vertragsleitbildes gemäß § 307 Abs. 2 Nr. 1 BGB herangezogen werden.

a. Interessenanalyse: Feststellung berücksichtigungsfähiger Interessen

Wie oben bereits festgestellt, sind auch die Interessen der Erben des Vertragspartners des Verwenders in die Inhaltskontrolle einbezogen, da sie durch den Todesfall in eine unmittelbare Rechtsbeziehung mit dem Verwender eintreten.[789] Berücksichtigungsfähig auf Seiten des Verwenders ist das Interesse an einer standardisierten und damit effizienten Geschäftsabwicklung (Rationalisierungsinteresse).[790] Dieses Rationalisierungsargument findet seine Grenze bei schwerwiegenden Interessenbeeinträchtigungen der anderen Vertragspartei.[791] Weiterhin eine Rolle spielen wirtschaftliche Interessen, wie z. B. die Erhaltung der Dispositionsfreiheit über das Vermögen.[792]

aa. Erblasser bzw. Nutzer

Der Erblasser kann in den gegenständlichen Fallgruppen verschiedene Interessen verfolgen. Zum einen könnte er im Sinne des gesetzlichen Regelfalls das Interesse haben, sein Vermögen auf seine Nachkommen zu übertragen: Er möchte seine Daten und sonstigen digitalen Hinterlassenschaften und die Hoheit hierüber im Internet in guter Hand wissen, um gegebenenfalls seinen Achtungsanspruch nach dem Tod zu wahren und Missbrauch zu verhindern.[793] Zum anderen dürfte der Erblasser im Regelfall im Interesse seiner Erben wollen, dass diese zu Gunsten einer geordneten Nachlassabwicklung einen Überblick über seine Hinterlassenschaften bekommen, indem sie sich etwa Kenntnis über seine Verbindlichkeiten verschaffen, die

789 BGH, NJW 1990, 2686; BGH, NJW 2013, 3716, 3719; *Fuchs*, in: Ulmer/Brandner/Hensen, AGB, BGB § 307 Rn. 109; a.A. *Dörner*, NJW 1991, 409.

790 *Fuchs*, in: Ulmer/Brandner/Hensen, AGB, BGB § 307 Rn. 121; *Roloff*, in: Erman, Bd. 1, BGB § 307 Rn. 9.

791 *Fuchs*, in: Ulmer/Brandner/Hensen, AGB, BGB § 307 Rn. 123.

792 BGH, NJW 1985, 623, 626 ff.; BGH, NJW 2013, 3434, 3435 f.; *Fuchs*, in: Ulmer/Brandner/Hensen, AGB, BGB § 307 Rn. 125; *Wendland*, in: Staudinger, BGB § 307 Rn. 159.

793 *Steiner/Holzer*, ZEV 2015, 262, 265.

durch die Erben beglichen werden müssen.[794] Auf der anderen Seite ist Gegenteiliges denkbar. Diejenigen Personen, die sich im Internet eine zweite Identität aufgebaut haben, die dazu bestimmt ist, verborgen zu bleiben, könnten ein Interesse am Untergang sämtlicher digitalen Hinterlassenschaften haben, sodass die Erben nichts hiervon erfahren.[795] In diesem Sinne könnte der Erblasser ein Geheimhaltungsinteresse bzw. ein Interesse an der Vertraulichkeit der Kommunikation verfolgen.[796] Wohl eher wahrscheinlich ist in solchen Fällen, dass sich bereits aus der Vertragsauslegung ergibt, dass solche Rechtsstellungen aufgrund einer ergänzenden Vertragsauslegung unvererblich sind oder der Erblasser hier bereits Vorsorgemaßnahmen trifft, soweit der Tod nicht plötzlich eintritt. Schließlich ist es dem Erblasser auch in der analogen Welt anheimgestellt, Vorsorgemaßnahmen zu treffen, indem er persönliche, zur Geheimhaltung bestimmte Briefe versteckt oder vernichtet oder auf sonstige Weise vor ungewollter Kenntnisnahme verbirgt.

Von außerordentlichem Gewicht sind auf Seiten des Nutzers – neben dessen Integritäts- sowie Leistungsinteresse – vor allem sein Interesse am Erhalt seiner wirtschaftlichen und persönlichen Entscheidungsfreiheit über den Nachlass.[797] In concreto ist in diesem Zusammenhang das Interesse des Erblassers hervorzuheben, über sein Vermögen mortis causa verfügen zu können. Bestimmt eine Klausel den Untergang des Schuldverhältnisses, ist es dem Erblasser

794 *Dopatka*, NJW-aktuell Heft 49/2010, 14; *Brinkert/Stolze/Heidrich*, ZD 2013, 153, 154; *Brisch/Müller-ter Jung*, CR 2013, 446, 449; *Kroiß/Horn/Solomon/Herzog*, NJW 2013, 3745, 3746; Gloser, MittBayNot 2016, 12, 14; Bräutigam, in: *Burandt/Rojahn*, BGB § 1922, Anhang. Digitaler Nachlass Rn. 27; *Klas/Möhrke-Sobolewski*, NJW 2015, 3473, 3477; *Lange/Holtwiesche*, ErbR 2016, 487, 488.

795 *Martini* spricht in diesem Zusammenhang anschaulich von »Opas gut sortierter Pornosammlung«, *Martini*, JZ 2012, 1145. Auch ist dies bei Partnervermittlungsverträgen grundsätzlich denkbar, vgl. *Budzikiewicz*, AcP 218 (2018), 558, 568.

796 *Kunz*, in: Staudinger, BGB § 1922 Rn. 596.25.

797 BGH, NJW 1989, 2383, 2384; *Wendland*, in: Staudinger, BGB § 307 Rn. 159 f.; *Fuchs*, in: Ulmer/Brandner/Hensen, AGB, BGB § 307 Rn. 127.

nicht mehr möglich, über diesen Bestandteil des Vermögens zu verfügen. Ihm wird die Entscheidungsfreiheit über das Schicksal dieses Vermögensbestandteiles durch die einseitige Gestaltungsmacht des Verwenders genommen.

Daneben sind grundsätzlich auch ideelle Interessen des Kunden berücksichtigungsfähig.[798] Klassische Fälle sind hier etwa pauschale Verbote, in der Mietwohnung Tiere zu halten oder dort zu rauchen.[799] Auf die prüfungsgegenständlichen Fälle übertragen kann ein affektives Interesse des Erblassers an der Löschung oder Pflege der Online-Profile bestehen. Beispielsweise wird nicht jeder Facebook-Nutzer damit einverstanden sein, dass ihm nach seinem Tod eine virtuelle Trauerstätte in Form des Gedenkzustandes aufgedrängt wird. Die Kontrolle über Daten und Profile wird man für gewöhnlich eher bei seinen Erben oder Angehörigen wissen wollen als beim Diensteanbieter.

bb. Erben

Die Interessenlage der Erben divergiert, wobei die Interessen der Erben sowie des Erblassers regelmäßig Schnittpunkte aufweisen. Grundsätzlich dürfte ein genereller Ausschluss der Vererblichkeit oder die Möglichkeit eines solchen Ausschlusses durch AGB jedoch nicht im Interesse der Nutzer liegen.[800]

(1) Wirtschaftliche Interessen

In einem Erbfall haben sich die Erben zunächst regelmäßig Kenntnis über den Inhalt des Nachlasses zu verschaffen.[801] Unter Umständen müssen sie innerhalb der Frist des § 1944 Abs. 1 BGB eine Entscheidung darüber zu treffen, ob sie die Erbschaft ausschlagen oder

798 *Fuchs*, in: Ulmer/Brandner/Hensen, AGB, BGB § 307 Rn. 127; *Ludyga*, ZEV 2018, 592, 593.

799 BGH, NJW 1993, 1061; BGH, NJW 2008, 1439.

800 *Litzenburger*, FD-ErbR 2016, 375286.

801 *Gloser*, MittBayNot 2016, 12, 14; *Rott/Rott*, NWB-EV 2013, 160; Steiner/Holzer, ZEV 2015, 262, 265; Kutscher, S. 19; *Solmecke/Köbrich/Schmitt*, MMR 2015, 291, 292.

annehmen möchten.[802] Besonders wichtig ist dies in Hinblick auf die Nachlassschulden, die wie oben gesehen im Wege der Universalsukzession auf die Erben übergehen. Dies kann nur gelingen, wenn die Erben einen umfassenden Überblick über die Vermögensverhältnisse des Erblassers haben. Besonders mit Blick auf die heutige Entwicklung kommt Online-Konten, vor allem E-Mail-Accounts,[803] beim Überprüfen der Vermögenslage eine bedeutende Rolle zu: Während etwa Rechnungen und die damit verbundenen Informationen über Verbindlichkeiten in früherer Zeit regelmäßig mit der Post versendet wurden oder häufig in sonstiger verkörperter Form vorhanden waren, befinden diese sich derzeit oftmals nur noch im elektronischen Postfach eines E-Mail-Benutzerkontos. Dies gilt erst recht für im Internet begründete Vertragsverhältnisse. Auch sonstige Informationen über Verbindlichkeiten werden voraussichtlich in Zukunft zunehmend in digitalisierter Form zu finden sein.[804] Die Interessen der Erben richten sich somit zunächst auf das Aufdecken (im Internet) verborgener Verbindlichkeiten, wobei es sich um finanzielle Interessen handelt.[805] Hierfür ist es in der Regel erforderlich, einen Zugang zum betreffenden Account zu erhalten bzw. Kenntnis von dessen Inhalten zu erlangen, da die Erben auch verpflichtet sind, den Nachlass ordnungsgemäß zu verwalten und abzuwickeln.[806] An einer Fortführung der Accounts dürfte den Erben indessen regelmäßig wenig liegen, soweit sie die Möglichkeit haben, das Konto vollständig zu entfernen. Da aber die Zugangshürden zum Abschluss eines Vertrages mit dem Betreiber eines sozialen Netzwerkes oder eines E-Mail-Diensteanbieters regelmäßig gering sind, können sie gleichermaßen eigene Verträge abschließen, um in den Genuss der jeweiligen Diens-

802 *Solmecke/Köbrich/Schmitt*, MMR 2015, 291, 292; *Kutscher*, S. 19; *Gloser*, MittBayNot 2016, 12, 14; Deusch, ZEV 2014, 2, 7 f.; Klas/Möhrke-Sobolewski, NJW 2015, 3473, 3477; Biermann, ErbR 2018, 577.

803 *Budzikiewicz*, AcP 218 (2018), 558, 562 f.; *Solmecke/Schmitt*, ZD 2016, 186, 187.

804 *Hohenstein*, K&R 2018, 5, 10.

805 *Budzikiewicz*, AcP 218 (2018), 558, 562; *Brisch/Müller-ter Jung*, CR 2013, 446, 449.

806 Siehe nur *Budzikiewicz*, AcP 218 (2018), 558, 562.

te zu kommen.[807] Das wirtschaftliche Interesse der Erben beschränkt sich somit zumeist auf die Abwicklung bestehender Nachlassbeziehungen, insbesondere die Kenntnisnahme über bestehende Ansprüche des Erblassers oder gegen ihn. Anders könnte sich die Situation gestalten, wenn es sich um eine Adresse handelt, die indivuell ist, sich im Vekehr etabliert hat und gemäß ihres allgemeinen Sinngehalts von anderen Personen genutzt werden kann, etwa weil nur der Nachname vor dem Domänenteil steht (z. B. example@mail.com). Hier können alle Erben, die den (Nach)-namen *Example* tragen, ein gewichtigtes Interesse an der Fortgeltung der Adresse haben, da sie diese selbst nutzen können.[808] Ein besonderes Interesse der Erben ist auch dann anzunehmen, wenn ein Geschäft des Erblassers fortgesetzt werden soll. Hier wäre der Untergang der E-Mail-Adresse mit weiteren Kosten verbunden, etwa mit dem Neudruck von Visitenkarten oder Briefpapier.[809]

(2) Ideelle Interessen

Auch ein würdevoller Umgang mit den Spuren des Erblassers im Internet kann ein Anliegen der Erben sein. Zum einen kann der Auftritt im Internet einen Erinnerungswert haben; nicht wenige Menschen verlagern einen Teil ihres privaten Lebens in das Internet, vor allem in soziale Netzwerke und teilen dort persönliche Ansichten oder laden private Bilder hoch. Dort können die Erben oder andere Personen sich an den Erblasser erinnern.

Weitaus problematischer ist diese Konstellation, wenn die Erben nicht wollen, dass das (digitale) Leben des Erblassers wie in einem Schaufenster weiterhin für alle Nutzer sichtbar bleibt. Praktisch besteht dieses Problem beim sozialen Netzwerk Facebook: Wird Facebook über den Tod eines Nutzers in Kenntnis gesetzt, wird das Profil in den sog.

807 *Budzikiewicz*, AcP 218 (2018), 558, 590; *Leeb*, K&R, 2014, 693, 695; *Pockrandt*, S. 28.

808 Vgl. hierzu zur Rufnummernübertragbarkeit Richtlinie 2002/22/EG und 2009/136/EG sowie § 46 TKG.

809 Vgl. *Bünding*, in: Beck TKG, TKG § 46 Rn. 4 zur Rufnummerportierung.

Gedenkzustand versetzt. Gegen diese digitale Grabstätte können die Erben nach der Gedenkzustandsrichtlinie zunächst nichts ausrichten, obwohl dieser Zustand von nicht wenigen Erben als pietätslos empfunden werden dürfte. Weiterhin könnten es die Erben als besonders anstößig empfinden, dass andere Nutzer in der »Chronik« des Erblassers nach dem Tod noch Geburtstagswünsche u. Ä. ausrichten, da diese noch keine Kenntnis vom Tod ihres »Freundes« erlangt haben. Daher besteht auch aus diesem Grunde ein Interesse der Erben darin, möglichst zeitig Kontrolle über den Account zu erhalten, um diesen gegebenenfalls zu löschen. Hierdurch ließen sich derart missliche Situationen vermeiden. In dem oben beschriebenen Sachverhalt, den der BGH zu entscheiden hatte, ging es den Erben darum, die Nachrichtenchronik der Erblasserin auf Hinweise zu ihren Todesumständen zu untersuchen. Zu diesem Zwecke wollten sie den Account wie die Erblasser fortführen bzw. Zugang zu ihrem Account erhalten. Damit kann zusammenfassend festgestellt werden, dass sowohl berechtigte ideelle als auch kommerzielle Interessen der Erben betroffen sind, die den Übergang des Nutzungsverhältnisses rechtfertigen können.

cc. Interessen des Verwenders bzw. Diensteanbieters

Der Betreiber einer E-Mail-Plattform oder eines sozialen Netzwerkes kann Interessen auf mehreren Ebenen verfolgen: Zum einen hat er die Interessen der anderen Nutzer im Blick, die sich auch mittelbar auf ihn auswirken: Je öfter der Diensteanbieter unvorhergesehener Weise bestimmte Accounts auch für Dritte öffnen bzw. die Inhalte offenlegen muss, desto unsicherer fühlen sich andere Nutzer in Hinblick auf den Umgang mit ihren Daten. Die Nutzerzahlen und infolgedessen der Umsatz könnten einbrechen, da es wahrscheinlich ist, dass die Nutzer vorsichtiger mit E-Mail-Accounts und sozialen Netzwerken umgehen. Schließlich sind soziale Netzwerke und E-Mail-Diensteanbieter darauf angewiesen, dass die Nutzer, die teilweise eine erhebliche Menge an persönlichen Inhalten auf den Servern dauerhaft speichern (müssen), ihnen in Hinblick auf den Umgang dieser Daten vertrauen. Weiterhin besteht angesichts der unsicheren Rechtslage aus Sicht der Diensteanbieter die Befürchtung, durch die Weitergabe der Inhalte an die Erben gegen einschlägige Datenschutzbestimmungen zu verstoßen oder das Fernmeldegeheimnis des Erblassers oder seiner Kommunikationsteilnehmer zu verletzen. Verletzt der Diensteanbieter hypothetisch durch die Herausgabe der Kontoinhalte einschließlich der Kommunikationsinhalte gegen die Verhaltenspflichten des § 88 Abs. 3 TKG oder der DSGVO, muss dies als achtbares Abweichungsinteresse berücksichtigt werden.[810]

Weiterhin könnte die Fortführung des Nutzungsverhältnisses durch die Erben einer effektiven Kommerzialisierung der Nutzerdaten entgegenstehen. Dies soll hier anhand des sozialen Netzwerks Facebook veranschaulicht werden: Die Haupteinnahmequelle für soziale Netzwerke wie *Facebook* besteht darin, (personalisierte) Werbung für die Nutzer zu schalten bzw. Informationen aus den Persönlichkeitsprofile zu vermarkten. Im Jahr 2019 generierte Facebook weltweit etwa 70 Milliarden US-Dollar Umsatz mit Werbung.[811] Diese Zahlen veranschaulichen den Wert von Werbung für soziale Netzwerke. Im Gegensatz zur weit verbreiteten Ansicht, Facebook *verkaufe* die Daten an Dritte, generiert Facebook Umsätze, indem den Werbekunden Werbeflächen auf den Seiten der Nutzer verkauft wird, die in der Weise personalisiert werden können, dass der Nutzer Facebook seine Daten zur Verfügung stellt bzw. in die Nutzung seiner (personenbezogenen) Daten einwilligt. Dies kann von der Angabe der E-Mail-Adresse über das Lieblingsgericht bis hin zur Markierung von kommerziellen Seiten oder Zeitungsartikeln mit dem sogenannten *Gefällt mir*-Button reichen. Je mehr der Nutzer auf seinem Profil oder sein Nutzerverhalten über sich und seine Person preisgibt, ein desto präziseres Bild kann Facebook von seinen Nutzern zeichnen, was wiederum das Plat-

810 So auch *Kunz*, in: Staudinger, BGB § 1922 Rn. 596.27.

811 Statista-Dossier zu Facebook, abrufbar unter: https://de.statista.com/statistik/studie/id/3180/dokument/facebook-statista-dossier, zuletzt aufgerufen am 01.07.2020.

zieren personalisierter Werbung für die Werbekunden von Facebook perfektioniert. Genannt wird diese Form der Werbung *Target-Advertising*, da die Werbung gezielt auf den Nutzer zugeschnitten werden kann.[812] Wesentlicher Vorteil ist für die Werbekunden, dass sie bei gezielter Werbung Transaktionskosten in Form von *Streuverlusten* sparen können und damit – bei theoretisch gleichbleibenden Kosten – höhere Gewinne erzielen können.[813] Grundvoraussetzung für ein effizientes *Target-Advertising* ist, dass die Datensätze der Nutzer zum einen möglichst umfangreich und dabei auch möglichst unverfälscht sind. Daher ist es auch die *Verpflichtung*[814] [sic!] des Nutzers gegenüber Facebook, zum einen *genaue und korrekte Informationen* über sich zur Verfügung zu stellen und zum anderen das Passwort nicht weiterzugeben oder Dritten nicht den Zugang zu gewähren. Durch die Fortführung des Accounts durch Dritte könnte das gezeichnete Profil des Nutzers verfälscht werden, sodass die vermeintlich zielgerichtete Werbung nicht mehr auf das tatsächliche Profil des Nutzers passt. Dies hätte wiederum Streuverluste zur Folge bzw. Facebook müsste die Werbung seinen Kunden kostengünstiger anbieten, da die Identität von Nutzer und Datensatz und damit die Treffsicherheit der Werbung nicht mehr garantiert bzw. gemindert wäre. Letztlich ist das Geschäftsmodell Facebook auf unverfälschte, nutzergenerierte Datensätze angewiesen.[815] Die reibungslose Ausübung dieses Geschäftsmodells stellt ein berechtigtes kommerzielles Interesse des Diensteanbieters dar. Insofern birgt die Fortführung der Nutzerkonten und die daraus resultierende Verfälschung von Nutzerdaten für die Diensteanbieter finanzielle Nachteile.[816]

Auch werden soziale Netzwerke in der Regel ein Interesse daran haben, entsprechende Profile – etwa wie es bei der Gedenkzustandsregelung vorgesehen ist – nicht löschen zu müssen. Denn je höher die

812 *Hass/Willbrandt*, MedienWirtschaft, 2011, 12–21.
813 *Hass/Willbrandt*, MedienWirtschaft, 2011, 12, 13.
814 Vgl. https://de-de.facebook.com/legal/terms/, zuletzt aufgerufen am 01.07.2020.
815 Vgl. zum Ganzen auch *Kühnl*, S. 44 ff.
816 Siehe bereits dazu *Große-Wilde*, MDR 2018, R6.

offiziellen Nutzerzahlen sind, desto höher scheint die Breitenwirkung aus Sicht der Werbepartner zu sein.[817] Zum anderen können auch die Daten Verstorbener für eventuelle künftige Nutzungsmöglichkeiten durch ein soziales Netzwerk nutzbar gemacht werden.[818] Durch die Daten Verstorbener lässt sich gegebenenfalls Rückschlüsse auf das Verhalten von anderen Nutzern schließen.

Für E-Mail-Diensteanbieter gelten diese Ausführungen nur eingeschränkt, da diese in der Regel keine Nutzerdaten sammeln, um sie für personalisierte Werbung zu kommerzialisieren. Dennoch haben sie bereits aus *Imagegründen* ein Interesse daran, die Daten bzw. Kommunikationsinhalte der Nutzer geheim zu halten und nicht an Dritte weitergeben zu müssen. Da E-Mail-Accounts häufig viel mehr und dazu sensiblere Informationen enthalten als Accounts von sozialen Netzwerken, ist das Vertrauen der Nutzer für E-Mail-Diensteanbieter noch essenzieller. Wird ein E-Mail-Diensteanbieter verurteilt, Inhalte an die Erben weiterzugeben, kann dies aus der Sicht eines uninformierten Nutzers wie eine *Datenschutzverletzung* aussehen und existenzgefährdende Folgen für den Anbieter haben, da eine sicherlich nicht unwesentliche Anzahl an Nutzern erwägen wird, den Anbieter aus diesem – in der Tat irrationalen – Grund zu wechseln. Die Diensteanbieter haben demnach regelmäßig ein Interesse daran, dass die Erben gerade nicht Zugang zum Account erhalten. Dieses Bedürfnis nach Vertrauen ergibt sich demnach mittelbar aus den Facebook-AGB. Demnach darf der Nutzer keinem anderen Zugriff auf sein Konto gewähren.[819] Bei E- Mail-Diensten dürften demgegenüber Authentizitätbedürfnisse des Rechtsverkehrs[820] gegen eine Nutzung des Kontos durch die Erben sprechen.[821] Im Zweifel wollen die Betreiber nicht, dass die Erben unter fremden Namen unter der Domain des Anbieters E-Mails versenden. Dieser Umstand kann unseriös wirken

817 So bereits *Mackenrodt*, ZUM-RD 2017, 540, 542.
818 *Kühnl*, S. 46.
819 Siehe https://de-de.facebook.com/legal/terms/, zuletzt aufgerufen am 30.04.2020.
820 Zum Schutz von Allgemeininteressen siehe, *Baetge*, AcP 202 (2002), 972.
821 Vgl. *Sorge*, MMR 2018, 372, 374.

und auf diese Weise die Außenwirkung negativ beeinflussen, da es von unbeteiligten Nutzern als Nachlässigkeit in der Pflege mit Nutzerkonten gewertet werden und wiederum zu einem Vertrauensverlust bei (potenziellen) Nutzern führen könnte. Dies wiederum kann zu einem Attraktivitätsverlust des Angebots sowie einem Verlust von Nutzerzahlen und damit von Marktanteilen bedeuten. Für die Verwender von AGB stehen in den prüfungsgegenständlichen Fällen die wirtschaftlichen Interessen im Vordergrund, die selbstverständlich berücksichtigungspflichtig sind.[822]

dd. Kommunikationspartner

Bereits oben wurde festgestellt, dass eine AGB-Kontrolle sich auch an den Interessen der Erben orientieren muss, da diese gemäß dem gesetzlichen Regelfall in den Nutzungsvertrag zwischen Erblasser und Diensteanbieter einrücken und die AGB dementsprechend ihnen gegenüber gelten. Eine Klausel kann also im Sinne von § 307 BGB unangemessen sein, wenn sie die Erben unangemessen benachteiligt. An dieser Stelle ist umgekehrt zu fragen, ob es für die Angemessenheit einer Regelung spricht, wenn zwar der Kunde (bzw. sein Rechtsnachfolger) benachteiligt wird, diese konkrete Benachteiligung aber den Interessen anderer Vertragsparteien des Verwenders dient oder widerspricht, die nicht unmittelbar an dem betroffenen Vertragsverhältnis beteiligt sind. Daher stellt sich vorliegend die konkrete Frage, ob die Interessen der Kommunikationspartner auf Seiten des Verwenders berücksichtigungsfähig, bzw. ob diese Interessen der Kommunikationspartner als Solidarinteressen des Verwenders in der Abwägung zu berücksichtigen sind. Schließlich dürften die Kommunikationspartner des Erblassers tendenziell eher ein Interesse daran haben, dass ihre privaten Nachrichten geheim gehalten werden und nicht in die Hände der Erben geraten. Grundsätzlich können auch die Interessen Dritter, namentlich die der Kommunikati-

822 *Fuchs*, in: Ulmer/Brandner/Hensen, AGB, BGB § 307 Rn. 125.

onspartner bei der Angemessenheitsprüfung berücksichtigt werden. So umfasst das berücksichtigungsfähige Integritätsinteresse des Kunden den berechtigten Schutz an der Erhaltung und Wahrung sonstiger Rechtsgüter wie auf Wahrung der Privatsphäre sowie der informationellen Selbstbestimmung einschließlich dem Datenschutz.[823] Es ist anerkannt, dass ausnahmsweise neben den eigenen Interessen des Verwenders und seines Vertragspartners auch die Interessen derjenigen Personen zu berücksichtigen sind, die aus einem anderen Vertrag eigene Rechte herleiten können.[824] Zwar können die Kommunikationspartner des Erblassers aus dem konkreten Vertrag zwischen Erblasser und Diensteanbieter keine eigenen Rechte geltend machen. Dennoch gehören sie zum Kundenkreis des Diensteanbieters und können eigene Rechte aus ihrem Schuldverhältnis mit dem Diensteanbieter herleiten. Der BGH hat entschieden, dass der Vertragspartner dem Verwender dann die Interessen nicht am Schuldverhältnis unmittelbar beteiligter Personen entgegenhalten kann, wenn er für den Schutz dieser Personen *verantwortlich* ist.[825] Soweit ein Dritter also Rechte aus einem Vertrag herleiten kann, sind dessen Interessen berücksichtigungsfähig. Andererseits könnte man auch den Grundsatz formulieren, dass eine Berührung eigener Interessen (des Verwenders) schon dann vorliegt, wenn sich die Interessen und das Verhalten Dritter unmittelbar auf ihn auswirken.[826] Somit sind die Interessen in Form des Integritätsinteresses der Kommunikationspartner berücksichtigungsfähig, da diese letztlich Datenschutzverletzungen zu befürchten haben. Diese Solidarinteressen finden jedoch

823 BGH, NJW 1986, 46; OLG Hamburg, ZIP 1983, 1435; OLG Karlsruhe, NJW-RR 1988, 302; *Wendland*, in: Staudinger, BGB § 307 Rn. 162; *Fuchs*, in: Ulmer/Brandner/Hensen, AGB, BGB § 307 Rn. 127.

824 *Fuchs*, in: Ulmer/Brandner/Hensen, AGB, BGB § 307 Rn. 109; 133; BGH, NJW 2001, 1934, 1935; BGH, NJW 1999, 3558, 3559; *Fuchs*, in: Ulmer/Brandner/Hensen, AGB, BGB § 307 Rn. 146.

825 BGH, NJW 1982, 178, 179 f.; *Roloff*, in: Erman, Bd. 1, BGB § 307 Rn. 10; *Fuchs*, in: Ulmer/Brandner/Hensen, AGB, BGB § 307 Rn. 133; *Grüneberg*, in: Palandt, BGB 307 Rn. 11.

826 Vgl. BGH, NJW 1982, 178, 179 f..

aufgrund der Relativität des Schuldverhältnisses keine unmittelbare Berücksichtigung, sondern gelten als *eigene* Interessen des Diensteanbieters. Denn dieser hat ein *eigenes* Interesse daran, nicht gegen vertragliche oder gesetzliche Bestimmungen zu verstoßen, die dem Schutz seiner anderen Vertragspartner dienen.

b. Verstöße gegen § 307 Abs. 1, Abs. 2 Nr. 1 BGB

Die Gedenkzustands- oder Unvererblichkeitsbestimmungen sind u. a. dann unwirksam, wenn sie mit dem *wesentlichen Grundgedanken* einer gesetzlichen Regelung, von der sie abweichen, nicht zu vereinbaren sind. Es muss also eine *wesentliche* Abweichung von einem gesetzlichen Grundgedanken vorliegen.[827]

aa. Leitbild des § 1922 Abs. 1 BGB

In der Literatur und Rechtsprechung wird oft § 1922 Abs. 1 BGB als eine Vorschrift diskutiert, die die grundsätzliche Vererblichkeit der Erblasserbeziehungen anordnet.[828] Es ist jedoch bereits fraglich, ob § 1922 Abs. 1 BGB in dieser Hinsicht ein Leitbildcharakter zukommt. Bejahendenfalls hat dies zur Folge, dass gemäß § 307 Abs. 2 Nr. 1 BGB eine formularmäßige Vereinbarung, nach welcher die Nutzungsverhältnisse unvererblich gestellt werden, nicht oder nur beschränkt möglich ist.[829] § 1922 Abs. 1 BGB statuiert wie oben gesehen, dass der

827 *H. Schmidt*, in: BeckOK BGB, BGB § 307 Rn. 53.

828 BGH, NJW 3178, 3180 Rn 30; LG Berlin ZEV 2016, 189, 192; *Herzog*, NJW 2013, 3745, 3746; *Kutscher*, S. 158; *Seidler*, S. 144 f.; *Lange/Holtwiesche*, ZErb 2016, 125, 128 f.

829 Einen Leitbildcharakter des § 1922 Abs. 1 BGB verneinen: *Lange/Holtwiesche*, ZErb 2016, 125, 129; *Bock*, AcP 217 (2017), 370, 412; *Budzikiewicz*, AcP 218 (2018), 558, 589; *Bock*, in: Groll/Steiner, Praxis-Handbuch Erbrechtsberatung, § 20 Rn. 20.129. Bejahend: LG Berlin ZEV 2016, 189, 192; *Alexander*, K&R 2016, 301, 306; *Gloser*, MittBayNot 2016, 12, 19; *Gloser*, DNotZ 2016, 537, 548 f; *Kutscher*, S. 158; *Brisch/Müller-ter Jung*, CR 2013, 446, 449; *Pruns*, NWB 2014, 2175, 2185; *Redeker*, in: Stellungnahme DAV 34/2013, S. 62; *Litzenburger*, FD-ErbR 2017, 392155. Einen Leitbildcharakter des § 1922 Abs. 1 BGB in Hinblick auf die Dispositionsbefugnis über das Vermögen mortis causa bejahend: *Kunz*, in: Staudinger, BGB § 1922 Rn. 596.26.

Nachlass *als Ganzes* auf die Erben übergeht (Universalsukzession) und dies ohne eine Willenserklärung der Erben stattfindet (Vonselbsterwerb bzw. Anfallprinzip). In diesem Sinne kann § 1922 Abs. 1 BGB dessen Zweck entnommen werden: Die Kontinuitäts- und Zuordnungsfunktion der Universalsukzession.

Darüber hinaus wird vielfach angenommen, § 1922 Abs. 1 BGB statuiere die grundsätzliche Vererblichkeit des Vermögens als Inbegriff aller geldwerten Güter.[830] So hat etwa das LG Berlin in erster Instanz entschieden, dass die oben beschriebene Gedenkzustandsregelung von Facebook die Rechte der *Erben* und der *Nutzer* aushöhle.[831] Sie beschränke in pauschaler Weise die grundsätzliche Vererblichkeit eines Rechts. Die Gedenkzustandsrichtlinie führe dazu, dass der Account de facto untergehe, da nach Aktivierung des Gedenkzustands niemand mehr Zugriff auf den Account habe und dieser Zustand auch nicht mehr rückgängig gemacht werden könne.[832] Dies stelle eine unangemessene Benachteiligung im Sinne des § 307 Abs. 1, Abs. 2 Nr. 1 BGB dar, da § 1922 Abs. 1 BGB grundsätzlich die Vererblichkeit eines Rechts vorsehe.[833] Hier ist jedoch äußerst fraglich, ob § 1922 Abs. 1 BGB tatsächlich Leitbildcharakter in Hinblick auf den *Inhalt* des Erbrechts zukommt. Oben wurde bereits gesagt, dass das Vermögen des Erblassers grundsätzlich auf die Erben übergeht; allerdings wird dies nicht *unmittelbar* von § 1922 Abs. 1 BGB angeordnet. Eine Rechtsposition ist nur dann unvererblich, wenn dies durch ein Gesetz angeordnet wird oder diese nicht übergangsfähig ist, außer aus dem Rechtsgeschäft ergibt sich etwas anderes. § 1922 Abs. 1 BGB bestimmt damit in erster Linie den Übergangsmodus, namentlich das »*Wie*« das Rechtsübergangs. Hinsichtlich des Inhalts des Erb-

830 LG Berlin, ZEV 2016, 189, 192; *Kutscher*, S. 158; *Leipold*, in: MüKoBGB, BGB § 1922 Rn. 19; *Lieder*, in: Erman, Bd. 2, BGB § 1922 Rn. 7 f.

831 BGH, NJW 2018, 3178, 3185 Rn. 78; *Gloser*, DNotZ 2016, 537, 548 f.

832 LG Berlin, ZEV 2016, 189, 192.

833 LG Berlin, ZEV 2016, 189, 192; *Herzog*, NJW 2013, 3745, 3746 3751; Kutscher, S. 158; *Seidler*, S. 144 f.

rechts trifft § 1922 Abs. 1 BGB keine Anordnung.[834] Es ist zwar ein Grundsatz des Erbrechts, dass die Erben in das Vermögen des Erblassers eintreten, § 1922 Abs. 1 BGB ist diesbezüglich aber wertungsoffen und lässt hierzu gleichwohl zahlreiche gesetzliche oder rechtsgeschäftliche Ausnahmen zu.

Daher verstoßen Unvererblichkeitsbestimmungen nicht gegen das Leitbild des § 1922 Abs. 1 BGB, da diese Norm in diesem Sinne nicht über ein Leitbild verfügt. § 1922 Abs. 1 BGB geht diesbezüglich davon aus, dass es im Rahmen der Universalsukzession ein Regel-Ausnahmeverhältnis zwischen Vererblichkeit und Unvererblichkeit der Erblasserbeziehungen gibt. Wird eine Vermögensposition im Einzelnen konsensual oder durch ein Gesetz unvererblich gestellt, spiegelt dies lediglich dieses Regel-Ausnahmeverhältnis wider.[835]

Weiterhin wird nach einer in der Literatur vertretenen Ansicht § 1922 Abs. 1 BGB das Leitbild entnommen, nach welchem der Erblasser das Recht habe, zu entscheiden, ob er eine Rechtsposition vererblich stellt oder nicht.[836] Dieses Recht, im Grundsatz privatautonom zu entscheiden, ob eine Vermögensposition vererbt werden soll oder nicht, ergibt sich jedoch gerade nicht unmittelbar aus § 1922 Abs. 1 BGB, sondern stellt ein der Universalsukzession übergeordnetes Prinzip dar.

bb. Leitbild des § 399 Var. 1 BGB

Teilweise wird in der Literatur auch die Frage diskutiert, ob Unvererblichkeitsbestimmungen von der gesetzlichen Regelung des § 399 Var. 1 BGB abweichen und daher nach § 307 Abs. 2 Nr. 1 BGB unwirksam sein können.[837] Dieser Gedanke beruht auf der Übertragung des Rechtsgedankens dieser Vorschrift, namentlich auf der Trennung zwischen unvererblichen und vererblichen Vermögensbestandtei-

834 So auch im Ergebnis *Lange/Holtwiesche*, ZErb 2016, 125, 129; *Bock*, AcP 217 (2017), 370, 412; *Budzikiewicz*, AcP 218 (2018), 558, 589; *Raude*, ZEV, 2017, 433, 437.

835 *Bock*, AcP 217 (2017), 370, 412.

836 *Kunz*, in: Staudinger, BGB § 1922 Rn. 596.26.

837 *Lange/Holtwiesche*, ZErb 2016, 125, 129

len: Wenn das Schuldverhältnis wegen seines Inhalts in einem solchen Maße auf die Person des Berechtigten oder des Verpflichteten zugeschnitten ist, dass ein Subjektwechsel die Leistung in ihrem Wesen verändern würde, sei eine Rechtsposition nicht nur unabtretbar, sondern auch unvererblich.[838] Tatbestandlich treffe dies auf die Nutzungsverträge mit E-Mail- Diensteanbietern sowie Betreibern von sozialen Netzwerken jedoch nicht zu, da der Vertragsschluss im Regelfall ohne eine Identitätsprüfung des Nutzers stattfinde, sodass die tatsächliche Identität des Nutzers aus Sicht der Anbieter von keine allzu großen Bedeutung sei; andererseits nehme der Nutzer auch kein besonderes Vertrauen des Anbieters in Anspruch; insofern liege keine besondere Schutzbedürftigkeit des Diensteanbieters vor.[839] Da der Rechtsgedanke des § 399 Var. 1 BGB auch auf die Frage der Vererblichkeit übertragen werden könne, § 399 Var. 1 BGB aber tatbestandlich nicht erfüllt sei, sondern die Tatbestandsvoraussetzungen der Regelung gewissermaßen erweitert werden, stellten Unvererblichkeitsregelungen eine vom § 399 Var. 1 BGB abweichende Regelung dar.[840] Diese Ansicht verkennt jedoch, dass sich der Rechtsgedanke des Abtretungsverbotes nicht uneingeschränkt auf die Vererblichkeit übertragen lässt. Die Verfügung *mortis causa* und *inter vivos* verfolgen in Hinblick auf die Vermögensvorteile völlig unterschiedliche Ziele, sodass § 399 Var. 1 BGB im Erbrecht schon keinen Anwendungsbereich hat und ihm damit auch im Erbrecht keine Leitbildfunktion zukommen kann. Neben den Bedenken zur Anwendbarkeit des § 399 Var. 1 BGB auf erbrechtliche Konstellationen ist diese Ansicht auch in Hinblick auf ihre inhaltlichen Aussagen zu kritisieren: In Hinblick auf die Person des Nutzers kann den Anbietern ein berechtigtes Interesse an der Nutzung des Accounts durch ausschließlich eine Person nicht grundsätzlich abgesprochen werden. Insofern spielt zwar

838 *Lange/Holtwiesche*, ZErb 2016, 125, 129.

839 LG Berlin, ZEV 2016, 189, 191; *Martini*, JZ 2012, 1145, 1147; *Bräutigam*, in: Stellungnahme DAV 34/2013, S. 55; *Brinkert/Stolze/Heidrich*, ZD 2013, 153, 155; *Leeb*, K&R, 2014, 693, 694; *Lange/Holtwiesche* ZErb 2016, 125, 129.

840 *Lange/Holtwiesche* ZErb 2016, 125, 129.

nicht die konkrete Identität des Nutzers eine Rolle; dennoch wollen die Diensteanbieter ein möglichst unverfälschtes Nutzerprofil zeichnen, um die Werbeprodukte möglichst attraktiv den Werbekunden anbieten zu können.

cc. Leitbild des § 1937 BGB

Weiterhin wird angeführt, dass die Diensteanbieter aufgrund ihrer Nutzungsbedingungen vom Erblasser getroffene letztwillige Verfügung hinsichtlich des Nutzungsverhältnisses nicht berücksichtigen.[841] Schließlich sehen die Gedenkzustandsrichtlinie sowie das Google-Testament eine andere Nachfolgeordnung vor, als durch letztwillige Verfügung vorgesehen. Damit beachten diese Nutzungsbedingungen nicht die letztwilligen Verfügungen des Erblassers, selbst wenn ein Nutzer bspw. testamentarisch bestimmt hat, dass bestimmte Personen Zugang zum Dienst haben sollen. Die Wirksamkeit von Unvererblichkeitsbestimmungen richtet sich in diesem Fall danach, ob der Erblasser in seiner Gestaltungs- und Verfügungsbefugnis, über den Nachlass verfügen zu können, benachteiligt wird. Die Klauseln könnten also gegen das Leitbild § 1937 BGB verstoßen, der nach einer in der Literatur vertretenen Ansicht die einfachgesetzliche Ausprägung der Testierfreiheit sei und das Recht des Erblassers statuiere, über seinen Nachlass zu verfügen.[842] § 1937 BGB müsste in dieser Hinsicht eine Leitbildfunktion zukommen. Unbestritten ist, dass die Testierfreiheit ein zentrales Recht des Erblassers darstellt, privatautonom über sein Vermögen nach dem Tode zu verfügen.[843] Zwar ist der Erblasser nicht mehr unmittelbar betroffen, wenn er über sein Vermögen nach seinem Tod nicht mehr wunschgemäß verfügen kann; dennoch ist es Teil seiner privatautonomen Freiheit, eine aus seiner Sicht sinnvolle Vermögensnachfolge zu bestimmen.[844] Die Testierfreiheit ergibt sich

841 LG Berlin, ZEV 2016, 189, 192; *Brisch/Müller-ter Jung*, CR 2013, 446, 448.

842 *Lange/Holtwiesche*, ZErb 2016, 125, 129; *Große-Boymann*, in: Burandt/Rojahn, BGB § 1937 Rn. 1.

843 *Leipold*, in: MüKoBGB, Einl. zum ErbR. Rn. 17.

844 *Leipold*, in: MüKoBGB, Einl. zum ErbR. Rn. 18.

jedoch nicht unmittelbar aus § 1937 BGB,[845] weshalb der Norm in dieser Hinsicht keine Leitbildfunktion zukommt. § 1937 BGB bringt vielmehr zum Ausdruck, dass die gewillkürte Erbfolge den Vorrang vor der gesetzlichen genießt.[846] Sie geht damit nur von der Existenz der Testierfreiheit aus. Außerdem nennt sie die wichtigsten, aber nicht alle Gestaltungsmöglichkeiten des Erblassers im Rahmen einer letztwilligen Verfügung.[847]

dd. Leitbilder einzelner erbrechtlicher Rechtsinstitute

Nicht nur geschriebenen Rechtsnormen kann ein Leitbild zukommen, der Begriff der »gesetzlichen Regelung« in § 307 Abs. 2 Nr. 1 BGB ist nicht zwingend deckungsgleich mit dem Begriff der Rechtsnorm in Art. 2 EGBGB, auch wenn Art. 2 EGBGB den Ausgangspunkt bildet.[848] Vielmehr ist für die Maßstab- und Leitbildfunktion entscheidend, dass in der Rechtsordnung ein in »rechtlicher Verantwortung gem. Art. 20 Abs. 3 GG entwickeltes und der objektiven Rechtsordnung zurechenbares Gerechtigkeitsmodell« vorzufinden ist, das einer Rechtsanwendung zugrunde gelegt werden kann.[849] Dazu gehören nicht nur allgemeine Rechtsinstitute, sondern auch allgemeine ungeschriebene sowie gesetzesimmanente Grundsätze.[850] Daraus folgt, dass einzelnen erbrechtlichen Grundprinzipien eine Leitbildfunktion zukommen kann, selbst wenn sie sich nicht unmittelbar aus einer einzelnen gesetzlichen Regelung ergeben bzw. in speziellen Rechtsnormen ihren Niederschlag gefunden haben.

845 *Leipold*, in: MüKoBGB, BGB § 1937 Rn. 1; *Stürner*, in: Jauernig, BGB § Anm. zu den §§ 1937–1941 Rn. 1, 3.
846 *Leipold*, in: MüKoBGB, Einl. zum ErbR. Rn. 17.
847 *Leipold*, in: MüKoBGB, BGB § 1937 Rn. 10 f.; *Stürner*, in: Jauernig, BGB Anm. zu den §§ 1937–1941 Rn. 1, 3.
848 *Wendland*, in: Staudinger, BGB § 307 Rn. 231; *Fuchs* in: Ulmer/Brandner/Hensen, AGB, § 307 Rn. 206 f.
849 *Wendland*, in: Staudinger, BGB § 307 Rn. 233.
850 *Wendland*, in: Staudinger, BGB § 307 Rn. 233 ff.

(1) Grundsatz der Vererblichkeit als erbrechtliches Leitbild

Wie bereits im vorangegangenen Teil dargelegt, stellt es einen dem Erbrecht immanenten Grundsatz dar, dass das Vermögen und damit auch Dauerschuldverhältnisse in der Regel auf die Erben übergehen. Dieser Grundsatz ist jedoch weder hinreichend konkret noch starr, um eine Leitbildfunktion für die Lösung des Interessenkonfliktes zwischen Erben, Erblasser sowie dessen Vertragspartnern zu entfalten.[851] Beispielsweise erfüllen die *Privatrechtsordnung* bzw. die *Gesamtrechtsordnung* im Allgemeinen dieses Erfordernis ebenso nicht.[852] Gegen eine Leitbildfunktion des Prinzips der grundsätzlichen Vererblichkeit spricht das Gesetz auch selbst: Es existieren zum einen zahlreiche gesetzliche Ausnahmen, die selbst vom Grundsatz der Vererblichkeit abweichen, was regelungstechnisch in Hinblick auf den Leitbildcharakter beachtet werden muss. Zum anderen fehlt es bei diesem Prinzip an einer rechtssatzförmigen Struktur und damit an einem hinreichend konturierten Tatbestand, aus dem sich eine ihm zugeordnete Rechtsfolge ableiten ließe.[853] Da es sich aber nur um einen *Grundsatz* handelt, der gesetzliche Ausnahmen kennt, fehlt es an einem entsprechenden eindeutigen Normbefehl.

(2) Postmortale Privatautonomie als Leitbild

Die Klauseln der Diensteanbieter könnte gegen das Prinzip der Gestaltungs- und Verfügungsbefugnis des Erblassers verstoßen.[854] Bereits aus der Entstehungsgeschichte des BGB ergibt sich, dass die postmortale Privatautonomie des Erblassers ein zentraler Grundsatz des Erbrechts sein sollte. Daher ist es nicht verwunderlich, dass im Entwurf

851 Zum Erfordernis der hinreichenden Konkretisierbarkeit eines rechtlichen Grundsatzes, *Wendland*, in: Staudinger, BGB § 307 Rn. 235.

852 *Wendland*, in: Staudinger, BGB § 307 Rn. 235.

853 Vgl. *Schwab*, AGB-Recht, S. 193; *Fuchs*, in: Ulmer/Brandner/Hensen, AGB, BGB § 307 Rn. 213 hält das Erfordernis eines subsumtionsfähigen Rechtssatzes für überzogen, da der Grundgedanke einer Regelung nicht subsumtionsfähig sei.

854 *Raude*, ZEV 2017 433, 437; *Bock*, AcP 217 (2017), 370, 412 f.; *Lange/Holtwiesche*, ZErb 2016, 125, 129.

Schmitts solche Regelungen an erster Stelle standen, die einer Person das Recht einräumten, frei über das Vermögen mortis causa verfügen zu können. Die postmortale Privatautonomie stellt aber nicht nur aus geschichtlicher, sondern auch aus heutiger Sicht die zentrale Ausprägung bzw. Ergänzung der Privatautonomie und Verfügungsbefugnis über das Vermögen dar.[855] Wie bereits oben gesehen stellt die postmortale Privatautonomie gewissermaßen das Äquivalent oder die Kehrseite der lebzeitigen Privatautonomie auf den Todesfall dar. Auch nicht unmittelbar anwendbaren Rechtsregeln wie der lebzeitigen *Privatautonomie* kann Gesetzesqualität im Sinne des § 307 Abs. 1, Abs. 2 Nr. 1 BGB zukommen. Wie auch zu Lebzeiten ist die postmortale Privatautonomie im gesetzlichen System des Erbrechts ein immanenter Grundgedanke, der somit *gesetzlich* im Sinne des § 307 Abs. 2 Nr. 1 BGB ist. Dieser gesetzliche Grundgedanke muss darüber hinaus *Regelungsqualität* haben, das heißt, er muss derart konkret sein, dass sich aus ihm durch die Sonderung von Tatbestand und Rechtsfolge ein Normbefehl ableiten lässt.[856] *Schwab* ist für den Grundsatz der Selbstbestimmung über die Rechtsverhältnisse der Ansicht, dieser sei in diesem Sinne hinreichend konkret, um als Regelung im Sinne des § 307 Abs. 1, Abs. 2 Nr. 1 BGB angesehen werden zu können.[857]

Auch die postmortale Privatautonomie statuiert – wie die lebzeitige Privatautonomie – das Recht des Einzelnen zur autonomen Bestimmung der eigenen Rechtsverhältnisse. Die postmortale Privatautonomie trägt der Privatrechtsordnung unzweideutig auf, einer natürlichen Person das Recht zu gewähren, seine Angelegenheiten im Falle des Todes selbst regeln zu können. Sie enthält damit einen hinreichenden Normbefehl. Somit kommt ihr als Kehrseite der Privatautonomie zu Lebzeiten ein gesetzliches Leitbild zu. Unvererblichkeitsbestimmungen müssten mit diesem i.S.v. § 307 Abs. 1, Abs. 2 Nr. 1 BGB *unvereinbar* sein.

855 *Leipold*, in: MüKoBGB, Einl. zum ErbR. Rn. 17.
856 *Becker*, S. 85.
857 *Schwab*, JuS 2001, 951, 956.

(3) Räumungsrecht des Mieters als Leitbild

Da die Nutzungsverhältnisse insgesamt ein bedeutendes mietrechtliches Element in sich tragen, könnte es gegen das Leitbild des § 580 BGB verstoßen, wenn die Erben die vom Nutzer hochgeladenen Inhalte inklusive der Kommunikation beim Diensteanbieter verblieben bzw. von den Erben des Nutzers nicht gesichert werden könnten.[858] Tatsächlich normiert § 580 BGB aber nicht ausdrücklich, dass die Erben im Falle der Kündigung berechtigt sind, die vom Erblasser eingebrachten Sachen vom Vermieter zu verlangen. Dies ergibt sich vielmehr aus der *Natur* des mietvertraglichen Vertrages bzw. unmittelbar aus § 985 BGB, wonach der Mieter die Herausgabe der von ihm eingebrachten Sachen verlangen kann, wenn sie sich noch im Besitz des Vermieters befinden. Zu beachten ist hierbei, dass die Erben in diesen Fällen immer in das (mietrechtliche) Abwicklungsschuldverhältnis eintreten, das auch die Erben verpflichtet, ausstehende Mietforderungen zu begleichen und die Mietsache zurückzuzugeben. Auf der anderen Seite ist der Vermieter aufgrund dieses Abwicklungsverhältnisses verpflichtet, die Räumung der Mietsache zu ermöglichen.[859] Hier ist es kaum denkbar, dass die Erben nicht berechtigt sind, die Mietsache zu räumen und den Hausstand zu sichern. Dies ergibt sich zwar nicht aus dem Mietrecht als Komplex gesetzlicher Regelungen, sondern direkt aus den dem Schuldverhältnis typischerweise zu entnehmenden Rechten und Pflichten. Auch diese können allgemein anerkannte Rechtsgrundsätze sein und einen wesentlichen Grundge-

858 So schon *Budzikiewicz*, AcP 218 (2018), 558, 590, die in diesem Zusammenhang von der mietvertraglichen Natur des Nutzungsvertrages spricht.

859 Vgl. *Blank/Börstinghaus*, in: Blank/Börstinghaus, BGB § 580 Rn. 14. Dass die Erben in das Mietverhältnis eintreten, ist nicht zwingend, die Parteien können sogar formularvertraglich davon abweichen, *Blank/Börstinghaus*, in: Blank/Börstinghaus, BGB § 580 Rn. 39. In diesem Fall ist § 580 BGB nicht anwendbar, wobei es als selbstverständlich angesehen werden dürfte, dass auch bei einer Beschränkung des Mietverhältnisses auf die Lebenszeit des Mieters die Mieter das Recht haben, die Mietsache zu räumen. Dies ergibt sich sowohl aus § 985 BGB als auch aus »der Natur« des Mietverhältnisses.

danken im Sinne des § 307 Abs. 2 Nr. 1 BGB darstellen.[860] Es bestünde jedenfalls kein Zweifel daran, dass die Verweigerung des Räumungsrechts durch eine formularmäßige Bestimmung gegen den »tragende Gedanken des gesetzgeberischen Gerechtigkeitsmodells«[861] verstieße.

An dieser Stelle wird überdies besonders der gravierende Unterschied zwischen der Beschränkung des Schuldverhältnisses auf die Lebenszeit des Mieters zur Verweigerung der Räumung der Mietsache deutlich. Während die Beendigung des Schuldverhältnisses mit dem Tod unter diesen Aspekten zumindest im Mietrecht problemlos möglich erscheint, ist bezüglich der Herausgabe der vom Mieter eingebrachten Gegenständen ein völlig anderer Maßstab anzulegen. In diesem Sinne ist das mietvertragliche Element bei einem Nutzungsverhältnis mit einem Dienstanbieter aus diesem zu extrahieren und isoliert zu betrachten. Durch diese Betrachtungsweise wird deutlich, dass das schuldrechtlich normierte Gerechtigkeitsmodell erheblich beeinträchtigt ist, wenn einer Person die intendierte Abwicklung des Schuldverhältnisses (formularmäßig) verwehrt wird. Damit kann die formularmäßig verweigerte Herausgabe der durch den Nutzer eingebrachten Daten gegen § 307 Abs. 2 Nr. 1 BGB verstoßen. Relativiert werden kann diese Betrachtung lediglich, indem man anführt, dass dem Mieter ohnehin ein Anspruch aus § 985 BGB bezüglich der eingebrachten Sachen zusteht und ein mietrechtlicher Anspruch dementsprechend zu vernachlässigen ist. Dass der Mieter während der Mietzeit unkörperliche Sachen, an denen kein Anspruch aus § 985 BGB besteht, einbringt, ist tatsächlich kaum denkbar. Daher ist der *schuldrechtliche* Anspruch auf Räumung der Mietsache für den Mieter und seine Erben bei körperlichen Gegenständen nicht von allzu großer Bedeutung, weshalb er wohl auch nicht positiv geregelt ist. Andererseits würde man Klauseln, die die Räumung der Mietsache durch den Mieter verhindern, so verstehen, dass auch der Anspruch aus

860 *Wurmnest*, in: MüKoBGB, BGB § 307 Rn. 70.

861 *Fuchs*, in: Ulmer/Brandner/Hensen, AGB, BGB § 307 Rn. 247; OLG Frankfurt, WM 2014, 1765, 1766 Rn. 16.

§ 985 BGB ausgeschlossen werden soll, da diese Klauseln ansonsten leerliefen und ihre intendierten Folgen nicht erfüllen könnten. Im Mietrecht bestehen schuldrechtliche und dingliche Herausgabeansprüche grundsätzlich frei nebeneinander,[862] sodass es aus Sicht des Verwenders wenig sinnvoll ist, nur einen der beiden Herausgabeansprüche auszuschließen. Somit kann behauptet werden, dass das Räumungsrecht des Mieters ein dem Mieter im mietrechtlichen Abwicklungsverhältnis immanent zustehendes Recht ist, das nicht nur auf dinglicher Ebene besteht, sondern besonders (wenn es nicht um körperliche Gegenstände geht) auf schuldrechtlicher Ebene relevant ist. Dieser Gedanke lässt sich auf die gegenständlichen Verträge im Online-Bereich übertragen. Zwar besteht auf dinglicher Ebene kein Herausgabeanspruch bzw. Räumungsrecht des Mieters bzw. Nutzers an den Inhalten, dennoch ist es auch auf schuldrechtlicher Ebene die Pflicht des Vermieters bzw. Diensteanbieters, die Inhalte an den Mieter bzw. Nutzer *herauszugeben*. Die geordnete Abwicklung inkl. der – untechnisch gesprochen – Herausgabe der Inhalte gehört zum Leitbild des mietrechtlichen Abwicklungsverhältnisses, gegen das durch eine kompromisslose Unvererblichkeitsbestimmungen verstoßen werden kann. Demgegenüber erscheint eine schlichte Beendigung des Schuldverhältnisses mit dem Tod des Mieters für die Erben nicht allzu schwerwiegend zu sein.[863]

ee. Wesentlicher Grundgedanken und Unvereinbarkeit iSv § 307 Abs. 2 Nr. 1 BGB

Nicht jede Abweichung von einem Rechtsgrundsatz stellt auch gleichzeitig eine unangemessene Benachteiligung im Sinne des § 307 Abs. 2 Nr. 1 BGB dar. Es können nur solche Abweichungen unzulässig sein, die die tragenden Gedanken des gesetzlichen Gerechtigkeitsmodells

862 Siehe nur BGH, NJW 1985, 141; *Schulte-Nölke*, in: HK-BGB, BGB § 985 Rn. 4.

863 Auch nach *Herzog*, in: NK-Nachfolgerecht, Kap. 9 Rn. 95, muss der Account zunächst unverändert auf die Erben übergehen, bevor dieser gelöscht wird. Daher verstoße auch die Gedenkzustandsrichtlinie von Facebook gegen § 307 Abs. 1 Abs. 2 Nr. 1 BGB.

beeinträchtigen.[864] Es ist in dieser Hinsicht zwischen einem AGB-disponiblen Randbereich und dem Gerechtigkeitskern des in Rede stehenden Prinzips zu unterscheiden.[865] Bei den gegenständlichen Unvererblichkeitsbestimmungen ist nicht nur der Randbereich der Verfügungsmöglichkeit mortis causa berührt, sondern es wird gerade in den Kern der postmortalen Privatautonomie eingegriffen: Die Nutzungsverhältnisse als grundsätzlich vererbliche Rechtsverhältnisse können laut der Bestimmungen nicht so verteilt werden, wie es im gesetzlichen Regelfall möglich gewesen wäre. Darüber hinaus wird durch das Erlöschen des Nutzungsverhältnisses die geordnete Abwicklung inklusive der Sicherung der Inhalte verhindert. Damit wird evident in das gesetzgeberische Gerechtigkeitsmodell eingegriffen, das eine grundsätzliche Abwicklung von Schuldverhältnissen anordnet.

Überdies enthält § 307 Abs. 2 Nr. 1 BGB eine Wertungsstation: Die Unvererblichkeitsbestimmung muss mit dem Gerechtigkeitskern der *postmortalen* Privatautonomie »unvereinbar« sein.[866] Hier hat eine Interessenabwägung der Vertragspartner stattzufinden, die nicht *offen* ist, wie es etwa bei der Generalklausel § 307 Abs. 1 BGB der Fall ist.[867] Vielmehr »sind die Interessen des Vertragspartners sowie ihr Schutz und Ausgleich mit den Interessen der Gegenseite an der verdrängten gesetzlichen Regelung« vorgesehen.[868] Es ist also gezielt nach dem *Abweichungsinteresse* des Verwenders zu fragen, das das Interesse der Gegenseite an der Einhaltung der durch das Gesetz gegebenen Regelung übersteigen muss und inwieweit die Interessen des Vertragspartners in der vom Gesetz abweichenden Regelung Berücksichtigung finden.[869] Die Bewertung der Wirksamkeit wird sich in den gegenständlichen Fällen regelmäßig danach richten, ob der Verwender bzw. Diensteanbieter ein übergeordnetes berechtigte

864 *Wendland*, in: Staudinger, BGB § 307 Rn. 247.
865 *Wendland*, in: Staudinger, BGB § 307 Rn. 247.
866 Vgl. *Wendland*, in: Staudinger, BGB § 307 Rn. 247, 253.
867 *Wendland*, in: Staudinger, BGB § 307 Rn. 253.
868 So *Wendland*, in: Staudinger, BGB § 307 Rn. 253.
869 *Wendland*, in: Staudinger, BGB § 307 Rn. 253.

Interessen an der Unvererblichkeit von Internet-Accounts nachweisen kann.[870] Wie bereits festgestellt, haben die Diensteanbieter durchaus ein berechtigtes Interesse an der schlichten *Beendigung* der lebzeitigen Erblasserbeziehung. Nach richtiger Ansicht ist bei Klauseln, die die Unvererblichkeit betreffen zu differenzieren, ob diese nur die Beendigung des Schuldverhältnisses mit einer daraus resultierenden Abwicklung oder den Zugang durch die Erben vollständig sperren.[871]

(1) Erlöschensklauseln und Gedenkzustandsregelung

Sieht die in Frage stehende Klausel wie bei *Yahoo!* oder Facebook ein vollständiges Erlöschen des gesamten Schuldverhältnisses (als Bündel von Rechten und Pflichten) vor, hat dies zur Folge, dass die Erben zum einen das Konto nicht wie der Erblasser weiternutzen können und zum anderen keinen anderweitigen Zugriff mehr auf die Daten des Erblassers erhalten. Diese werden dann unwiederbringlich gelöscht oder verbleiben gewissermaßen als *Karteileichen* auf den Servern des Anbieters. Wie bereits zuvor hinreichend erörtert, haben die Erben ein gewichtiges Interesse daran, die Inhalte der Accounts zu sichten. Dieses Interesse kann finanzieller als auch ideeller Natur sein. Andererseits haben die Diensteanbieter diesbezüglich ein gewichtiges Abweichungsinteresse. Einerseits haben sie ein Interesse daran, dass die E-Mail-Accounts sowie sozialen Netzwerke von den Erben unter dem Namen des ursprünglichen Nutzers nicht weitergeführt werden, anderseits könnten sie gegen die Verhaltenspflichten des TKG oder sonstige datenschutzrechtliche Bestimmungen verstoßen, wenn sie die Kommunikationsinhalte des Erblassers oder dessen Kommunikationsteilnehmer herausgeben bzw. offenlegen. Darüber hinaus müssten sie sinkende Nutzerzahlen fürchten, wenn die Tatsache in das Bewusstsein der anderen Nutzer rückt, dass nicht nur der ursprüngliche Adressat, sondern auch Dritte (die Erben) die von ihnen gesendeten, möglicherweise intimen Nachrichten lesen

870 *Lange/Holtwiesche*, ZErb 2016, 125, 129.
871 *Budzikiewicz*, AcP 218 (2018), 558, 589.

können. Eine Klausel, die den vollständigen Untergang sämtlicher Rechtspositionen vorsieht, verstößt jedoch gegen den wesentlichen Grundgedanken des vertragstypischen Elements des Mietrechts, nach welchem die Erben berechtigt sind, die Wohnung des Erblassers zu räumen. Schließlich ist hier das Abweichungsinteresse der Diensteanbieter von nicht allzu großer Bedeutung. Sie haben die Möglichkeit, das Konto dem Datenverkehr zu entziehen, sodass eine Vermischung der Daten nicht geschieht. Das Interesse der Erben und des Erblassers ist demgegenüber – wie bereits erläutert – unter anderem von großer Bedeutung für die Nachlassabwicklung. Auch widerspricht des dem wesentlichen Grundgedanken der postmortalen Privatautonomie, wenn der Erblasser durch Allgemeine Geschäftsbedingungen durch nicht einmal über die Zuordnung der Kontoinhalte verfügen kann. Dies betrifft auch die Fälle gesetzlicher Nachfolge, da es bei der Inhaltskontrolle nicht darauf ankommt, ob der Vertragspartner des Verwenders die ihm zustehenden Rechte tatsächlich ausübt oder ausüben möchte. Es reicht aus, dass ihn diese Regelung abstrakt in seinem Recht beschränkt, selbst über das Schicksal seines Vermögens nach dem Tod zu entscheiden. Dies ergibt sich aus dem objektiven Charakter des AGB-Rechts.

(2) Beendigungsklauseln bzw. Abwicklungsklauseln

Als Beendigungsklauseln bzw. Abwicklungsklauseln werden vorliegend solche Klauseln bezeichnet, die die Beendigung eines Nutzungsverhältnisses mit dem Tod des Nutzers vorsehen, aber gleichzeitig den Erben das Recht einräumen, sich (für eine gewisse Zeit) im Account des Erblassers anzumelden, um die vom Erblasser generierten Inhalte vollständig zu sichten und ggf. zu speichern. Sie untersagen also nur die Fortführung des Kontos, räumen den Erben aber gleichzeitig eine Zugriffsmöglichkeit auf die Daten des Erblassers ein. Eine solche Klausel würde de facto eine Abwicklung des Nutzungsverhältnisses bedeuten, wie es etwa beim Nießbrauch oder beim Mietverhältnis in der *analogen Welt* der Fall ist.[872] Durch derartige Klauseln wird die postmortale Privatautonomie des Erblassers bezüglich der Weiterführung des Nutzungsverhältnisses beschränkt. Da allerdings in dieser Hinsicht den Diensteanbietern ein grundsätzliches Abweichungsinteresse nicht abgesprochen werden kann, erscheint es durchaus möglich, die postmortale Privatautonomie des Erblassers in diesem Sinne einschränken zu können: Der Fokus der Erben liegt ohnehin auf einer geordneten Sichtung und Speicherung der Inhalte und ihr Interesse, den Account wie der Erblasser selbst fortzuführen, erscheint nicht besonders schützenswert. Schließlich können diese, da regelmäßig bei E-Mail-Diensten oder sozialen Netzwerken keine großen Zugangshürden bestehen, eigene Verträge mit den Diensteanbietern abschließen.[873] Demgegenüber ist das Interesse der Diensteanbieter durchaus nachvollziehbar, die Erben nicht unter fremden Namen den Account einer anderen Person fortführen zu lassen. Es sprechen zudem Authentizitätbedürfnisse des Rechtsverkehrs[874] für die Wirksamkeit einer Beendigungsklausel. Daher kann in Beendigungsklauseln aufgrund des Abweichungsinteresses der Diensteanbieter kein Verstoß gegen den wesentlichen Grundgedanken der postmortalen Privatautonomie erblickt werden. Das Abweichungsinteresse der Diensteanbieter überwiegt gegenüber dem Fortführungsinteresse der Erben sowie dem Interesse des Erblassers, dass diese den Account wie er selbst fortführen kann.

(3) Zwischenergebnis

Bei reinen Unvererblichkeitsbestimmungen, die zum vollständigen Erlöschen des Rechtsverhältnisses zwischen Erblasser und Diensteanbieter führen, ist in Hinblick auf das oben Gesagte davon auszugehen, dass es sich hierbei um Regelungen handelt, die mangels überwiegendem Abweichungsinteresse mit dem Grundgedanken der

872 *Pohlmann*, in: MüKoBGB, BGB § 1061 Rn. 14.
873 So bereits *Budzikiewicz*, AcP 218 (2018), 558, 590.
874 *Sorge*, MMR 2018, 372, 374.

postmortalen Privatautonomie sowie des mietrechtlichen Charakter der Nutzungsverhältnisse unvereinbar sind.[875] Der Erblasser hat keine Möglichkeit mehr, das Schicksal seiner Daten im Todesfall autonom zu bestimmen. Ist der Erblasser einmal verstorben und hat keine Vorsorge getroffen, sind auch die Erben vollständig von einem Zugriff auf die Daten ausgeschlossen. Anders würde sich die Rechtslage bei Beendigungsklauseln bzw. Abwicklungsklauseln gestalten, da hier ein Interesse des Diensteanbieters an der Beendigung des Nutzungsverhältnisses überwiegen kann. Eine Klausel ist somit solange wirksam, wie sie dem Erblasser ein Mindestmaß an Verfügungsmöglichkeit über die Bestandteile des Nutzungsverhältnisses im Todesfall belässt. Eine Klausel über die Beendigung der Nutzungsverhältnisse ist somit wirksam, soweit der Erblasser nur über die *Kontoinhalte*, namentlich die Löschung oder die Weitergabe an die Erben verfügen, kann.

c. § 307 Abs. 1, Abs. 2 Nr. 2 BGB

Vor dem gleichen Hintergrund wird in der Literatur ein Verstoß gegen § 307 Abs. 1, Abs. 2 Nr. 2 BGB diskutiert.[876] Demnach sind Regelungen in allgemeinen Geschäftsbedingungen unwirksam, die wesentliche Rechte oder Pflichten, die sich aus der Natur des Vertrags ergeben, so einschränken, dass die Erreichung des Vertragszwecks gefährdet ist. Dies ist dann der Fall, wenn sich der Verwender durch die Klauseln von sog. *Kardinalpflichten*[877] freizeichnet.[878] Die Ausführungen hierzu können inhaltlich kürzer ausfallen, da sich die Tatbestände der

875 *Redeker*, in: Stellungnahme DAV 34/2013, S. 64; *Budzikiewicz*, AcP 218 (2018), 558, 572; *Kutscher*, S. 126; *Seidler*, S. 67 f. Siehe auch OLG Dresden, NJW-RR 2013, 27, wonach dem Nutzer ein Anspruch auf Schadensersatz nach §§ 280 Abs. 1, 242 Abs. 2 BGB zusteht, wenn der Diensteanbieter die sich auf dem E-Mail-Server befindlichen Daten frühzeitig löscht.

876 Bericht der Arbeitsgruppe »Digitaler Neustart«, S. 359; *Budzikiewicz*, AcP 218 (2018), 558, 589; *Gloser*, DNotZ 2016, 545, 548 f.; *Kutscher*, S. 126; *Redeker*, in: Stellungnahme DAV 34/2013, S. 64.

877 *Wendland*, in: Staudinger, BGB § 307 Rn. 275 f.; *Kappus* NJW 2006, 15, 16.

878 In diesem Zusammenhang auch Bericht der Arbeitsgruppe »Digitaler Neustart«, S. 359; *Grüneberg*, in: Palandt, BGB § 307 Rn. 37.

§ 307 Abs. 2 Nr. 1 und Nr. 2 teilweise überschneiden;[879] eine mit dem wesentlichen Grundgedanken einer Vorschrift unvereinbare Regelung kann ebenso vertragszweckgefährdend sein.[880] Eine vertiefte Untersuchung des § 307 Abs. 1, Abs. 2 Nr. 2 BGB würde in der vorliegenden Untersuchung zu unnötigen Wiederholungen führen. Dennoch ist hierzu noch eines klarzustellen: Nach richtiger Auffassung gehört zu Lebzeiten sowohl die fortdauernde Gewährung des Dienstes als auch der Zugriffsmöglichkeit auf die Inhalte zu den Hauptleistungspflichten des Diensteanbieters gegenüber dem Nutzer.[881] Demgemäß wären sowohl Abwicklungs- als auch Erlöschensklauseln in diesem Sinne vertragszweckgefährdende Einschränkungen der wesentlichen Vertragspflichten des Diensteanbieters.[882]

Besonders bedeutsam ist hier die Frage, nach welchen Maßstäben der Vertragszweck bzw. die Natur des Vertrages ermittelt wird. Denn für den Erblasser ist der Vertragszweck ein anderer als für die Erben: Während das Kerninteresse des Ersteren in der Nutzung der Dienste liegt, sind Letztere im Wesentlichen an der Sichtung bzw. Speicherung der Inhalte bzw. Abwicklung interessiert. Mit dem Todesfall ändert sich somit perspektivisch der Vertragszweck. Zur Beantwortung dieser Frage kann zu den oben getroffenen Erwägungen zum sachlichen Anwendungsbereich der Inhaltskontrolle rekurriert werden. Wenn bereits der Anwendungsbereich der Inhaltskontrolle auf die Erben umgemünzt werden kann, kommt es im Todesfall bei der Überprüfung der konkreten Klausel dogmatisch auch nur auf diejenigen vertragstypische Leistungs- und Schutzerwartungen an, die die Erben redlicherweise hegen dürfen.[883] Der Begriff des *Vertragszwecks* ist im Sinne einer berechtigten, zentralen Leistungserwartung des Ver-

879 *Fuchs*, in: Ulmer/Brandner/Hensen, AGB, BGB § 307 Rn. 1977.
880 *Fuchs*, in: Ulmer/Brandner/Hensen, AGB, BGB § 307 Rn. 197.
881 *Budzikiewicz*, AcP 218 (2018), 558, 589 f.
882 *Budzikiewicz*, AcP 218 (2018), 558, 589 f.; Bericht der Arbeitsgruppe »Digitaler Neustart«, S. 359 f.
883 *Wendland*, in: Staudinger, BGB § 307 Rn. 262.

tragspartners zu verstehen.[884] Dies gilt relativ gegenüber der Person, die die Klausel tatsächlich betrifft. Für die Unvererblichkeitsbestimmungen von Facebook, Google und Yahoo! muss also differenziert werden, wen die Klauseln in welcher Hinsicht treffen.

Zunächst besteht der *Vertragszweck* im Sinne der Vorschrift aus Sicht des Erblassers nicht darin, diesem eine Verfügungsmöglichkeit von Todes wegen über das Nutzungsverhältnis einzuräumen. Zwar wird die Gestaltungsmacht mortis causa eingeschränkt, dies betrifft aber nicht unmittelbar den Zweck des Vertrages im Sinne der Leistungs- und Schutzerwartung. Diese bezieht sich zu Lebzeiten lediglich darauf, dass die Inhalte nicht unvermittelt gelöscht werden, solange das Nutzungsverhältnis besteht und wenn es endet.[885]

Da die Erben im gesetzlichen Regelfall grundsätzlich vollständig in das Nutzungsverhältnis einrücken, werden die wesentlichen Rechte und Pflichten des Diensteanbieters aus dem Vertrag ausgehöhlt. Diese können sowohl bei Beendigungsklauseln (bzw. Befristungen) wie auch bei Erlöschensklauseln das Vertragsverhältnis nicht fortführen. Daher liegt auf den ersten Blick eine Vertragszweckgefährdung vor. Einerseits könnte man bereits mit dem oben Gesagten das Vorliegen eines Vertragszweckes überhaupt ablehnen: Die Erben genießen aufgrund des überwiegenden Interesses der Diensteanbieter an der Beendigung des Vertrages kein schützenswertes Interesse an der Fortführung des Nutzungsverhältnisses, sodass das Tatbestandsmerkmal des Vertragszwecks bereits nicht erfüllt ist. Auf eine umfassende Interessenabwägung im Rahmen des Tatbestandsmerkmals der Vertragszweckgefährdung kommt es damit nicht mehr an. In Hinblick auf die Abwicklung des Nutzungsverhältnisses gilt dies aber gerade nicht. Die Erben haben eine berechtigte Schutz- und Leistungserwartung in Hinblick auf die geordnete Abwicklung des Nutzungsverhältnisses, da ihnen aufgrund der in § 307 Abs. 2 Nr. 1 BGB berücksichtigungspflichtigen Erblasserinteressen der Abwicklung nicht entzogen

884 *Wendland*, in: Staudinger, BGB § 307 Rn. 275 f.

885 Vgl. OLG Dresden, NJW-RR 2013, 27.

werden kann. Somit ist ein Vertragszweck hier in dieser konkreten Form anzunehmen.

Das Merkmal der Vertragszweckgefährdung enthält weiterhin eine Wertungsstation, die eine umfassende Interessenabwägung gebietet.[886] Diese fällt hier zu Gunsten der Erben aus. Die Verweigerung der Abwicklung stellt eine absolute vertragszweckgefährdende Einschränkung der Durchführung des Abwicklungsverhältnisses dar. Somit kann zusammenfassend gesagt werden, dass die Diensteanbieter zwar im Rahmen des § 307 Abs. 1, Abs. 2 Nr. 2 BGB ein berechtigtes Abweichungsinteresse in der Form haben, dass das Nutzungsverhältnis nicht von den Erben fortgeführt wird. Die Abwicklung des Schuldverhältnisses darf den Erben jedoch nicht genommen werden.

d. Generalklausel des § 307 Abs. 1 S. 1 BGB

Da bereits die Regelbeispiele des § 307 Abs. 2 BGB tatbestandlich erfüllt sind, bedarf die Unangemessenheit der hier behandelten Klauseln im Rahmen der Generalklausel des § 307 Abs. 1 S. 1 BGB keiner umfassenden Begründung mehr, da es hier oft zu Überschneidungen kommt. Wie bereits angemerkt, besteht der Unterschied beider Absätze darin, dass bei der Generalklausel nicht nur nach dem Abweichungsinteresse des Verwenders gefragt wird, sondern eine *offene* Abwägung stattfindet.[887] Eine vollständige Betrachtung des § 307 Abs. 1 S. 1 BGB würde zu unnötigen Wiederholungen führen. Nur einige Aspekte seien hier noch erwähnt, die bisher keine Beachtung finden konnten.

Sowohl die absolute Unvererblichkeitsbestimmung als auch die Gedenkzustandsregelung stellen im Sinne des § 307 Abs. 1 S. 1 BGB unangemessene Benachteiligungen des Erblassers dar. Dieser kann weder über die Löschung noch über die Abwicklung des Nutzungsvertrages verfügen. Eine Klausel, die lediglich die Beendigung des Nutzungsverhältnisses vorsieht, ist demgegenüber nicht zu beanstan-

886 *Wendland*, in: Staudinger, BGB § 307 Rn. 279 f.

887 *Wendland*, in: Staudinger, BGB § 307 Rn. 85; *Wurmnest*, in: MüKoBGB, BGB § 307 Rn. 24 f.

den. Dies führt zu dem Ergebnis, dass die Erben zumindest in ein Abwicklungsverhältnis eintreten, aus welchem sie eigene Rechte herleiten können. Es stellt in diesem Sinne eine unangemessene Benachteiligung der Erben dar, wenn diese nicht wie der Erblasser selbst bei einer (sonstigen) Beendigung des Vertrages die Daten weder speichern noch einsehen könnte.

Im Rahmen von § 307 Abs. 1 S. 1 BGB ist im Besonderen auf die sog. *Legitimationsklauseln* einzugehen, denen im Falle der Inaktivitätsregelung von Google und den Regelungen von Facebook zwei Aussagen zu entnehmen sind. Im Folgenden wird von der Situation ausgegangen, dass der Erblasser in den Kontoeinstellungen keine Vorsorge für den Fall seines Todes getroffen hat. Weiterhin wird davon ausgegangen, dass die Erben zumindest in ein Abwicklungsverhältnis mit dem Diensteanbieter eintreten. Zum einen hat der Antragsteller sowohl bei Google als auch bei Facebook einige Dokumente beizubringen, damit der Antrag durch den jeweiligen Diensteanbieter bearbeitet wird. Hat der Erbe die vom Diensteanbieter geforderten Unterlagen über die Homepage des Diensteanbieters hochgeladen, bedeutet dies jedoch noch nicht, dass dieser auch Einsicht in die Unterlagen erhält, oder diese sichern kann. Auf zweiter Stufe folgt bei beiden Anbietern eine Ermessensentscheidung über die tatsächliche Herausgabe der Inhalte. Google und Facebook können gemäß ihrer Klauseln somit im Sinne (oder nach dem Rechtsgedanken[888]) des § 315 BGB[889] im Einzelfall einseitig bestimmen, ob sie Inhalte herausgeben oder nicht.[890] Um sich bei der Verwendung von Allgemeinen Geschäftsbedingungen in den Grenzen des Zulässigen zu bewegen, muss die berechtigte Partei (hier: Diensteanbieter) eine objektive Entscheidung treffen, die das Ergebnis einer Abwägung der Interessen der Vertragspartner darstellt, sog. *billiges Ermes-*

888 Vgl. BGH, NJW 3716, 3717 Rn. 27 f.

889 Klauseln dieser Art sind kontrollfähig und unterliegen damit der Inhaltskontrolle, *Fuchs*, in: Ulmer/Brandner/Hensen, AGB, BGB § 307 Rn. 173.

890 A.A. *Kunz*, in: Staudinger, BGB § 1922 Rn. 596.17.

sen.[891] Die Einräumung eines höheren Maß an Entscheidungsfreiheit für den Bestimmungsberechtigten – etwa die Einräumung eines freien oder einfachen Ermessen[892] – stößt bereits dem Grunde nach auf AGB-rechtliche Bedenken.[893]

Google fordert für die Schließung des Kontos durch die Erben eine notariell beglaubigte Übersetzung der Sterbeurkunde des Erblassers. Für den Zugriff auf das Konto ist darüber hinaus eine gerichtliche Verfügung aus den Vereinigten Staaten erforderlich, damit der Antrag auf Herausgabe der Informationen genehmigt wird. Auch Facebook fordert für die Herausgabe der Inhalte eine beglaubigte Übersetzung der Sterbeurkunde. Nach richtiger Ansicht in der Literatur kann zur Beurteilung der Angemessenheit dieser Erbnachweisklauseln die zu Banken-AGB ergangene Rechtsprechung[894] herangezogen werden,[895] selbst wenn es bei dem Zugriff zu Bankkonten um gewichtige finanzielle Interessen geht. Die vorangegangene Untersuchung hat gezeigt, dass auch bei E-Mail-Accounts und sogar Facebook finanzielle Interessen berührt sind, da sich die Erben über die Verbindlichkeiten und laufenden Vertragsbeziehungen des Erblassers einen Überblick verschaffen müssen.[896] Nicht nur die Beantragung eines Erbscheins ist mit nicht unerheblichen Kosten verbunden. Für die geforderten Unterlagen von Facebook und Google fallen zum einen Kosten für die Übersetzung als auch Kosten für die Beglaubigung an. In Hinblick auf die Transaktionskosten (Aufwand und finanzielle Belastung) stehen die gegenständlichen Klauseln den Banken-AGB, die Gegenstand der Rechtsprechung waren, in nichts nach. Erbnachweisklauseln stel-

891 Vgl. BGH, WRP 2005, 1253 ff. Siehe zu den verschiedenen Entscheidungsmaßstäben bei § 315 BGB, *Gottschalk*, S. 95 ff.

892 *Gottschalk*, S. 102.

893 *Fuchs*, in: Ulmer/Brandner/Hensen, AGB, BGB § 307 Rn. 173 ff.; BGH, NJW 1984, 1182 ff.

894 Siehe nur BGH, NJW 2013, 3716; *Bunte*, in: Schimansky/Bunte/Lwowski, Bankrechts-Handbuch, § 10 Rn. 1.

895 *Kutscher*, S. 124 f.; *Redeker*, in: Stellungnahme DAV 34/2013, S. 63; *Leipold*, in: MüKoBGB, BGB § 1922 Rn. 45, 220.

896 *Budzikiewicz*, AcP 218 (2018), 558, 562.

len nach der zu Recht h.M. eine unangemessene Benachteiligung des Erblassers[897] sowie der Erben dar. Der BGH führt an, der Nachweis des Erbrechts könne im konkreten Fall in anderer Form erbracht werden.[898] Starre Legitimationsklauseln berücksichtigen nicht, ob das Erbrecht im Einzelfall überhaupt streitig bzw. klärungsbedürftig ist und ob es auch auf eine einfachere und kostengünstigere Art nachgewiesen werden könnte.[899] Dies gilt vor allem für die Vorlage eines Beschlusses eines Gerichts aus den Vereinigten Staaten.[900]

Ein weiterer Aspekt spricht gegen die Angemessenheit dieser Klauseln, der oben bereits kurz angesprochen wurde. Selbst wenn die erforderlichen Unterlagen bei Google oder Facebook durch die Erben vorgelegt werden, bedeutet dies nicht, dass die Inhalte auch offengelegt werden. Sowohl Google als auch Facebook behalten sich auch in diesem Falle die Offenlegung der Kontoinhalte nach eigenem freien Ermessen vor. Das bedeutet aus Sicht des Erblassers nicht nur bereits dann ein finanzielles Risiko, wenn er die geforderten Unterlagen beigebringt, sondern beeinträchtigt darüber hinaus die Transparenz dieser Regelungen, da aus ihnen nicht klar wird, nach welchen Kriterien die Offenlegung beschieden wird.[901] Diese Klauseln verstoßen deshalb gegen § 307 Abs. 1 BGB, weil die Erben bis zum Zeitpunkt der Ausübung der Ermessenentscheidung im Ungewissen über die Entscheidung der Diensteanbieter bleiben und darüber hinaus mangels möglicher Einspruchsmöglichkeiten die Entscheidung durch die Diensteanbieter letztlich hinnehmen müssen.[902] Auch über den Umfang der Rechtseinräumung bestehen erhebliche Unklarheiten.[903] Dem Interesse der Diensteanbieter, dass nur legitimierte Per-

897 LG Dortmund, BeckRS 2013, 10123.
898 BGH, NJW 2013, 3716, 3717 Rn. 24.
899 BGH, NJW 2013, 3716, 3717, a. A. *Harter*, BKR 2013, 303, Anmerkung zu OLG Hamm, Urt. v. 1. 10. 2012 – I-31 U 55/12, VuR 2013, 180.
900 So zu Recht *Kutscher*, S. 125.
901 *Fuchs*, in: Ulmer/Brandner/Hensen, AGB, BGB § 307 Rn. 174.
902 Vgl. *Fuchs*, in: Ulmer/Brandner/Hensen, AGB, BGB § 307 Rn. 174.
903 Vgl. *Redeker*, in: Hoeren/Sieber/Holznagel, Handbuch Multimedia-Recht, Kap. 12 Rn. 433.

sonen Zugang zu den Konten erhalten, kann auch auf eine weniger einschneidende Maßnahmen erreicht werden, etwa indem sich der Diensteanbieter im Einzelfall das Erbrecht auf andere Weise darlegen lässt.

4. Zwischenergebnis und Zusammenfassung

Die oben genannten Klauseln sind teilweise unwirksam, da sie gemäß § 307 Abs. 1 BGB den Erblasser bzw. dessen Erben entgegen den Geboten von Treu und Glauben *unangemessen* benachteiligen. Sie sind nicht geeignet, die widerstreitenden Interessen der Beteiligten angemessen zum Ausgleich zu bringen.[904] Die hier behandelten Diensteanbieter nehmen in unangemessener Weise übermäßige einseitige Gestaltungsmacht in Anspruch. Die Interessenlage der Beteiligten hat sich als vielschichtig und teilweise gegenläufig erwiesen. Aus Sicht der Diensteanbieter ist die Fortführung der Accounts durch die Erben problematisch: Für das Geschäftsmodell *soziales Netzwerk* ist es wenig zuträglich, wenn jeder Nutzer damit rechnen müsste, dass die Erben unter dem Namen des Erblassers weiterhin aktiv sein könnten. An der Fortführung der Konten haben die Erben regelmäßig auch kein Interesse. Daher sind Klauseln, die das Nutzungsverhältnis beenden und in ein Abwicklungsverhältnis *umwandeln*, wirksam. Dies kann z. B. dadurch erreicht werden, indem den Erben für eine gewisse Dauer Zugang zum Account gewährt wird, ohne dass die eigentlichen Funktionen des Netzwerks nutzbar sind (sog read only- Zugang[905]). Es ist essenziell für das Erbrecht, den Erben die Möglichkeit zu geben, auf die Hinterlassenschaften des Erblassers zuzugreifen. Eine deartige Lösung könnte teilweise durch die Verabschiedung des § 327p BGB-RefE gesetzlich verankert werden. Dann wären die Diensteanbieter berechtigt, in ihren Nutzungsverträgen AGB zu implementieren, auf-

904 Vgl. *Roloff*, in: Erman, Bd. 1, BGB § 307 Rn. 9.
905 BGH, MMR 2020, 688, 691 Rn. 42 ff.

grund derer das Nutzungsverhältnis mit dem Tod des Nutzers beendet wird. Der Anspruch aus § 327p Abs. 3 BGB, wonach der Nutzer bzw. seine Erben einen Anspruch auf Übermittlung ihrer Daten (exklusive personenbezogener Daten) haben, dürfte in Einklang mit den vorstehenden Erwägungen demgegenüber nicht ausgeschlossen werden.

Die Interessen der Diensteanbieter wiegen in dieser Hinsicht nicht derart schwer, dass man bei dem Nutzungsverhältnis zwischen Nutzer und Diensteanbieter von einem Rechtsverhältnis ausgehen müsste, das vollständig inklusive aller Inhalte erlöschen müsste. Bestimmungen, die dies vorsehen, verstoßen gegen den wesentlichen Grundgedanken der postmortalen Privatautonomie und widersprechen dem mietrechtlichen Charakter der Nutzungsverträge. Die Erben treten *mindestens* in ein Abwicklungsverhältnis mit dem Diensteanbieter ein. Dadurch werden die Interessen aller Beteiligten gewahrt, indem nur die fortdauernde Nutzung durch die Erben durch AGB eingeschränkt wird. Diese Klauseln sind im Sinne der AGB-Vorschriften auch nicht unangemessen, da die Erben für die Nutzung der angesprochenen Dienste eigene Verträge mit den Diensteanbietern abschließen können. Sobald die Erben in dieses Abwicklungsverhältnis eingetreten sind, gelten die Bestimmungen auch ihnen gegenüber unmittelbar. Die Klauseln, wonach die Erben zum Nachweis des Erbrechts eine beglaubigte Übersetzung der Sterbeurkunde vorlegen müssen und die Diensteanbieter nach freiem Ermessen entscheiden können, ob sie die Inhalte tatsächlich offenlegen, stellen eine unangemessene Benachteiligung der Erben dar und sind nach ständiger Rechtsprechung unwirksam.

Diese Ausführungen gelten unter der Prämisse, dass der Diensteanbieter keine Verhaltenspflichten, die er gegenüber den anderen Nutzern hat, verletzt. In Betracht kommen Verletzungen des Telekommunikationsgeheimnisses oder des Datenschutzes. Die Erörterung dieses Aspekts ist Gegenstand des folgenden Teils.

4. Teil: Medienrechtliche Gesichtspunkte

Der Fortführung der virtuellen Nutzerkonten bzw. der Gewährung des Zugangs zu den Dateien durch die Erben können datenschutz- und kommunikationsrechtliche Gesichtspunkte entgegenstehen. Zuvor wurde geklärt, dass das Nutzungsverhältnis grundsätzlich auf die Erben übergeht, soweit die Diensteanbieter keine (wirksamen) Allgemeinen Geschäftsbedingungen in die Verträge einbezogen haben, die Gegenteiliges vorsehen.

Die Betrachtung dieses rein vertrags- bzw. erbrechtlichen Befundes wäre jedoch unvollständig. Die Besonderheit im Online-Bereich besteht darin, dass durch die Offenlegung der Konten durch die Diensteanbieter medienrechtliche Gesichtspunkte tangiert werden, die der praktischen Realisierung des Erbrechts entgegenstehen können. So wird diskutiert, ob auf Seiten des Erblassers dessen aus Art. 1 Abs. 1 GG abgeleitetes Persönlichkeitsrecht oder dessen Recht auf informationelle Selbstbestimmung (Art. 2 Abs. 1 i.V.m Art. 1 Abs. 1 GG) der Weitergabe privater Kommunikation bzw. der Kommunikationsinhalte dem Erbrecht entgegenstehen kann. Auch datenschutzrechtliche Gesichtspunkte, etwa aus der DSGVO, können tangiert sein. Allem voran wird jedoch in der Literatur diskutiert, ob das aus Art. 10 GG abgeleitete und in § 88 Abs. 3 TKG seine einfachgesetzliche Ausprägung findende Fernmeldegeheimnis der Realisierung des erbrechtlichen Übergangs entgegenstehen kann.[906] Diese Aspekte gelten nicht nur für den Erblasser selbst, sondern vor allem für dessen Kommunikationspartner, deren Interessen in diesen Bereichen ebenso Berücksichtigung finden.

In diesem Teil ist vorab zu erörtern, in welchem Verhältnis das Erbrecht zu diesen medienrechtlichen Gesichtspunkten steht und wie sich ein Offenlegungsverbot des Diensteanbieters dogmatisch auf das Erbrecht auswirken könnte.

906 *Budzikiewicz,* AcP 218 (2018), 558, 577 ff.; *Fußeder*, S. 148 ff.; *Hoeren*, NJW 2005, 2113, 2115; *Mayen*, in: Stellungnahme DAV 34/2013, S. 66 ff.; *Deusch*, ZEV 2014, 2, 5 f.; *Leeb,* K&R 2014, 693, 698; *Bräutigam, in: Burandt/Rojahn*, BGB § 1922, Anhang. Digitaler Nachlass Rn. 18 ff; *Pruns*, NWB 2014, 2177 ff.; *Steiner/Holzer*, ZEV 2015, 262, 264; *Solmecke/Köbrich/Schmitt*, MMR 2015, 291, 292; *Brisch/Müller-ter Jung*, CR 2013, 446, 450 f.; *Herzog*, in NK-Nachfolgerecht, Digitaler Nachlass, Rn. 54 ff.; *Martini/Kienle*, JZ 2019, 235.

A. Rechtsnatur eines Zugangsverbots

Es steht fest, dass der Übermittlung der entsprechenden Kontoinhalte in Hinblick auf datenschutzrechtliche Erwägungen praktisch Grenzen gesetzt sein können.[907] In der Literatur ist bisher nur kursorisch diskutiert worden, auf welche Weise sich die Regelungen des Datenschutzes oder des Fernmeldegeheimnisses dogmatisch auf das Erbrecht auswirken bzw. dem Erbrecht *Grenzen* setzen.[908] Einerseits könnte man annehmen, eine einschlägige medienrechtliche Schutzvorschrift eröffne eine Abwägung zwischen Erbrecht und Medienrecht. Andererseits könnte in den mit dem Erbrecht konfligierenden medienrechtlichen Vorschriften ein gesetzliches Verbot im Sinne des § 134 BGB zu erblicken sein oder ein Fall der rechtlichen Unmöglichkeit[909] gemäß § 275 Abs. 1 BGB vorliegen.

I. Erbrechtliche Lösung und Abwägungsentscheidung

Teilweise wird in der Literatur vertreten, der Konflikt zwischen Medienrecht und Erbrecht werde durch eine Abwägung entschieden.[910] Medienrechtliche Erwägungen bzw. Vorschriften müssten sich dem-

907 *Budzikiewicz*, AcP 218 (2018), 558, 577.

908 Der BGH, befasst sich in der Tat nicht konkret mit dieser Frage, sondern diskutiert lediglich abstrakt, ob »das postmortale Persönlichkeitsrecht der Erblasserin der Vererbbarkeit digitaler höchstpersönlicher Inhalte« oder dem Fernmeldegeheimnis entgegenstehe, vgl. BGH, MMR 2018, 740, 745 Rn. 52.

909 So *Telle*, K&R 2017, 510, 511.

910 *Brinkert/Stolze/Heidrich*, ZD 2013, 153, 155; *Willems*, ZfPW 2016, 494, 507 f.; *Klas/Möhrke-Sobolewski*, NJW 2015, 3473, 3477; *Kunz*, in: Staudinger, BGB § 1922 Rn. 596.7 hält demgegenüber eine Abwägung für nicht erforderlich, da das postmortale Persönlichkeitsrecht nicht mit dem Erbrecht konfligiere; *Bock*, AcP 217 (2017), 370, 389, die mit Verweis auf BVerfG, NJW 2001, 2957, 2959; BGH, NJW 2014, 3786, 3788 meint, beim postmortalen Persönlichkeitsschutz könne keine Abwägung stattfinden, da der Schutz des Art. 1 Abs. 1 GG bei Verletzungen abwägungsfrei vorgehe. Der vermögensrechtliche Bestandteil des Persönlichkeitsrechts gehe ohnehin auf die Erben über.

gemäß dogmatisch *unmittelbar* auf den erbrechtlichen Übergang auswirken, sodass die einschlägigen Normen solche sind, bei denen sich die Unvererblichkeit (im weiteren Sinne) *aus dem Gesetz* bzw. aus einer gesetzlich angeordneten Abwägung ergibt. In diesem Sinne wäre z. B. § 88 Abs. 3 TKG für das Fernmeldegeheimnis bei Vorliegen aller Tatbestandsvoraussetzungen eine Norm, die wie § 1061 BGB unmittelbar auf den Übergang von Todes wegen wirkte, sodass die Kommunikationsinhalte von vornherein nicht in den Nachlass fielen. Diese Positionen wären in der Folge den unvererblichen Positionen zuzuordnen. Wohl auf diesem Gedanken aufbauend ist *Willems* der Auffassung, das *Erbrecht* (Art. 14 GG), das *Fernmeldegeheimnis* in verfassungsrechtlicher (Art. 10 GG) und einfachgesetzlicher (§ 88 Abs. 3 TKG) Ausgestaltung sowie der postmortale Persönlichkeitsschutz (Art. 1 Abs. 1 GG) und der Datenschutz stünden in freier Konkurrenz zueinander, sodass zwischen den betroffenen Grundrechten der Beteiligten im Sinne *Konrad Hesses* praktische Konkordanz zu erzielen sei.[911] Gemäß diesem Gedanken muss zwischen den konfligierenden Interessen bzw. Grundrechten also eine *offene* Abwägung stattfinden, die dann in jedem Einzelfall zu unterschiedlichen Ergebnissen führen kann. In den Fällen etwa, in denen konkrete legitime Interessen am Erbrecht oder der Testierfreiheit den Geheimhaltungsinteressen an der Vertraulichkeit der Kommunikation unterliegen, sei eine Rechtsposition unvererblich.[912] Dieser Lösung folgte – allerdings ausschließlich in Hinblick auf das postmortale Persönlichkeitsrecht[913] – das KG in der populären *Facebook-Entscheidung.*[914]

---

911 *Willems*, ZfPW 2016, 494, 507 f.; *Brisch/Müller-ter Jung*, CR 2013, 446, 449 f.; *Solmecke/Köbrich/Schmitt*, MMR 2015, 291, 292; *Herzog*, in NK-Nachfolgerecht, Digitaler Nachlass, Rn. 65; *Herzog*, NJW 2013, 3745, 3751.

912 *Willems*, ZfPW 2016, 494, 511; *Pruns*, NWB 2014, 2175, 2177 ff.

913 Das Fernmeldegeheimnis des Erblassers führe im Gegensatz dazu zur rechtlichen Unmöglichkeit im Sinne des § 275 Abs. 1 BGB, vgl. KG Berlin, ZEV 2017, 389, 390 Rn. 68; *Kunz*, in: Staudinger, BGB § 1922 Rn. 627.

914 KG, ZEV 2017, 389, 390 Rn. 64; vgl. auch *Kunz*, in: Staudinger, BGB § 1922 Rn. 596.7; *Bock*, AcP 217 (2017), 370, 384.

II. Rechtliche Unmöglichkeit oder Verstoß gegen § 134 BGB

Andererseits könnte, soweit eine medienrechtliche Vorschrift einschlägig ist, ein Fall rechtlicher Unmöglichkeit im Sinne von § 275 BGB vorliegen, soweit der Diensteanbieter gemäß eines entsprechenden normativen Regelungsbefehls zur Verweigerung des Datenzugriffs verpflichtet ist.[915] Ein Fall rechtlicher Unmöglichkeit liegt im Grundsatz dann vor, wenn der geschuldete Erfolg aus Rechtsgründen nicht herbeigeführt werden *kann* oder herbeigeführt werden *darf*.[916] In den Fällen, in denen der geschuldete Erfolg nicht herbeigeführt werden *kann*, erkennt die Rechtsordnung den angestrebten Erfolg schlicht nicht an bzw. sieht ihn gar nicht erst vor.[917] Beispielhaft ist hier die Veräußerung des Nießbrauchs oder die Veräußerung einer Sache zu nennen, die nicht verkehrsfähig ist (*res extra commercium*).[918] Der Nießbraucher *kann* aufgrund von § 1059 BGB den Nießbrauch nicht veräußern, selbst wenn er dies wollte. Auch ein Reisepass kann nicht veräußert werden, da dieser im Eigentum der Bundesrepublik Deutschland steht und deshalb dem Rechtsverkehr entzogen ist.[919] In den Konstellationen, in denen der Schuldner den angestrebten Erfolg zwar erbringen *kann*, ihn aber nicht erbringen *darf*, verstößt das *Bewirken der Leistung* gegen die Rechtsordnung, die Leistungshandlung oder der Leistungserfolg sind verboten; der Schuldner *darf*

915 Hiervon geht ebenso das KG aus. Ist ein Diensteanbieter im Sinne von § 88 Abs. 3 TKG verpflichtet, dürfe »die Rechtsordnung einen entsprechenden Datenzugriff nicht anerkennen, vgl. KG, ZEV 2017, 389, 390 Rn. 68 mit Verweis auf BGH, NJW, 2014, 2651, 2652 zu § 12 Abs. 2 TMG; *Kunz*, in: Staudinger, BGB § 1922 Rn. 627; *Ernst*, in: MüKoBGB, BGB § 275 Rn. 41; *Caspers* in: Staudinger, BGB § 275 Rn. 39 ff; dem folgend *Martini/Kienle*, JZ 2019, 235; *Pockrandt*, S. 111 f.

916 *Ernst*, in: MüKoBGB, BGB § 275 Rn. 41; *Caspers* in: Staudinger, BGB § 275 Rn. 39; BGH, WM 2010, 410, 412 Rn. 23; BGH, MDR 1986, 392.

917 *Ernst*, in: MüKoBGB, BGB § 275 Rn. 42; *Riehm*, in: BeckOGK, BGB § 275 Rn. 110.

918 *Ernst*, in: MüKoBGB, BGB § 275 Rn. 42; *Caspers* in: Staudinger, BGB § 275 Rn. 39; *Servatius*, in: BeckOGK, BGB § 1059 Rn. 5; *Riehm*, in: BeckOGK, BGB § 275 Rn. 110.2 mit Verweis auf AG Heilbronn, NJW 1974, NJW 1974, 2182.

919 Vgl. AG Heilbronn, NJW 1974, 2182.

die Leistung nicht erbringen.[920] In solchen Fällen ist zu eruieren, ob dieses Leistungshindernis sich nicht schon insgesamt auf den Vertrag auswirkt und zu dessen Nichtigkeit nach § 134 BGB führt.[921] Es stellt sich also die Frage, ob dann ein Fall von § 134 BGB oder ein Fall von § 275 Abs. 1 BGB vorliegt.[922]

1. Abgrenzung der rechtlichen Unmöglichkeit zu § 134 BGB

Der BGH hat zur Übermittlung von Telekommunikations-Verkehrsdaten zum Zwecke des Forderungsverkaufs, die dem Schutz des Fernmeldegeheimnisses nach § 88 TKG unterfielen, die Nichtigkeit des *Abtretungsversprechens* nach § 134 BGB angenommen, da sie direkt auf eine unerlaubte Leistungshandlung gerichtet war.[923] Ebenfalls im Zusammenhang mit der Abtretung wurde diskutiert, ob ein Zedent mit der Weitergabe von Informationen über Art, Umfang und Anlass der Tätigkeit (personenbezogene Daten) gegen eine vertraglich geschuldete Schweigepflicht oder sogar gegen eine strafbewährte Schweigepflicht verstößt wie es bei Ärzten, Zahnärzten, Rechtsanwälten der Fall sein kann (§ 203 StGB).[924] In diesen Fällen kann die Zession als Rechtsgeschäft gegen § 134 BGB verstoßen. Im Hinblick auf eine Auskunftserteilung der zur Bereitstellung des Telemediums erhobenen Anmeldedaten gemäß § 12 Abs. 2 TMG sei der geschuldete Erfolg

920 *Ernst*, in: MüKoBGB, BGB § 275 Rn. 43; *Caspers* in: Staudinger, BGB § 275 Rn. 40.

921 Dies hat zur Folge, dass § 275 BGB mangels vertraglicher Leistungspflicht nicht anwendbar ist, siehe dazu *Riehm*, in: BeckOGK, BGB § 275 Rn. 111; *Jäpel*, beizeichnet die §§ 275, 311a BGB als lex specialis, S. 101

922 Für § 134 BGB, siehe *Bock*, AcP 207 (2017), 370, 405.

923 BGH, NJW 2013, 1092, 1093 Rn. 13 f. Verstößt der schuldrechtliche *Vertrag* als *Verpflichtungsgeschäft* bereits gegen § 134 BGB, stellt sich die Frage der Leistungsbefreiung infolge der rechtlichen Unmöglichkeit nicht mehr, da ein solcher Vertrag bereits nach § 134 BGB nichtig ist, vgl. *Riehm*, in: BeckOGK, BGB § 275 Rn. 112.

924 *Roth/Kieninger*, in: MüKoBGB, BGB § 399 Rn. 27; *Ernst*, in: MüKoBGB, BGB § 311a Rn. 25.

nach Auffassung des BGH jedoch *nur* rechtlich unmöglich; einen drohenden Verstoß gegen § 134 BGB prüfte der BGH in diesem Fall wiederum nicht.[925] Überträgt man diese Erkenntnisse auf erbrechtliche Konstellationen, ist bei der Entstehung des Anspruchs, also beim *Kausalgeschäft*, ein Verstoß gegen § 134 BGB auf den ersten Blick kaum vorstellbar, da der gesetzliche Übergang des Vermögens von Todes wegen rechtlich neutral ist und auch angenommen werden kann, dass er eine unerlaubte Leistungshandlung *intendiert*.[926] Hierzu fehlt es an einer bestimmten Zweckrichtung. Im Erbrecht kann aus dogmatischer Sicht nur die intendierte Erfüllung, also die (tatsächliche) Übermittlung der Kommunikationsinhalte, gegen ein gesetzliches Verbot verstoßen bzw. rechtlich unmöglich sein. Es gibt jedoch Fälle, bei denen der Vertrag nicht als nach § 134 BGB nichtig erachtet wurde, die Erbringung der Leistung durch den Schuldner gleichwohl nach § 134 BGB verboten war.[927] Daher schließt die Neutralität des erbrechtlichen Übergangs nicht per se die Anwendbarkeit des § 134 BGB aus. Fälle sind hier etwa das behördliche Verbot zur Durchführung eines an sich wirksamen Werkvertrages.[928] In diesem Fall ist nicht das Verpflichtungsgeschäft von der Rechtsordnung missbilligt, sondern nur die konkrete Ausführung verstößt gegen § 134 BGB. Zur Unterscheidung der Anwendungsbereiche von § 134 BGB und § 275 Abs. 1 BGB kommt es auf die jeweilige Normintention an.[929] § 134 BGB dient dem Schutz der Gesamtrechtsordnung und enthält ein pönales

925 BGH, NJW 2014, 2651, 2652 Rn. 9 mit Verweis auf BGH, NJW 2013, 152 Rn. 33; BGH, NZG 2010, 310, 312 Rn. 23. Es an einer erforderlichen datenschutzrechtlichen Ermächtigungsgrundlage, die zur Erfüllung des Auskunftsanspruchs erforderlich sei.

926 Grundsätzlich handelt es sich bei der Abtretung ebenfalls um ein neutrales Rechtsgeschäft. Das Abtretungsversprechen kann aber dann nach § 134 BGB nichtig sein, wenn sie von vornherein auf eine unerlaubte Leistungshandlung gerichtet ist, vgl. *Armbrüster*, in: MükoBGB, BGB § 134 Rn. 9.

927 *Ernst*, in: MüKoBGB, BGB § 275 Rn. 43.

928 *Ernst*, in: MüKoBGB, BGB § 275 Rn. 43 mit Verweis auf OLG Frankfurt, NJW-RR 1989, 981, 982; OLG Köln, BeckRS 1996, 4900 Rn. 3.

929 *Riehm*, in: BeckOGK, BGB § 275 Rn. 112.

Element, das durch die Verweigerung der rechtlichen Anerkennung gesetzeswidriger Vorgänge mit der Folge der umfassenden Nichtigkeit realisiert wird.[930] § 275 Abs. 1 BGB ist in dieser Hinsicht wertfrei und führt lediglich zu einem andauernden Leistungshindernis und schließt (nur) den Primärleistungsanspruch des Gläubigers aus.[931] Für die gegenständlichen Fälle kann in diesem Sinne festgehalten werden, dass der Übergang des Vermögens von Todes wegen zwar nicht im Sinne von § 134 BGB *verboten* und auch nicht *rechtlich unmöglich* ist, die tatsächliche Durchführung der aus den übergegangenen Verträgen gegenseitigen Verpflichtungen sich aufgrund medienrechtlicher Gesetze aber durchaus als rechtlich unmöglich im Sinne des § 275 Abs. 1 BGB oder als gesetzlich verboten erweisen kann. Insofern kommt es diesbezüglich in Einklang mit den oben getroffenen Erwägungen darauf an, ob die aus den vererbten Verträgen übergegangenen Leistungsversprechen gemessen am Zweck des § 134 BGB durch die Rechtsordnung pönalisiert werden (sollen) oder lediglich der Erfüllungsanspruch des Gläubigers entfallen soll.

Beispielsweise kommt einem Verstoß gegen § 88 TKG ein pönaler Charakter zu, da die Verletzung des Fernmeldegeheimnisses nach § 206 StGB strafbar ist und die Bundesnetzagentur (BNetzA) bei Nichtbeachtung des Fernmeldegeheimnisses die geschäftsmäßige Erbringung des betreffenden Dienstes ganz oder teilweise untersagen oder eine Geldbuße verhängen kann.[932] Somit kann in diesen Fällen durchaus die Verweigerung der rechtlichen Anerkennung einer gesetzeswidrigen Zugangsgewährung im Sinne von § 134 BGB erblickt werden, wodurch ein Verstoß gegen § 134 BGB anzunehmen wäre. Für diejenigen Bereiche, in denen das Leistungshindernis allerdings erst *nach Vertragsschluss* aufgetreten ist, kommt die rechtlichen Unmöglichkeit zum Tragen.[933]

930 *Riehm*, in: BeckOGK, BGB § 275 Rn. 112; *Armbrüster*, in: MüKoBGB, BGB § 134 Rn. 123.

931 *Riehm*, in: BeckOGK, BGB § 275 Rn. 112.

932 *Michael Bock*, in: Beck TKG, TKG § 88 Rn. 49.

933 *Riehm*, in: BeckOGK, BGB § 275 Rn. 112.

2. Zwischenergebnis

Der Übergang von Todes wegen auf die Erben ist rechtlich neutral, sodass dieser bereits nicht für eine Anwendung des § 134 BGB in Frage kommt. Es stellt sich in den hier behandelten Fällen jedoch die Frage, ob für die Erfüllung der vererbten Rechtsstellungen § 134 BGB oder § 275 BGB greift, soweit eine entsprechende Norm die Offenlegung oder Bereitstellung der Inhalte des E-Mail-Accounts des Erblassers untersagt. Bei Vertragsschluss zwischen Erblasser und Diensteanbieter war der aufgrund des Nutzungsverhältnisses geschuldete Leistungsumfang nicht von einer Rechtsnorm untersagt. Die Weiterleitung der personenbezogenen Daten und Kommunikationsinhalte war – davon kann man ausgehen – für die Dauer des Vertrages regelmäßig von einer Erlaubnisnorm oder einer jeweiligen Einwilligung der Kommunikationspartner gedeckt. Die Sachlage ändert sich jedoch, wenn anstelle des Erblassers aufgrund der Universalsukzession in tatsächlicher Hinsicht andere Personen auftreten.[934] Hier ist es zumindest möglich, dass gewisse öffentlich-rechtliche Vorschriften die Erfüllung der ursprünglich beim Erblasser entstandenen (und *erlaubten*) Ansprüche verbieten. Es liegt somit in diesen Fällen ein nach Vertragsschluss entstandenes Leistungshindernis vor. Diese Fälle sind der rechtlichen Unmöglichkeit nach § 275 Abs. 1 BGB zuzuordnen,[935] denn der Vertrag besteht bei den Erben – im gesetzlichen Regelfall – unverändert fort; ein neuer Vertragsschluss findet nicht statt. Damit ergibt sich ein dauerndes Leistungshindernis bezüglich der vererbten Ansprüche im Sinne von § 275 Abs. 1 BGB für den Diensteanbieter.[936] Ist beispielsweise § 88 Abs. 3 TKG tatbestandlich erfüllt, erlöschen die Ansprüche aus dem Nutzungs- bzw. Abwicklungsverhältnis demnach nach § 275 Abs. 1 BGB, soweit keiner der

934 A.A. *Pruns*, ErbR 2018, 550, 556 mit Verweis auf die Wertungen der §§ 2047 Abs. 2, 2373 S. 2 BGB.

935 *Riehm*, in: BeckOGK, BGB § 275 Rn. 112.

936 *Kunz*, in: Staudinger, BGB § 1922 Rn. 627.

Betroffenen eine tatbestandsausschließende Einwilligung erklärt hat bzw. eine solche nicht besorgt werden kann.

III. Anwendbarkeit des § 275 Abs. 3 BGB

Weiterhin könnte man in Betracht ziehen, die Weitergabe der Kontoinhalte an die Erben könne einen Fall des § 275 Abs. 3 BGB darstellen, indem der Schuldner, wenn er die geschuldete Leistung erbringt, andere Rechtspflichten verletzen muss. Dann kann der Schuldner unter Umständen die Leistungserbringung nach § 275 Abs. 3 BGB verweigern.[937] Diese rechtliche Konfliktsituation bzw. Pflichtenkollision wird aufgelöst, indem dem Schuldner erlaubt wird, einer höherwertigen Pflicht zu folgen, gleichzeitig zu Lasten seiner Pflicht aus dem in Frage stehenden Schuldverhältnis.[938] Beispielsweise kann das Bankgeheimnis die Risikoaufklärung in einem Konflikt zwischen Geheimhaltungs- und Aufklärungspflicht über die Konkursreife eines Bauträgers im Rahmen einer Güterabwägung überwiegen. Zur Ermittlung der höherwertigen Pflicht käme es dann im Grundsatz wie bei der oben dargestellten *erbrechtlichen Lösung* auf eine Abwägung an, die ggf. auf Seiten des Diensteanbieters zu einem Leistungsverweigerungsrecht nach § 275 Abs. 3 BGB führt, weil diesem die Leistung unzumutbar ist.[939] Diese Abwägung umfasst auf Seiten des Gläubigers sowohl materielle als auch immaterielle Interessen; auf Seiten des Schuldners finden nicht nur allgemeine Hindernisse, sondern alle negativen Folgen Berücksichtigung.[940] In den Fällen der rechtlichen Unmöglichkeit verbleibt für § 275 Abs. 3 BGB jedoch kein Anwendungsbereich mehr. Die Leistungspflicht des Schuldners erlischt bei

937 *Caspers* in: Staudinger, BGB § 275 Rn. 47.

938 *Caspers* in: Staudinger, BGB § 275 Rn. 109.

939 *Ernst*, in: MüKoBGB, BGB § 275 Rn. 118; *Seichter* in: Herberger/Martinek/Rüßmann/Weth/Würdinger, jurisPK-BGB, BGB § 275 Rn. 48.

940 *Ernst*, in: MüKoBGB, BGB § 275 Rn. 120.

§ 275 Abs. 1 BGB bereits kraft Gesetzes,[941] sodass dem subsidiären § 275 Abs. 3 BGB als rechtshemmende Einwendung bzw. Einrede keine eigenständige Bedeutung mehr zukommt.

IV. Stellungnahme

Die in diesem Teil behandelten Zugangshindernisse wie die Vorschriften des TKG, TMG oder der DSGVO führen zur rechtlichen Unmöglichkeit, soweit ihre Tatbestandvoraussetzungen erfüllt sind. Oben wurde zudem bereits angemerkt, dass manche Autoren in der Literatur das (postmortale) Persönlichkeitsrecht bzw. das Persönlichkeitsrecht des Erblassers als Zugangshindernis diskutieren.[942] hier soll eine offene Abwägung zwischen Erbrecht und dem postmortalem Persönlichkeitsschutz stattfinden. Für eine offene Interessenabwägung der am Erbfall Beteiligten spricht zwar die bestmögliche Erreichung von Einzelfallgerechtigkeit: Im Gegensatz zu einer abstrakt-generellen Regelung, die feste Grenzen zieht, können durch konkret-individuelle Entscheidungen bei der Zugangsgewährung fremder Accounts die Interessen der Beteiligten zur bestmöglichen Wirksamkeit gelangen. Dies geht anderseits zu Lasten der Rechtssicherheit. Eine solche Betrachtungsweise ist weiterhin mit der Dogmatik des Erbrechts und der hier behandelten Zugangsbeschränkungen nicht vereinbar; für eine (offene) Abwägung bietet das einfachgesetzliche Erbrecht

941 *Gotthardt/Greiner*, DB 2002, 2106 befassen sich in diesem Zusammenhang mit der Leistungsbefreiung bei Krankheit des Arbeitnehmers. Siehe auch *Canaris*, JZ 2001, 499, 501 f.

942 *Hoeren*, NJW 2005, 2113, 2114; *Martini*, JZ 2012, 1145, 1150 ff.; *Brinkert/Stolze/Heidrich*, ZD 2013, 153, 155; *Zimmer* in: Prütting/Wegen/Weinreich, § 1922 Rn. 44; *Weidlich*, in: Palandt, § 1922 Rn. 34. Dieser Aspekt konnte vom LG Berlin, ZEV 2016, 189, 192 offengelassen werden, da in dem zu entscheidenden Fall die Erben zugleich die Erziehungsberechtigten der Erblasserin waren und somit *Sachwalter* des Persönlichkeitsrechts waren, vgl. *Willems*, ZfPW 2016, 494, 507; demgegenüber sehen manche Autoren in der Literatur in der Zugangsöffnung von Accounts eine Verletzung des postmortalen Persönlichkeitsrechts.

dogmatisch keinen Raum.[943] Bereits im zweiten Teil dieser Untersuchung wurde festgestellt, dass die Grenzen zwischen Vererblichkeit und Unvererblichkeit diesbezüglich fest verlaufen. Neben gesetzlichen Bestimmungen, die ausdrücklich die Unvererblichkeit einer Rechtsposition anordnen, kann sich die Unvererblichkeit nur aus dem konkreten Vertragsinhalt einer bestimmten Rechtsbeziehung ergeben; die wenigsten Rechtspositionen gehen, von gesetzlichen Regelungen abgesehen, ipso iure unter. Dafür dass die genannten medienrechtlichen Vorschriften als gesetzliche Bestimmungen gelesen werden können, aus denen sich die Unvererblichkeit ergibt (vgl. Nießbrauch), fehlt es am gesetzgeberischen Willen sowie an Anhaltspunkten im Gesetz, insoweit erbrechtliche Sachverhalte zu regeln. Etwaige Leistungshindernisse oder Eigentümlichkeiten werden nach Anfall der Erbschaft für gewöhnlich unmittelbar *nach* dem Erbfall durch das Leistungsstörungsrecht *korrigiert*. Insofern fügt sich diese Betrachtungsweise in die gefundene Dogmatik des zweiten Teils dieser Arbeit ein und kann dementsprechend fortgedacht werden.

Die Entscheidung über dieses Sachproblem gewinnt beispielsweise für § 88 Abs. 3 TKG Bedeutung. Denn dieser verbietet grundsätzlich die Weitergabe von Kommunikationsinhalten an Dritte. Im Hinblick auf das Fernmeldegeheimnis des Erblassers sowie seiner Kommunikationspartner läge dann ein Fall rechtlicher Unmöglichkeit vor, in der Form, dass die Pflicht zur Zugangsgewährung der Inhalte oder Zugangsdaten nach § 275 Abs. 1 BGB entfällt, wenn der Dienstanbieter nach § 88 Abs. 3 TKG zur Verweigerung des Zugangs verpflichtet ist.[944]

943 Ohne die fehlende Grundlage für eine Abwägung zu kritisieren, fordert *Kuntz*, jM 2016, 190, 192 eine gesetzliche Regelung, die »sämtlichen beteiligten Grundrechten Rechnung trägt.«

944 KG, ZUM-RD 2017, 524, 532; für eine Anwendung von § 134 BGB: *Bock*, AcP 217 (2017), 370, 405.

B. Verfassungsrechtliche Grundlagen

Um in dieser Untersuchung ein vollumfängliches Bild des Sachproblems zu zeichnen, ist es notwendig, die verfassungsrechtlichen Grundlagen darzustellen. Namentlich können verfassungsrechtliche Aspekte der Persönlichkeitsrechte (Art. 2 Abs. 1 GG i. V. m Art. 1 Abs. 1 GG), das daraus abgeleitete Recht auf informationelle Selbstbestimmung sowie das Fernmeldegeheimnis (Art. 10 Abs. 1 GG) tangiert sein. Da nur der Staat an Grundrechte gebunden ist, bedarf es zum Schutz des Rechts auf informationelle Selbstbestimmung und des Fernmeldegeheimnisses zwischen Privaten einer einfachgesetzlichen Umsetzung. In Deutschland und der Europäischen Union dient hierzu die Datenschutzgrundverordnung, das Bundesdatenschutzgesetz sowie das Telekommunikationsgesetz.

I. Verhältnis des Allgemeinen Persönlichkeitsrechts zu anderen Grundrechten

Das Allgemeine Persönlichkeitsrecht sichert jedem Einzelnen einen autonomen Bereich privater Lebensgestaltung, in dem er seine Individualität entwickeln und wahren kann.[945] Neben dem allgemeinen Persönlichkeitsrecht kann in den gegenständlichen Fällen das Grundrecht auf informationelle Selbstbestimmung sowie das Fernmeldegeheimnis tangiert sein.[946] Das Recht auf informationelle Selbstbestimmung ist eine bereichsspezifische Konkretisierung des allgemeinen Persönlichkeitsrechts für den Datenschutz[947] und Art. 10 Abs. 1 GG ist

945 BVerfG, NJW 1973, 1226, 1227.

946 Allgemein zum Grundrecht auf informationelle Selbstbestimmung: BVerfGE, 65, 1 ff.; *Albers*, S. 151 ff.; *Simitis*, in: Simitis, BDSG, Einl. Rn. 27 ff.; kritisch *Ladeur*, DÖV 2009, 45 ff; *Trute*, in: Roßnagel, Handbuch Datenschutzrecht, Kapitel 2.5 Rn. 8 ff.

947 *Dreier*, in: Dreier, GG Art. 2 Abs. 1 Rn. 80; *Hermes*, in: Dreier, GG Art. 10 Rn. 44; *Schoch*, Jura 2008, 352, 353; *Gounalakis/Rhode*, S. 118.

wiederum eine besondere Ausformung des Rechts auf informationelle Selbstbestimmung[948] und eine diesem gegenüber spezielle Garantie.[949]

Das Recht auf informationelle Selbstbestimmung gewährleistet dem Einzelnen die Befugnis, unabhängig vom Vorliegen eines Kommunikationsvorgangs »grundsätzlich selbst über die Preisgabe und Verwendung seiner persönlichen Daten zu bestimmen und zu entscheiden, wann und innerhalb welcher Grenzen persönliche Lebenssachverhalte offenbart werden.«[950] Schutzgut des Rechts auf informationelle Selbstbestimmung sind persönliche bzw. personenbezogene Daten. E-Mails, Chatverläufe und sonstige Inhalte in sozialen Netzwerken haben »Einzelangaben über persönliche oder sachliche Verhältnisse einer bestimmten oder bestimmbaren natürlichen Person«[951] zum Gegenstand, sodass sie als *persönliche Daten* im Sinne des Rechts auf informationelle Selbstbestimmung zu qualifizieren sind. Ungeachtet dessen können sie ebenso dem Fernmeldegeheimnis im Sinne des Art. 10 GG unterfallen, da in individuellen Kommunikationsbeziehungen personenbezogene Daten erhoben oder verarbeitet werden.[952] Dementsprechend kommt personenbezogenen Daten sowohl beim Fernmeldegeheimnis als auch beim Recht auf informationelle Selbstbestimmung wegen der vergleichbaren Gefahrenlage ein qualitativ gleichwertiger Grundrechtsschutz zu.[953]

Aus dem Volkszählungsurteil wird gefolgert, dass es sich bei dem Schutz des Fernmeldegeheimnisses nach Art. 10 GG um eine dem Recht auf informationelle Selbstbestimmung nach Art. 2 Abs. 1 i.V.m

948 *Ogorek*, in: BeckOK Grundgesetz, GG Art. 10 Rn. 79.

949 BVerfGE, 67, 157, 171; BVerfGE, 100, 313, 358; BVerfGE, 107, 299, 312; BVerfGE, 110, 33, 53; BVerfGE, 113, 348, 364; BVerfGE, 115, 166, 187 ff.; BVerfGE, 125, 260, 310; *Durner*, in: Maunz/Dürig, 90. EL Februar 2020, GG Art. 10 Rn. 56; *Durner*, in: Maunz/Dürig, 90. EL Februar 2020, GG Art. 10 Rn. 209; *Jarass*, NJW 1989, 857, 858; *Gersdorf*, in: BeckOK InfoMedienR, GG Art. 10 Rn. 19; *Funke/Lüdemann*, JuS 2008, 780, 785; *Puschke/Singelnstein*, NJW 2005, 3534.

950 *Durner*, in: Maunz/Dürig, 90. EL Februar 2020, GG Art. 10 Rn. 54.

951 BVerfGE, 65, 1, 42.

952 *Durner*, in: Maunz/Dürig, 90. EL Februar 2020, GG Art. 10 Rn. 56.

953 *Durner*, in: Maunz/Dürig, 90. EL Februar 2020, GG Art. 10 Rn. 57.

Art. 1 Abs. 1 GG spezielle Garantie handelt; beide Gewährleistungen verdrängen wiederum das allgemeine Persönlichkeitsrecht.[954] Kommt das Fernmeldegeheimnis tatbestandlich nicht zum Tragen, weil kein Kommunikationsvorgang (mehr) vorliegt, genießen die kommunikationsrelevanten personenbezogenen Daten subsidiären Schutz durch das Recht auf informationelle Selbstbestimmung.[955] Dies ist bei Daten der Fall, die nach *Abschluss* eines dem Art. 10 GG unterliegender Kommunikationsvorgangs auf einem Computer im alleinigen Herrschaftsbereich eines Kommunikationsteilnehmers gespeichert sind.[956]

Darüber hinaus hat das BVerfG das Grundrecht auf *Gewährleistung der Vertraulichkeit und Integrität informationstechnischer Systeme* geschaffen, das wie das Grundrecht auf informationelle Selbstbestimmung als besondere Ausprägung des allgemeinen Persönlichkeitsrechts (Art. 2 Abs. 1 i. V. m. Art. GG) begriffen wird.[957] Dieses *neue* Grundrecht komme nach der Auffassung des BVerfG dann zum Tragen, wenn der Schutz vor Eingriffen in informationstechnische Systeme durch andere Grundrechte, wie etwa Art. 10 GG oder durch das Recht auf informationelle Selbstbestimmung nicht mehr gewährleistet ist.[958] Insofern verdrängen Art. 10 GG sowie das Recht auf informationelle Selbstbestimmung als speziellere Garantien wiederum das Grundrecht auf Gewährleistung der Vertraulichkeit und Integrität informationstechnischer Systeme.[959] Daraus ergibt sich gewissermaßen eine Trias aus dem Fernmeldegeheimnis nach Art. 10 GG einer-

954 *Durner*, in: Maunz/Dürig, 90. EL Februar 2020, GG Art. 10 Rn. 209; *Gersdorf*, in: BeckOK InfoMedienR, GG Art. 10 Rn. 19; *Funke/Lüdemann*, JuS 2008, 780, 785; *Puschke/Singelnstein*, NJW 2005, 3534; *Jarass*, NJW 1989, 857, 858

955 BVerfGE, 115, 166; *Durner*, in: Maunz/Dürig, 90. EL Februar 2020, GG Art. 10 Rn. 56.

956 BVerfGE, 115, 166, 183; BVerfGE, 120, 274, 307 f.; *Durner*, in: Maunz/Dürig, 90. EL Februar 2020, GG Art. 10 Rn. 56; *Eifert*, NVwZ 2008, 521; *Hermes*, in: Dreier, GG Art. 10 Rn. 38, 44.

957 Vgl. BVerfGE, 120, 274, 302.

958 BVerfGE, 120, 274, 302.

959 *Hermes*, in: Dreier, GG Art. 10 Rn. 45; *Ogorek*, in: BeckOK Grundgesetz, GG Art. 10 Rn. 80; *Hoffmann*, CR 2014, 516.

seits und den aus dem allgemeinen Persönlichkeitsrecht abgeleiteten Grundrechten der Vertraulichkeit informationstechnischer Systeme sowie der informationellen Selbstbestimmung andererseits, wodurch die Abgrenzung im Wesentlichen für das Zitiergebot bei Eingriffen in das Fernmeldegeheimnis Bedeutung gewinnt.[960]

Es ist weiterhin festzuhalten, dass nicht nur das *allgemeine* Persönlichkeitsrecht, sondern auch dessen Abwandelungen die Würde des einzelnen Menschen (Art. 1 Abs. 1 S. 1 GG) schützen. Das gleiche gilt nach der verfassungsrechtlichen Rechtsprechung für das Fernmeldegeheimnis: es gewährleistet »die freie Entfaltung der Persönlichkeit durch einen privaten, vor den Augen der Öffentlichkeit verborgenen Austausch von Nachrichten, Gedanken und Meinungen (Informationen); es wahrt damit auch die *Würde* des denkenden und freiheitlich handelnden Menschen.«[961] Allen drei Gewährleistungen kommt somit nicht nur ein ähnliches Schutzniveau,[962] sondern auch ein enger sachlicher Kontext in puncto Schutz der Würde und Persönlichkeit des Menschen zu. Insofern sind sie Holz vom gleichen Stamm. Da sich das Fernmeldegeheimnis wiederum als eine gegenüber dem Recht auf informationelle Selbstbestimmung spezielle Garantie versteht, greift der subsidiäre Schutz des Rechts auf informationelle Selbstbestimmung (in Hinblick auf personenbezogene Daten) nach Ansicht des Bundesverfassungsgerichts dann, wenn Art. 10 GG tatbestandlich nicht erfüllt ist, etwa weil der Kommunikationsvorgang abgeschlossen ist.[963] Dem *allgemeinen* Persönlichkeitsrecht kommt in den gegenständlichen Fällen somit keine eigenständige Bedeutung zu, da es de facto durch die o. g. *spezielleren* Grundrechte insoweit verdrängt wird: In den dieser Arbeit zugrundeliegenden Fällen geht es ausschließlich um personenbezogene und kommunikative Daten.

960 *Hermes*, in: Dreier, GG Art. 10 Rn. 44 ff.; *Durner*, in: Maunz/Dürig, 90. EL Februar 2020, GG Art. 10 Rn. 45.

961 BVerfGE, 67, 157, 171; BVerfGE, 110, 33, 53; BVerfGE, 115, 166, 182 f.

962 *Gounalakis/Rhode*, S. 126 f.

963 BVerfGE, 120, 274, 307 f.; BVerfGE, 115, 166, 183 ff.; *Hermes*, in: Dreier, GG Art. 10 Rn. 45; *Durner*, in: Maunz/Dürig, 90. EL Februar 2020, GG Art. 10 Rn. 56.

Als Zwischenergebnis ist festhalten, dass der gewährleistete Grundrechtsschutz personenbezogener Daten aufgrund der Parallelität der hier genannten Gewährleistungen in Hinblick auf das Schutzniveau lückenlos garantiert ist.[964]

II. Schutzbereich des Fernmeldegeheimnisses nach Art. 10 GG und Schranken

Dem Fernmeldegeheimnis kommt nach Auffassung des Bundesverfassungsgerichts in der Verfassung ein hoher Rang zu. In einem demokratischen Staat habe die Vertraulichkeit des Informationsaustauschs und damit die freie Entfaltung der Persönlichkeit durch einen privaten, vor den Augen der Öffentlichkeit verborgenen Austausch von Nachrichten, Gedanken und Meinungen eine herausragende Bedeutung.[965] Art. 10 GG schützt die Vertraulichkeit der Kommunikation und die damit verbundene vertrauliche Nutzung des zur Nachrichtenübermittlung eingesetzten technischen Mediums.[966] Damit ist die unkörperliche Übermittlung von Informationen an individuelle Empfänger gemeint, die Telekommunikation genannt wird.[967] Es stellt sich die Frage, ob die gegenständliche Kommunikation per E-Mail oder sozialem Netzwerk (z. B. Facebook Messenger) vom grundgesetzlichen Schutzbereich des Art. 10 GG geschützt ist. Die Frage dreht sich im Wesentlichen um zwei Punkte: Zum einen ist zu untersuchen, ob solche Kommunikationsinhalte vom Schutzbereich des Art. 10 GG umfasst sind, die auf den Servern des Diensteanbieters (zwischen)-gespeichert sind. Grundsätzlich sind die Daten nach *Abschluss des Kommunikationsvorgangs* nach der Rechtsprechung des Bundesverfassungsgerichts nicht mehr vom Schutzbereich des Fernmeldege-

964 *Durner*, in: Maunz/Dürig, 90. EL Februar 2020, GG Art. 10 Rn. 57 f.
965 BVerfGE, 67, 157, 171.
966 BVerfGE, 106, 28, 37.
967 BVerfGE, 115, 166, 182; *Hermes*, in: Dreier, GG Art. 10 Rn. 37; *Schoch*, Jura 2011, 194, 197.

heimnisses umfasst.[968] Zu klären ist daher, wann in Anwendung dieser Grundsätze der Kommunikationsvorgang als beendet zu gelten hat. Weiterhin ist fraglich, ob die gegenständlichen Dienste als Privatrechtssubjekte überhaupt grundrechtsgebunden[969] bzw. im Sinne des TKG Anbieter von Telekommunikationsdiensten sind.

1. Schutzbereich des Fernmeldegeheimnisses

Nach der herrschenden Meinung unterliegen die prüfungsgegenständlichen Kommunikationsinhalte dem Schutz des Fernmeldegeheimnisses.[970] Dieser Schutz des Fernmeldegeheimnisses endet nach der verfassungsrechtlichen Rechtsprechung in dem Moment, in welchem die Nachricht beim Empfänger angekommen ist und der *technische* Übertragungsvorgang beendet ist.[971] Dann bestehen laut der Ansicht des Bundesverfassungsgerichts die spezifischen Gefahren der räumlich distanzierten Kommunikation zwischen den Beteiligten nicht mehr, da sich diese Nachrichten nun im Herrschaftsbereich des Empfängers befinden, dem es dann obliegt, eigene Schutzvorkehrungen gegen etwaige Zugriffe zu treffen.[972]

Dennoch sind nach der verfassungsgerichtlichen Rechtsprechung solche E-Mails vom Schutz des Fernmeldegeheimnisses nach Art. 10 Abs. 1 GG umfasst, die auf den Mailservern eines Providers gespeichert sind, unabhängig davon, wie lange sie dort schon gespeichert

968 BVerfGE, 115, 166, 183; BVerfGE, 120, 274, 307 f.

969 Vgl. zur Grundrechtsbindung privater Unternehmen, *Hermes*, in: Dreier, GG Art. 10 Rn. 51; *Durner*, in: Maunz/Dürig, 90. EL Februar 2020, GG Art. 10 Rn. 107 ff.

970 Siehe nur *Martini/Kienle*, JZ 2019, 235, 236; Martini, JZ 2012, 1145, 1146; KG, ZEV 2017, 386, 390 Rn. 66 ff.; *Mayen*, in: Stellungnahme DAV 34/2013, S. 66 ff.; *Deusch*, ZEV 2, 5 f.; Leeb, K&R 2014, 693, 698; *Bräutigam*, in Burandt/Rojahn, Anh. § 199 Rn. 14 ff; *Steiner/Holzer*, ZEV 2015, 262, 264.

971 BVerfGE, 115, 116, 184; BVerfGE, 120, 274, 307 f.; *Hermes*, in: Dreier, GG Art. 10 Rn. 38. A.A *Mayen*, in: Stellungnahme DAV 34/2013, S. 72.

972 BVerfGE, 115, 116, 184; BVerfGE, 120, 274, 307 f.; *Schoch*, Jura 2011, 194, 197.

sind und ob sie vom Nutzer zur Kenntnis genommen worden sind.[973] Diese seien dem Zugriff durch den *Provider* und damit auch staatlichen Eingriffen faktisch ausgesetzt. Dieser *technisch* begründete Mangel an Beherrschbarkeit begründe die besondere Schutzbedürftigkeit dieser E-Mails durch das Fernmeldegeheimnis. In diesem Sinne grenzt das das Bundesverfassungsgericht den verfassungsrechtlichen Telekommunikationsbegriff vom einfachgesetzlichen Telekommunikationsbegriff ab, der rein technisch zu verstehen sei. Während es bei ersterem nur auf eine technische Betrachtungsweise des Telekommunikationsvorgangs ankomme, komme es bei letzterem auf die Schutzbedürftigkeit des Grundrechtsträgers und der kommunikationsspezifischen Gefährdungslage an.[974] Insofern spiele es auch keine Rolle, ob die E-Mails durch den Empfänger bereits abgerufen wurden oder auf dem Server des Diensteanbieters nur zwischengespeichert sind, da die aus der mangelnden Beherrschbarkeit resultierende besondere *Schutzbedürftigkeit* und die *Gefährdungslage* nicht mit der Kenntnisnahme der E-Mails ende.[975] Diese bleibe solange bestehen, wie die E-Mails auf den Servern des Providers gespeichert bleiben, da sich diese weiterhin in einer vom Empfänger nicht beherrschbaren Sphäre abgelegt seien. Solange die E-Mails auf den Servern des Providers gespeichert sind, sei dessen gefahrbildende Tätigkeit nicht beendet; dieser bleibe faktisch und dauerhaft in die E-Mail-Verarbeitung bzw. Verarbeitung auf den E-Mail-Servern eingeschaltet.[976] Weiterhin stellte das Bundesverfassungsgericht klar, dass eine einfachgesetzliche *Einordnung eines Dienstes als Telemediendienst oder Telekommunikationsdienst keine Auswirkungen auf die Reichweite des Schutzbereiches des* Art. 10 GG hat.[977]

973 BVerfGE, 124, 43, 55 f. dem folgend: *Martini/Kienle*, JZ 2019, 235.

974 BVerfGE, 124, 43, 55 f. mit Verweis auf BVerfG, NJW 2007, 351, 354.

975 BVerfGE, 124, 43, 55 f.

976 BVerfGE, 124, 43, 55 f.; BVerfGE, 115, 166, 186; a.A. VGH Kassel, MMR 2009, 714; vgl. dazu auch *Mayen*, in: Scheurle/Mayen, TKG § 88 Rn. 22 ff., 26 ff.

977 *Eckhardt*, in: Spindler/Schuster, TKG § 88 Rn. 19; BVerfG, WM 2011, 211.

2. Kritik

Diese Entscheidung des Bundesverfassungsgerichts soll bei einem derart weiten Verständnis des Kommunikationsvorgangs nicht kritiklos hingenommen werden.[978] Richtig ist zunächst die Feststellung, dass es für den *grundrechtlichen* sachlichen Schutzbereich des Fernmeldegeheimnisses grundsätzlich nicht darauf ankomme, welcher einfachgesetzlichen Regelung (TMG oder TKG) der in Frage stehende Dienst unterworfen ist. Dies ergibt sich bereits aus der geltenden Kollisionsregel *lex superior derogat legi inferiori*: Eine unterrangige Norm kann in der Tat keine Aussage über den Schutzbereich eines Grundrechts treffen. Richtig bzw. konsequent ist auch die Bewertung des Bundesverfassungsgerichts insoweit, als es davon ausgeht, dass es unerheblich sei, ob die E-Mails abgerufen wurden oder nicht[979] und es auch keine Rolle spielt, ob die E-Mails nur zwischen -oder endgespeichert sind. Es macht für die spezifische Gefährdungslage und aus teleologischer Sicht keinen Unterschied, ob die Nachrichten, die auf den Servern der Diensteanbieter gespeichert sind, gelesen wurden oder nur zwischengespeichert sind. Sie sind nach dieser Linie gleichsam Zugriffen durch den Diensteanbieter und damit auch staatlichen Zugriffen ausgesetzt.

Zu kritisieren ist aber das weite Verständnis des Schutzbereichs an sich. Auch Teile der Literatur sehen durch diese Betrachtungsweise des Bundesverfassungsgerichts eine Überfrachtung des Art. 10 Abs. 1 GG, wodurch »ein spezifisches Kommunikationsgrundrecht zu einem Dauergrundrecht für alle jemals durch E-Mail-Kommunikation übertragenen Daten und Inhalte« gemacht werde.[980] Die Tatsache, dass das BVerfG auch statische Vorgänge wie das *Ruhen* der Mail auf dem Mailserver als Vorgang der Übertragung qualifiziert, erscheint tatsächlich nicht sachgerecht. Auch wird teilweise davon ausgegan-

978 So auch *Krüger*, MMR 2009, 680.
979 Vgl. dazu, *Durner*, JA 2010, 238, 239; LG Hamburg, MMR 2008, 186 f.
980 *Krüger*, MMR 2009, 680, 682.

gen, dass zum Zeitpunkt der Zwischenspeicherung keine Telekommunikation im technischen Sinne stattfinde und dementsprechend Art. 10 Abs. 1 GG nicht einschlägig sei.[981] Insofern wird auf den Wortsinn des Begriffs der Telekommunikation als dynamischer Vorgang und auf damit ein Begriffsverständnis, das für § 3 Nr. 22 TKG ebenfalls vorherrschend ist, rekurriert.

Schließlich fußt die weite Bestimmung des Schutzbereiches durch das Bundesverfassungsgericht im Wesentlichen auf *der spezifischen Gefährdungslage* und *der mangelnden Beherrschbarkeit* und der daraus resultierenden *Schutzbedürftigkeit* des Grundrechtsträgers.[982] In dieser Weise wendet es sich zugleich von einem dynamischen Verständnis des Telekommunikationsvorgangs ab. Im gleichen Zuge deutet das Bundesverfassungsgericht immer wieder an, dass der Schutz des Fernmeldegeheimnisses aber dann ende, wenn die übermittelten Inhalte im Herrschaftsbereich des Empfängers gespeichert werden und dieser kumulativ die Möglichkeit hat, eigene Schutzvorkehrungen in Bezug auf die übermittelten Inhalte und Daten zu treffen.[983] Insofern erscheint die Entscheidung widersprüchlich. Das Bundesverfassungsgericht verkennt die tatsächlichen Begebenheiten und wendet die eigens aufgestellten Voraussetzungen unrichtig an: Erstens erlangt der Empfänger einer Nachricht *faktisch* die Kontrolle über die E-Mail in dem Moment, in dem sie auf dem Empfangsserver gespeichert wird. Insofern kann er eigene Schutzvorkehrungen treffen, indem er die Mail vom Mail-Server auf einen lokalen Datenträger verschiebt, ausdruckt oder löscht[984] und dies unabhängig davon, ob die E-Mail bereits zur Kenntnis genommen wurde oder nicht. Denn die Kenntnisnahme einer E-Mail liegt in seiner Sphäre. Zweitens befinden sich diese Nachrichten auch zuvor nicht *nur* im Herrschaftsbereich des Providers, sondern auch im Herrschaftsbereich des Empfängers. Daher sind

981 BGH, NJW 2009, 1828; *Palm/Roy*, NJW, 1996, 1793; *Krüger*, MMR 2009, 680, 681.
982 Siehe hierzu die kritische Auseinandersetzung von *Eckhardt*, DuD 2006, 365.
983 BVerfGE, 115, 116, 184; BVerfGE, 120, 274, 307 f.
984 So auch *Krüger*, MMR 2009, 681, 682.

die auf den Servern befindlichen Inhalte und das damit verbundene Risiko tatsächlich *beherrschbar*, weshalb das Argument der (tatsächlichen) *Schutzbedürftigkeit* nicht zu überzeugen vermag, wenngleich es auch dogmatisch nicht überzeugt. Richtig ist wiederum, dass diese Inhalte dem Zugriff durch staatliche Stellen oder den Dienstanbietern selbst ausgesetzt sind. Eine *Gefährdungslage* des Grundrechtsträgers besteht mithin. Dies bedeutet jedoch nicht, dass der Schutzbereich des Fernmeldegeheimnisses derart extensiv ausgelegt werden müsste. Insofern bestehen erhebliche Bedenken hinsichtlich einer *rechtlichen* Schutzbedürftigkeit des Grundrechtsträgers, also der Frage, inwieweit der Schutzbereich auch teleologisch ausgelegt bzw. ausgeformt werden muss, um einen wirksamen Grundrechtsschutz von E-Mails zu erreichen, die online gespeichert sind. In diesem Sinne wird zu Recht angeführt, dass für ein derartig weites Verständnis des Schutzbereiches von Art. 10 GG *kein Bedarf* des Grundrechtsträgers bestehe.[985] Richtigerweise wird konstatiert, dass in den gegenständlichen Fällen der Anwendungsbereich des (Grund)-Rechts auf informationelle Selbstbestimmung greift, das ebenso einen Schutz vor Zugriffen Dritter bietet und dessen geltendrechtliche Voraussetzungen für einen Eingriff nicht unter denen des Art. 10 Abs. 1 GG liegen.[986] Oben wurde bereits gesagt, dass der Grundrechtsschutz inhaltlich lückenlos gewährleistet ist. Es kommt dementsprechend zu keiner Absenkung des Grundrechtsschutzes, wenn man den Schutzbereich des Fernmeldegeheimnisses anhand klar abgrenzbarer, technischer Kriterien bestimmt.[987] Insofern mag das Kriterium der Schutzbedürftigkeit im Allgemeinen durchaus Sinn ergeben, in den gegenständlichen Fällen sind die am Kommunikationsvorgang Beteiligten jedoch in rechtlicher Hinsicht in Bezug auf das Fernmeldegeheimnis nicht schutzbedürftig, da gegenüber dem Fernmeldegeheimnis subsidiäre Grund-

985 *Krüger*, MMR 2009, 681, 682.

986 *Krüger*, MMR 2009, 681, 682. *Durner*, JA 2010, 238, 239.

987 *Klesczewski*, in: Säcker, TKG § 88 Rn. 13 bezeichnet dies als technisch verengte Betrachtungsweise.

rechte greifen. Dies wird seitens des Bundesverfassungsgerichts auch eigens festgestellt: Das Recht auf informationelle Selbstbestimmung ist nur deshalb nicht Gegenstand der Entscheidung, weil der Schutzbereich des spezielleren Fernmeldegeheimnisses greife.[988]

Nach der hier vertretenen Auffassung hat sich der Schutzbereich am Wortsinn des Begriffs der Telekommunikation zu orientieren, der mit Blick auf § 3 Nr. 22 TKG in einem technisch-dynamischen Sinne zu verstehen ist. Der Übertragungsvorgang und damit der Schutzbereich des Art. 10 GG hat im Sinne einer technischen Betrachtungsweise als beendet zu gelten, soweit nicht mehr das transportbezogene Element eines Kommunikationsvorgangs betroffen ist, sodass E-Mails, die sich auf den Servern des Anbieters befinden, seien sie bereits abgerufen oder nicht, ausschließlich vom Recht auf informationelle Selbstbestimmung geschützt sind. Es kommt nur darauf an, ob der Empfänger einer Nachricht rein tatsächlich die Möglichkeit hat, eigene Schutzvorkehrungen zu treffen. Und diese hat er, wenn der dynamische Kommunikationsvorgang durch den Eingang der Daten auf dem Server des Anbieters endet. Der ergebnisorientierten Betrachtungsweise des Bundesverfassungsgerichts ist damit eine Absage zu erteilen. Eine rein technische Betrachtung wirkt zudem weniger willkürlich. Sie verspricht einen großen Gewinn an Rechtssicherheit.

Mit dieser Betrachtungsweise einher geht selbstverständlich der Umstand, dass das Fernmeldegeheimnis einen Teil seines Anwendungsbereichs verliert. Dies ist aus der Sicht der Betroffenen jedoch kaum von Bedeutung, da diese sich weiterhin auf die dann zur Anwendung kommenden Grundrechte berufen können.

988 BVerfGE, 124, 43, 56 f.

3. Schranken des Fernmeldegeheimnisses

Einschränkungen des Fernmeldegeheimnisses werden an der Schranke des Art. 10 Abs. 2 GG gemessen, wobei insbesondere die Rechtsprechung der Zulässigkeit gesetzlicher Eingriffe in das Fernmeldegeheimnis weitreichende Einschränkungen unterworfen hat.[989] Jede Kenntnisnahme, Aufzeichnung, Verwertung und Weitergabe kommunikativer Daten[990] durch den Staat ohne Einwilligung stellt nach Ansicht des Bundesverfassungsgerichts einen Eingriff in Art. 10 Abs. 1 GG dar.[991] Indem das Grundrecht also die Kommunikationsvorgänge inkl. deren Inhalt dem staatlichen Zugriff grundsätzlich entzieht, kann der freie *Meinungs- und Informationsaustausch*[992] mittels Telekommunikation stattfinden, ohne dass die Beteiligten damit rechnen müssen, dass staatliche oder andere Stellen über Kommunikationsinhalte oder die ihr zugrunde liegenden Beziehungen Kenntnis erlangen.[993]

III. Schutzbereich und Schranken des Rechts auf informationelle Selbstbestimmung aus Art. 2 Abs. 1 i.V.m Art. 1 Abs. 1 GG

Im Volkszählungsurteil des Bundesverfassungsgerichts wurde das Recht auf informationelle Selbstbestimmung als *Datenschutz-Grundrecht* als Reaktion auf die Entwicklung der Technik und der damit verbundenen neuen Gefährdungen für die menschliche Persönlichkeit

989 *Durner*, in: Maunz/Dürig, 90. EL Februar 2020, GG Art. 10 Rn. 1.

990 BVerfGE, 123, 43, 57 f.

991 BVerfG, NJW 1992, 1875; BVerfG, NJW 2002, 3619; BVerfG, NJW 2009, 2431; BVerfG, MMR 2010, 356.

992 Vgl. allgemein zur gesellschaftspolitischen Bedeutung des Fernmeldegeheimnisses, *Durner*, in: Maunz/Dürig, 90. EL Februar 2020, GG Art. 10 Rn. 2 ff.

993 BVerfG, NJW 2000, 55, 57; BVerfG, NJW 2003, 1787, 1791; BVerfG, NJW 2012, 1419, 1421.

anerkannt.[994] Im Mittelpunkt des Schutzbereichs steht ausgehend vom Muttergrundrecht, dem Allgemeinen Persönlichkeitsrecht, »der Wert und die Würde der Person, die in freier Selbstbestimmung als Glied einer freien Gesellschaft wirkt.«[995] Aus dem Gedanken der Selbstbestimmung leitet das Bundesverfassungsrecht die Befugnis des Einzelnen ab, »grundsätzlich selbst zu entscheiden, wann und innerhalb welcher Grenzen persönliche Lebenssachverhalte offenbart werden.«[996] »Das Grundrecht gewährleistet insoweit die Befugnis des Einzelnen, grundsätzlich selbst über die Preisgabe und Verwendung seiner persönlichen Daten zu bestimmen.«[997] Diese Befugnis bedarf unter der heutigen und künftigen Bedingungen der automatischen Datenverarbeitung in besonderem Maße eines Schutzes.[998] Es bestehe deshalb eine Gefahr, »weil heute mit Hilfe der automatischen Datenverarbeitung Einzelangaben über persönliche und sachliche Verhältnisse einer bestimmten oder bestimmbaren Person technisch unbegrenzt speicherbar sind« und ohne Rücksicht auf die räumliche Distanz in kürzester Zeit abrufbar sind, ohne dass der Betroffene hierauf Einfluss zu nehmen vermag.[999] Die Gewährleistung der individuellen Selbstbestimmung setze voraus, dass dem Einzelnen die Entscheidungsfreiheit über sein Verhalten gegeben ist. Dazu gehöre auch, dass der Betroffene mit hinreichender Sicherheit absehen und abschätzen kann, welche Informationen in seinem sozialen Umfeld über ihn bekannt sind. Wenn dies nicht gewährleistet ist, kann »der Betroffene in der Ausübung seiner Freiheiten wesentlich gehemmt werden.«[1000] Der Schutzbereich definiert sich demnach über den Schutz von *personenbezogenen Daten*, wobei es nach Ansicht des Bundesverfassungsge-

994 BVerfGE, 65, 1.
995 BVerfGE, 65, 1, 41.
996 BVerfGE, 65, 1, 41 f. mit Verweis auf BVerfGE, 56, 37, 41 ff. sowie BVerfGE, 63, 131, 142 f.
997 BVerfGE, 65, 1, 43.
998 BVerfGE, 65, 1, 42.
999 BVerfGE, 65, 1, 42.
1000 BVerfGE, 65, 1, 43.

richts »kein belangloses Datum« gibt.[1001] Die freie Entfaltung der Persönlichkeit setze voraus, dass der Betroffene gegen die unbegrenzte Erhebung, Speicherung, Verwendung und Weitergabe seiner persönlichen Daten verfassungsrechtlich geschützt ist.

Wie auch der Schutz des Allgemeinen Persönlichkeitsrechts ist der Schutz des Rechts auf informationelle Selbstbestimmung nicht schrankenlos gewährleistet.[1002] Beschränkungen des Rechts bedürfen nach Art. 2 Abs. 1 GG einer verfassungsmäßigen Grundlage, wobei auch der Grundsatz der Verhältnismäßigkeit zu beachten ist.[1003] Die Verwendung von personenbezogenen Daten ist unter Beachtung des Grundsatzes der Verhältnismäßigkeit etwa bei einem überwiegenden Allgemeininteresse zulässig.[1004] Gesetzliche Grundlagen für die Einschränkung des Rechts auf informationelle Selbstbestimmung sind im TMG die Regelungen zur Erhebung und Verwendung personenbezogener Daten in §§ 14, 15 TMG bzw. nunmehr die Regelungen der DSGVO.[1005]

IV. Reichweite des postmortalen Grundrechtsschutzes im persönlichkeitsrechtlichen Kontext

Alle hier genannten Gewährleistungen haben gemein, dass ihr *grundrechtlicher* Schutz grundsätzlich mit dem Tode endet.[1006] Grundrechte setzen nach Auffassung des Bundesverfassungsrechts und nach allgemeiner Meinung grundsätzlich eine lebende Person voraus, nur eine solche könne Träger von Grundrechten sein.[1007] Dessen unge-

1001 BVerfGE, 65, 1, 45.
1002 BVerfGE, 65, 1, 43 f.
1003 BVerfGE, 65, 1, 44.
1004 BVerfGE, 65, 1, 44 ff.
1005 *Spindler/Nink*, in: Spindler/Schuster, 3. Aufl. 2015, TMG § 11 Rn. 4.
1006 Vgl. BVerfGE, 30, 173, 194 - Mephisto.
1007 BVerfGE, 30, 173, 194 - Mephisto; OLG Köln, ZD 2018, 489; OLG Köln, AfP 2018, 438; *Di Fabio*, in: Maunz/Dürig, 90. EL Februar 2020, GG Art. 2 Abs. 1 Rn. 223, 226.

achtet bleiben einfachgesetzliche Ausprägungen der Grundrechte, die auch Verstorbene ausdrücklich in ihren Schutzbereich miteinbeziehen, wie z. B. § 203 Abs. 5 StGB, bestehen. Ihr Schutzumfang ist dann vom höherrangingen Schutz auf verfassungsrechtlicher Ebene unabhängig. Dies bedeutet, dass der *grundrechtliche* Schutz des Fernmeldegeheimnisses sowie des Rechts auf informationelle Selbstbestimmung auf Seiten des Nutzers mit dem Tod endet. Über den Tod hinaus bleibt auf verfassungsrechtlicher Ebene lediglich der Schutz der Menschenwürde nach Art. 1 Abs. 1 GG bestehen; dies gilt für *alle* hier genannten Grundrechte, da sie aufgrund ihres regelungstechnischen Kontextes zu ihrem »Quellgrundrecht« – dem Allgemeinen Persönlichkeitsrecht – gleichsam den Schutz der Unverletzlichkeit der Menschenwürde gewährleisten.[1008]

Im Schrifttum gibt es vereinzelt Stimmen, die für einen postmortalen Persönlichkeits- und Datenschutz plädieren.[1009] Auf tatsächlicher Ebene wird dies im Wesentlichen mit der *Schutzbedürftigkeit* der Persönlichkeit nach dem Tode begründet. Wer nämlich zu Lebzeiten bereits wisse, dass Informationen über ihn oder sein Verhalten schutzlos den Zugriffen Dritter ausgesetzt sind, richte hiernach auch sein Verhalten zu Lebzeiten aus, was bereits dann zu einer Beeinträchtigung der allgemeinen Handlungsfreiheit führe (Einschüchterungseffekt).[1010] Dogmatisch begründen diese Autoren ihre Ansicht damit, dass es einfache Gesetze gebe, die einen über den Schutz der Menschenwürde hinausgehenden postmortalen Persönlichkeitsschutz vorsehen (z. B. § 22 Abs. 3 KUG, § 64 Abs. 1 UrhG, § 35 Abs. 5 SGB I, § 203 Abs. 5 StGB).[1011] Die Existenz dieser Vorschriften lasse den Schluss zu, dass der Gesetzgeber von einem bestehenden postmortalen Schutz der Persönlichkeit ausgehe. Daher seien diese das postmortale Persönlichkeitsrecht schützenden Vorschriften deklarato-

---

1008 BVerfGE, 30, 173, 194 – Mephisto.

1009 *Martini*, JZ 2012, 1145, 1148 ff.; *Spilker*, DÖV 2015, 54.

1010 *Martini*, JZ 2012, 1145, 1150 f; *Rixecker*, in: MüKoBGB, Anhang zu § 12 Rn. 150.

1011 *Spilker*, DÖV 2015, 54, 57 f.

rischer Natur und damit derart zu verstehen, dass sie den ohnehin schon bestehenden Schutz wiederholen.[1012] Dem muss jedoch entgegnet werden, dass in der Tat aus einzelnen gesetzgeberischen Entscheidungen für ein bestimmtes *einfaches* Gesetz, das in Einzelfällen ein Rechtsgut schützt, nicht auf die inhaltlichen Vorgaben eines übergeordneten Gesetzes geschlossen werden kann. Es kann kein Zweifel daran bestehen, dass die Reichweite des Schutzbereiches eines Grundrechts nicht durch einfachgesetzliche Regelungen gezeichnet und ausgeformt wird.[1013] Es spricht mehr dafür, z. B. § 203 Abs. 5 StGB als konstitutive Ausnahme der verfassungsrechtlichen (Mindest)-Vorgaben und nicht als bereichsübergreifende Werteentscheidung des Verfassungsgesetzgebers zu begreifen. Auch wenn es tatsächlich einige gute Gründe für einen postmortalen Persönlichkeitsschutz (de lege ferenda) geben mag, bleibt es dabei, das Schutzkonzept der Mephisto-Entscheidung des Bundesverfassungsgerichts nach den derzeitigen Vorgaben hinzunehmen und anzuwenden. De lege lata besteht, wie *Spilker* befürchtet, auch nicht die Gefahr eines *verfassungsfreien Raumes* nach dem Todeseintritt,[1014] da die Menschenwürde auch bei der postmortalen Datenverarbeitung gilt und somit der Verstorbene vor etwaigen Menschenwürdeverstößen bereits nach geltendem Recht geschützt ist.[1015] Daher steht auch nicht zu befürchten, dass die Daten eines Verstorbenen zum »Plünderungsobjekt für die Nachwelt«[1016] werden. Einfachgesetzlichen postmortalen Schutz kann der Gesetzgeber selbstverständlich jederzeit, etwa nach dem Vorbild des § 203 Abs. 5 StGB beispielsweise auch für das Fernmeldegeheimnis oder das Recht auf informationelle Selbstbestimmung schaffen. Es bestehen derzeit nach der hier vertretenen Auffassung auch keine Bedenken, dass der Gesetzgeber gegen das Untermaßverbot verstößt, da der Schutz des verstorbenen Menschen – wie oben bereits bemerkt –

1012 *Martini*, JZ 2012, 1145, 1150 f.

1013 *Eckhardt*, in: Spindler/Schuster, TKG § 88 Rn. 19; BVerfG, WM 2011, 211.

1014 *Spilker*, DÖV 2015, 54, 57.

1015 So auch *Gola/Schomerus*, in: Gola/Schomerus, BDSG, 11. Aufl., BDSG § 3, Rn. 12.

1016 So aber *Martini*, JZ 2012, 1145, 1139.

zumindest nach den *verfassungsrechtlichen* Vorgaben in einem höheren Ausmaß nicht geboten ist. Es bleibt somit dabei, dass der Grundrechtsschutz des Erblassers mit dessen Tode erlischt. Bestehen bleibt der postmortale Schutz der Menschenwürde.

V. Grundrechtsbindung privater Unternehmen

Da die Einordnung einer Dienstleistung unter dem TMG oder dem TKG keine Auswirkung auf die Reichweite des Schutzbereichs von Art. 10 GG hat,[1017] stellt sich vorliegend die Frage, wie sich diese Tatsache auf die Bindung von OTT-Diensteanbietern auswirkt, wenn diese tatbestandlich nicht unter das einfachgesetzliche Fernmeldegeheimnis nach § 88 TKG fallen. Grundsätzlich sind Verpflichtete des aus dem Telekommunikationsgeheimnis folgenden Abwehrrechts nach der traditionellen Grundrechtslehre im Sinne von Art. 1 Abs. 3 GG nur staatliche Stellen und nicht private Unternehmen (sog. *status negativus*).[1018] Daraus folgt, dass private Unternehmen nur die einfachgesetzlichen Vorschriften zu achten haben, die der Gesetzgeber zur Wahrung seiner verfassungsrechtlichen Schutzpflicht geschaffen hat, die den einzelnen Bürger davor bewahrt, Grundrechtsverletzungen anderer Privater zu erleiden.[1019] Etwas anderes gilt nur dann, wenn das fragliche Unternehmen von der öffentlichen Hand beherrscht wird, etwa weil der Staat mehrheitlich an dem Unternehmen beteiligt ist.[1020] Somit sind die hier behandelten Diensteanbieter z. B. nicht an Art. 10 GG unmittelbar gebunden. Etwas anderes gilt, wenn Grundrechte eine Ausstrahlungswirkung auf Privatrechtsverhältnisse entfalten.[1021] Hier wird von einer mittelbaren Wirkung der Grundrechte

1017 *Eckhardt*, in: Spindler/Schuster, TKG § 88 Rn. 19; *Eckhardt*, K&R 2011, 323 f.
1018 *Hermes*, in: Dreier, GG Art. 10 Rn. 51; *Durner*, in: Maunz/Dürig, 90. EL Februar 2020, GG Art. 10 Rn. 107 ff.; *Schoch*, Jura 2011, 194, 196.
1019 *Durner*, in: Maunz/Dürig, 90. EL Februar 2020, GG Art. 10 Rn. 112.
1020 *Gersdorf*, in: BeckOK InfoMedienR, GG Art. 10 Rn. 23 f.
1021 BVerfG, NJW 1958, 257; *Gersdorf*, in: BeckOK InfoMedienR, GG Art. 10 Rn. 24.

gesprochen.[1022] Demnach sollen Grundrechte auch bei der Auslegung einfachgesetzlicher Regelungen herangezogen bzw. berücksichtigt werden.[1023] Dies ist jedoch vornehmlich bei solchen Vorschriften der Fall, die sog. offene Tatbestände haben und deren normativer Regelungsgehalt erst durch Auslegung ermittelt werden muss. So fließt beispielsweise die Doktrin der Verhältnismäßigkeit als verfassungsrechtliche Werteentscheidung mittelbar in § 242 BGB als Einfallstor in die privatrechtliche Interessenabwägung bei einem Vertragsverhältnis zwischen zwei privaten Akteuren ein. Nichts anderes gilt für das allgemeine Persönlichkeitsrecht, das aufgrund verfassungsrechtlicher Erwägungen als sonstiges Recht in § 823 Abs. 1 BGB zivilrechtlichen Schutz genießt.[1024] Insofern wurde auch hier ein unbestimmter Begriff durch verfassungsrechtliche Wertungen aufgefüllt. Soweit eine solche Auslegung in der gegenständlichen Thematik im Einzelfall in Betracht kommt, wird darauf an dieser Stelle eingegangen.

VI. Zusammenfassung

Tangiert sind vorliegend auf verfassungsrechtlicher Ebene das Fernmeldegeheimnis sowie das Allgemeine Persönlichkeit in seiner Grundform bzw. in der Ausformung als Recht auf informationelle Selbstbestimmung. In der Sache geht es vorliegend um die Verarbeitung von personenbezogenen Daten, da auch die Weitergabe der Konto- und Kommunikationsinhalte als *Verarbeitung* in diesem Sinne gilt. Personenbezogene Daten sind nicht nur durch das Recht auf informationelle Selbstbestimmung geschützt, sondern auch durch das Fernmeldegeheimnis, da die Telekommunikation regelmäßig personenbezogene Daten zum Gegenstand hat.[1025] Grundsätzlich verdrängt das Fernmel-

1022 Siehe zuletzt BVerfG, NJW 2018, 1667, 1668 Rn. 31.

1023 *Gersdorf*, in: BeckOK InfoMedienR, GG Art. 10 Rn. 24; *Durner*, in: Maunz/Dürig, 90. EL Februar 2020, GG Art. 10 Rn. 111 ff.

1024 BGHZ 13, 334.

1025 *Assion*, in: Auer-Reinsdorff/Conrad, § 31, Rn. 206.

degeheimnis das Recht auf informationelle Selbstbestimmung als speziellere Garantie, sodass es auf der Ebene des Verfassungsrechts auf das Recht auf informationelle Selbstbestimmung nicht mehr ankommt. Voraussetzung hierfür ist, dass der Schutzbereich des Fernmeldegeheimnisses eröffnet ist. Dies ist dann nicht der Fall, wenn die personenbezogenen Daten *nach* Abschluss des Telekommunikationsvorgangs auf den Servern der Anbieter gespeichert sind und dieser Zugriff auf die E-Mails hat. Die gegenständlichen Kommunikationsinhalte des Erblassers sowie seiner Kommunikationspartner sind dauerhaft auf den Servern der Diensteanbieter gespeichert und unterliegen somit nicht dem Fernmeldegeheimnis; hier greift das Recht auf informationelle Selbstbestimmung aus Art. 2 Abs. 1 i. V. m. Art. 1 Abs. 1 GG.

Die Grundrechte binden den Staat nicht nur an die Einhaltung und Wahrung der Grundrechte, sondern verpflichtet ihn ebenso, den Einzelnen vor Zugriffen auf die Kommunikationsinhalte durch dritte private Personen oder Unternehmen zu schützen.[1026] Diesem Schutzauftrag ist der Staat durch die Schaffung verschiedenster einfachgesetzlicher Regelungen nachgekommen. Für das Grundrecht auf informationelle Selbstbestimmung sind dies die Datenschutzgesetze des Bundes und der Länder sowie die DSGVO. Das Fernmeldegeheimnis hat durch § 88 TKG seine einfachgesetzliche Ausprägung erfahren.[1027]

Es bleibt weiterhin festzuhalten, dass gemäß der Mephisto-Entscheidung des BVerfG der *große Teil* des Grundrechtsschutzes bei allen hier behandelten Grundrechten mit dem Tode endet.[1028] Dies gilt nicht für Verstöße gegen die Menschenwürde, die nach dem Tod fortwirkt und daher postmortalen Schutz genießt. Dies heißt nicht, dass der auf den Grundrechten beruhende einfachgesetzliche Schutz entfällt, der sich etwa auf das allgemeine Persönlichkeitsrecht oder das Recht auf informationelle Selbstbestimmung bezieht: Soweit ein einfaches Gesetz den Schutz Verstorbener ausdrücklich vorsieht,

1026 BVerfGE, 106, 28, 37; BVerfGE, 107, 299, 313.
1027 A.A. *Sander*, CR 2014, 176.
1028 BVerfG, NJW 1971, 1645 – Mephisto.

besteht dieser Schutz fort. Nur weil das Quellgrundrecht einen geringeren Schutzrahmen vorsieht, heißt das nicht, dass einfachgesetzliche Ausprägungen verfassungswidrig wären, weil ihnen etwa die verfassungsrechtliche Grundlage entzogen wäre. Dies bedeutet nur, dass der Gesetzgeber zumindest von Verfassungs wegen nicht geneigt ist, entsprechende Schutzvorschriften zu erlassen. Umgekehrt lässt sich aus einfachgesetzlichen Regelungen aber nicht auf einen Schutz auf Verfassungsebene schließen. Da aber auch bei einfachen Gesetzen die verfassungskonforme Auslegung einen großen Raum einnimmt, hat man sich bei der Auslegung von einfachgesetzlichen Ausprägungen immer auch an der Auslegung des Verfassungsrechts zu orientieren. Im Folgenden ist zu erörtern, ob die Weitergabe der Inhalte des Erblassers gegen einfachgesetzliche Datenschutzbestimmungen oder gegen die einfachgesetzliche Ausprägung des Fernmeldegeheimnisses (§ 88 TKG) verstoßen kann. Dies ist zum Beispiel auf Seiten des Erblassers der Fall, wenn sie auch Daten nach dem Tod schützen.

C. Postmortaler Geheimnisschutz

Dem Zugang zu den Nutzerkonten durch die Erben könnten (postmortale) Geheimhaltungspflichten der hier behandelten Diensteanbieter entgegenstehen. Der zivilrechtliche Geheimnisschutz, der neben einem vertraglichen und strafrechtlichen Schutz von Privatgeheimnissen bestehen kann, wird aus dem allgemeinen Persönlichkeitsrecht abgeleitet, das insoweit als dessen *Quellrecht* bezeichnet wird.[1029] Der zivilrechtliche Schutz vor der Veröffentlichung von Privatgeheimnissen bzw. dieser sog. Diskretionsschutz besteht neben den (anderen) Schutzaspekten des allgemeinen Persönlichkeitsrechts (z. B. dem Recht auf informationelle Selbstbestimmung) und steht damit in keinem Ausschließlichkeitsverhältnis zu diesem.[1030] Der Schutz von sog. Privatgeheimnissen stellt regelungstechnisch eine Ausnahme im Zivilrecht dar, denn einen allgemeinen Schutz vor Indiskretion gibt es indes nicht.[1031] Weitestgehend Einigkeit besteht in der Frage, dass weder Betreiber von sozialen Netzwerken noch E-Mail-Diensteanbieter mangels Vorliegen eines besonderen Vertrauensverhältnisses keine *Geheimnisträger kraft Gesetzes* sind, wie es etwa Ärzte oder Rechtsanwälte sind. Dadurch scheidet ein ausdrücklich normierter zivilrechtlicher Geheimnisschutz aus.[1032] Die hier behandelten Diensteanbieter fallen tatbestandlich ebenso nicht in den Anwendungsbe-

---

1029 *Larenz*, NJW 1955, 521, 525; *Bender*, S. 293.

1030 *Hager*, in: Staudinger, BGB § 823 C 170 f.; *Rixecker*, in: MüKoBGB, Anhang zu § 12 Rn. 150 f.; *Gounalakis/Rhode*, S. 125 f.

1031 *Fußeder*, S. 125.

1032 LG Berlin, ZEV 2016, 189, 191; KG, ZEV 2017, 386, 388 f.; *Budzikiewicz*, AcP 218 (2018), 558, 574 ff.; *Kunz*, in: Staudinger, BGB § 1922 Rn.630 f.; *Bock*, AcP 217 (2017), 370, 386; *Herzog*, in: Stellungnahme DAV 34/2013, S. 54 f.; *Klas/Möhrke-Sobolewski*, NJW 2015, 3473, 3476 f; *Herzog*, in NK-Nachfolgerecht, Digitaler Nachlass, Rn. 42; *Herzog*, NJW 2013, 3745, 3748 f.; *Bräutigam, in: Burandt/Rojahn*, BGB § 1922, Anhang. Digitaler Nachlass Rn. 9; *Kutscher*, S. 113 f.; *Thiesen*, S. 235; *Martini*, JZ 2012, 1145, 1150, möchte demgegenüber eine vergleichbare Schutzintention aus dem TMG ableiten, das in dieser Hinsicht eigene Geheimhaltungspflichten begründe.

reich des § 203 StGB.[1033] Auf der strafrechtlichen Ebene genießen Privatgeheimnisse im Rahmen von § 203 StGB Schutz. Im Gegensatz zu den anderen Vorschriften des StGB erweitert § 203 Abs. 5 StGB diesen strafrechtlichen Schutz der dort genannten Tatobjekte über den Todeszeitpunkt des Betroffenen hinaus. Dies stellt im 15. Abschnitt (§§ 201 - 210 StGB) des Besonderen Teils des StGB einen Sonderfall dar. Daher kann ein allgemeiner postmortaler Persönlichkeitsschutz für die gegenständlichen Fälle aus § 203 Abs. 5 StGB nicht abgeleitet werden. Auch wenn E-Mail-Diensteanbieter oder Betreiber sozialer Netzwerke keine gesetzlich normierte Vertrauensbeziehung[1034] zu ihren Nutzern haben und keine *gesetzlichen* Geheimnisträger sind, wird in der Literatur teilweise ein allgemeiner Schutz von Privatgeheimnissen vertreten,[1035] der aus den spezialgesetzlichen Geheimhaltungspflichten abgeleitet wird, die als vertragliche Nebenpflichten oder berufsrechtlich ausgestaltet sind.[1036] Dementsprechend handelt es sich dabei um einen ungeschriebenen (postmortalen) Geheimnisschutz, der die Diensteanbieter zur Wahrung von Geheimnissen verpflichtet. So sind Pfarrerinnen und Pfarrer verpflichtet, das Beichtgeheimnis unverbrüchlich zu waren. Dies gilt auch, wenn ihnen Geheimnisse in ihrer Eigenschaft als Seelsorger und Seelsorgerinnen anvertraut worden sind.[1037] Zudem bietet sich ein Blick auf § 53a StPO an, wonach

1033 Vgl. *Ciernak/Niehaus*, in: MüKoStGB, StGB § 203 Rn. 6; *Eisele*, in Schönke/Schröder, StGB § 203 Rn. 3.

1034 Nach *Fußeder* komme es auf eine solche Vertrauensbeziehung nicht an. Es sei entscheidend, ob der Anbieter eine »gefährliche Tätigkeit« ausführt, etwa im Sinne eines doppelten faktischen Zwangs oder aufgrund der Gefahrschaffung durch informationsbezogene Tätigkeiten wie auch der aktiven Forderung der Informationspreisgabe und Geheimhaltungspflichten, siehe dazu *Fußeder*, S. 137 ff. Anbieter von sozialen Netzwerken seien aufgrund dessen »Geheimniswahrer im Sinne des zivilrechtlichen Geheimnisschutzes.« Daher sei es möglich, dass diese das allgemeine Persönlichkeitsrecht des Nutzers verletzen, *Fußeder*, S. 146 ff.

1035 *Bender*, S. 294; *Fußeder*, S. 125.

1036 Vgl. etwa § 43a Abs. 2 S. 1 BRAO, § 2 BORA; § 18 BnotO; 9 MBO-Ä. Siehe dazu im Ganzen, *Kunz*, in: Staudinger, BGB § 1922 Rn. 630 ff.

1037 Vgl. § 41 PfG a.F; § 2 Abs. 2, Abs. 4 SeelGG.

neben Berufsgeheimnisträgern ebenso Personen zur Verweigerung des Zeugnisses berechtigt sind, die aufgrund eines *Vertragsverhältnisses* an den in § 53 Abs. 1 S. 1 Nr. 1 bis 4 StPO genannten Berufsgeheimnisträgern an deren beruflicher Tätigkeit mitwirken. § 53 Abs. 1 S. 1–4 StPO hat jedoch ebenso einen eindeutig abgegrenzten Anwendungsbereich: Die Pflicht von Telekommunikationsanbietern oder Telemediendiensteanbietern zur Wahrung von Geheimnissen nach dem Tod sind weder in der StPO noch im StGB genannt, sodass bereits deshalb eine Pflicht zur Wahrung des Geheimnisschutzes nach dem Tod nicht besteht.[1038] Darüber hinaus ist ein überpositiver Diskretionsschutz in den gegenständlichen Fällen überhaupt nicht erforderlich, da insofern ausreichender Schutz durch andere Schutzaspekte des Allgemeinen Persönlichkeitsrechts, auch im Hinblick auf seine verschiedenen Ausprägungen (Fernmeldegeheimnis und Recht auf informationelle Selbstbestimmung) besteht. Insofern verbleibt es in zivilrechtlicher Sicht beim gewöhnlichen Schutz des Persönlichkeitsrechts bzw. des Fernmeldegeheimnisses in seinen verschiedenen Ausprägungen.

1038 *Litzenburger*, FD-ErbR 2018, 407688; *Herzog*, ZErb 2017, 205, 207.

D. Telemedienrecht versus Telekommunikationsrecht

Auf einfachgesetzlicher Ebene können dem Zugang zu sozialen Netzwerken und zu E-Mail Accounts durch die Erben oder der Weitergabe jener Inhalte telemedienrechtliche und telekommunikationsrechtliche Gesichtspunkte entgegenstehen. Dreh- und Angelpunkt in der wissenschaftlichen Diskussion ist das Fernmeldegeheimnis des Erblassers (und das seiner Kommunikationspartner).

I. Streitstand

Den Schwerpunkt der wissenschaftlichen Diskussion bildet die Auslegung von § 88 TKG, der von Vielen als Zugangshindernis zu den Inhalten durch die Erben gesehen wird. Während das KG in seiner Entscheidung vom 31.5.2017 noch im Fernmeldegeheimnis einen Hinderungsgrund für die Zugangsgewährung an die Erben sah,[1039] entschied der BGH in nächster Instanz, das Fernmeldegeheimnis stünde einer Zugangsgewährung nicht entgegen.[1040] Das KG war der Ansicht, die Zugänglichmachung der Kontoinhalte entspreche nicht dem *erforderlichen Maß* im Sinne von § 88 Abs. 3 TKG für die geschäftsmäßige Erbringung der Telekommunikationsdienste.[1041] Der BGH konnte die Frage in der Revision offenlassen, inwieweit dieses Tatbestandsmerkmal auszulegen ist, ließ es sich jedoch nicht nehmen, zum weiterhin problematischen Merkmal des *anderen* Stellung zu beziehen:

1039 KG, ZEV 2017, 386, 392 f. Rn. 78 f.

1040 BGH, ZD 2018, 477, 478.

1041 KG, ZEV 2017, 386, 392 f. Rn. 78 ff. Das LG Berlin entschied diese Frage in der Vorinstanz anders. Es entspreche gerade dem erforderliche Maß, den Erben den Zugang zum Account zu gewähren, da der Diensteanbieter nach erbrechtlichen Vorschriften hierzu verpflichtet sei, LG Berlin, ZEV 2016, 189, 192 f.

Neben einer weit verbreiteten Ansicht in der Literatur[1042] ist der BGH der Auffassung, die Erben seien nicht *andere* im Sinne von § 88 Abs. 3 S. 1 TKG, sodass das Fernmeldegeheimnis dem Zugang zum Account durch die Erben im Ergebnis nicht entgegenstehe.[1043] Diese Auslegung des Begriffs begegnet in Teilen der Literatur Bedenken.[1044]

1. Erforderlichkeit der Weitergabe zur geschäftsmäßigen Erbringung des Dienstes

Anbieter dürfen nach § 88 Abs. 3 TKG *anderen* nur soweit Kenntnis vom Inhalt oder den näheren Umständen der Telekommunikation verschaffen, soweit dies zur geschäftsmäßigen Erbringung der Telekommunikationsdienste *erforderlich* ist.[1045] Wie das Merkmal der geschäftsmäßigen Erbringung auszulegen ist, ist in der Literatur umstritten. Einerseits wird hier auf eine rein technische Betrachtungsweise abgestellt, wonach hiervon nur eine solche Kenntnisverschaffung erlaubt sein soll, die zur *technischen* Ermöglichung und Aufrechterhaltung des Dienstes erforderlich ist.[1046] Andere lassen bereits etwaige *vertragliche* Verpflichtungen gegenüber dem Nutzer oder Dritten genügen.[1047]

Was zur *Erbringung eines Telekommunikationsdienstes erforderlich* ist, richtet sich nach dem Einzelfall und kann nur im Rahmen einer konkreten Betrachtung des in Rede stehenden Telekommunikations-

1042 *Leipold*, in: MüKoBGB, BGB § 1922 Rn. 39; *Budzikiewicz*, AcP 218 (2018), 558, 585; *Biermann*, ZErb 2017, 210, 215 f.; *Herzog*, ZErb 2017, 205, 208 f.; *Litzenburger*, FD-ErbR 2017, 392155; *Salomon*, NotBZ 2016, 324, 327; *Seidler*, S. 114 f; *Steiner/Holzer*, ZEV 2015, 262, 264; *Wüsthof*, ErbR 2017, 496, 510; Bericht der Arbeitsgruppe »Digitaler Neustart«, S. 343 ff.

1043 BGH, NJW 2018, 3178, 3183 Rn. 56 f.

1044 *Kunz*, in: Staudinger, BGB, § 1922 Rn. 596.35 ff; *Bock*, AcP 217, 370, 406.

1045 Hierzu tendieren *Lange/Holtwiesche*, ZErb 2016, 157.

1046 KG, ZEV 2017, 386, 392 f. Rn. 78 f.; *Deusch*, ZEV 2017, 386, 399; *Mayen*, in: Stellungnahme DAV 34/2013, S. 81 f.; *Uhrenbacher*, ZEV 2018, 248.

1047 *Klesczewski*, in Säcker, TKG § 88 Rn. 23; *Gloser*, DNotZ 2018, 306, 310; *Pruns*, NWB 2014, 2175.

dienstes beurteilt werden.[1048] Dies richtet sich im Wesentlichem nach dem Zuschnitt des jeweiligen Leistungsangebotes des Diensteanbieters.[1049] Damit ist jedoch wenig Konkretes gesagt. Auch die Gesetzesbegründung zum TKG schweigt über präzisere Hinweise, wie dieses Tatbestandsmerkmal auszulegen ist.[1050] Kenntnisse über Tatsachen dürfen nach der Gesetzesbegründung »nur für die Erbringung des Dienstes« verwendet werden. Für eine *technische* Auslegung spricht jedenfalls die im Normtext verwendete Terminologie: Dieser verwendet den Begriff des *Telekommunikationsdienstes*, bei dem es sich um einen technischen Begriff handelt. Viel spricht dafür, dass es in erster Linie darum geht, das *Funktionieren* des Dienstes im Allgemeinen zu gewährleisten. Zudem bezieht sich das Merkmal der geschäftsmäßigen Erbringung in § 3 Nr. 10 TKG auf den Dienst im Allgemeinen. Nach dieser Lesart wäre das Merkmal nicht im Sinne eine konkreten privatrechtlichen Verpflichtung gegenüber einem Dritten zu verstehen, sondern in dem Sinne, dass der Diensteanbieter zu dem ermächtigt ist, was nötig ist, um das Angebot im Sinne von § 3 Nr. 10 TKG funktionell erbringen zu können. Was hierzu erforderlich ist, richtet sich wiederum nach dem jeweiligen Einzelfall, denn jeder Telekommunikationsdienst hat eine andere Funktionsweise. Legte man das Merkmal der geschäftsmäßigen Erbringung so aus, dass auch vertragliche Verpflichtungen umfasst sind, bestünde ein erhebliches Missbrauchsrisiko der Informationen durch den Anbieter. Ein Diensteanbieter könnte mit jedem beliebigen Dritten Verträge schließen, aufgrund derer er sich im Verhältnis zu einer anderen Person zur Offenlegung von Daten verpflichtete. Solche Verträge sind jedoch regelmäßig nach § 134 BGB unwirksam, was gegen eine vertragsverpflichtungsorientierte Betrachtung spricht.[1051] Für eine funktionell-technische Auslegung sprechen auch die Regelungen zum Datenschutz in §§ 95, 97

1048 *Michael Bock*, in: Beck TKG, TKG § 88 Rn. 26.

1049 *Zerres*, in: Scheurle/Mayen, 2 Aufl. 2008, TKG, § 88 Rn. 24; KG, ZEV 2017, 386, 393.

1050 BR-Drucks. 80/96, S. 53.

1051 Vgl. BGH, NJW 2013, 1092, 1093 Rn. 13 f.

Abs. 1 S. 3 TKG, die ausdrücklich von Befugnissen im Zusammen mit Verträgen Dritter sprechen. Hätte der Gesetzgeber gewollt, dass die Offenlegung von dem Fernmeldegeheimnis unterliegenden Inhalten aufgrund eines beliebigen Vertrages möglich ist, hätte er dies bereits in § 88 Abs. 3 TKG deutlich gemacht.

2. Erben als andere im Sinne von § 88 Abs. 3 TKG

Zweiter Anknüpfungspunkt ist in der wissenschaftlichen Diskussion das Merkmal des »anderen« im Sinne von § 88 Abs. 3 TKG. Aus den Gesetzesmaterialen ergeben sich keine weiterführenden Informationen zu diesem Tatbestandsmerkmal.[1052] Demnach liegt ein Zugangshindernis vor, soweit *anderen Personen* Kenntnis vom Inhalt der Kommunikation verschafft werden soll. Relevant ist dies insoweit, da die Erben schließlich in die Rechtsstellung des Erblassers einrücken und man annehmen könnte, diese seien aufgrund der Wirkung der Universalsukzession gerade nicht (mehr) *andere* im Sinne dieser Vorschrift. In seinem Urteil zum Facebook-Fall führte der BGH aus, *andere* im Sinne von § 88 Abs. 3 TKG seien Personen oder Institutionen, die nicht am Kommunikationsvorgang beteiligt sind. Die Erben eines verstorbenen Nutzers seien in diesem Sinne nicht *andere*, sondern vielmehr durch den Erbfall *Beteiligte* des im Erbfall nicht beendeten Kommunikationsvorgangs geworden.[1053] Da die Erben dem Erblasser im Wege der Universalsukzession in das Nutzungsverhältnis folgen und die »Eigenschaft als Vertragspartner des Diensteanbieters« insoweit übernehmen, seien diese nunmehr mit dem Erbfall als Teilnehmer der fortlaufenden Kommunikationsvor-

1052 Bericht der Arbeitsgruppe »Digitaler Neustart«, S. 344 mit Verweis auf BT-Drs. 13/3609, S.53 f.; BT-Drs. 15/2316, S. 87.

1053 BGH, NJW 2018, 3178, 3183 Rn. 58; *Steiner/Holzer*, ZEV 2015, 262, 264; *Salomon*, NotBZ 2016, 324, 327; *Klages*, ZD 2017, 390, 391; *Ludyga*, ZEV 2018, 1, 6; *Gloser*, DNotZ 2018, 306, 311; *Hoeren*, MMR 2018, 750 f.; *Wüsthof*, ErbR 2017, 496, 510; *Herzog*, ZErb 2017, 205, 208.

gänge zu betrachten.[1054] Sie seien damit objektiv gesehen nicht mehr als *Dritte* zu sehen, die außerhalb des Kommunikationsvorgangs zwischen Erblasser und Diensteanbieter stehen.[1055] Zudem setze auch die Eigenschaft als Teilnehmer einer Kommunikation und deren Schutz aus dem Fernmeldegeheimnis begriffsnotwendig voraus, dass dieser lebe.[1056] Der BGH interpretiert die Wirkung der Universalsukzession somit nicht nur in einem Sinne, wonach die Erben in die rechtliche Stellung der Erben einrücken, sondern auch in einem faktischen Sinne. Nach dieser Auslegung muss davon ausgegangen werden, dass die Erben die Stellung des Erblassers in faktischer oder tatsächlicher Hinsicht fortführen. Denn die Frage, ob jemand am laufenden Kommunikationsvorgang beteiligt war, ist keine rechtliche, sondern eher eine Frage auf tatsächlicher Ebene.

Nach der Gegenansicht ist ein Erbe des Nutzers *anderer* im Sinne von § 88 Abs. 3 S. 1 TKG, weshalb eine Weitergabe der Inhalte an sie nicht erlaubt ist.[1057] *Andere* seien alle, die in tatsächlicher Hinsicht nicht *in persona* an einem Telekommunikationsvorgang beteiligt sind oder waren, dementsprechend weder Empfänger noch Absender sind.[1058] Argumentiert wird im Wesentlichen damit, dass die Begriffe des öffentlich-rechtlichen Telekommunikationsgesetzes nicht in einem privatrechtlichen Sinne ausgelegt werden können, wodurch erbrechtliche oder privatrechtliche Termini bei der Auslegung öffentlich-rechtlicher Normen nicht maßgeblich sind.[1059] Es komme viel-

1054 BGH, NJW 2018, 3178, 3183 Rn. 58 ff; *Deusch*, ZEV 2018, 687, 688; *Apel*, ZD 2018, 486; *Herzog*, ErbR 2017, 453; *Hohenstein*, K&R 2018, 5, 10.

1055 *Budzikiewicz*, AcP 218 (2018), 558, 585.

1056 BGH, NJW 2018, 3178, 3183 Rn. 60 f.; Bericht der Arbeitsgruppe »Digitaler Neustart«, S. 346.

1057 KG, ZEV 386, 394 ff.; *Bock* AcP 217, 370, 406, 410; *Fußeder*, S. 211; *Conraths*, CR 2017, 454, 462; *Pockrandt*, S. 99 f.

1058 Zum persönlichen Schutzbereich des § 88 TKG, vgl. *Michael Bock*, in: Beck, TKG § 88 Rn 19; *Fußeder*, S. 211; *Martini/Kienle* JZ 2019, 235.

1059 *Martini/Kienle*, JZ 2019, 235, 236; a. A._*Herzog*, in NK-Nachfolgerecht, Digitaler Nachlass, Rn. 65 m. w. N., wonach die Grundsätze der praktischen Konkordanz auch bei der Auslegung von einfachgesetzlichen Regelungen herangezomehr auf die faktischen Verhältnisse an und nicht auf die rechtliche Beurteilung nach oder durch den Erbfall. Wer *anderer* ist, bestimme sich beim Fernmeldegeheimnis unabhängig von der rechtlichen Stellung; § 88 Abs. 3 TKG schütze die faktisch am Kommunikationsvorgang Beteiligten.[1060] Die faktisch Beteiligten eines Kommunikationsvorgangs seien davor zu bewahren, dass der Inhalt und die näheren Umstände der Telekommunikation *Dritten* in die Hände fallen, wozu auch die Erben zählen.

Demnach wird in der Literatur zwischen einer *faktischen* und einer *rechtlichen* Beurteilung der Situation entschieden. Stellt man also auf die faktische Komponente ab, folgt daraus, dass nur derjenige nicht *anderer* ist, der *tatsächlich* am Kommunikationsvorgang beteiligt war oder ist. Stellt man auf eine *rechtliche* Sichtweite ab, sind diejenigen nicht *andere*, die in einem rechtlichen Verhältnis zum Diensteanbieter stehen, in dessen Rahmen die Telekommunikationsvorgänge getätigt wurden. Dazu gehören infolge des erbrechtlichen Übergangs auch die Erben.

Dafür, dass die Erben nicht (mehr) andere sind, sobald sie in das Vertragsverhältnis mit dem Diensteanbieter eintreten, spricht die umfassende Wirkung der Universalsukzession, wonach im Grundsatz das ganze Vermögen des Erblassers auf die Erben übergeht. Dementsprechend würden auch die Erben durch den Übergang des Vertragsverhältnisses in die Eigenschaft oder Stellung einrücken, die durch das Schuldverhältnis begründet werden, nämlich gewissermaßen »Nichtanderer« zu sein. Hier ist allerdings an die im zweiten Teil gefundenen Ergebnisse zu erinnern: Es ist nur das Gegenstand des (vererbbaren) Vermögens, worüber der Erblasser zu Lebzeiten hätte verfügen können. Persönliche Eigenschaften sind dem Rechtsverkehr entzogen und damit nicht Gegenstand des Erbrechts. Zur weiteren

gen werden können, sodass es verfassungsrechtlich möglich sei, die Erben als nicht vom Begriff des Dritten umfasst anzusehen.

1060 KG, ZEV 2017, 386, 394; *Bock* AcP 217, 370, 406; *Martini/Kienle* JZ 2019, 235, 236.

Erläuterung dieses Punktes muss weiterhin ins Feld geführt werden, dass das Fernmeldegeheimnis mit dem Allgemeinen Persönlichkeitsrecht in einem sachlichen Kontext steht: So wie die Erben auch nicht die Persönlichkeit des Erblassers fortführen,[1061] dürfte man dementsprechend auch nicht davon ausgehen, dass sie auch seine (persönlichen) Eigenschaften (als Teilnehmer der Kommunikation) fortführen.[1062] Im Urheberrecht bleibt der Urheber ebenfalls mit dem Tode auch Herr über seine Gedanken, Erinnerungen, seine Schöpfung und damit Urheber.[1063] Die Erben rücken mit dessen Tod nicht in die Eigenschaft des Urhebers ein. Diesen Grundgedanken könnte man auf die Eigenschaft als Teilnehmer der Kommunikation übertragen.

3. Schutz der Kommunikationspartner des Erblassers nach § 88 TKG

Bei der Untersuchung des Fernmeldegeheimnisses im Sinne von § 88 TKG geht es nicht nur um den Schutz des Erblassers, sondern auch um den Schutz seiner Kommunikationspartner. Das Fernmeldegeheimnis schützt demnach nicht nur den Empfänger (A-Teilnehmer) von Nachrichten, sondern auch den Absender (B-Teilnehmer).[1064] Dies bedeutet, dass es nicht ausreicht, wenn beispielsweise nur ein Teilnehmer in einen Zugriff auf die nach § 88 TKG geschützten Kommunikationsinhalte einwilligt bzw. auf die Beachtung des Fernmeldegeheimnisses verzichtet.[1065] Eine Vertraulichkeitspflicht der Kommu-

1061 *Savigny*, System, Bd. I, S. 384 f.

1062 Nach *Kunz* führe der Erblasser nicht die Erblasserpersönlichkeit im Diesseits fort, siehe *Kunz*, in: Staudinger, BGB § 1922 Rn. 11.

1063 *Gloser*, DNotZ 2013, 497, 504; *Pierer*, GRUR 2019, 476.

1064 BVerfG, NJW 1992, 1875, 1876; *Michael Bock*, in: Beck TKG, TKG § 88 Rn. 19; *Brisch/Müller-ter Jung*, CR 2013, 446, 449 f.; *Leeb*, K&R 2014, 693, 697; *Bräutigam, in: Burandt/Rojahn*, BGB § 1922, Anhang. Digitaler Nachlass Rn. 22; *Hoeren*, NJW 2005, 2113, 2115; *Gusy*, JZ 1992, 1018.

1065 *Michael Bock*, in: Beck TKG, TKG § 88 Rn. 49; BVerfGE, 85, 386, 399.

nikationsteilnehmer untereinander besteht demgegenüber nicht.[1066] Daher trifft auch die Aussage zu, dass die Kommunikationspartner eine lebzeitige Weitergabe der Nachrichteninhalte unter Berufung auf das Fernmeldegeheimnis nicht verhindern können.[1067] Dieser letzte Punkt hat jedoch keine Auswirkungen auf die prüfungsgegenständlichen Fälle. Zur Weitergabe der Inhalte an die Erben muss grundsätzlich daher eine Einwilligung beider Kommunikationsteilnehmer oder ein sonstiger Erlaubnistatbestand vorliegen.[1068] Regelmäßig sind die sogenannten B-Teilnehmer in den vorliegenden Fällen die Kommunikationsteilnehmer des Erblassers. Diskutabel ist, inwieweit der Gewährleistungsbereich des Fernmeldegeheimnisses das Vertrauen der Kommunikationspartner darauf schützt, dass ausschließlich die Person des Empfängers Kenntnis über die Kommunikationsinhalte erhält.[1069] Aus der strikten Trennung zwischen A- und B-Teilnehmer wird deutlich, dass hier grundsätzlich streng zwischen der Sphäre des Erblassers und der seiner Kommunikationspartner zu trennen ist. Schließlich darf weder der Erblasser selbst, noch ein aus seiner Sphäre stammender Umstand (etwa dessen Tod) darüber entscheiden dürfen, ob die Kommunikationsinhalte eines anderen durch den Diensteanbieter einem Dritten zur Verfügung gestellt werden können. Eine gesetzliche Ausnahme von dieser Grundannahme ist nicht ersichtlich.

Dagegen lässt sich wiederum einwenden, dass die Kommunikationspartner des Erblassers bewusst mit diesem kommuniziert haben und daher die Gefahr der Weitergabe der Kommunikationsinhalte aufgrund des Todes selbst einzuschätzen vermochten und hätten vor-

1066 BVerfG, NJW 1992, 1875, 1876; *Eckhardt*, in: Spindler/Schuster, TKG § 88 Rn. 25; *Apel*, ZD 2018, 486, 487.

1067 *Budzikiewicz*, AcP 218 (2018), 558, 585.

1068 *Eckhardt*, in: Spindler/Schuster, TKG § 88 Rn. 25; *Gusy*, JZ 1992, 1018.

1069 Das personengebundene Vertrauen der Kommunikationspartner zueinander ist jedenfalls nicht Gegenstand des Grundrechtsschutzes von Art. 10 Abs. 1 GG, vgl. BVerfG, NJW 2008, 822, 835; BVerfG, NJW 2002, 3619, 3620; BVerfG, NJW 1992, 1875.

hersehen können.[1070] Schließlich gehört der Tod des eines Kommunikationspartners zum allgemeinen Lebensrisiko. Dennoch erscheint es zweifelhaft, allein deshalb das ansonsten obligatorische Erfordernis der Einwilligung entfallen zu lassen. Aus der Konzeption des TKG und den spärlichen Ausnahmen, die einen Eingriff in das Fernmeldegeheimnis erlauben, ergibt sich, dass es der Gesetzgeber mit dem Schutz des Fernmeldegeheimnisses durchaus ernst meint, sodass etwaige Ausnahmen vom Grundsatz des Einwilligungserfordernisses restriktiv zu handhaben sind. Teile in der Literatur führen an, der Absender der Kommunikationsinhalte verlöre durch das Absenden der Nachricht seine Verfügungsbefugnis, unabhängig von der Speicherung der Nachricht auf dem Server des Providers.[1071] Dadurch entfalle gleichsam die Schutzwürdigkeit derselben. Begründet wird dies mit dem Sinn und Zweck des § 39 PostG, der sich regelungstechnisch und terminologisch mit § 88 TKG weitestgehend deckt.[1072] Das Nachrichtenpostfach sei in diesem Sinne mit einem Briefkasten gleichzusetzen, wo es auch nicht darauf ankomme, ob der Erbe oder der Empfänger persönlich sie öffne.[1073] Dabei wird verkannt, dass es in § 88 Abs. 3 TKG nicht auf eine etwaige Verfügungsbefugnis über spezielle Nachrichten ankommt. Auch der Vergleich zur Nachrichtenübermittlung per Post ist schief, da der Absender auch dort mit der Aufgabe des Briefs an einem Briefkasten bereits die Verfügungsbefugnis des Briefes aus der Hand gibt. Niemand wird daran zweifeln wollen, dass ein solcher Brief auf dem Weg zum Empfänger dem Fernmeldegeheimnis unterfällt, da gerade im raumüberwindenden Moment der Kommunikation die spezifische Eingriffsgefahr besteht.

1070 In diese Richtung argumentierend, *Ludyga*, ZEV 2018, 1, 6; *Ludyga*, jM 2016, 442, 447; *Pruns*, ZErb 2017, 217, 222 f.

1071 *Kutscher*. S. 145.

1072 Z. B. *Lange/Holtwiesche*, ZErb 2016, 157.

1073 *Kutscher*. S. 145.

4. Einwilligungsproblematik

Auch wird in der Literatur über die Erforderlichkeit einer Einwilligung diskutiert.[1074] Nach der herrschenden Meinung ist die Einwilligung als Zulässigkeitsvoraussetzung unter dem Gesichtspunkt des Verbotes mit Erlaubnisvorbehalt äußerst restriktiv zu handhaben.[1075] Das Erfodernis bzw. die Möglichkeit der Einwilligung ergibt sich zwar nicht unmittelbar aus § 88 TKG, wohl aber aus der schutzbereichsbezogenen Parallelität zu Art. 10 GG.[1076]

a. Einwilligung des Erblassers

Teilweise wird in der Literatur vertreten, dass in diesem Maße in der Regel zugleich eine (konkludente) Einwilligung des (verstorbenen) Nutzers vorliege.[1077] Da der Erblasser tot ist, können aber schon die Erben die Einwilligung erklären, da sie bezüglich der Kommunikationsinhalte als verfügbare - vermögensrechtliche Bestandteile des Nutzungsverhältnisses verfügungsbefugt sind, soweit dies dem mutmaßlichen Willen des Erblassers entspricht.[1078] Gewissermaßen können sie der Offenlegung der Daten an sich selbst zustimmen, was in der Regel dadurch geschieht, wenn sie die Herausgabe der Inhalte verlangen. Dies gilt jedoch nicht für den gesamten Kommunikationsverkehr; die Einwilligung der Kommunikationspartner über ihre Kommunikationsinhalte bleibt weiterhin erforderlich.

b. Einwilligung der Kommunikationspartner

Dagegen wird argumentiert, eine Einwilligung der Kommunikationsteilnehmer sei nicht erforderlich, da diese bereits zu Lebzeiten des Erblassers schon kein schutzwürdiges Vertrauen darauf hatten, dass der Erblasser ihre Daten vertraulich behandelt bzw. nicht wei-

1074 Z. B. *Fußeder*, S. 157 ff.
1075 BGH, NJW 1992, 737, 779.
1076 *Pockrandt*, S. 95.
1077 *Fußeder*, S. 160.
1078 *Hoeren*, NJW 2004, 3513, 3516 f.

tergeben wird.[1079] Teilweise wird eine mutmaßliche oder konkludente Einwilligung der Nachrichtenabsender angenommen.[1080] Es spiele aus Sicht der Kommunikationspartner keine Rolle, ob die Daten durch den Diensteanbieter zu dessen Lebzeiten oder erst nach seinem Tod an Dritte weitergeben werden. Diese Argumentation widerspricht jedoch nicht der Linie des Bundesverfassungsgerichts, denn dieses nimmt genau diese Unterscheidung vor: Während aus Art. 10 GG und § 88 TKG keine Vertraulichkeitspflicht der Kommunikationsteilnehmer untereinander besteht,[1081] ist ein Telekommunikationsdienstleister verpflichtet, das Fernmeldegeheimnis beider Kommunikationsteilnehmer voneinander getrennt zu beachten.[1082] Für die gegenständlichen Fallkonstellationen heißt das, dass die Einwilligung aller Beteiligter an einer Kommunikation vorliegen muss.

In der Literatur wird teilweise versucht, dieses Problem durch eine (ggf. *fingierte*) *Einwilligung* zu lösen.[1083] Da der Erblasser als Empfänger einer Nachricht der Adressat für die Einwilligung der Kommunikationspartner sei, seien die Erben aufgrund einer »erbrechtlichen Fiktion« als neue Adressaten der Einwilligung nach dem Tod des Erblassers zu verstehen.[1084] Dies verwässert die hohen Anforderungen an die Einwilligung betreffend Eingriffe in das Fernmeldegeheimnis und ist als gut gemeintes »Schlupfloch« abzulehnen:[1085] In der Regel sollte die Einwilligung derart konkret sein, dass sie sich auf einen genauen Vorgang oder von Vornherein bestimmbare Vorgänge bezieht. Etwas anderes kann mit Blick auf §§ 130 Abs. 2, 153 BGB ausnahmsweise dann gelten, wenn zwischen den Beteiligten ein ausschließlich rechtsgeschäftlicher Kontakt gepflegt wurde. Dann kann von einem mut-

1079 *Budzikiewicz*, AcP 218 (2018), 558, 585.

1080 Dafür: *Steiner/Holzer*, ZEV 2015, 262, 264; *Herzog*, in NK-Nachfolgerecht, Digitaler Nachlass, Rn. 68a; dagegen: *Solmecke/Köbrich/Schmitt*, MMR 2015, 291, 292; *Mayen*, in: Stellungnahme DAV 34/2013, S. 76; *Pruns*, ZErb 2017, 217.

1081 *Eckhardt*, in: Spindler/Schuster, TKG § 88 Rn. 25.

1082 *Michael Bock*, in: Beck TKG, TKG § 88 Rn. 19.

1083 *Pruns*, NWB 2014, 2175, 2184; *Kutscher*, S. 145.

1084 *Pruns*, NWB 2014, 2175, 2184; *Kutscher*, S. 145.

1085 So im Ergebnis auch *Telle*, K&R 2017, 510, 512.

maßlichen Einverständnis mit der Weitergabe der Kommunikationsinhalte an die Erben auszugehen sein, da ansonsten die Realisierung des durch §§ 130 Abs. 2, 153 BGB ermittelten Willens der Parteien leerliefe. Nur dann findet ein Gleichlauf zwischen zivilrechtlicher Vertragsauslegung und telekommunikationsrechtlichem Einverständnis statt.

5. Zwischenergebnis und Bedeutung des Streits

Es bestehen begründete Zweifel daran, dass die Weitergabe der Kommunikationsinhalte an die Erben im Sinne von § 88 Abs. 3 TKG zur geschäftsmäßigen Erbringung des Dienstes erforderlich ist. Demnach ist weiterhin die Frage entscheidend, ob die Erben als *andere* zu betrachten sind. Auf diese Aspekte kommt es nicht an, wenn das einfachgesetzliche Fernmeldegeheimnis auf die hier behandelten Dienste dem Grunde nach schon nicht anwendbar ist. Es stellt sich nämlich bereits die Frage, ob die hier behandelten Dienste überhaupt Telekommunikationsdienste im Sinne von § 3 Nr. 24 TKG sind. Zudem fußt auch die Betrachtungsweise, wonach das TKG grundsätzlich auf die gegenständlichen Dienste anwendbar ist, auf der Linie des Bundesverfassungsgerichts, wonach Art. 10 GG nicht dem rein technischen Telekommunikationsbegriff des TKG folgt, sondern personal an die vermeintliche Schutzbedürftigkeit des Grundrechtsträgers anknüpft.[1086] Das KG schloss sich in diesem Sinne der von *Kühling* und *Schall* entwickelten sogenannten Veranlassungslehre an. Dementsprechend sei nach einer verbreiteten Ansicht in der Literatur § 88 TKG dem Schutzbedürfnis des Grundrechtsträgers entsprechend auszulegen, sodass auch solche Inhalte vom Schutzbereich des Fernmeldegeheimnisses umfasst sind, die auf den Servern zwischen- oder endgespeichert sind.[1087] Da dieser Betrachtungsweise vorliegend

1086 BVerfG ZUM-RD 2011, 396, 398 Rn. 14.

1087 Nach *Mayen*, in: Stellungnahme DAV 34/2013, S. 72 richte sich der Schutzbereich des § 88 TKG streng nach dem Schutzbereich des Art. 10 Abs. 1 GG.

entgegengetreten wird, ist hier zu erörtern, ob die hier in Rede stehenden Diensteanbieter schon deshalb nicht an das einfachgesetzliche Fernmeldegeheimnis gebunden sind. Weiterhin ist fraglich, ob die hier behandelten Dienste als OTT-Dienste überhaupt Telekommunikationsdienste im Sinne des § 3 Nr. 24 TKG sind. Ist dies zu verneinen, stellt sich die Folgefrage, ob sie dennoch das einfachgesetzliche Fernmeldegeheimnis zu wahren haben.

II. § 88 TKG: Allgemeines

§ 88 TKG ist die einfachgesetzlich kodifizierte Ausprägung des Fernmeldegeheimnisses[1088], dessen Schutzbereich wiederum unter Berücksichtigung der verfassungsrechtlichen Grundsätze des Art. 10 GG zu bestimmen ist.[1089] Art. 10 GG schützt den Kommunikationsteilnehmer vor Eingriffen im Verhältnis zum Staat und § 88 TKG vor Eingriffen vor demjenigen, dessen Telekommunikationsleistungen er nutzt.[1090] Verpflichtet im Sinne des § 88 Abs. 2, 3 TKG ist jeder, der geschäftsmäßig Telekommunikationsdienste erbringt oder daran mitwirkt. Damit gehören alle Diensteanbieter zum Kreis der zur Wahrung des Fernmeldegeheimnisses Verpflichteten, die Telekommunikationsdienstleistungen mit einer gewissen Breitenwirkung anbieten. Letztlich soll aber keine starre Abgrenzung des Schutzbereichs entscheidend sein, sondern eine im Einzelfall getroffene Abwägung, die auf das schutzwürdige Vertrauen der Beteiligten abstellt.[1091]

Ob die prüfungsgegenständlichen OTT-Dienste das einfachgesetzliche Fernmeldegeheimnis zu wahren haben, ist in der Literatur umstritten. Der Streit dreht sich um die Frage, ob die hier behandel-

1088 *Eckhardt*, in: Spindler/Schuster, TKG § 88 Rn. 1; *Michael Bock*, in: Beck TKG, TKG § 88 Rn. 1.

1089 *Mayen*, in: Scheurle/Mayen, TKG § 88 Rn. 15; *Eckhardt*, in: Spindler/Schuster, TKG § 88 Rn. 4.

1090 *Eckhardt*, in: Spindler/Schuster, TKG § 88 Rn. 3.

1091 BR-Drucks. 80/96, S. 53.

ten Anbieter von OTT-Diensten *Telemedien* oder *Telekommunikationsdienste* anbieten. Im ersten Fall findet der Schutz des Fernmeldegeheimnisses aus § 88 TKG grundsätzlich keine Anwendung. Dann kommt eine Pflicht zur Wahrung des Fernmeldegeheimnisses aus § 7 Abs. 3 TMG in Betracht. Denn bereits auf den ersten Blick verpflichtet § 7 Abs. 3 TMG Telemediendiensteanbieter zur Wahrung des Fernmeldegeheimnisses auch dann, wenn sie selbst keine Telekommunikationsdienste anbieten. »Telemedienrecht« und »Telekommunikationsrecht« können jedoch bei sog. Mischdiensten auch kumulativ zur Anwendung kommen.

Im Telemedienrecht werden gemäß § 1 Abs. 1 TMG elektronische Informations- und Kommunikationsdienste vom Anwendungsbereich erfasst. Nicht (unmittelbar) erfasst sind wiederum anderen Rechtsgebieten zugehörige Bereiche, namentlich das Telekommunikations-, Rundfunk- und Presserecht, die hier jedoch nicht von Belang sind. Ob die Angebote bzw. Dienste von *Facebook, Gmail* oder *Yahoo!* den Regelungen des TMG unterworfen sind, richtet sich nach den (positiven und negativen) Begriffsmerkmalen des § 1 Abs. 1 TMG. Nicht vom Anwendungsbereich des TMG umfasst sind nach § 1 Abs. 1 S. 1 TMG Telekommunikationsdienste im Sinne von § 3 Nr. 24 TKG, die *ganz* in der Übertragung von Signalen über Telekommunikationsnetze bestehen; dies sind sogenannte *reine* Telekommunikationsdienste.

Die Marktregulierung von Telekommunikationsleistungen im TKG unterscheidet wiederum zwischen sog. *Netzbetreibern* und *Diensteanbietern* (vgl. § 6 TKG).[1092] Erstere sind solche, die die tatsächliche und rechtliche Kontrolle über das Übertragungsnetz innehaben (Funktionsherrschaft).[1093] Bekannte *Netzbetreiber* sind in Deutschland

1092 Grünwald/Nüßing, MMR 2016, 91.

1093 *Mayen*, in: Scheurle/Mayen, TKG § 6 Rn. 3; *Schütz*, in Beck TGK, TKG § 6 Rn. 56 ff.; siehe auch das Informationsblatt zur Meldepflicht nach § 6 TKG der Bundesnetzagentur, abrufbar unter: https://www.bundesnetzagentur.de/SharedDocs/Downloads/DE/Sachgebiete/TelekommuniTeleko/Unternehmen_Institutionen/Anbieterpflichten/Meldepflicht/Meldeformular_pdf.pdf?__blob=publicationFile&v=16, zuletzt aufgerufen am 01.07.2020.

die Vodafone GmbH oder die Deutsche Telekom AG. In aller Regel nutzen die Betreiber von Gmail, Facebook-Messenger und Yahoo!-Mail keine eigenen Telekommunikationsnetze im Sinne des § 3 Nr. 27 TKG; sie vermitteln selbst keinen Internetzugang und erbringen ihre Dienste über das offene Internet.[1094] Damit scheiden sie als *Netzbetreiber* von vornherein bereits aus.

III. Elektronischer Informations- und Kommunikationsdienst

Facebook, Google und Yahoo! könnten *Telemediendienste* sein. Was unter diesem (positiven) Merkmal zu verstehen ist, lässt sich dem Gesetzestext nicht unmittelbar entnehmen. Die Gesetzesbegründung zum TMG gibt aber Aufschluss darüber, dass unter den Begriff

> alle übrigen Informations- und Kommunikationsdienste fallen, die nicht ausschließlich Telekommunikationsdienste oder Rundfunk sind. Sie erstrecken sich auf einen weiten Bereich von wirtschaftlichen Tätigkeiten, die bspw. über Abruf oder Verteildienste elektronisch in Form von Bild- Text- oder Toninhalten zur Verfügung gestellt werden.[1095]

Bei Telemediendiensten handelt sich um solche Dienste, die Informationen und Kommunikation im Internet bereitstellen.[1096] Multimediale Angebote dieser Art können Online-Angebote von Waren oder Dienstleistungen mit unmittelbarer Bestellmöglichkeit sein: z. B. Teleshopping, Angebot von Verkehrs- oder Börsendaten etc. Auch Online-Dienste, die der Datensuche dienen oder zum Zugang zu

1094 Grünwald/Nüßing, MMR 2016, 91; OVG NRW MMR 2018, 552, 553 Rn. 14.

1095 BT-Drucks. 16/3078, S. 13f.

1096 *Martini*, in: BeckOK InfoMedienR, TMG § 1 Rn. 9; *Martiny*, in: MüKoBGB, TMG § 3 Rn. 15; *Ricke*, in Spindler/Schuster, TMG § 1 Rn. 4.

Daten bzw. zur Datenabfrage bestimmt sind (Online-Suchmaschinen), sollen laut Gesetzesbegründung des TMG unter den Begriff der *Telemedien* fallen.[1097]

IV. Negative Begriffsmerkmale des § 1 Abs. 1 S. 1 TMG: § 3 Nr. 24 TKG[1098]

Ausgenommen vom Anwendungsbereich des TMG sind *reine* Telekommunikationsdienste im Sinne des § 3 Nr. 24 TKG.[1099] § 1 Abs. 1 S. 1 TMG schließt Angebote vom Anwendungsbereich des TMG aus, die *ganz* in der Übertragung von Signalen bestehen (reine Telekommunikationsdienste). Dass nur solche Dienste, die *ganz* in der Übertragung von Signalen bestehen, aus dem Anwendungsbereich des TMG ausgeschlossen sind, bedeutet im Umkehrschluss, dass das TMG auf solche Dienste anwendbar sein kann, die *auch* oder sogar *überwiegend* eine Signalübertragungsleistung erbringen.[1100] Auf solche Dienste (Mischdienste) ist sowohl das TMG als auch das TKG anzuwenden: Besteht die Tätigkeit eines Dienstes beispielsweise einerseits darin, *überwiegend* Transportleistungen zu erbringen und werden andererseits auch *Inhalte* elektronisch bereitgestellt, ist der Anwendungsbereich sowohl des TMG als auch des TKG eröffnet.[1101] Ein Telemedium kann also ein Telekommunikationsdienst im Sinne von § 3 Nr. 24 TKG sein und ein Telekommunikationsdienst, der (lediglich) überwiegend Signalübertragungen zum Gegenstand hat, kann auch ein Telemedium sein.[1102] *Reine* Telekommunikationsdienste bleiben vom Anwendungs-

1097 BT-Drucks. 16/3078, S. 13.

1098 Die Begriffsbestimmung dort entspricht im Wesentlichen Art. 2 lit. c) der RL 2002/21/EG.

1099 *Ricke*, in Spindler/Schuster, TMG § 1 Rn. 3.

1100 *Martini*, in: BeckOK InfoMedienR, TMG § 1 Rn. 11; *Ricke*, in Spindler/Schuster, TMG § 1 Rn. 6.

1101 *Martini*, in: BeckOK InfoMedienR, TMG § 1 Rn. 11.

1102 *Martini*, in: BeckOK InfoMedienR, TMG § 1 Rn. 11.

bereich des TMG ausgeschlossen.[1103] Im Folgenden ist zu erörtern, ob die Dienste von Yahoo!, Facebook und Gmail *ganz* bzw. *überwiegend* in der Übertragung von Signalen bestehen. Spielt die Übertragungs- bzw. Transporttätigkeit des Dienstes nur eine untergeordnete Rolle, ist das TKG nicht unmittelbar auf diese Dienste anwendbar. Telekommunikation ist nach § 3 Nr. 22 TKG

> der technische Vorgang des Aussendens, Übermittelns und Empfangens von Signalen mittels Telekommunikationsanlagen

Gemäß § 3 Nr. 23 TKG sind Telekommunikationsanlagen[1104]

> technische Einrichtungen oder Systeme, die als Nachrichten identifizierbare elektromagnetische oder optische Signale senden, übertragen, vermitteln, empfangen, steuern oder kontrollieren können.

Gemäß § 3 Nr. 24 TKG sind Telekommunikationsdienste

> in der Regel gegen Entgelt erbrachte Dienste, die ganz oder überwiegend in der Übertragung von Signalen über Telekommunikationsnetze bestehen, einschließlich Übertragungsdienste in Rundfunknetzen

Das Merkmal der Übertragung ist der Oberbegriff für das *Aussenden, Übermitteln und Empfangen* im Sinne von § 3 Nr. 22 TKG.[1105] Telekommunikationsangebote beschränken sich im Wesentlichen darauf, die technischen *Voraussetzungen* für die Übertragung elektronischer oder sonstiger Informationen bereitzustellen oder die Transportdienstleistung selbst durchzuführen (*Übertragungsfunktion*). Für

1103 *Ricke*, in Spindler/Schuster, TMG § 1 Rn. 6.

1104 Nach *Schuster* sei diese Legaldefinition nicht zur Eingrenzung geeignet, da kaum ein E-Mail-Dienst nicht unter § 3 Nr. 23 TKG falle, siehe *Schuster*, CR 2016 173, 178.

1105 *Schuster*, CR 2016, 173, 176; a.A. *Gersdorf*, K&R 2016, 95.

die Abgrenzung zwischen Telekommunikations- und Telemediendienst ist – vereinfacht gesagt – entscheidend, ob der zur Diskussion stehende Dienst *Signalübertragungen* oder *Inhalte* bzw. *inhaltliche Leistungen* zur Verfügung stellt.[1106] Für E-Mail-Dienste ist damit ganz konkret entscheidend, ob bereits die Verarbeitung der Datenpakete auf den Mailservern sowie deren Einspeisung in das offene Internet eine Signalübertragung im Sinne von § 3 Nr. 22 TKG darstellt oder ob eine solche Übertragung erst in der Übermittlung der *Datenpakete* durch die Internetaccess-Provider zu sehen ist.[1107] Auch wird eine Zurechnung der *Übermittlungstätigkeit* durch die Internetaccessproviders diskutiert.[1108] Tatsächlich ist umstritten, ob OTT-Angebote[1109] wie E-Mail-Dienste, WhatsApp oder der Facebook-Messenger unter den Begriff der Telekommunikationsdienste fallen.[1110] Das KG war im Facebook-Fall der Auffassung, Facebook übertrage zwar nicht selbst Signale, müsse sich aber die fremde Signalübertragungsleistung der Telekommunikationsunternehmen *zurechnen* lassen.[1111] Insofern folgte das KG der von *Kühling/Schall*[1112] *entwickelten und vom VG Köln übernommenen Veranlassungslehre*, die OTT-Angebote unter den Begriff der Telekommunikationsdienste fasst. Demnach mache sich ein OTT-Dienst die fremde Übertragungsleistung faktisch zu eigen, indem er

1106 *Lünebürger/Stamm*, in: Scheurle/Mayen, TKG § 3 Rn. 64 mwN; Gradmesser hierbei sei nach Ansicht des EuGH die Unterscheidung zwischen der Produktion von Inhalten (mit redaktioneller Kontrolle) und der Übertragung von Inhalten (ohne redaktioneller Kontrolle), vgl. EuGH MMR 2019, 514, 515 Rn. 29 ff.

1107 Diese Frage entspricht auch der ersten Vorlagefrage des OVG NRW, MMR 2018, 552 an den EuGH, siehe dazu ebenso EuGH, MMR 2019, 514.

1108 Siehe Vorlagefrage zur Auslegung der Rahmenrichtlinie (RL 2002/21/EG) 1. b) des OVG NRW, MMR 2018, 552. Nach *Schuster* komme dies einer Störerhaftung gleich, vgl. *Schuster*, CR 2016, 173, 174.

1109 Zum Begriff: *Schuster*, CR 2016, 173, 174; *Grünwald/Nüßing*, MMR 2016, 91, 91 f.

1110 *Lünebürger/Stamm*, in: Scheurle/Mayen, TKG § 3 Rn. 66 m. w. N. Dafür: VG Köln, MMR 2016, 141; *Kühling/Schall*, CR 2015, 641; *Kühling/Schall*, CR 2016, 185; Dagegen: OVG NRW, MMR 2018, 552, 553; *Schuster*, CR 2016, 173 ff.; *Martini*, in: BeckOK InfoMedienR, TMG § 1 Rn. 13 ff.

1111 KG, ZEV 2017, 386, 390 ff; VG Köln, MMR, 2016, 141, 142, 144; *Thiesen*, S. 186 f.; krit.: *Wüsthof*, ErbR 2017, 496, 510.

1112 *Kühling/Schall*, CR 2015, 641, 651; *Kühling/Schall*, 2016, 185, 191 f.

durch die bereitgestellte Software bzw. die Mailserver den entscheidenden *Impuls* zur Übermittlung gebe und dieser darüber hinaus die notwendigen Sender- und Empfängerinformationen für den Aufbau der Verbindung an die Server der Access-Provider übermittle (Veranlassung).[1113] Dadurch erfülle er die Voraussetzungen des § 3 Nr. 24 TKG und sei damit als Telekommunikationsdienst einzuordnen. Ferner sei Facebook nach verschiedentlich vertretener Auffassung auch Telemediendienstanbieter (sog. Mischdienst) mit der Folge, dass daraus gemäß § 7 Abs. 3 S. 2 TMG eine Verpflichtung zur Wahrung des Fernmeldegeheimnisses (§ 88 Abs. 3 TKG) resultiere.[1114] Der BGH hat diese Frage offengelassen.[1115] Ob die Betreiber sozialer Netzwerke oder E-Mail-Diensteanbieter unter den Begriff des § 3 Nr. 24 TKG fallen, kann nicht ohne weiteres beantwortet werden und bedarf weiterer Erläuterungen.[1116]

1. E-Mail-Verarbeitung als Telekommunikation im Sinne von § 3 Nr. 22 TKG

Der Begriff der Telekommunikation in § 3 Nr. 22 TKG bezeichnet den technischen Vorgang des Aussendens, Übermittelns und Empfangens von Signalen.[1117] Das VG Köln vertritt bezüglich des Merkmals der Telekommunikation die Auffassung, das Angebot des E-Mail-Dienstes Gmail sei als *Signalübertragung* zu sehen, da mit Hilfe der

1113 *Kühling/Schall*, CR 2015, 641, 651.

1114 KG, ZEV 2017, 386; 391; *Deusch*, ZEV 2014, 2, 6; *Zerres*, in: Scheurle/Mayen, TKG, 2. Aufl. 2008, § 88 Rn. 10.

1115 BGH, ZEV 2018, 582, 588 Rn. 56.

1116 Dafür: *Kühling/Schall*, CR 2016, 185; *Kühling/Schall*, CR 2015, 641; *VG Köln*, MMR 2016, 141, 143 Rn. 53 ff. Dagegen: *Martini/Zimmermann*, CR 2007, 368, 371; *Sander*, CR 2014, 176, 182; *Schuster*, CR 2016, 173; *Gersdorf*, K&R 2016, 91 ff.; *Martini*, in: BeckOK InfoMedienR, TMG § 1 Rn. 13 ff. Bei Cloud-Diensten generell ablehnend, *Boos/Kroschwald/Wicker*, ZD 2013, 205, 206. *Telle*, K&R 2016, 166 lässt diese Frage bis zur Klärung durch das BVerwG offen.

1117 *Ricke*, in Spindler/Schuster, TKG § 3 Rn. 47.

anbietereigenen Server und der Software des Diensteanbieters über den Internetanschluss des jeweiligen Endgerätes Daten und Signale *ausgesendet* und *empfangen* werden.[1118] Neben der Einleitung eines Versandvorgangs als *Transportleistung* komme eine inhaltsbezogene *Verarbeitungstätigkeit* der Anbieter hinzu: Auf den Mailservern finde eine Versorgung der für die Signalübertragung zuständigen Router der Internet-Provider mit notwendigen Sender- und Empfängerinformationen statt, wodurch eine Verbindung zwischen Sender und Empfänger hergestellt werde.[1119] Damit kommt das VG Köln zu dem Ergebnis, dass die reine *Übermittlung der Signale* über das offene Internet zwar nicht durch den E-Mail-Diensteanbieter oder dessen Netz selbst erfolge, sondern durch die beteiligten Internetprovider.[1120] Dies sei für die Einordnung des Dienstes als *Telekommunikationsdienst* aber nicht erheblich; es sei nicht möglich, die anwendungsbezogene sowie die transportbezogene Komponente eines Kommunikationsvorgangs getrennt voneinander zu bewerten, es müsse der gesamte Kommunikationsvorgang als eine untrennbare (wirtschaftliche) Einheit betrachtet werden.[1121]

Zur Begründung des Merkmals der Signalübertragung wird dabei im Wesentlichen auf die E-Mail-Verarbeitung auf den Posteingangs- und Postausgangsservern, die Funktion des Routers und die Endgeräte der Nutzer als Telekommunikationsanlagen verwiesen und festgestellt, dieses Ergebnis könne *nicht zweifelhaft* sein.[1122] Der EuGH sieht in der Erbringung eines E-Mail-Dienstes ebenso eine Übertragung von Signalen. Auch Google habe in der mündlichen Verhandlung vor dem EuGH bestätigt, »dass Gmail bei der Erbringung des E-Mail-Dienstes von Inhabern eines Gmail-Kontos versendete und von ihnen empfangene und in Datenpakete zerlegte E-Mails über ihre

1118 VG Köln, CR 2016, 131, 133 Rn. 46.

1119 VG Köln, CR 2016, 131, 133 Rn. 46; *Gersdorf*, K&R 2016, 91, 94; *Grünwald/Nüßing*, MMR 2016 91, 94.

1120 VG Köln, MMR 2016, 141, 142 Rn. 46. *Kühling/Schall*, CR 2015, 641, 650 f.

1121 VG Köln, MMR 2016, 141, 142 Rn. 46; *Kühling/Schall*, CR 2015, 641, 648, 650.

1122 VG Köln, MMR 2016, 141, 143 Rn. 52 a.E.

E-Mail-Server in das offene Internet einspeist und aus diesem empfängt« und insoweit auch eine Signalübertragung leiste.[1123] Somit sind sich VG Köln sowie EuGH einig, dass OTT-Dienste *auch* das Merkmal der Signalübertragung im Sinne von § 3 Nr. 22 TKG erfüllen.[1124]

Schuster tritt dieser Ansicht entschieden entgegen und meint, es liege in diesen Fällen überhaupt keine Telekommunikation im Sinne von § 3 Nr. 22 TKG, also keine Übertragungstätigkeit, vor. Dies begründet er mit einer strikten technischen Trennung zwischen der E-Mail-Verarbeitung und der E-Mail-Übertragung im Sinne der Überwindung einer räumlichen Distanz.[1125] Er meint, in der Tätigkeit von OTT-Diensten sei keine Signalübertragung zu erblicken, da ausschließlich der Internetaccessprovider vom Ausgangs- bis zum Eingangsrouter die tatsächliche Übertragung der Daten vornehme.[1126] Bereits der Router des Netzbetreibers übernehme als Leistungsübergabepunkt das Aussenden, Übermitteln und Empfangen der Signale.[1127] Dieser trage ab diesem Zeitpunkt auch die ausschließliche technische Verantwortung für den *Signalübertragungsvorgang*, während zuvor noch der E-Mail-Verarbeitungsdienst als Telemediendienst nur vorbereitend technisch zuständig und tätig war.[1128] Die E-Mail-Verarbeitungstätigkeit auf den Mailservern, die das VG Köln noch als Bestandteil der Telekommunikation bewertete, sei auch ausschließlich als *inhaltsbezogene* Leistung zu qualifizieren und nicht als Telekommunikationsleistung.

Nach beiden Ansätzen ist zwischen E-Mail-Verarbeitung und E-Mail-Übertragung zu unterscheiden. *Schuster* plädiert für eine Betrachtungsweise, die beide Vorgänge technisch voneinander trennt,

1123 EuGH, MMR 2019, 514, 515 Rn. 34. Freilich hat Google in dieser Weise dabei nicht eingeräumt, sie seien im Sinne von Art. 2 lit. c) der RL 2002/21/EG Anbieter von Telekommunikationsdienstleistungen; so auch *Grünwald/Nüßing*, MMR 2016 91, 94

1124 VG Köln, MMR 2016, 141, 143 Rn. 52; EuGH, MMR 2019, 514, 516 Rn. 34.

1125 *Schuster*, CR 2016, 173, 175.

1126 *Schuster*, CR 2016, 173, 175.

1127 *Schuster*, CR 2016, 173, 175; *Sander*, CR 2014, 176, 179 f.

1128 *Schuster*, CR 2016, 173, 176.

während das VG Köln meint, die Transportleistung könne von der Verarbeitung nicht sinnvoll getrennt werden. Es steht als Zwischenergebnis fest, dass zumindest aus technischer Sicht zwischen der *E-Mail-Verarbeitung* auf den Mailservern des Diensteanbieters einerseits und der *E-Mail-Übertragung* auf dem Telekommunikationsnetz andererseits unterschieden werden *kann*.[1129]

2. Kommunikationsdienste nach § 3 Nr. 24 TKG?

Ergibt sich in der vorstehenden Frage, dass OTT-Dienste (zumindest auch) eine Signalübertragungsleistung im Sinne von § 3 Nr. 22 TKG zum Gegenstand haben, ist weiterhin die Frage entscheidend, ob die Tätigkeit des Dienstes *ganz oder überwiegend* in der Signalübertragungen besteht. Nur dann handelt es sich um Telekommunikationsdienste im Sinne von § 3 Nr. 24 TKG.[1130] Dementsprechend wird in der Literatur und Rechtsprechung weiter diskutiert, ob OTT-Dienste eine überwiegende Übertragung von Signalen vornehmen bzw. diese das *überwiegende* Element ihrer Tätigkeit bilden.[1131] Dass die Tätigkeit von OTT-Diensten *ganz* in der Übertragung von Signalen besteht, wird zumindest von keiner Seite behauptet. Nach einer in Literatur und Rechtsprechung vertretenen Ansicht soll die Frage, ob eine überwiegende Signalübertragung vorliegt, bei mehreren, verschiedenen Dienstleistungen des Diensteanbieters anhand des Schwerpunktes[1132] der gesamten Tätigkeit bzw. des Dienstes ermittelt werden, für die

1129 *Schuster*, CR 2016, 173, 175; *Gersdorf*, K&R 2016, 91, 97; *Kühling/Schall*, CR 2015, 641, 645.

1130 *Gersdorf*, K&R 2016, 93 ff.

1131 *Kühling/Schall*, CR 2015, 641, 648.

1132 Ein Schwerpunkt in der Signalübertragung wird etwa bei Access-Providern angenommen. Die Gesetzesbegründung des TMG geht für Internetzugangsprovidern und E-Mail-Übertragungsdiensten simultan davon aus, es handele sich um Dienste, die überwiegend in der Übertragung von Signalen über Telekommunikationsnetze bestehen, vgl. BT-Drucks. 16/3078, S. 13.

ein einheitliches Entgelt erhoben wird.[1133] Nach Ansicht des VG Köln habe diese Beurteilung nicht aus *technischer* Sicht zu erfolgen, sondern richte sich nach der Anbieter- und Nutzersicht, aber auch nach der gesetzgeberischen Intention.[1134] Bei Google etwa stehe aus Sicht des Nutzers die raumüberwindende Kommunikation mit anderen Nutzern und damit der Telekommunikationsvorgang selbst und nicht die *inhaltsbezogene* Komponente im Vordergrund.[1135] Zwar räumt das VG Köln ein, dass die raumübergreifende Signalübertragung zwischen den beteiligten Servern überwiegend über das offene Internet erfolge und damit die Signalübertragung nicht vom OTT-Dienst in persona erbracht oder bereitgestellt werde. Der OTT-Dienst müsse sich aber die Signalübertragung der Internetprovider zurechnen lassen.[1136] Zur Begründung dieser *Zurechnung* rekurriert das VG Köln auf ein Urteil des EuGH,[1137] durch welches dieser erkannt haben soll, dass es für die Einordnung eines Dienstes als elektronischer Kommunikationsdienst nur darauf ankomme, »dass das betreffende Unternehmen gegenüber den Endnutzern für die Übertragung des Signals verantwortlich ist.«[1138] Dieser Begriff der Verantwortlichkeit sei dahingehend zu verstehen, »dass ein Unternehmen, das seinen Kunden einen Kommunikationsdienst anbietet, auch für die hierfür erforderliche und von ihm in Anspruch genommene Signalübertragungs-(Vor-) Leistung verantwortlich ist, wenn es sich diese zurechnen lassen muss.«[1139] Dadurch, dass OTT-Dienste die Übertragungsleistung eines Dritten für ihre Zwecke verwenden, machen diese sich die Übertragungsleistung des Internetaccessproviders *zu eigen*.[1140] Die Diensteanbieter realisieren nach dieser Auffassung die Datenübertragung, nachdem der

1133 *Hoeren*, NJW 2007, 801, 802; VG Köln, MMR 2016, 141, 143 Rn. 51.
1134 VG Köln, MMR 2016, 141, 143 Rn. 53.
1135 VG Köln, MMR 2016, 141, 143 Rn. 53.
1136 Auf eine zivilrechtliche Verantwortlichkeit komme es dabei nicht an, siehe VG Köln, MMR 2016, 141, 143 Rn. 54.
1137 EuGH, MMR 2015, 339 Rn. 43.
1138 VG Köln, MMR 2016, 141, 143 Rn. 55 verweist auf EuGH, MMR 2015, 339 Rn. 43.
1139 VG Köln, MMR 2016, 141, 144 Rn. 59.
1140 VG Köln, MMR 2016, 141, 144 Rn. 61; KG, ZEV 2017, 386, 39 f.; *Thiesen*, S. 186 ff.;

Nutzer den entscheidenden Impuls für das Absenden bzw. die Signalübertragung der Nachricht initiiert habe.[1141]

Dieser Betrachtungsweise wird teilweise deutlich entgegengetreten. Nach Auffassung des EuGH bestehe etwa der Dienst von Gmail nicht »ganz überwiegend in der Übertragung von Signalen«.[1142] Es wird argumentiert, dass die Internetaccessprovider von Sender und Empfänger und die Betreiber der verschiedenen Netze, aus denen das offene Internet besteht, größtenteils »die Übertragung der für das Funktionieren jedes internetbasierten E-Mail-Dienstes erforderlichen Signale sicherstellen« und hierfür allein verantwortlich sind.[1143] Die E-Mail-Verarbeitung auf den Mail-Servern reiche für die Einordnung als elektronischer Kommunikationsdienst im Sinne von § 3 Nr. 24 TKG (bzw. Art. 2 lit. c Rahmen-RL) nicht aus.[1144] Gradmesser ist damit nach Ansicht des EuGH die tatsächliche bzw. technische Übernahme der *Verantwortlichkeit* für die Übertragung der Signale und nicht die Verursachung bzw. Veranlassung einer solchen netztechnischen Übertragung.[1145] Die Verantwortung für die Übertragung liege ausschließlich bei den Internetprovidern. Auf den Mailservern der Diensteanbieter finde eine rein interne Verarbeitung von Nachrichten statt und keine Signalübertragung.[1146] Damit habe der Netzbetreiber die alleinige technische Verantwortung und sei auch deshalb nicht als Telekommunikationsdienst im Sinne von § 3 Nr. 24 TKG einzuordnen.[1147]

Kühling/Schall, CR 2015, 641, 651 f. sprechen in diesem Zusammenhang von einer qualifizierten Veranlassung.

1141 *Grünwald/Nüßing*, MMR 2016 91, 94 mit Verweis auf *VG Köln*, MMR 2016, 141, 144 Rn. 61; *Kühling/Schall*, CR 2015, 641, 651.

1142 EuGH, MMR 2019, 514, 515f. Rn. 35.

1143 EuGH, MMR 2019, 514, 515f. Rn. 36; siehe EuGH, MMR 2015, 339, 341, Rn. 43.

1144 EuGH, MMR 2019, 514, 516 Rn. 37.

1145 *Spies*, MMR 2019, 516, 517; *Grünwald/Nüßing*, MMR 2016, 91, 94 gehen nicht darauf ein, ob der EuGH in EuGH MMR 2015, 339, Rn. 43 im Rahmen der Verantwortlichkeit auf eine zivilrechtliche Verantwortung abstellt; dazu: *Schuster*, CR 2016, 173, 175, 178.

1146 *Schwartmann/Ohr*, S. 50; *Schuster*, CR 2016, 173, 178.

1147 *Schuster*, CR 2016, 173, 178.

3. Stellungnahme: Zurechnung oder technische Betrachtungsweise

Schon die Frage, ob bei OTT-Diensten überhaupt eine Telekommunikation vorliegt, wird in der Literatur und Rechtsprechung nicht einheitlich beurteilt. Ob es sich bei diesen Diensten um Telekommunikationsdienste handelt, wird entweder nach einer Zurechnung durch die Veranlassung einer Signalübertragung oder nach der tatsächlichen Verantwortung beantwortet. Die besseren Argumente sprechen für eine rein technische Betrachtungsweise wie sie von *Schuster* vorgeschlagen wird.[1148] Der Ansicht, die eine technologieunabhängige Auslegung der OTT-Dienste bevorzugt, ist eine Absage zu erteilen. Erstens drängt sich bei der Gesamtbetrachtung aus der Nutzersicht die Befürchtung einer rein ergebnisorientierten Betrachtungsweise auf. Aber auch wenn man auf dieser Linie argumentiert, spricht die regulatorische Konzeption des TKG nicht dafür, OTT-Dienste dem regulatorischen Regelungsregime des TKG zu unterwerfen.[1149] Hier sind die Regelungen über den Wettbewerb oder die Meldepflicht, die auf OTT-Dienste nicht passen, zu beachten.[1150] Auch die in § 2 Abs. 2 Nr. 2 TKG genannten Zwecke des TKG, namentlich der Schutz von Verbraucherinteressen in Hinblick auf einen chancengleichen Wettbewerb zwischen den Marktteilnehmern, sind für OTT-Dienste ungeeignet.[1151] Soweit es um den Schutz des Verbrauchers vor Eingriffen in die informationstechnischen Persönlichkeitsrechte geht, ist ein ausreichender Schutz durch das TMG, das BDSG bzw. die DSGVO gewährleistet.[1152] Zweitens spricht für eine technikbezogene Betrach-

1148 Dem folgend *Wüsthof*, ErbR 2017, 496, 509 f.

1149 *Grünwald/Nüßing*, MMR 2016, 91, 96.

1150 *Grünwald/Nüßing*, MMR 2016, 91, 96.

1151 *Grünwald/Nüßing*, MMR 2016, 91, 96; a.A. *Kühling/Schall*, CR 2015, 641, 649, da OTT-Kommunikationsdienste, besonders IM-Dienste, die klassischen TK-Dienste der Netzbetreiber zukünftig vermehrt substituieren würden.

1152 *Schuster*, CR 2016, 173, 184; *Sander*, CR 2014, 176, 182; *Grünwald/Nüßing*, MMR 2016, 91, 96.

tung, dass der Normgeber selbst zwischen den verschiedenen Fachbegriffen der Nachrichtentechnik differenziert.[1153] Der Aussage des VG Köln, eine Trennung von anwendungsbezogener und transportbezogener Komponente eines Kommunikationsvorgangs sei nicht möglich, ist zu widersprechen. Denn gerade diese technologieorientierte Betrachtungsweise (inhaltliche Leistung oder Übertragungsleistung) zeichnet die Unterscheidung zwischen Telemedien und Telekommunikationsdiensten genuin aus. Schon allein deshalb ist für die Auslegung der gegenständlichen Begriffe ausschließlich eine technische Betrachtungsweise zugrunde zu legen. Es ist aus wissenschaftlicher Sicht nicht sinnvoll, etwas dann in einer Gesamtheit zu betrachten, wenn auch eine differenzierende Betrachtung tatsächlich durchführbar ist und hierdurch eine rechtssichere Rechtsanwendung ermöglicht werden kann. Richtig ist, dass die Nutzer in den gegenständlichen Fällen vor Eingriffen in ihre Grundrechte und Interessen geschützt werden müssen; dies ist schließlich auch ein Anliegen des Gesetzgebers.[1154] Dazu ist aber das Fernmeldegeheimnis nicht das geeignete Mittel. Selbst wenn OTT-Diensteanbieter nicht in den Verpflichtetenkreis des Art. 10 GG oder § 88 TKG fallen, ist ausreichender Schutz durch die geltenden Datenschutzgesetze gewährleistet. Die vorliegende Arbeit schließt sich daher der Ansicht von *Schuster* an, wonach ausschließlich nach *technischer Sicht* zu differenzieren ist. Somit sind soziale Netzwerke wie auch OTT-Dienstbetreiber reine Telemedien im Sinne des Telemediengesetzes, da sie keine Signalübertragung vornehmen oder ihnen eine solche zugerechnet werden kann. Damit findet auch § 88 Abs. 3 TKG keine Anwendung, da es sich bei den gegenständlich behandelten Diensten nicht um Telekommunikationsdienste handelt. Sie unterfallen damit nicht dem (einfachgesetzlichen) Fernmeldegeheimnis. Dem Streit um die Frage, ob OTT-Dienste als Telekommunikationsdienste einzuordnen sind, dürfte ohnehin mit der oben zitierten EuGH-Entscheidung ein Schlussstrich gezogen sein, da

1153 So schon *Assion*, N&R, 2019, 239, 240.

1154 *Fußeder*, S. 155; *Thiesen*, S. 190 f.; *Kühling/Schall*, CR 2015, 641, 653.

der E-Mail-Dienst von Google nicht ganz oder überwiegend in Signalübertragung über TK-Netze besteht und damit auch kein elektronischer Kommunikationsdienst ist.

4. Diskrepanz zwischen verfassungsrechtlichem- und einfachgesetzlichem Telekommunikationsbegriff

Das Bundesverfassungsgericht hat entschieden, dass die einfachgesetzliche Einordnung eines Telekommunikationsdienstes nicht über die Reichweite des verfassungsrechtlichen Schutzbereichs des Fernmeldegeheimnisses nach Art. 10 Abs. 1 GG bestimme.[1155] Dieser Grundsatz folgt bereits aus der Regel *lex superior derogat legi inferiori*. Der verfassungsrechtliche Telekommunikationsbegriff entspricht nach Ansicht des Bundesverfassungsgerichts der Sache nach nicht der rein technikbezogenen Betrachtungsweise des TKG, sondern knüpfe unmittelbar an die Schutzbedürftigkeit der Person »aufgrund der Einschaltung Dritter in den Kommunikationsvorgang an«.[1156] Der Schutzbereich des Art. 10 GG ist somit von dem des § 88 TKG grundsätzlich unabhängig.

Damit aber ein einheitliches Schutzniveau auf einfachgesetzlicher und verfassungsrechtlicher Ebene bestehen kann, plädieren einige Autoren dafür, den Begriff der Telekommunikation in § 88 TKG in Übereinstimmung dem Schutzbereich des Art. 10 GG auszulegen.[1157] Schließlich begründet Art. 10 Abs. 1 GG nicht nur ein Abwehrrecht des Bürgers gegen staatliche Eingriffe, sondern zugleich »einen Auftrag an den Staat, Schutz auch insoweit vorzusehen, als private Dritte sich Zugriff auf die Kommunikation verschaffen.«[1158] Daher ist eine

1155 BVerfG, ZUM-RD 2011, 396, 398.

1156 BVerfG, ZUM-RD 2011, 396, 398; verweist auf BVerfGE, 124, 43, 55 f.

1157 *Klesczewski*, in: Säcker, TKG § 88 Rn. 9; *Eckhardt*, in: Spindler/Schuster, TKG § 88 Rn. 4, 14; *Eckhardt*, DuD 2006, 365, 368; a.A. *Mayen*, in: Stellungnahme DAV 34/2013, S. 71 f.

1158 BVerfGE, 106, 28 – Leitsatz.

solche verfassungsorientierte Auslegung zur Erreichung eines übereinstimmenden Schutzniveaus durchaus angezeigt.

Auf einfachgesetzlicher Ebene sind die Betreiber von E-Mail-Diensten sowie des Facebook-Messengers mit dem oben gefundenen Ergebnis jedoch nicht an das Fernmeldegeheimnis gebunden, da sie keine Verantwortung für die Signalübertragung tragen. Auch endet nach der in dieser Untersuchung vertretenen Ansicht die Schutzbedürftigkeit eines Kommunikationsteilnehmers, die laut dem Bundesverfassungsgericht das Kernkriterium zur Bestimmung des Schutzbereichs von Art. 10 GG darstellt, bereits wenn die Kommunikation auf den Servern der Kommunikationsteilnehmer angekommen ist. Somit besteht nach der (noch) geltenden Auslegung des Bundesverfassungsgerichts bezüglich des sachlichen Schutzbereichs und der Auslegung des EuGH, der sich diese Arbeit anschließt, bezüglich des personellen, einfachgesetzlichen Schutzbereichs insgesamt eine Diskrepanz zwischen dem verfassungsrechtlichen und dem einfachgesetzlichen Schutzbereich des Fernmeldegeheimnisses. Denn die hier behandelten Kommunikationsinhalte sind nach der aktuellen Rechtsprechung des Bundesverfassungsgerichts vom grundrechtlichen Schutzbereich des Art. 10 GG (noch) umfasst. Nach dieser Auslegung wäre es demnach so, dass die Kommunikationsinhalte zwar nach einer verfassungsorientierten Auslegung sachlich von § 88 TKG geschützt sein müssten, aber ohne, dass die Diensteanbieter selbst nach § 88 TKG verpflichtet sind, da sie keine Telekommunikationsdienste im Sinne von § 3 Nr. 24 TKG sind. Dies ist widersprüchlich.

Zur Lösung dieses Widerspruchs ist in Einklang mit den oben getroffenen Erwägungen darauf hinzuweisen, dass das Verständnis des Bundesverfassungsgerichts vom Schutzbereich des Art. 10 GG zu weit geht.[1159] Es ist schon auf verfassungsrechtlicher Ebene eine rein technische Betrachtungsweise heranzuziehen. Dies soll nicht bedeuten, dass der verfassungsrechtliche Schutzbereich dem einfachgesetz-

1159 Vgl. Teil 4, B., II., 2.

lichen Schutzbereich dogmatisch anzugleichen ist; vielmehr ist hierzu eine Rechtsprechungsänderung des Bundesverfassungsgerichts erforderlich. Eine solche ist – wie oben bereits angeführt – durchaus angezeigt. Demnach ist es zukünftig die Aufgabe des Bundesverfassungsgerichts, den Schutzbereich des Art. 10 GG so auszulegen, wie es bereits bei § 88 TKG getan wird, sodass kein Widerspruch mehr zum personellen Schutzbereich bestünde. Dem Einwand, hierdurch entstünden Schutzlücken hinsichtlich der Datensicherheit der Kunden, ist wieder entgegenzuhalten, dass der Schutz des Rechts auf informationelle Selbstbestimmung aus Art. 1 Abs. 1, Art. 2 Abs. 1 GG greift, sobald der Schutzbereich des Fernmeldegeheimnisses endet,[1160] sodass der Schutz lückenlos gewährleistet bleibt.[1161] Insofern wird dem Recht auf informationelle Selbstbestimmung zukünftig eine größere Bedeutung beizumessen sein, als ihm derzeit zukommt. Letztlich findet eine Verschiebung der Schutzbereiche *zu Gunsten* des Datenschutzes statt. Ein Gleichlauf bzw. eine Identität der Schutzbereiche von Art. 10 GG und § 88 TKG bliebe bestehen. Richtig bleibt damit auch die Aussage des Bundesverfassungsgerichts, dass die Reichweite des Schutzbereiches des Fernmeldegeheimnisses nach Art. 10 GG in dogmatischer Hinsicht nicht durch einfachgesetzliche Regelungen ausgeformt werden kann. Eine technische Betrachtungsweise – wie sie schon für § 88 TKG vertreten wird – ist auch für Art. 10 GG sachgerecht. Es muss dabei bleiben: Wenn die Übermittlung vollzogen ist und die Nachricht im Herrschaftsbereich des Empfängers angekommen ist, beginnt der Schutz des Rechts auf informationelle Selbstbestimmung und auf der einfachgesetzlichen Ebene der Schutz der Datenschutzgesetze.[1162]

1160 BVerfGE, 115, 166.

1161 *Durner*, in: Maunz/Dürig, 90. EL Februar 2020, GG Art. 10 Rn. 56.

1162 Vgl. BVerfG, NJW 2002, 3620, 3621; BVerfG, NJW 2009, 2431, 2432; *Fußeder*, S. 149, der gleichwohl einen Schutz durch das Fernmeldegeheimnisses bejaht.

5. Bindung der Anbieter aufgrund von § 7 Abs. 3 TMG

§ 7 Abs. 3 S. 2 TMG verpflichtet auch Telemediendiensteanbieter zur Wahrung des Fernmeldegeheimnisses nach § 88 TKG. Es stellt sich die Frage, ob § 7 Abs. 3 TMG nur solche Telemedien betrifft, die *ganz oder überwiegend* Telekommunikationsdienste erbringen, also auch in den Anwendungsbereich des § 3 Nr. 24 TKG fallen. Dieser wäre dogmatisch demnach als eine Art Rechtsgrundverweisung zu verstehen.[1163] Damit würde die Pflicht der ohnehin nach § 88 TKG Verpflichteten nur im TMG wiederholt werden, wodurch die Vorschrift keine neue Pflicht von Telemediendiensteanbietern begründen würde. Wie bereits festgestellt, hat der EuGH entschieden, dass der Dienst Gmail *auch* eine Signalübertragung zum Gegenstand hat. Dementsprechend läge bei OTT-Diensten *auch* eine Telekommunikation im Sinne von § 3 Nr. 22 TKG vor, aber ohne dass der Dienst nach § 3 Nr. 24 TKG als Telekommunikationsdienst einzustufen ist, da es an einer *überwiegenden* Signalübertragung fehlt. Es stellt sich die Frage, ob § 7 Abs. 3 TMG auch *reine* Telemedien dazu verpflichtet, das Fernmeldegeheimnis bezüglich des Umfangs wie Telekommunikationsdienste zu wahren. *Deusch* geht davon aus, dass das TMG neben dem TKG anwendbar sei und begründet dies damit, dass es sich bei Facebook um einen sogenannten Mischdienst handele.[1164] Auch die Ausführungen von *Martini* legen nahe, dass § 7 Abs. 3 TMG diejenigen Konstellationen betreffen soll, in denen der Telemediendienst zugleich Telekommunikationsdienst im Sinne des § 3 Nr. 24 TKG ist.[1165] Insofern kann man aus dieser Argumentation schließen, dass § 7 Abs. 3 TMG nur dort eine Rolle spielt, wo ein Telemediendienst *zugleich* Telekommunikationsdienst im Sinne von § 3 Nr. 24 TKG ist.[1166] Dass dabei *auch* eine Telekommunikation erbracht wird, reicht

1163 Dafür: *Martini/Kienle*, JZ 2019, 235, 236.
1164 *Deusch*, ZEV 2014, 2, 6; *Zerres*, in: Scheurle/Mayen, 2. Aufl. 2008, § 88 Rn. 10.
1165 *Martini/Kienle*, JZ 2019, 235, 236.
1166 *Martini*, in: BeckOK InfoMedienR, TMG § 1 Rn. 19.

demnach nicht aus. Auch bezieht sich § 88 Abs. 2 TKG nur auf *Diensteanbieter*, wobei im regelungstechnischen Kontext des § 3 Nr. 6 lit. a TKG nur Telekommunikationsdienste im Sinne des § 3 Nr. 24 TKG gemeint sein können.[1167]

Andererseits hat das Bundesverfassungsgericht entschieden, dass die Einordnung eines Dienstes unter ein einfachgesetzliches Regelungsregime keine Aussage über eine intendierte (verfassungsrechtliche) Bindung des betroffenen Dienstes an das Fernmeldegeheimnis trifft.[1168] Insofern könnte man § 7 Abs. 3 TMG als (klarstellende) Umsetzung dieses Gedanken verstehen. Denn das Bundesverfassungsgericht erachtet nach wie vor solche Inhalte als dem Fernmeldegeheimnis unterliegend, die schon auf den Servern des Empfängers angekommen sind. Nach dieser Lesart könnten dann auch *reine* Telemediendienste, die nicht das geringste Element des Transportes zum Gegenstand haben, dem Fernmeldegeheimnis unterworfen werden. § 7 Abs. 3 TMG wäre dann als öffentlich-rechtliche *Rechtsfolgenverweisung* zu verstehen.

Dem muss wiederum der regelungstechnische Kontext des § 7 Abs. 3 S. 2 TMG entgegengehalten werden. Der dritte Abschnitt des TMG behandelt die Verantwortlichkeit der Dienstanbieter. Im Speziellen behandelt § 7 Abs. 3 TMG Verpflichtungen zur Entfernung oder Sperrung von Informationen auch im Falle der Nichtverantwortlichkeit des Diensteanbieters.[1169] Gleichwohl soll § 7 Abs. 3 TMG verhindern, dass beispielsweise Behörden dem Diensteanbieter Überwachungspflichten auferlegen.[1170] Damit ist die Bezugnahme auf das Fernmeldegeheimnis als Hervorhebung zu verstehen, dass es auch Telemediendiensteanbieter nicht erlaubt ist, individuell abgerufene oder sonst nicht öffentlich übermittelte Inhalte von sich aus mitzulesen oder Inhalt und Umstände der Telekommunikation von sich aus Dritten

1167 So auch *Michael Bock*, in: Beck TKG, TKG § 88 Rn. 1.
1168 *Eckhardt*, K&R 2011, 323 f. zu staatlichen Eingriffen.
1169 *Hoffmann/Volkmann*, in Spindler/Schuster, TMG § 7 Rn. 37.
1170 BT-Drucks. 14/6098, S. 23.

zu offenbaren.[1171] Insofern verbietet § 7 Abs. 3 TMG den Zugriff auf Inhalte, die dem Fernmeldegeheimnis unterliegen. Damit darf der Telemediendiensteanbieter z. B. nicht auf einen laufenden Kommunikationsvorgang zugreifen, indem er etwa ein Kommunikationsnetz anzapft. Es geht bei § 7 Abs. 3 TMG somit eher um Inhalte, die im Verantwortungsbereich eines Dritten übertragen werden und auf die ein Telemediendiensteanbieter zugreifen *kann*. Damit ist eine Voraussetzung für die unmittelbare Pflicht, das Fernmeldegeheimnis zu wahren, nur dann anzunehmen, wenn der Diensteanbieter selbst oder die betreffende Information dem Fernmeldegeheimnis unterliegt. Er darf auch nicht solche Inhalte offenlegen, die sachlich dem Schutzbereich des Fernmeldegeheimnisses unterlagen und von denen er über Dritte Kenntnis erlangt hat. § 7 Abs. 3 S. 2 TMG erweitert jedenfalls nicht den personellen Anwendungsbereich des Fernmeldegeheimnisses des § 88 TKG auf Telemediendienste, sondert verbietet es diesen nur, in dieses einzugreifen.

V. Zusammenfassung

E-Mail-Diensteanbieter und Facebook sind keine Telekommunikationsdienste im Sinne von § 3 Nr. 24 TKG, da sie weder *ganz* noch *überwiegend* den Transport von Signalen übernehmen.[1172] Unterstellt man ihnen eine Übertragungsfunktion, bildet ihre anwendungsbezogene Dienstleistung dennoch den Schwerpunkt ihrer Tätigkeit; namentlich etwa indem sie eine Maske zum Abrufen und Erstellen von E-Mails bereitstellen oder sonstige inhaltsbezogene Funktionen bereitstellen. Sie sind damit *reine* Telemedien im Sinne von § 1

1171 So die Gesetzesbegründung zur Vorgängervorschrift des § 7 TMG, dem § 5 TDG, BT-Drucks 13/7385, S. 21. §§ 7 bis 10 TMG enthalten die in den §§ 5 bis 11 TDG und §§ 6 bis 9 MDStV unverändert übernommenen Regelungen, vgl. BT-Drucks. 16/3078, S. 15.

1172 *Spindler*, in: Spindler/Schmitz, TMG § 1 Rn. 16.

Abs. 1 TMG.[1173] Daraus ergibt sich vorliegend kein Überschneidungsbereich zwischen TKG und TMG,[1174] wie es etwa bei Internet Access Providern, die eigene Portalseiten betreiben, der Fall ist.[1175] Auch die Verweisung in § 7 Abs. 3 S. 2 TMG, wonach auch Telemedien an das Fernmeldegeheimnis nach § 88 TKG gebunden sind, begründet keine neue Pflicht der Telemediendienste.[1176] Im Rahmen ihrer eigenen Verantwortung dürfen sie sich keinen Zugriff auf solche Informationen verschaffen, die sachlich dem Fernmeldegeheimnis unterliegen.

Auf OTT-Dienste ist das TKG damit insgesamt nicht anwendbar. Dies gilt sowohl für das Fernmeldegeheimnis nach § 88 TKG als auch für die bereichsspezifischen Vorschriften über den Datenschutz (§§ 91 - 107 TKG).[1177] Es handelt sich bei ihnen nicht um Telemedien im Sinne von § 11 Abs. 3 TMG, die *überwiegend* in der Übertragung von Signalen über Telekommunikationsnetze bestehen, insbesondere finden daher die § 15 Abs. 8 sowie § 16 Abs. 2 Nr. 4 TMG keine Anwendung. Stattdessen sind die datenschutzrechtlichen Vorschriften des Telemediengesetzes anzuwenden, namentlich zum Beispiel § 14 Abs. 3 bis 5 TMG. Auch unterliegen sie sachlich nicht dem verfassungsrechtlichen und einfachgesetzlichen Fernmeldegeheimnis. § 7 Abs. 3 TMG schützt die Kommunikationsteilnehmer nur vor Eingriffen in dem Fernmeldegeheiminis unterliegende Informationen durch einen Telemediendiensteanbieter. Insgesamt kommt es auf das Fernmeldegeheimnis gegenständlich nicht mehr an, da es sich bei OTT-Diensten nicht um Telekommunikationsdienste handelt.[1178]

1173 BT-Drucks. 16/3078, S. 13.

1174 In der Gesetzesbegründung ist man demgegenüber noch von einem Überschneidungsbereich ausgegangen, vgl. BT-Drucks. 16/3078, S. 13.

1175 *Ricke*, in Spindler/Schuster, TMG § 1 Rn. 7.

1176 *Hoffmann/Volkmann*, in Spindler/Schuster, TMG § 7 Rn. 43; KG, ZEV 2017, 386, 391.

1177 Vgl. dazu auch BGH, GRUR 2020, 101, 103 Rn. 24; *Spindler*, in: *Spindler/Schmitz*, TMG § 1 Rn. 26; a.A. *Kremer*, in: Auer-Reinsdorff/Conrad, § 28, Rn. 60 ff.

1178 *Kipasrki*, CR 2019, 460, 463; *Assion*, N&R, 2019, 239, 240.

E. Datenschutz

Es wurde festgestellt, dass die auf den Servern der Anbieter gespeicherten Inhalte zwar nicht mehr dem Fernmeldegeheimnis unterliegen, gleichwohl aber den Schutz des Rechts auf informationelle Selbstbestimmung genießen.[1179] Dabei ist zu untersuchen, welches einfachgesetzliche Regelungsregime auf die gegenständlichen Fälle anzuwenden ist. Zunächst kommen bei dem Umgang mit personenbezogenen Daten die datenschutzrechtlichen Regelungen des Bundesdatenschutzgesetzes zusammen mit den Datenschutzgesetzen der Länder in Betracht. Für Telemedien gelten grundsätzlich die bereichsspezifischen Datenschutzbestimmungen des Telemediengesetzes, namentlich die §§ 12, 13 und 15 TMG, die maßgeblich dem Schutz der informationellen Selbstbestimmung des Betroffenen dienen.[1180] Daher muss die Datenverarbeitung durch Telemediendienste im Rahmen des TMG im Lichte des Rechts auf informationelle Selbstbestimmung ausgelegt werden.[1181] Sie verdrängen in ihrem Anwendungsbereich die allgemeinen nationalen Datenschutzgesetze des BDSG.[1182] Darüber hinaus gilt innerhalb der Mitgliedstaaten der EU die DSGVO, die nach dem Erwägungsgrund 13 einen EU-weit einen einheitlichen Rechtsrahmen für den Datenschutz schaffen soll.[1183]

I. Anwendbarkeit des TMG auf Inhaltsdaten

Das TMG sieht in seinem Anwendungsbereich Regelungen für die Verarbeitung von *Bestands-Nutzungs- und Abrechnungsdaten* vor (§§ 14 f. TMG). § 12 TMG enthält hierzu entsprechende *Erlaubnistatbestände*: Personenbezogene Daten dürfen nur dann verwendet bzw.

1179 So auch VGH Kassel CR 2009, 605.

1180 *Spindler/Nink*, in: Spindler/Schuster, 3. Aufl. 2015, TMG § 11 Rn. 3.

1181 *Spindler/Nink*, in: Spindler/Schuster, 3. Aufl. 2015, TMG § 11 Rn. 3.

1182 *Kühling*, NJW 2017, 1985, 187.

1183 ErwG 13 S. 3 der DSGVO.

verarbeitet werden, wenn der Nutzer einwilligt, oder das TMG bzw. eine andere Rechtsvorschrift, die sich auf Telemedien bezieht, die Erhebung und Verwendung von personenbezogenen Daten in diesem Sinne erlaubt. Im Kerninteresse der Erben liegen für gewöhnlich sog. *Inhaltsdaten*. Dazu zählen auch die Inhalte der Kommunikation zwischen einzelnen Nutzern, die sog. *nutzergenerierte Inhalte*.[1184] Es handelt sich dabei um solche Daten, die mit Hilfe eines Telemediendienstes übermittelt werden, um die durch den Telemediendienst begründeten Leistungs- und Rechtsverhältnisse zu erfüllen.[1185] Daten, die für das den Telemediendienst begründete Leistungsverhältnis erforderlich sind, unterfallen nach wohl herrschender Meinung dem Schutz des TMG.[1186] Gemäß § 12 Abs. 3 TMG gelten im Falle fehlender Regelungen im TMG die allgemeinen datenschutzrechtlichen Vorschriften.[1187] Inhaltsdaten, die nicht zur Erfüllung der Leistungsverpflichtung bezüglich des Telemediendienstes erforderlich sind, sind daher nach umstrittener Ansicht – zumindest vor dem Geltungsbeginn der DSGVO – nach den §§ 12 ff. BDSG bzw. die §§ 27 ff. BDSG zu beurteilen gewesen.[1188] *Buchner* stellte die Sinnhaftigkeit einer solchen Differenzierung in Frage.[1189] Da ohnehin nutzergenerierte Inhalte – z. B. Kommunikationsinhalte oder Angaben über Hobbies, Interessen und Beruf – zwar für die Inanspruchnahme des Dienstes nicht erforderlich sind, aber gerade den Zweck von sozialen Netzwerken und E-Mail-Diensten ausmachen, erschien es sachgerecht, die-

1184 *Jandt/Karg*, in: Jandt/Steidle, Rn. 105.

1185 *Tinnefeld/Buchner*, in: BeckOK Datenschutzrecht, Wolff/Brink, Syst. I. Datenschutz in Medien und Telekommunikation Rn. 91; *Spindler/Nink*, in: Spindler/Schuster, 3. Aufl. 2015, TMG § 12 Rn. 4.

1186 *Spindler/Nink*, in: Spindler/Schuster, 3. Aufl. 2015, TMG § 11 Rn. 4; § 15 Rn. 3 ff.

1187 Vor dem Geltungsbeginn der DSGVO waren dies im Wesentlichen die Vorschriften des BDSG, *Spindler/Nink*, in: Spindler/Schuster, 3. Aufl. 2015, TMG § 12 Rn. 8.

1188 *Spindler/Nink*, in: Spindler/Schuster, 3. Aufl. 2015, TMG § 11 Rn. 4; § 15 Rn. 2 ff.; *Jandt/Roßnagel*, MMR 2011, 637, 639.

1189 *Buchner*, in: BeckOK Datenschutzrecht, Wolff/Brink, 21. Ed., BDSG § 29 Rn. 38.

se nicht unter das BDSG, sondern unter das TMG zu fassen.[1190] Diese Diskussion ist jedoch ohnehin hinfällig, da die Erlaubnistatbestände des Art. 6 Abs. 1 DSGVO die Erlaubnistatbestände der §§ 14 f. TMG und die Regelungen des BDSG nach der herrschenden Meinung verdrängen.[1191] Die hier behandelten Inhaltsdaten richten sich somit ausschließlich nach der DSGVO.[1192]

II. Datenschutz nach dem Bundesdatenschutzgesetz (BDSG)

Es stellt sich dennoch die Frage, welche eigenständige Bedeutung dem BDSG vor diesem Hintergrund noch zukommt.

1. Derzeitiger Regelungsbereich des BDSG

Im Bereich der Telekommunikationsdienste regeln die bereichsspezifischen Regelungen des Telekommunikationsgesetzes den Datenschutz, für Telemediendienste die des Telemediengesetzes. Der »allgemeine«[1193] Datenschutz wird durch das BDSG sowie die Datenschutzgesetze der Länder geregelt.[1194] Eine umfangreiche Änderung hat das Bundesdatenschutzgesetz (BDSG) mit dem Inkrafttreten der Datenschutzgrundverordnung (DSGVO) erfahren. Ziel dieser Änderung war die

---

1190 *Spindler/Nink*, in: Spindler/Schuster, 3. Aufl. 2015, TMG § 15 Rn. 7.

1191 Vgl. BT-Drs. 18/12356, S. 28; *Schulz*, in: Gola, DSGVO Art. 6 Rn. 32; *Keppler*, MMR 2015, 779, 781; *Nink*, in: Spindler/Schuster TMG § 15 Rn. 1; *Buchner*, DuD 2016, 155, 161; a.A. *Conrad/Hausen*, in Auer-Reinsdorff/Conrad, § 36, Rn. 19; BGH, GRUR 2020, 101, 103; auch Schmitz will dagegen die Erlaubnistatbestände der § 11 ff TMG weiterhin anwenden, *Schmitz*, in Spindler/Schmitz, Vor §§ 11 ff. TMG Rn. 8, 10.

1192 So im Ergebnis auch *Pockhardt*, S. 116.

1193 Grundsätzlich gelten bspw. bei der Nutzung von Telemedien die bereichsspezifischen Datenschutzbestimmungen der §§ 11 ff TMG.

1194 *Budzikiewicz*, AcP 218 (2018), 558, 577.

Anpassung des nationalen Datenschutzrechtes an die DSGVO sowie die Umsetzung der Richtlinie (EU) 2016/680. Sinn und Zweck der DSGVO ist die Gewährleistung eines gleichmäßigen Datenschutzniveaus für *natürliche Personen* innerhalb der Europäischen Union.[1195]

Nach wie vor bestimmt § 1 Abs. 1 S. 1 BDSG den Anwendungsbereich des Gesetzes; es gilt für jede Form der Verarbeitung personenbezogener Daten wie das BDSG a.F. Die DSGVO sieht einige Öffnungsklauseln[1196] vor, die abgesehen von den konkreten, an die Mitgliedstaaten gerichteten Regelungsaufträgen, den nationalen Mitgliedstaaten die Möglichkeit geben, den Datenschutz durch eigene Gesetzgebung auszugestalten. Gemäß § 1 Abs. 5 BDSG finden die Regelungen des BDSG keine Anwendung, soweit die DSGVO in ihrem Anwendungsbereich unmittelbar gilt. Dies trägt dem Anwendungsvorrang des Unionsrechts Rechnung.[1197] Dem BDSG verbleibt nach Umsetzung der DSGVO nur dort und soweit ein Anwendungsbereich, wie die Regelungen der DSGVO ergänzungsbedürftig (obligatorische Öffnungsklausel) oder jedenfalls ergänzungsfähig bzw. ergänzungsoffen (fakultative Öffnungsklauseln) sind.[1198] Dem BDSG kommt in Hinblick auf den Schutz personenbezogener Daten keine eigenständige Bedeutung mehr zu, soweit es um den Schutz *personenbezogener Daten* von lebenden Personen geht.

2. Einfachgesetzlicher postmortaler Datenschutz

Da es den nationalen Gesetzgebern unbenommen bleibt, ein höheres Schutzniveau betreffend den Datenschutz, insbesondere den Schutz von Daten Verstorbener, vorzusehen,[1199] ist zu erörtern, ob das BDSG

1195 ErwG 13 S. 3 der DSGVO.

1196 Z.B. Art. 85 und 86 DSGVO, wonach die Mitgliedstaaten das Recht auf freie Meinungsäußerung und Informationsfreiheit in Einklang zu bringen haben.

1197 *Kühling*, NJW 2017, 1985, 1986.

1198 *Kühling*, NJW 2017, 1985, 1986.

1199 ErwG 27 S. 5 der DSGVO.

einen postmortalen Datenschutz intendiert. Dies wäre der Fall, wenn der deutsche Gesetzgeber insofern im Rahmen einer Öffnungsklausel in der DSGVO einen solchen Schutz vorsieht bzw. schon immer vorgesehen hat. Es sprechen möglicherweise entwicklungsgeschichtliche Gesichtspunkte des BDSG für einen bereichsübergreifenden postmortalen Datenschutz: Wenn die Daten Verstorbener schon in der alten Fassung des BDSG geschützt waren, spricht Einiges dafür, dass das BDSG auch nach der Anpassung an die DSGVO auch heute noch entsprechend auszulegen ist. Daher ist zu untersuchen, ob das BDSG vor der Anpassung an die DSGVO im Mai 2018 die Daten verstorbener Personen geschützt hat bzw. gleichbedeutend: ob das BDSG auf die Daten dieser Personen anwendbar war. Wenn nach altem Recht ein solcher Schutz intendiert gewesen wäre, hätte man möglicherweise davon ausgehen können, dass der nationale Gesetzgeber diesen Schutz über den Anwendungsbereich der DSGVO hinaus weiterhin hätte übernehmen wollen.[1200]

3. Früherer Regelungsbereich des BDSG

In seiner älteren Fassung sollte das BDSG nach § 1 Abs. 1 BDSG ä. F. natürlichen Personen Schutz vor Beeinträchtigungen des Persönlichkeitsrechts aus Art. 2 Abs. 1 i.V.m. Art. 1 Abs. 1 GG bieten, dieses dieses durch die Verarbeitung von personenbezogenen Daten erleiden kann. Das BDSG dient bzw. diente damit nicht unmittelbar dem Schutz des Allgemeinen Persönlichkeitsrechts, sondern der Wahrung des Rechts auf informationelle Selbstbestimmung. Derzeit wird diskutiert, ob aus dem ursprünglichen Schutzgedanken des BDSG im Zusammenspiel mit der Konzeption des verfassungsrechtlichen postmortalen Persönlichkeitsrechts ein Datenschutz nach dem Tod hergeleitet werden kann. Die herrschende Meinung lehnt dies ab.[1201] Eine

1200 Vgl. dazu *Budzikiewicz*, AcP 218 (2018), 558, 580.

1201 *Dammann*, in: Simitis, BDSG § 3 Rn. 17; *Schild*, in: BeckOK Datenschutzrecht,

solche Herleitung ist dann zumindest denkbar, wenn es einen Datenschutz post mortem nach dem BDSG a. F. gab und dementsprechend ein solcher Schutz nach dem BDSG intendiert war.

Dreh- und Angelpunkt dieser Frage ist das Verständnis des Begriffs der *personenbezogenen Daten* im § 1 Abs. 1 BDSG a.F. Der Anwendungsbereich des BDSG setzte bereits vor seiner Anpassung an das BDSG begrifflich die *Verarbeitung personenbezogener Daten* voraus. Was unter dem Begriff der personenbezogenen Daten zu verstehen ist, ergab sich vor dem 25. Mai 2018, also dem Zeitraum vor der Anpassung des BDSG an die DSGVO und der Umsetzung der Richtlinie (EU) 2016/680, aus § 3 Abs. 1 BDSG a.F.: Hiernach waren personenbezogene Daten *Einzelangaben über persönliche oder sachliche Verhältnisse einer bestimmten oder bestimmbaren natürlichen Person (Betroffener).* Als Einzelangaben zählten u. a. Adressen, den Inhaber benennende E-Mail-Adressen, Angaben zu beruflichen Aktivitäten usw.[1202] Ein Charakteristikum für das Merkmal Einzelangabe ist unter anderem, dass die in Rede stehende Informationen über eine bestimmte natürliche Person geeignet ist, einen Bezug zu ihr herzustellen.[1203] Einzelangaben sind dagegen solche Informationen *nicht*, die sich zwar auf eine einzelne Person beziehen, diese aber nicht durch die bestimmte Informationen identifizierbar ist.[1204] Daraus ergibt sich, dass das BDSG bezüglich der Aktivitäten von Facebook, Google und Yahoo! vor der Änderung des BDSG zumindest auf lebende natürliche Per-

Wolff/Brink, 21. Ed., BDSG § 3 Rn. 5; *Gola/Schomerus*, in: Gola/Schomerus, BDSG, 11. Aufl., BDSG § 3, Rn. 12; dennoch dafür: *Martini*, JZ 2012, 1145, 1148 ff.; *Spilker*, DÖV 2015, 54.

1202 *Gola/Schomerus*, in: Gola/Schomerus, BDSG, 11. Aufl., BDSG § 3, Rn. 2.

1203 *Gola/Schomerus*, in: Gola/Schomerus, BDSG, 11. Aufl., BDSG § 3, Rn. 3.

1204 Der Begriff des Personenbezugs ist relativ, da sich aus Daten für Manche ein Bezug herstellen lässt, für andere jedoch nicht. Bspw. sind pseudonymisierte E-Mail-Adressen für den Provider personenbezogen, da er den Inhaber ermitteln kann; für andere, die dieses Zusatzwissen nicht haben, sind sie nicht personenbezogen; vgl. zum Begriff des Personenbezugs: *Gola/Schomerus*, in: Gola/Schomerus, BDSG, 11. Aufl., BDSG § 3, Rn. 2 ff.

son anwendbar war und Personen vor Eingriffen in die informationelle Selbstbestimmung geschützt hat.

a. Verstorbene als natürliche Personen - Verfassungsrechtliche Gesichtspunkte

Im gegenständlichen Kontext liegt die Krux nicht nur in Datenschutzfragen von lebenden Personen, sondern in denen von Verstorbenen. Wie oben gesehen umfasst der Schutz des Bundesdatenschutzgesetzes gemäß § 3 Abs. 1 BDSG a.F. personenbezogene Daten von *natürlichen Personen* (Betroffene). Das BDSG und dessen Schutz vor der unbegrenzte Erhebung, Speicherung, Verwendung und Weitergabe ist eine einfachgesetzliche Konkretisierung des Rechts auf informationelle Selbstbestimmung, das aus dem allgemeinen Persönlichkeitsrecht gemäß Art. 2 Abs. 1 i.V.m Art. 1 Abs. 1 GG abgeleitet wird.[1205] Daher lassen sich die auf verfassungsrechtlicher Ebene erarbeiteten Begriffsbestimmungen grundsätzlich auch in dem gegenständlichen Kontext heranziehen, soweit sich aus besonderen Umständen nichts Gegenteiliges ergibt.

Ausgehend von ausschließlich verfassungsrechtlichen Gesichtspunkten fallen personenbezogene Daten Verstorbener nicht unter den Schutz des BDSG. Die verfassungsrechtliche Rechtsprechung geht für den Grundrechtsschutz von Daten davon aus, dass ein postmortaler Persönlichkeitsschutz nicht von Art. 2 Abs. 1 GG umfasst ist, weil das Grundrecht aus Art. 2 Abs. 1 GG »die Existenz einer wenigstens potenziell oder zukünftig handelnden Person als unabdingbar voraussetzt.«[1206] Ein solcher Schutz könne sich im Gegensatz dazu nur unter den strengen Voraussetzungen aus Art. 1 Abs. 1 GG ergeben, weil »es mit dem Gebot der Unverletzlichkeit der Menschenwürde unvereinbar sei, wenn der Mensch, dem Würde kraft seines Person-

1205 BVerfG, NJW 1984, 419 ff.; vgl. auch BT-Drucks. 11/4306, S. 35.

1206 BVerfG, GRUR 1971, 461, 465; siehe auch *Di Fabio*, in: Maunz/Dürig, 90. EL Februar 2020, GG Art. 2 Abs. 1 Rn. 223, 226.

seins zukommt, in diesem allgemeinen Achtungsanspruch nach seinem Tode herabgewürdigt oder erniedrigt sein dürfte.«[1207]

Daraus ergibt sich, dass nach der Rechtsprechung des Bundesverfassungsrechts nur der Teil des Persönlichkeitsschutzes und damit auch des Datenschutzes nach dem Tod bestehen bleibt, der sich auf die Menschenwürde bezieht. Bei dem Umgang mit Daten Verstorbener ist ein Menschenwürdeverstoß allerdings eher fernliegend, da der allgemeine Achtungsanspruch durch das Veröffentlichen oder Weitergeben der Daten auf den ersten Blick selten verletzt sein wird.[1208] Eine menschenunwürdige Vermarktung wird in der Weitergabe der Daten an die Erben nur in Ausnahmefällen zu erblicken sein.[1209]

Damit ist hier nochmals in Einklang mit den oben getroffenen Erwägungen festzuhalten, dass ein weitergehender Datenschutz Verstorbener grundrechtlich nicht geboten ist. In der Mephisto-Entscheidung hatte das Bundesverfassungsgericht nochmals bekräftigt, dass die Versagung eines Persönlichkeitsschutzes nach dem Tode keinen Eingriff in die nach Art. 2 Abs. 1 GG gewährleistete Handlungs- und Entscheidungsfreiheit darstelle; gleichwohl gehen die vermögensrechtlichen Bestandteile der Persönlichkeitsrechte auf die Erben über, die ihrerseits Ansprüche geltend machen können. Der Schutz des Grundrechts erlischt mit dem Tod seines Trägers.[1210]

In der Literatur wird von manchen Autoren von einem postmortalen Schutz personenbezogener Daten ausgegangen. Zwar stellt dies eine Abweichung von den oben genannten verfassungsrechtlichen Grundsätzen dar. Problematisch ist diese extensivere Auslegung des BDSG jedoch nicht, da hierdurch lediglich ein höheres Schutzniveau als verfassungsrechtlich geboten erreicht wird. Insoweit stellt eine solche Auslegung keinen Eingriff in das Recht auf informationelle Selbstbestimmung dar.

1207 BVerfG, GRUR 1971, 461, 465.
1208 *Martini*, JZ 2012, 1145, 1150
1209 Vgl. *Bock*, AcP 217 (2017), 370, 390.
1210 BVerfGE, 30, 173, 194 - Mephisto; *Martini*, JZ 2012, 1145, 1148.

Inhaltlich wird argumentiert, dass es nicht darauf ankomme, dass zum Zeitpunkt der Datenverarbeitung eine Person *derzeit* noch lebe. Vielmehr seien personenbezogene Daten nach dem BDSG bereits dann geschützt, wenn die Daten auf eine Person bezogen sind, die einst gelebt hat. Demnach sei entscheidend, ob im Zeitpunkt der *Entstehung der Daten* ein Bezug zu einer lebenden Person bestanden hat.[1211] Andere sehen die *Datenverarbeitung zu Lebzeiten des Betroffenen* als relevanten Zeitpunkt an.[1212] Entscheidend für die Diskussion, ob ein Schutz der personenbezogenen Daten nach dem Tod eines Betroffenen besteht, ist damit, auf welchen Zeitpunkt bei der Datenverarbeitung i. S. d § 3 Abs. 1 BDSG a.F. abzustellen ist.

Für einen (einfachgesetzlichen) postmortalen Datenschutz werden in tatsächlicher Hinsicht einige gute Gründe vorgebracht.[1213] Es wird etwa angeführt, die tatsächlichen (Rechts-)Folgen eines fehlenden postmortalen Datenschutzes könne die freie Persönlichkeitsentfaltung bereits zu Lebzeiten hindern, wenn die datenerhebenden- und verarbeitenden Stellen nach dem Tod des Betroffenen mit den Daten nach ihrem Belieben verfügen könnten.[1214] In diesem Sinne müsse davon ausgegangen werden, dass gewissermaßen eine Nachfrage für die Kommerzialisierung von Daten Verstorbener existiert.[1215] Gerade weil der Verstorbene keinen Einfluss (mehr) auf den Verarbeitungsprozess seiner Daten hat, dürfe ihm der Schutz seiner personenbezogenen Daten nicht vorenthalten werden, da er nach dem Tod besonders schutzbedürftig sei.[1216] In diesem Sinne räumt auch das Bundesverfassungsgericht ein, dass die Rechtslage nach dem Tode für die »freie Entfaltung der Persönlichkeit nicht ohne Belang

1211 *Seidler*, S. 117; *Martini*, JZ 1145, 1148 f.

1212 *Budzikiewicz*, AcP 218 (2018), 558, 579.

1213 *Martini*, JZ 2012, 1145, 1148; *Seidler*, S. 117; *Heinemann/Heinemann*, DuD 2013, 242, 243.

1214 *Bock*, AcP, 217 (2017), 370, 398 f.

1215 *Heinemann/Heinemann*, DuD 2013, 242, 243; *Martini*, JZ 2012, 1145, 1148 f; *Spilker*, DÖV 2015, 54, 57 f.; *Bock*, AcP, 217 (2017), 370, 398 f.

1216 *Martini*, JZ 2012, 1145, 1148 f.

sei.«[1217] In diese Richtung wird auch teilweise in der Literatur argumentiert.[1218] Auch der BGH[1219] hat in der Mephisto-Entscheidung zum Ausdruck gebracht, dass die »Menschenwürde und die freie Entfaltung der zu Lebzeiten nur dann zureichend gewährleistet sind, wenn der Mensch auf einen auf einen Schutz seines Lebensbildes wenigstens gegen grobe ehrverletzende Entstellungen nach dem Tode vertrauen und in dieser Erwartung leben kann.«[1220] Übertragen auf den postmortalen Datenschutz bedeutet das, dass die freie Entfaltung der Persönlichkeit eines (vorausschauenden) Nutzers dadurch beeinflusst und eingeschränkt werden kann, wenn dieser nicht weiß, wie mit seinen digitalen Hinterlassenschaften nach seinem Tod umgegangen wird. Wie bereits gesehen, können diese Hinterlassenschaften Geheimnisse enthalten, von denen ein Betroffener nicht möchte, dass sie nach seinem Tode ohne Schutz sind. Hierzu führt *Martini* einen der Sache nach überzeugenden Vergleich mit den gesetzlich geregelten Geheimhaltungspflichten[1221] beruflicher Geheimnisträger[1222] an: Auch die Vertrauensbasis zwischen Arzt und Patient leide darunter, wenn der Patient nicht wisse, dass er nach seinem Tod auf den Schutz, namentlich die Verschwiegenheit, in Bezug auf seine Patientendaten vertrauen kann.[1223]

Kernargument für einen postmortalen Datenschutz ist in der Sache der Einfluss auf das lebzeitige Verhalten des Betroffenen, das durch etwaige postmortale Persönlichkeitsrechtsverletzungen gelenkt werde. Es handelt sich dabei um einen sogenannten Einschüchterungseffekt.[1224] Dogmatisch wird der postmortale Datenschutz nach dem BDSG mit dem Zeitpunkt der Entstehung des Datums begrün-

1217 *Martini,* JZ 2012, 1145, 1151 rekurriert hierzu auf die Mephisto-Entscheidung des BGH, siehe BGHZ 50, 133, 139.
1218 *Martini,* JZ 2012, 1145, 1148 ff.
1219 BGHZ, 50, 133, 139.
1220 BGHZ, 50 133, 139.
1221 Siehe z. B. § 35 Abs. 5 SGB I, § 203 Abs. 4 StGB oder § 22 S. 3 KUG.
1222 Z. B. § 203 Abs. 1 StGB.
1223 *Martini,* JZ 2012, 1145, 1151.
1224 *Martini,* JZ 2012, 1145, 1151.

det. Dabei wird jedoch verkannt, dass schon auf verfassungsrechtlicher Ebene die Existenz einer lebenden natürlichen Person vorausgesetzt wird[1225] und dogmatisch tatsächlich keine Gründe ersichtlich sind, weshalb der Gesetzgeber im BDSG hiervon abweichen wollte. Insofern gibt es bereits eine Art Vermutung gegen einen postmortalen Datenschutz auf einfachgesetzlicher Ebene. Es ist jedenfalls nicht ersichtlich, ob und inwiefern der Gesetzgeber im BDSG von den verfassungsrechtlichen Vorgaben abweichen wollte. Solange der Gesetzgeber nicht ausdrücklich davon abweicht, sind das BDSG und seine Begrifflichkeiten entsprechend den verfassungsrechtlichen Vorgaben auszulegen. Das bedeutet in der Konsequenz, dass auch der Schutz der einfachgesetzlichen Konkretisierung des Grundrechtsschutzes aus Art. 2 Abs. 1 i. V. m. Art. 1 Abs. 1 GG mit dem Tode weitestgehend endet.[1226] Auch hinkt der Vergleich von Martini zum Geheimnisschutz: Indem der Gesetzgeber in bestimmten Bereichen einen postmortalen Geheimnisschutz geschaffen hat, hat er in anderen Kontexten aber gleichzeitig bewusst darauf verzichtet. Bestärkt wird diese Sicht auf die Daten Verstorbener durch die in § 6 BDSG a. F. normierten Mitwirkungs- und Kontrollrechte, die nur von lebenden Personen wahrgenommen werden können.[1227] Letztlich lässt sich konstatieren, dass gegen *ehrverletzende Entstellungen* des Erblassers auch ohne unmittelbaren postmortalen Schutz weiterhin ausreichender Schutz besteht. Auch besteht nicht eine derart großes Bedürfnis des Verstorbenen an einem postmortalen Datenschutz wie teilweise behauptet wird: Schließlich obliegt es den Erben, den postmortalen Datenschutz bzw. das Recht auf informationelle Selbstbestimmung weiterhin wahrzunehmen; die Erben können eine Vielzahl von Ansprüchen geltend machen, wenn eine Verletzung im Raum steht. Auch erbrechtliche Gesichtspunkte sprechen gegen einen postmortalen Datenschutz.

1225 *Di Fabio*, in: Maunz/Dürig, 90. EL Februar 2020, GG Art. 2 Abs. 1 Rn. 223, 226.
1226 BVerfGE, 30, 173, 194.
1227 *Gola/Schomerus*, in: Gola/Schomerus, BDSG, 11. Aufl., BDSG § 3, Rn. 12; *Dammann*, in: Simitis, BDSG § 3 Rn. 17; *Budzikiewicz*, AcP 218 (2018), 558, 579.

Zwar ist es ohne einen weitreichenden grundrechtlich gewährleisteten postmortalen Datenschutz für große Internetunternehmen *dem Grunde nach* möglich, nach freiem Ermessen die Daten Verstorbener zu kommerzialisieren. Dem können aber gerade die Erben entgegenwirken, wenn ihnen nach erbrechtlichen Gesichtspunkten die Verfügungsbefugnis über die Daten zugewiesen wird. Wäre dem nicht so, verblieben die Daten wahrscheinlich »herrenlos« auf den Servern der Diensteanbieter, wo sie dem Zugriff durch Dritte und der Gefahr von Verletzungen weiterhin ausgesetzt sind. Dies lässt sich verhindern, indem den Erben zum Konto des Erblassers der Zugang vermittelt wird und diese die Daten gegebenenfalls von den Servern löschen. In dieser Weise wird der postmortale Schutz bzw. die Verfügungsbefugnis über Daten so verteilt wie erbrechtlich vorgesehen. Nähme man auch gegenüber den Erben einen umfassenden postmortalen Datenschutz an und würde ihnen damit die Zugriffsmöglichkeit auf den Datensatz entziehen, fände eine Verschiebung der Verfügungsbefugnis zu Gunsten derjenigen statt, denen das *Vermögen* aus erbrechtlicher Sicht nicht gebührt. Schließlich könnten die Diensteanbieter faktisch die auf ihren Servern gespeicherten Daten für ihre Zwecke nutzen. Nach den erbrechtlichen Prinzipien der Kontinuität und der Universalsukzession ist das Vermögen des Erblassers (im Erbfall) ausschließlich den Erben zugewiesen, nur diese sollen davon profitieren und den Erblasser vor postmortalen Verletzungen schützen. Damit sind die Daten eines Verstorbenen trotz des eingeschränkten Grundrechtsschutzes ausreichend geschützt, wenn sie den Erben zufallen. Auch besteht ein grundrechtlicher Schutz gegen grobe ehrverletzende Entstellungen (Menschenwürde). Die Wahrnehmung dessen ist den nahen Angehörigen zugewiesen, die in dieser Hinsicht immerhin als eine Art Kontrollinstanz fungieren können, soweit sie nicht ohnehin mit den Erben personenidentisch sind. Weiterhin sind die Erben auch nicht in ihrer Verfügungsbefugnis vollständig frei, sondern dürfen nur über die Daten verfügen, soweit ein entsprechender Umgang dem ausdrücklichen oder mutmaßlichen Willen des Erblassers entspricht.

Diese vermögenswerten Bestandteile bestehen noch nach dem Tode fort, solange die ideellen Interessen noch geschützt sind.[1228] Demnach war ein umfassender postmortaler Datenschutz nach dem BDSG nicht intendiert.[1229] Auch das zeitliche Argument, wonach es nicht darauf ankomme, dass eine natürliche Person einst gelebt hat, vermag nicht zu überzeugen. Denn die Frage des zeitlichen Schutzbereichs ist auch immer im Zusammenhang mit dem Aspekt des Eingriffszeitpunktes zu beantworten. Das heißt hier: Gab es zum Zeitpunkt des Eingriffs noch eine natürliche Person? Dies ist zu verneinen. Ob *vorher* eine natürliche Person einmal existierte, ist nur für *vorherige* Eingriffe relevant. Aus der Entwicklungsgeschichte des BDSG ergibt sich zudem, dass der Bundesgesetzgeber die Begriffsbestimmung der natürlichen Person im Rahmen einiger Novellen im Lichte des Gemeinschaftsrechts ausgelegt wissen haben wollte. Dies ergibt sich auch aus dem *effet utile*, Art. 4 Abs. 3 EUV, der eine gemeinschaftskonforme Auslegung nationaler Rechtsvorschriften erfordert.[1230] Es bleibt dem deutschen Gesetzgeber jedoch überlassen, einen solchen postmortalen Datenschutz selbst zu regeln, wofür es tatsächlich einige gute Gründe gibt, wie sie von *Martini* vorgetragen werden.

b. Zwischenergebnis

Es hat sich erwiesen, dass es gute Gründe für einen umfassenden Schutz personenbezogener Daten nach dem Tod gibt. Dieser Schutz besteht in tatsächlicher Hinsicht jedoch nur nicht gegenüber den Erben. Es obliegt sogar gerade den Erben bzw. den nahen Angehörigen, den de lege lata bestehenden Schutz wahrzunehmen. Sie können im Interesse des Erblassers über dessen die Daten verfügen und etwaige Verletzungen verhindern. Dies ist tatsächlich auch sinnvoll, da diese – wie im Grunde die nächsten Angehörigen – am ehesten die Interessen des Erblassers im Sinn haben und nach dieser Maßga-

1228 Siehe nur BGH, NJW 2000, 2195.
1229 *Budzikiewicz*, AcP 218 (2018), 558, 580.
1230 Siehe nur, *Potacs*, EuR 2009, 465.

be handeln. Die Erben sind aber (aufgrund der gesetzlichen Erbfolge) gerade die nächsten Angehörigen, oder bewusst vom Erblasser auch zur bestmöglichen Ausübung seiner Interessen bestimmt worden.[1231] Möchte der Erblasser jene Kenntnisnahme durch die Erben verhindern, ist es ihm anheimgestellt, etwaige letztwillige Verfügungen zu treffen oder mit dem Diensteanbieter zu vereinbaren, dass die Daten gelöscht werden, soweit dieser Kenntnis vom Tod erlangt. Eine weitergehende objektivrechtliche staatliche Schutzpflicht besteht indes nicht. Auch ergibt sich aus dem BDSG a.F. nicht, dass es einen Datenschutz post mortem gibt oder geben müsste, der über den gewöhnlichen postmortalen Persönlichkeitsschutz hinausgeht. Als Betroffene im Sinne des § 3 Abs. 1 BDSG gelten jedenfalls nur *natürliche* Personen, als welche nur *lebende Personen* gelten.[1232]

III. Datenschutz nach der Datenschutzgrundverordnung

Nach alldem verbleibt schließlich die Überprüfung des Datenschutzes auf der Grundlage der DSGVO.

1. Hintergrund

Am 24.5.2018 trat in den Mitgliedstaaten der Europäischen Union die Datenschutzgrundverordnung in Kraft, wodurch das BDSG vollständig neu gefasst wurde. Die DSGVO sollte mit ihren Vorschriften einen einheitlichen Datenschutzrahmen in der europäischen Union schaffen und auf diesem Gebiet ein gleichmäßiges Schutzniveau für natürliche Personen gewährleisten.[1233] Nach Art. 1 DSGVO hat sie den

1231 So auch *Pockrandt*, S. 39.

1232 *Dammann*, in: Simitis, BDSG § 3 Rn. 17; *Schild*, in: BeckOK Datenschutzrecht, Wolff/Brink, 21. Ed., BDSG § 3 Rn. 6; *Gola/Schomerus*, in: Gola/Schomerus, BDSG, 11. Aufl., BDSG § 3, Rn. 12.

1233 ErwG 13 S. 3 der DSGVO.

Schutz natürlicher Personen bei der *Verarbeitung personenbezogener Daten* und zum freien Verkehr solcher Daten zum Gegenstand. Sie soll gemäß Art. 1 Abs. 2 DSGVO die Grundrechte und Grundfreiheiten sowie deren Recht auf Schutz personenbezogener Daten schützen. Die DSGVO harmonisiert wie schon die Datenschutzrichtlinie das Datenschutzrecht in der EU vollständig, soweit die Mitgliedstaaten nicht selbst ermächtigt sind, abweichende oder konkretisierende Regelungen zu treffen. De lege lata verbleibt dem BDSG in Hinblick auf den Datenschutz für die gegenständliche Thematik – wie oben gesehen – kein eigenständiger Anwendungsbereich mehr.

2. Anwendbarkeit und Gegenstand der DSGVO: Schutz natürlicher Personen

Es bestehen bereits Bedenken hinsichtlich der konkreten Anwendbarkeit der DSGVO auf personenbezogene Daten verstorbener Personen.[1234] Zwar gilt Art. 4 Abs. 1 DSGVO unstreitig auch für nutzergenerierte Inhalte, also für sog. *Inhaltsdaten*. Die DSGVO differenziert in dieser Hinsicht nicht zwischen einzelnen Kategorien personenbezogener Daten, solange sie persönliche oder sachliche Angaben über eine bestimmbare Person enthalten. Hinsichtlich des persönlichen Anwendungsbereichs fehlt eine normative Begriffsbestimmung zum Merkmal in Art. 1 Abs. 1 DSGVO der *natürlichen Person*. Erwägungsgrund 14 gibt jedenfalls Aufschluss darüber, dass der gewährte Schutz für die Verarbeitung der personenbezogenen Daten *natürlicher Personen* ungeachtet ihrer Staatsangehörigkeit oder ihres Aufenthaltsorts gelten. Sie gilt nicht für (...) juristische Personen und insbesondere als juristische Person gegründeter Unternehmen, einschließlich des Namens, der Rechtsform oder der Kontaktdaten der juristischen Person. Der Begriff der natürlichen Person ist eng auszulegen.[1235]

1234 Bericht der Arbeitsgruppe »Digitaler Neustart«, S. 347.
1235 Vg. *Plath*, in: Plath, DSGVO/BDSG, DSGVO Art. 1 Rn. 3.

Zu der gegenständlich zu entscheidenden Frage, ob auch personenbezogene Daten von Verstorbenen Gegenstand der DSGVO sind, schweigt der Verordnungstext; nur Erwägungsgrund 27 nimmt die personenbezogenen Daten Verstorbener in aller Deutlichkeit aus dem Anwendungsbereich der DSGVO heraus und überlässt es den Mitgliedstaaten, selbst entsprechende Vorschriften zum Schutz personenbezogener Daten Verstorbener zu erschaffen (fakultative Öffnungsklausel).[1236] Es bleibt dem nationalen Gesetzgeber schließlich unbenommen einen entsprechenden stärkeren Schutz vorzusehen, soweit keine anderen Bestimmungen des EU-Rechts entgegenstehen.[1237] De lege lata hat der deutsche Gesetzgeber nicht von der Ermächtigung Gebrauch gemacht. Daher scheidet ein postmortaler Datenschutz aufgrund der DSGVO aus. Selbstverständlich kann es demgegenüber sinnvoll sein, entsprechende Regelungen zu erschaffen, um dem Schicksal personenbezogener Daten einen geordneten Rechtsrahmen zu gehen. Somit wird zu Recht davon ausgegangen, dass die Daten des Erblassers nach der DSGVO nicht mehr geschützt sind.[1238] Die Diensteanbieter können sich demnach insofern nicht auf die DSGVO berufen, wenn sie die Offenlegung der Kontoinhalte an die Erben verweigern.

3. Datenschutz der Kommunikationspartner des Erblassers

Das Vertraulichkeitsinteresse der Kommunikationspartner des Erblassers wird in der Literatur zum prüfungsgegenständlichen Thema teilweise mit der Erwägung als unwesentlich angesehen, diese hätten auch zu Lebzeiten des Erblassers eine Weitergabe der elektronischen Nachrichteninhalte unter Berufung auf den Datenschutz oder das Fernmeldegeheimnis nicht verhindern können, sodass diese sich in

1236 ErwG 27 S. 5 der DSGVO.
1237 EuGH, EuZW 2004, 245, 252 Rn. 97.
1238 Siehe nur *Budzikiewicz*, AcP 218 (2018), 558, 580.

den prüfungsgegenständlichen Fällen nicht auf die DSGVO berufen können.[1239] Diese Argumentation überzeugt nicht in ihrer Absolutheit. Schließlich rechnen die Kommunikationspartner des Erblassers rein tatsächlich mit einem verantwortungsvolleren oder zumindest anderen Umgang mit den Nachrichten durch den Erblasser als durch dessen Erben, die gegenüber dem ursprünglichen Kommunikationspartner schon keine moralische Verpflichtung zur Geheimhaltung verspüren. Es entsteht durch die Weitergabe der Inhalte an einen anderen als den ursprünglichen Adressaten zumindest theoretisch eine erhöhte Gefährdungslage für den Zugriff durch weitere Personen, indem eine Art Verflüchtigung stattfindet und eine weitere Weitergabe der Inhalte möglich erscheint. Zudem muss man davon ausgehen, dass einige Akteure in sozialen Netzwerken schlicht nicht wollen, dass ihre Nachrichten in die Hände Dritter geraten. Die Beantwortung der Frage, ob die Datenschutzgesetze diesem unterstellten Wunsch Rechnung tragen, verdient zumindest eine dogmatische Untermauerung. Dementsprechend hat sich der BGH im Facebook-Urteil durchaus zu Recht ausführlich mit dem Datenschutz der Kommunikationspartner auseinandergesetzt.[1240]

a. Anwendungsbereich der DSGVO

Die »Arbeitsgruppe Digitaler Neustart« diskutiert einen »umfassenden« Anwendungsausschluss der DSGVO auch für die Nachrichten der Kommunikationsteilnehmer, weil der »Absender mit dem Eintreffen der Nachricht in der Empfängersphäre seine Verfügungsbefugnis über den Kommunikationsvorgang gegenüber der Empfängerseite« aufgegeben habe und demnach nicht mehr unter der DSGVO geschützt sei.[1241] Diese Betrachtungsweise ist jedoch abzulehnen, da der Schutz der DSGVO dann in nahezu allen Lebensbereichen vollständig leerliefe. Bei jeder versendeten Nachricht, die dann auf dem

1239 *Budzikiewicz*, AcP 218 (2018), 558, 577.
1240 BGH, NJW 2018, 3178, 3184 Rn. 64 ff. Diesem Ansatz folgend: *Pockrandt*, S. 67.
1241 Bericht der Arbeitsgruppe »Digitaler Neustart«, S. 348.

Server eines Diensteanbieters (zwischen)-gespeichert wird, gibt der Absender schließlich die Verfügungsbefugnis über eine Nachricht aus der Hand. Dies soll aber nicht bedeuten, dass ihm gleichwohl der Schutz der DSGVO versagt werden darf. Schließlich besteht der typische und intendierte Anwendungsbereich der DSGVO gerade in solchen Situationen, in denen jemand nach Versand der Nachricht sie technisch nicht mehr beherrschen kann und sie dem Zugriff dritter Personen ausgesetzt ist, die hierüber verfügen bzw. oder von ihrem Inhalt Kenntnis erlangen können. Sobald die Daten also rein tatsächlich noch der Gefährdung durch den Diensteanbieter oder den Dritten ausgesetzt sind, muss auch der Schutz der DSGVO hierfür gelten. Insofern ist der Anwendungsbereich teleologisch zu interpretieren. Ein Argument, das ausschließlich auf die Schutzwürdigkeit eines Beteiligten aufgrund seines Vorverhaltens abstellt, kann demnach auf der Ebene des *Anwendungsbereichs* der DSGVO keine Geltung beanspruchen. Die Daten der Kommunikationspartner sind aufgrund der entsprechenden Gefahrenlage tatsächlich *schutzbedürftig*. Das Argument der *Schutzwürdigkeit* aufgrund des Verlustes der Verfügungsbefugnis kann allenfalls im Bereich der *Rechtfertigung* bzw. *Erlaubnistatbestände* der Datenverarbeitung Bedeutung erlangen. Das gleiche gilt für die Tatsache, dass es sich bei dem neuen Empfänger um die Erben handelt.

b. Rechtmäßigkeit der Datenverarbeitung der Kommunikationspartner

Wie oben bereits kurz angedeutet, befasste sich der BGH im Facebook-Urteil sehr ausführlich mit der Rechtfertigung der Datenverarbeitung.[1242] Dieses Urteil hat nicht nur Bedeutung für soziale Netzwerke, sondern kann auf alle Dienste übertragen werden, die personenbezogene Daten von natürlichen Personen verarbeiten.[1243] Es kann damit auch auf die hier behandelten E-Mail-Dienste (OTT-Dienste) über-

1242 BGH, NJW 2018, 3178, 3185 Rn. 71 ff.
1243 *Litzenburger*, FD-ErbR 2017, 392155.

tragen werden. Dem BGH ist es in bemerkenswerter Weise gelungen, die Erlaubnistatbestände der DSGVO auf die gegenständlichen Fälle zu übertragen und anzuwenden. Vorab sei schon gesagt, dass es jedenfalls nicht ersichtlich ist, dass die Kommunikationspartner ihre Einwilligung zur Verarbeitung der sie betreffenden personenbezogenen Daten im Sinne von Art. 6 Abs. 1 lit. a DSGVO gegeben haben.[1244] Hierfür gelten strenge Anforderungen, die in den prüfungsgegenständlichen Fällen nicht erfüllt sein dürften.

aa. Rechtfertigung nach Art. 6 Abs. 1 lit. b Var. 1 DSGVO

Nach Art. 6 Abs. 1 lit. b Var. 1 DSGVO ist die Verarbeitung für die Erfüllung eines Vertrages, dessen Vertragspartei die betroffene Person ist, rechtmäßig. Die Vorschrift setzt ein bestehendes Vertragsverhältnis voraus, wozu auch die Abwicklung oder Beendigung von Verträgen zählt.[1245] Nach einer in der Literatur vertretenen Ansicht sind hiervon sowohl die Erfüllung von vertraglichen Leistungs- und Nebenpflichten als auch diesbezügliche Rücksichtnahmeverpflichtungen umfasst.[1246] Weiterhin muss die Verarbeitung zu diesem Zwecke nicht nur zweckdienlich, sondern vielmehr auch erforderlich sein. Was in diesem Sinne erforderlich ist, hängt von »dem Zweck und dem Vertragsinhalt bzw. der vertragscharakteristischen Leistung des jeweiligen Schuldverhältnisses« ab.[1247] Hierin ist bereits ein Unterschied zu § 88 Abs. 3 TKG zu erblicken, der vertragliche Verpflichtungen zumindest nicht ausdrücklich als Erlaubnistatbestand benennt.

Der BGH sieht in der Übermittlung und Bereitstellung von Nachrichten und den geteilten Inhalten der Kommunikationspartner an die Erben die Erfüllung einer gegenüber diesen bestehenden vertraglichen

1244 So aber *Fußeder*, S. 160; 168.

1245 *Albers/Veit*, in: BeckOK Datenschutzrecht, Wolff/Brink, 21. Ed., DSGVO Art. 6 Rn. 31; *Buchner/Petri*, in: Kühling/Buchner, DSGVO Art. 6 Rn. 33; *Plath*, in: Plath, DSGVO/BDSG, DSGVO Art. 6 Rn. 11 *Schulz*, in: Gola, DSGVO Art. 6 Rn. 28 ff.

1246 *Buchner/Petri*, in: Kühling/Buchner, DSGVO Art. 6 Rn. 33.

1247 *Buchner/Petri*, in: Kühling/Buchner, DSGVO Art. 6 Rn. 39.

Leistungspflicht. Die Übermittlung und Bereitstellung von Nachrichten an das vom Absender benannte Empfängerkonto sei die wesentliche Vertragspflicht eines OTT-Dienstes. Zur Durchführung bzw. Erfüllung dieser Verpflichtung sei es erforderlich, dass der Diensteanbieter die entsprechenden Daten im Sinne der DSGVO verarbeitet.[1248] Bedenken bestehen hinsichtlich des Merkmals »Verarbeitung für die Erfüllung eines Vertrages, dessen Vertragspartei die betroffene Person ist.« *Betroffene Person* ist vorliegend der Kommunikationspartner des Erblassers. Art. 6 Abs. 1 lit. b DSGVO legitimiert zwar auch Datenverarbeitungen durch unbeteiligte Dritte. Diese muss sich aber auf die Erfüllung eines Vertrages beziehen, deren Partei der Betroffene selbst ist.[1249] Die Kommunikationspartner des Erblassers stehen aber weder zu Lebzeiten mit dem Erblasser noch nach dem Erbfall mit den Erben in einem vertraglichen Verhältnis. Daher wird auch nach dieser Variante der Kommunikationspartner nicht Vertragspartner der Erben im Abwicklungsverhältnis, sondern ist als *Dritter* zu betrachten. Hier besteht keinerlei vertragliche Verpflichtung des Betroffenen selbst *gegenüber* den Erben, die erfüllt werden soll. Dass die DSGVO in dieser Hinsicht derart präzise differenziert, ergibt sich aus einem Umkehrschluss des Art. 6 Abs. 1 lit. f. DSGVO, wo die *Datenverarbeitung gegenüber Dritten* gesondert geregelt ist.

bb. Rechtfertigung nach Art. 6 Abs. 1 lit. c Var. 1 DSGVO

Art. 6 Abs. 1 lit. c Var. 1 DSGVO ist einschlägig, wenn die Datenverarbeitung zur Erfüllung einer rechtlichen Verpflichtung erforderlich ist, der der Diensteanbieter unterliegt. Nach privatrechtlichen Gesichtspunkten unterliegt der Diensteanbieter jedenfalls der privatrechtlichen Verpflichtung, die Erben als Rechtsnachfolger so zu stellen, als wären sie selbst Vertragspartner des Diensteanbieters. Dazu gehört dann auch die Übermittlung aller dem Nutzungsverhältnisses zugrun-

1248 BGH, NJW 2018, 3178, 3185 Rn. 71 f.

1249 *Albers/Veit*, in: BeckOK Datenschutzrecht, Wolff/Brink, 21. Ed., DSGVO Art. 6 Rn. 30.

deliegenden Daten. Dieser Erlaubnistatbestand meint jedoch nicht eine auf einer privatautonomen Vereinbarung beruhende vertragliche Obligation, sondern nach Art. 6 Abs. 3 DSGVO eine Verpflichtung kraft Rechts der Union oder eines Mitgliedstaates.[1250] Für den Maßstab der Erforderlichkeit gilt, dass eine Verarbeitung regelmäßig dann zulässig ist, wenn sie durch ein verfassungsmäßiges Gesetz verpflichtend angeordnet ist.[1251]

Es stellt sich hier die Frage, ob die Wirkung aus der Universalsukzession nach § 1922 Abs. 1 BGB eine solche *Verpflichtung kraft Gesetzes* auslöst. In Deutschland werden als Normen, die eine Verpflichtung nach lit c. begründen können, unter anderem gewerbe- und handwerksrechtliche Regelungen (z. B. § 11 GewO oder § 28 Abs. 1 HwO), Regelungen des Arbeitsrechts (§§ 34, 88 BBiG), des Sozialrechts (§§ 28, 28a SGB IV), des Melderechts (z. B. § 30 Abs. 4 BMG) sowie des Gefahrenabwehrrechts (z. B. § 31a BPolG) genannt.[1252] Diese Normen haben gemein, dass es sich bei ihnen um öffentlich-rechtliche Verpflichtungen handelt, die sich teilweise ausdrücklich auf die Bearbeitung von personenbezogenen Daten beziehen. Daraus lässt sich schließen, dass lit. c grundsätzlich öffentlich-rechtliche Vorschriften im Sinn hat und vertragliche Verpflichtungen genuin durch andere Erlaubnistatbestände geregelt werden sollen.[1253] Ansonsten hätte es der Regelungen der lit. b nicht bedurft. § 1922 Abs. 1 BGB als eine solche Vorschrift im Sinne von lit. c aufzufassen, erscheint damit nicht sachgerecht. Zwar werden die Wirkungen der Universalsukzession *kraft Gesetzes* ausgelöst, allerdings bestünde die konkrete rechtliche Verpflichtung, den Zugang zum Nutzerkonto zu öffnen, nach wie vor auf Grundlage des privaten Rechts. Daher kann lit. c vorliegend nicht als

1250 *Albers/Veit*, in: BeckOK Datenschutzrecht, Wolff/Brink, 21. Ed., DSGVO Art. 6 Rn. 34.

1251 *Albers/Veit*, in: BeckOK Datenschutzrecht, Wolff/Brink, DSGVO, 21. Ed., Art. 6 Rn. 34; Frenzel, in: Paal/Pauly, DSGVO Art. 6 Rn. 16.

1252 *Frenzel*, in: Paal/Pauly, DSGVO Art. 6 Rn. 17.

1253 *Albers/Veit*, in: BeckOK Datenschutzrecht, Wolff/Brink, 21. Ed., DSGVO Art. 6 Rn. 34.

Erlaubnisnorm aufgefasst werden, die es den OTT-Diensteanbietern erlaubt, aufgrund des übergegangenen Vertrages die Informationen an die Erben zu übermitteln.

cc. Rechtfertigung nach Art. 6 Abs. 1 lit. f Var. 1 DSGVO

Weiterhin diskutiert der BGH die Zulässigkeit der Datenvereinbarung nach Art. 6 Abs. 1 lit. f Var. 1 DSGVO. Hiernach ist eine Datenverarbeitung zulässig, sofern sie nicht den Interessen oder Grundrechten und Grundfreiheiten der betroffenen Person, die den Schutz der personenbezogenen Daten erfordert, überwiegen. Bei der hier erforderlichen *sorgfältigen*[1254] Abwägung zwischen den Interessen des Dritten und des Betroffenen sind die konkreten Umstände des Einzelfalls zu berücksichtigen, sodass die Zulässigkeit der Übermittlung an die Erben einzelfallbezogen zu ermitteln und zu beurteilen ist. Ein Mitgliedstaat kann nicht kategorisch die Verarbeitung bestimmter Daten ausschließen, ohne Raum für eine Abwägung der widerstreitenden Interessen zu lassen.[1255] Lit. f ist jedoch nicht als Auffangtatbestand oder Lückenfüller zu betrachten,[1256] er ist vielmehr ein Ausnahmetatbestand für die Fälle, in denen eine Verarbeitung nach den lit. a bis e nicht zulässig ist.

(1) Ermittlung des Abwägungsmaterials und Schutzkonzept

Das Abwägungsmaterial ergibt sich vorliegend aus den berechtigten Interessen der Beteiligten. Diese können tatsächlicher, wirtschaftlicher oder ideeller Natur sein; Allgemeininteressen sind dagegen nicht schutzwürdig.[1257] Orientierungspunkt für die berechtigten Interessen

1254 ErwG 47 S. 9 der DSGVO.

1255 EuGH NJW 2016, 3579 Rn. 62.

1256 *Schulz*, in: Gola, DSGVO Art. 6 Rn. 13; *Frenzel*, in: Paal/Pauly, DSGVO Art. 6 Rn. 26.

1257 BGH, NJW 3178, 3185 Rn. 76; *Simits*, in: Simitis, BDSG § 28 Rn. 105; *Albers/Veit*, in: BeckOK Datenschutzrecht, Wolff/Brink, 21. Ed., DSGVO Art. 6 Rn. 49; *Frenzel*, in: Paal/Pauly, DSGVO Art. 6 Rn. 28; *Buchner/Petri*, in: Kühling/Buchner, DSGVO Art. 6 Rn. 146.

sind zum einen die Grundrechte der Grundrechtecharta der EU.[1258] Zum anderen sind in den Erwägungsgründen Nr. 47–50 der DSGVO einige Interessen aufgeführt, die der Verordnungsgeber für berechtigt hält. Insbesondere enthält der Erwägungsgrund 47 einige allgemeine Aussagen, nach welchen Maßstäben ein berechtigtes Interesse angenommen werden kann. Sie geben auch einen ersten Anhaltspunkt vor, wonach sich die Abwägung zu richten hat. Konkret dazu zählen etwa die Verarbeitung von Daten zur konzerninternen Übermittlung, zur Verbesserung der Netz- und Informationssicherheit oder das Interesse zum Zweck der Direktwerbung sowie historische und wissenschaftliche Forschungszwecke. Ganz abstrakt hat die Frage nach der Rechtmäßigkeit der Verarbeitung »die vernünftigen Erwartungen der betroffenen Personen, die auf einer Beziehung zu dem Verantwortlichen beruhen«, zu berücksichtigen.[1259] Es ist insbesondere zu untersuchen, ob eine betroffene Person zum Zeitpunkt der ursprünglichen Datenerhebung und angesichts der Umstände vernünftigerweise absehen kann, ob eine Verarbeitung für einen gewissen Zweck erfolgen wird. Insbesondere wenn eine Person vernünftigerweise nicht mit einer weiteren Datenverarbeitung rechnen musste, können die Interessen dieser betroffenen Person an der Vertraulichkeit überwiegen.

Hierin sieht der BGH eine große Bandbreite berücksichtigungsfähiger Interessen, woraus dieser den Schluss zieht, dass gleichsam weitere unterschiedlich bedeutsame berechtigte Interessen berücksichtigungsfähig sein können. Richtig hieran ist jedenfalls, dass eine strenge Zweckbindung, wie sie § 88 Abs. 3 TKG vorsieht, nicht vorgesehen ist. Da die Erwägungsgründe in diesem Fall sehr offen formuliert sind, spricht dies schon für eine fast *offene* Abwägung der Beteiligteninteressen, was auch die Aussage des BGH stützt, dass vielschichte Interessen berücksichtigungsfähig sind.

1258 *Frenzel*, in: Paal/Pauly, DSGVO Art. 6 Rn. 28.
1259 ErwG 47 S. 9 der DSGVO.

Der Ausnahmetatbestand des lit. f folgt einer dreiteiligen Struktur:[1260] Können auf Seiten des Dritten oder des Verantwortlichen berechtigte Interessen festgestellt werden, ist im Folgenden zu ermitteln, ob die Verarbeitung zur Verwirklichung dieses Interesses *erforderlich* ist, und schließlich, ob Grundrechte oder Grundfreiheiten des Betroffenen überwiegen.[1261] Wenn die Grundfreiheiten oder Grundrechte des Betroffenen überwiegen, bleibt die weitere Verarbeitung unzulässig, sodass auch die Weitergabe der Kommunikationsinhalte des Betroffenen nicht nach Art. 6 Abs. 1 lit. f Var. 1 DSGVO erlaubt wäre.

(2) Berechtige Interessen der Erben

In Einklang mit den oben getroffenen Erwägungen sind die Erben als *Dritte* im Sinne der Verordnung anzusehen. Bereits im vorangegangenen Teil wurden die Interessen der Erben hinreichend dargelegt. Zur Erinnerung sei nur auf der wirtschaftlichen Ebene das Interesse der Erben benannt, sich einen möglichst umfassenden Überblick über den Nachlass zu verschaffen. Dies gilt weniger für soziale Netzwerke als für E-Mail-Accounts. Für Erstere steht das ideelle Interesse im Vordergrund, das aber – wie § 2373 BGB zeigt – ebenso berücksichtigungsfähig ist.[1262] Ob diese Interessen auch auf der Ebene des EU-Rechts anerkennenswert bzw. berücksichtigungsfähig sind, ist wiederum eine Frage der Normauslegung der DSGVO. Ob ein berechtigtes Interesse vorliegt, richtet sich nach rein normativen Kriterien.[1263] Dass die Norm bewusst offen formuliert ist und nur in den Erwägungsgründen einige Regelbeispiele existieren, lässt den Schluss zu, dass die Interessen vielschichtig und weit zu verstehen sind. Der EuGH sieht z. B. ein berechtigtes Interesse eines Dritten in der Möglichkeit zur Erhebung von Schadensersatzansprüchen, unabhängig von der Frage, ob die betroffen Person minderjährig ist oder nicht.[1264] Dort hatte ein

1260 *Frenzel*, in: Paal/Pauly, DSGVO Art. 6 Rn. 27.
1261 EuGH, ZD 2017, 324 Rn. 28.
1262 *Pruns*, ErbR 2018, 614, 617.
1263 *Albers/Veit*, in: BeckOK Datenschutzrecht, Wolff/Brink, DSGVO Art. 6 Rn. 48 f.
1264 EuGH, ZD 2017, 324.

Dritter einen Diensteanbieter in Anspruch genommen, um persönliche Informationen über eine Person zu erlangen, die dessen Eigentum verletzt hat. Hierbei handelt es sich um ein wirtschaftliches Interesse. Ein wirtschaftliches Interesse an einer Vermarktung erlangter Daten ist als berechtigtes Interesse dagegen nicht anzuerkennen.[1265]

Der BGH führt zu Recht an, dass auf Seiten der Erben zunächst einmal das aus Art. 14 Abs. 1 S. 1 GG geschützte Erbrecht streitet. Im Sinne des Erbrechts haben die Erben grundsätzlich ein Interesse daran, die Vermögenswerte des Erblassers in ihren Besitz zu bringen.[1266] Dabei ist es auch unerheblich, ob die streitgegenständlichen Vermögensbestandteile auf den ersten Blick keinen monetären Wert aufweisen und sie nur affektiver Natur sind. Es ist Sache der Erben, den Wert einer Sache zu beurteilen, und nicht die der Rechtsordnung oder gar des Anspruchsgegners. Die Wirkungen des Erbrechts sind umfassend.

Weiterhin führt der BGH richtigerweise an, dass die Erben als nunmehr neue Vertragspartner ein selbstverständliches Interesse daran haben, die übergegangenen Ansprüche zu prüfen und durchsetzen zu können. Daher ist es richtig zu sagen, es stelle ein gewichtiges (rechtliches) Interesse dar, die Ansprüche aus übergegangenem Recht auch geltend machen zu können.[1267] In diesem Zuge ergänzt der BGH, dass sich aus dem Inhalt des Benutzerkontos Informationen ergeben können, die auf Ansprüche des Erblassers gegen Dritte hindeuten. Ebenso ist es Sache der Erben zu prüfen, ob sonstige Handlungen rechtsgeschäftlicher Art erforderlich sind. Die Möglichkeit der Verfolgung dieser Ansprüche stellt somit ein wirtschaftliches Interesse der Erben dar.

In dem vom BGH zu entscheidenden Facebook Fall bestand das wirtschaftliche Interesse ganz konkret darin, dass durch die Zugangsgewährung im Besonderen Abwehrinteressen tangiert waren: So hat der Fahrer der U-Bahn die Erben der Nutzerin auf Schadensersatz in

1265 *Frenzel*, in: Paal/Pauly, DSGVO Art. 6 Rn. 27.
1266 BGH, NJW 2018, 3178, 3185.
1267 BGH, NJW 2018, 3178, 3185.

Anspruch genommen, die aus einem vermeintlichen Freitod der Erblasserin resultierten. Die Verteidigung, Geltendmachung und Ausübung eigener Rechte sei ein berechtigtes Interesse für die Datenverarbeitung.[1268] Auch besteht auf Seiten der Erben ganz allgemein ein berechtigtes (und ggf. ideelles) Interesse daran, überhaupt die Kontrolle über die Kommunikationsinhalte sowie Daten des Erblassers zu erlangen, um soweit möglich die Spuren des Erblassers aus dem Internet respektive der Server des Anbieters zu entfernen, um ggf. dem Recht auf Vergessen Rechnung zu tragen.[1269]

(3) Erforderlichkeit der Datenverarbeitung

Dass die (weitere) Datenverarbeitung, namentlich eine (irgendwie geartete) Zugangsgewährung der Erben, erforderlich sein muss, ergibt sich unmittelbar aus dem Normtext. Im Sinne des Erwägungsgrundes 39 muss die Datenverarbeitung in Hinblick auf die Zwecke, zu denen sie verarbeitet werden, angemessen und erheblich sowie auf das notwendige Maß beschränkt sein, und der Zweck der Datenverarbeitung darf nicht in zumutbarer Weise durch andere Mittel erreicht werden können.[1270] Das Merkmal der Erforderlichkeit stellt ein normatives Korrektiv der weit auszulegenden berechtigten Interessen dar, ist aber nicht im Sinne des Grundsatzes der Verhältnismäßigkeit zu verstehen.[1271] Die Erben müssen in der Regel über die Inhalte aus einem Benutzerkonto Kenntnis erlangen, um ihren Interessen Rechnung tragen zu können. Es ist auch nicht ersichtlich, dass es möglich ist, nur die für die Erben relevanten Informationen aus einem Benutzerkonto zu filtern und nur diese offenzulegen. Diese Aufgabe wäre dann entweder durch die Erben selbst oder den verantwortlichen Diensteanbieter zu übernehmen. Letzteres würde jedoch für die Daten des Erblassers zu einer erhöhten Gefährdungslage führen,

1268 BGH, NJW 2018, 3178, 3186 Rn. 80.

1269 Siehe zum Recht auf Vergessen BVerfG, NJW 2020, 300 ff.

1270 ErwG 39 S. 7 der DSGVO.

1271 *Albers/Veit*, in: BeckOK Datenschutzrecht, Wolff/Brink, 21. Ed., DSGVO Art. 6 Rn. 49; *Frenzel*, in: Paal/Pauly, DSGVO Art. 6 Rn. 29.

wenn der Anbieter Kenntnis vom Inhalt der Kommunikation erlangen könnte. Es bestünde auf Seiten des Diensteanbieters die Versuchung, diese Daten weiterhin zu kommerzialisieren, wenn er schon Kenntnis von den Inhalten erlangen müsste. Gewissermaßen würde der Bock zum Gärtner gemacht. Außerdem wären mit einer gesonderten Prüfung erhebliche personelle Aufwendungen nötig, die wiederum mit erheblichen praktischen und wirtschaftlichen Bedenken auf Seiten des Anbieters verbunden wären. Diese Last ist nicht dem Verantwortlichen der Datenverarbeitung aufzubürden. In diesem Sinne kommt der BGH zu dem richtigen Ergebnis, dass die Interessen auf keine geeignetere und mildere Art zu erfüllen sind.[1272] Insofern ist die Datenverarbeitung im Sinne von Art. 6 Abs. 1 lit. f DSGVO zu den oben ausgeführten Zwecken erforderlich.

(4) Berechtigte Interessen der Kommunikationspartner

Soweit die Interessen oder Grundrechte des Betroffenen gegenüber denen des Dritten oder Verantwortlichen überwiegen, ist die weitere Datenverarbeitung auch im Falle ihrer Erforderlichkeit ausgeschlossen.[1273] Wie bereits oben kurz angesprochen, kommt es hierbei auch auf die redliche Erwartung des Betroffenen an, dass keine weitere Datenverarbeitung mehr stattfindet. Abwägungsgegenstand sind die Grundfreiheiten und Grundrechte im Primärrecht der EU; der Verantwortliche selbst muss nicht unmittelbar an die Grundfreiheiten gebunden sein.[1274] Der Erlaubnistatbestand des Art. 6 DSGVO trägt dem Interesse des Datenschutzes bereits insofern Rechnung, als nur eine Verarbeitung unter einem Vorbehalt stattfinden darf (Verbot mit Erlaubnisvorbehalt). Es stellt sich daher zuvörderst die Frage, ob das Interesse an der Vertraulichkeit der Kommunikation, dem bereits genuin die DSGVO Rechnung trägt, *nochmals* als eigenständi-

1272 BGH, NJW 2018, 3178, 3186 Rn. 82 verweisend zu der Begriffsbestimmung zur Erforderlichkeit auf *Plath*, in: Plath, DSGVO/BDSG, DSGVO Art. 6 Rn. 21.

1273 *Frenzel*, in: Paal/Pauly, DSGVO Art. 6 Rn. 30.

1274 *Frenzel*, in: Paal/Pauly, DSGVO Art. 6 Rn. 30.

ges Interesse in den Rechtfertigungstatbeständen der DSGVO berücksichtigungsfähig ist. Hiervon ist auszugehen, da auf nationaler Ebene auch Eingriffe in das Grundrecht der Meinungsfreiheit wiederum im Lichte der Meinungsfreiheit auszulegen sind.

E-Mail-Konten und vor allem soziale Netzwerke enthalten neben wirtschaftlich relevanten Inhalten insbesondere auch hochsensible oder gar intime Nachrichten. Aus Sicht der Kommunikationspartner mag es daher befremdlich wirken, wenn plötzlich andere Personen als der ursprüngliche Empfänger Zugriff auf diese Kommunikationsinhalte erhielten. Auf dieser Ebene streitet für die Kommunikationspartner des Erblassers das Grundrecht aus Art. 8 Abs. 1 GrCh auf Schutz der personenbezogenen Daten, zu dessen Schutz sich die DSGVO verpflichtet sieht und dessen Bedeutung der EuGH hervorhebt.[1275] Auch betroffen in diesem Zusammenhang ist das Grundrecht auf Achtung des Privatlebens und der Kommunikation nach Art. 7 GrCh. Diese beiden Grundrechte sind bei der Abwägung der Interessen auf Seiten der Kommunikationspartner berücksichtigungspflichtig.[1276] Schutzwürdig sei insoweit das Persönlichkeitsrecht im Allgemeinen und die informationelle Selbstbestimmung im Speziellen.[1277] Nach Ansicht des BGH ist die Schutzbedürftigkeit höher, je persönlicher die Daten sind.[1278] Der BGH stellt zutreffend fest, dass die Abwägung anhand der in Art. 1 und Art. 5 DSGVO aufgestellten Grundsätze und Leitprinzipien der Verordnung zu messen ist. Dabei sind unter anderem »die relevanten Grundrechtsbezüge, die Eingriffsintensität, die Art der verarbeiteten Daten, die Art der Betroffenen, mögliche Aufgaben oder Pflichten und die Zwecke der Datenverarbeitung zu berücksichtigen.«[1279]

1275 BGH, NJW 2018, 3178, 3186 Rn. 84; EuGH, NJW 2015, 3151 Rn 38 f.

1276 BGH, NJW 2018, 3178, 3186 Rn. 83; EuGH, NJW 2015, 3151 Rn. 39.

1277 BGH, NJW 2018, 3178, 3186 Rn. 84.

1278 BGH, NJW 2018, 3178, 3186 Rn. 84.

1279 BGH, NJW 2018, 3178, 3186 Rn. 86; *Schulz*, in: Gola, DSGVO Art. 6 Rn. 56 ff., 59.

Dabei gehe es im Kern um einen Ausgleich zwischen den Vertraulichkeits- und Privatheitsinteressen bzw. dem Persönlichkeitsrecht des Betroffenen auf der einen Seite und den Interessen des Verantwortlichen bzw. des Dritten auf der anderen Seite.[1280] Weiterhin ist ausweislich der Erwägungsgründe für die Güterabwägung der Gesichtspunkt der vernünftigen Erwartungshaltung (reasonable expectiations) der Kommunikationspartner des Erblassers relevant, wobei ein verobjektivierter Maßstab anzulegen ist.[1281] Zum derzeitigen Zeitpunkt werden sich die meisten Menschen in tatsächlicher Hinsicht wundern, wenn sie erführen, dass die Erben ihres Kommunikationspartners einen uneingeschränkten Zugang zu den Internetkonten erhielten. Somit wird oftmals eine Erwartungshaltung auf Seiten der Kommunikationspartner bestehen, dass ihre Daten sicher sind, bzw. nicht in fremde Hände geraten. Dies wird schwerpunktmäßig in den meisten Fällen jedoch daran liegen, dass die Problematik der digitalen Hinterlassenschaften bei den meisten Menschen noch nicht ins Bewusstsein gerückt ist. Etwas anderes könnte dann gelten, wenn den Nutzern von sozialen Netzwerken die umfassende Wirkung der Universalsukzession bekannt wäre.

Die Beurteilung, ob diese Erwartungshaltung vernünftig bzw. begründet ist, richtet sich wiederum danach, ob der Betroffene mit der weiteren Verarbeitung rechnet, wenn er in diesem Sinne im intendierten Erhebungs- und Verarbeitungskontext mitdenkt.[1282] Maßgeblich ist auch hier ein objektivierter Maßstab, also im Besonderen die Frage, welche Erwartungen ein vernünftiger Dritter in der Situation des

1280 BGH, NJW 2018, 3178, 3186 Rn. 86; *Buchner/Petri*, in: Kühling/Buchner, DSGVO Art. 6 Rn. 149.

1281 BGH, NJW 2018, 3178, 3186 f. Rn. 87; *Plath*, in: Plath, DSGVO/BDSG, DSGVO Art. 6 Rn. 57; *Albers/Veit*, in: BeckOK Datenschutzrecht, Wolff/Brink, 21. Ed., DSGVO Art. 6 Rn. 53.

1282 *Albers/Veit*, in: BeckOK Datenschutzrecht, Wolff/Brink, 21. Ed., DSGVO Art. 6 Rn. 53; *Schulz*, in: Gola, DSGVO Art. 6 Rn. 61 ff. Ausschließlich hier können die von der Literatur vielfach gezogenen Vergleiche zur Post Berücksichtigung finden, vgl. etwa *Lange/Holtwiesche*, ZErb 2016, 157; *Biermann*, ZErb 2017, 210, 213.

Betroffenen hätte.[1283] Bei der Beurteilung, ob mit einer weiteren Verarbeitung gerechnet werden muss, kann der von Teilen in der Literatur gezogene Vergleich mit der analogen Welt hilfreich sein: Schließlich muss der Absender eines Briefes ebenso damit rechnen, dass dieser von den Erben geöffnet und deren Inhalt von ihnen zur Kenntnis genommen wird; dies gilt unabhängig davon, ob es sich um persönliche oder geschäftliche Nachrichten handelt. Dass dieses Bewusstsein in der »digitalen Welt« in dieser Weise (noch) nicht vorhanden ist, mag an der mangelnden Verkörperung der Nachrichten liegen. Dabei dürfte die Menge der Nachrichten in E-Mail-Postfächern die privat gelagerten Briefe übersteigen. Zudem ist das Internet auch heute noch für Viele *ein weites Feld*, weshalb vielen oftmals die Fantasie fehlen wird, wie den Erben einer Person dessen elektronischen Nachrichten übermittelt werden können. Dies ändert freilich nichts daran, dass sich die Menschen daran gewöhnen bzw. sich damit abfinden müssen, dass eine Verlagerung der privaten und geschäftlichen Kommunikation ins Internet stattfindet und die digitalen Kommunikationsanbieter die analoge Post im Laufe der Zeit ablösen könnte, wenngleich das Interesse der Erben an den Nachrichten des Erblassers gleich bleibt. Es ist davon auszugehen, dass die elektronische Kommunikation erst am Anfang einer stetig wachsenden Entwicklung steht. Insoweit darf ein informierter und mitdenkender Kommunikationsteilnehmer damit rechnen, dass die Kommunikationsinhalte – wie auch in der analogen Welt – an die Erben weitergetragen werden. Insofern ist eine weitere Datenverarbeitung in diesem Sinne für die Kommunikationspartner des Erblassers vernünftigerweise absehbar. Daneben ist – wie gesagt – zu erörtern, wie sich die Gewichtung der Interessen des Verarbeitenden und die Intensität der Einschränkung von Interessen, Grundrechten sowie Grundfreiheiten des Betroffenen zueinander verhalten.[1284]

1283 BGH, NJW 2018, 3178, 3186 f. Rn. 87; *Plath*, in: Plath, DSGVO/BDSG, DSGVO Art. 6 Rn. 57.

1284 *Albers/Veit*, in: BeckOK Datenschutzrecht, Wolff/Brink, 21. Ed., DSGVO Art. 6 Rn. 53.

(5) Interessenabwägung der typisierten Interessen

Obwohl eine Abwägung im Einzelfall stattzufinden hat, wird nun versucht, möglichst generalisierende Aussagen in der Abwägung zu treffen. In der Literatur wird oft angeführt, die Daten würden seitens der Kommunikationsteilnehmer bewusst und freiwillig an den Erblasser übermittelt. Bereits dadurch gebe der Absender die Verfügungsbefugnis über die Inhalte aus der Hand. Insofern komme der Impuls für diese »erste« Datenverarbeitung von dem Absender, der die Nachrichten in den Verkehr bringt. Diese Datenverarbeitung sei freiwillig, selbstbestimmt und kontrollierbar.[1285] Da die weitere Übermittlung an die Erben in dieser Konkretheit und Begrenztheit für den Absender absehbar ist, ist es für den Betroffenen auch überschaubar, welche konkreten Nachrichten wann und zu welchem Anlass übermittelt werden.[1286] Aus dieser Absehbarkeit resultiert zum einen eine geringere Schutzwürdigkeit und gleichzeitig eine geringe Gefährdungslage für den Absender. Insofern rekurrieren viele auf die Aufgabe der Verfügungsbefugnis über die Nachrichten.[1287] Hierzu kann noch ergänzt werden, dass im Besonderen bei sozialen Netzwerken teilweise die Möglichkeit besteht, versendete Nachrichten wieder zu löschen, sodass diese nicht mehr vom Empfänger zur Kenntnis genommen werden können. Gleichermaßen kann der Kommunikationspartner seine Nachrichten auch dann löschen, wenn er vom Tod des Empfängers Kenntnis erlangt. Insofern besteht teilweise selbst nach dem Tod des Kommunikationspartners die Möglichkeit, eigene Schutzvorkehrungen zu treffen. Auch haben die Nutzer zu Lebzeiten die Möglichkeit, untereinander unverbindlich zu vereinbaren, dass die ausgetauschten Nachrichten nach einer gewissen Zeit gelöscht werden. Hier besteht zwar kein rechtlicher Anspruch, aber gleichwohl eine Möglichkeit, bilateral die nicht gewollte Weitergabe der Nachrichten

1285 *Schulz*, in: Gola, DSGVO Art. 6 Rn. 59.

1286 BGH, NJW 2018, 3178, 3186 Rn. 89.

1287 BGH, NJW 2018, 3178, 3186 Rn. 90; *Herzog*, in NK-Nachfolgerecht, Digitaler Nachlass, Rn. 68a; *Bock*, AcP 217 (2017), 370, 408; *Kutscher*, S. 145; *Pruns*, NWB 2014, 2175, 2182 f.

zu antizipieren und zu vermeiden. Insofern ist es für den Absender von Nachrichten insgesamt absehbar, dass eine (weitere) Datenverarbeitung durch das Bereitstellen der Nachrichten und Inhalte für das Empfängerkonto auch nach dem Tod des Empfängers stattfindet und die Erben Kenntnis hiervon erlangen können.[1288] Insofern ist es richtig, soweit der BGH sagt, dass ein Nutzer damit rechnen muss, dass der Empfänger verstirbt und damit andere Personen als der ursprüngliche Empfänger in das Vertragsverhältnis eintreten und als neue Kontoberechtigte Zugang auf die Kontoinhalte erhalten. Weiterhin ist es sinnvoll, wie der BGH den begrenzten Zweck der Datenverarbeitung in die Interessenabwägung einzustellen. Der Zweck der weiteren Datenverarbeitung besteht allein in der Kenntnisnahme von bereits existierenden Inhalten durch die Erben.[1289] Eine weitergehende Verarbeitung ist von der Erlaubnisnorm nicht erfasst und steht auch nicht zu befürchten. Grundsätzlich steht es nicht zu befürchten, dass die Daten konkret durch die Erben – einem eng begrenzten Personenkreis – wiederum weitergetragen werden, wodurch die Nachrichten einem größeren unbeherrschbaren Personenkreis oder unbeteiligten Dritten bekannt gegeben werden. Daran haben diese regelmäßig schlicht kein Interesse. Durch diese konkrete Art der Datenverarbeitung sind die Risiken einer Vagabundisierung äußerst begrenzt.

Es ist somit im Grundsatz dazu zu tendieren, die Interessen der Erben als überwiegend zu betrachten.[1290]

1288 BGH, NJW 2018, 3178, 3186 Rn. 91 f.
1289 BGH, NJW 2018, 3178, 3186 Rn. 92.
1290 So auch *Rohlfing*, FamRB 2018, 364, 367.

5. Teil: Resümee

- Der Begriff *digitaler Nachlass* ist fehlleitend. Auch wenn er geeignet ist, die Problematik als Gesamtheit zu umschreiben, ist er zu vermeiden. Weil er einen rechtlich relevanten Begriff enthält, suggeriert er, dass es sich bei digitalen Hinterlassenschaften um eine einheitliche, rechtlich relevante Spezialmaterie handelt, die eigenen Regeln folgt und bereits vererblich ist. Es ist ein begrifflich neutraler Begriff zu wählen. Hierfür bietet sich die Frage nach der Vererblichkeit *digitaler Hinterlassenschaften* an. Bei diesem Begriff wird deutlich, dass es sich um einen Oberbegriff handelt, der für eine Vielzahl von diversen Rechtspositionen verwendet werden kann, die unterschiedlichen Regelungen unterliegen.
- Nur durch eine differenzierte Betrachtung von digitalen Hinterlassenschaften kann die Frage nach ihrer Vererblichkeit beantwortet werden. Ausgangspunkt dieser Differenzierung ist die technische Funktionsweise des einzelnen Dienstes. Teilweise scheidet nämlich die praktische Durchsetzung eines Anspruchs aus, etwa dann, wenn der Diensteanbieter gar nicht (mehr) die Herrschaft über die Daten bzw. Kommunikationsinhalte des Erblassers hat: Faktisch kann der Diensteanbieter nur dann in Anspruch genommen werden, wenn der Dienst die Daten und Inhalte auf seinen Servern dauerhaft speichert.

- Das Begehr der Erben kann sich grundsätzlich nur nach den ursprünglich beim Nutzer entstandenen Ansprüchen richten. Nur diese sind vererblich. Daher ist das Pflichtenprogramm von Nutzer und Diensteanbieter exakt zu bestimmen.
- Für die Frage der Vererblichkeit ist zu unterscheiden, ob das Schuldverhältnis im weiteren Sinne oder im engeren Sinne der Gegenstand des Erbrechts ist. Geht es um das Schuldverhältnis im weiteren Sinne, ist damit das Nutzungsverhältnis mit allen Rechten und Pflichten gemeint. Schuldverhältnisse im engeren Sinne beschreiben einzelne Rechte und Pflichten, die sich aus dem Nutzungsverhältnis ergeben. Hierzu gehört etwa der Anspruch auf Zugangsgewährung oder der Anspruch des Nutzers, dass einzelne Inhalte nicht gelöscht werden.
- Im Falle des Übergangs der Schuldverhältnisse im weiteren Sinne können die Erben die Accounts wie der Erblasser fortführen. Dies gilt unabhängig von der vertragstypologischen Einordnung. Damit wären alle Folgeansprüche, etwa Auskunftsansprüche oder Hilfsansprüche, mitumfasst.
- Da Nutzungsverhältnisse zur Nutzung von E-Mail-Diensten und sozialen Netzwerken ein bedeutendes mietrechtliches Element in sich tragen, steht dem Nutzer ein Anspruch auf Herausgabe seiner Inhalte auch dann zu, wenn das Nutzungsverhältnis bereits beendet ist.
- Dem BGB liegt ein Vermögensbegriff zugrunde, der für das gesamte Zivilrecht gilt. Dies hat die historische Betrachtung des Vermögensbegriffes ergeben.
- Ob eine Rechtsbeziehung zum Vermögen gehört, richtet sich in erster Linie nach dem Maß an Verfügungsmacht, das die Rechtsordnung ihrem Inhaber zu Lebzeiten einräumt. Familienrechtliche Beziehungen sowie das Allgemeine Persönlichkeitsrecht gehören in Hinblick auf die unveräußerlichen Bestandteile nicht zum Vermögen im Rechtssinne.

- Der Geldwert einer Rechtstellung ist kein unmittelbares Indiz für dessen Vererblichkeit. Rechtstellungen, denen ein affektives Interesse zugrunde liegt, können genauso vererblich oder unvererblich sein. Dass eine Rechtsstellungen einen Geldwert aufweist, indiziert allenfalls, dass der Inhaber dieses Rechts über dieses verfügen kann, da *res extra commercium* naturgemäß keinen Geldwert besitzen.
- Daher ist der Vermögensbegriff als solcher nur sehr eingeschränkt zur Grenzziehung zwischen Vererblichkeit und Unvererblichkeit geeignet.
- Es gibt einige konkrete gesetzliche Regelungen, die die Unvererblichkeit einer bestimmten Rechtsposition ausschließen. Auch gibt es Regelungen, die im Allgemeinen die Unübertragbarkeit von Rechtspositionen zu Lebzeiten anordnen. Diese Regelungen geben jedoch keinen Aufschluss darüber, wann Rechte oder Rechtsgüter im Allgemeinen unvererblich sind.
- Zur Bestimmung der Unvererblichkeit im Allgemeinen existieren keine gesetzlichen Regelungen. Der entwicklungsgeschichtliche Hintergrund des BGB gibt jedoch durch den gestrichenen § 292 E I Aufschluss darüber, wann Rechtsbeziehungen erlöschen. Dabei ist die Unvererblichkeit als Ausnahme zu betrachten und im Einzelfall zu bestimmen.
- In erster Linie sind dabei gesetzliche Regelungen zu betrachten, die die Unvererblichkeit einer Rechtsbeziehung anordnen. Sekundär kann sich die Unvererblichkeit aus den ausdrücklichen oder stillschweigenden Bestimmungen der Parteien ergeben. Dies kann sich aus dem Rechtsgedanken des § 153 BGB ergeben. Es ist eine Auslegung der Verträge erforderlich, die auch ergänzend möglich ist.
- Da ausdrückliche Unvererblichkeitsbestimmungen praktisch die Ausnahme darstellen, verbleibt oftmals nur die ergänzende Vertragsauslegung zur Bestimmung der Unvererblichkeit. Diese ergänzende Vertragsauslegung ist in den Fällen sinn-

voll, in denen das Schuldverhältnis eine komplexere Pflichtenstruktur aufweist oder die Leistungspflichten der Parteien als personenbezogen bezeichnet werden kann.

- Sowohl die Personenbezogenheit als auch die Höchstpersönlichkeit sind keine normativen Begriffe. Sie haben allenfalls beschreibenden Charakter.
- An die ergänzende Vertragsauslegung sind in Hinblick auf den Untergang von Vertragsverhältnissen hohe Anforderungen zu stellen. Schließlich möchte der Inhaber eines Rechts möglichst vollumfänglich darüber verfügen können. Kommt die ergänzende Vertragsauslegung zum Ergebnis, dass die Unvererblichkeit von den Parteien gewollt ist, kann der spätere Erblasser hierüber nicht mehr mortis causa verfügen. Zudem sollen im Zweifel die sich im Umkreis des Erblassers befindlichen Personen begünstigt werden und nicht die Vertragsgegner des Erblassers. Daher sind auch die Folgen des Untergangs zu betrachten.
- Die (ergänzende) Vertragsauslegung kann auch zu dem Ergebnis führen, dass nicht das vollständige Erlöschen sämtlicher Beziehungen von ihr umfasst ist, sondern ein Abwicklungsverhältnis mit den Erben entsteht.
- Dass die Hürden der Unvererblichkeit hoch sind und die allermeisten Schuldverhältnisse auf die Erben übergehen, ist für einen konkreten Interessenausgleich nicht problematisch. Denjenigen, die kein Interesse am Bestand des Schuldverhältnisses nach dem Tod haben, haben gegebenenfalls ein Kündigungsrecht nach § 314 Abs. 1 BGB. Auch kann die Leistungserbringung nach § 275 BGB für die ein oder andere Partei unmöglich werden. Dies setzt seinerseits voraus, dass das Schuldverhältnis auf die Erben übergegangen ist.
- E-Mail-Dienste sowie soziale Netzwerke sind auf die Kommunikation mit der Außenwelt ausgelegt. Daher sind vor allem bei E-Mail-Accounts die Interessen des Rechtsverkehrs berührt.

Die ergänzende Vertragsauslegung kann dazu führen, dass diese nur auf Lebenszeit geschlossen werden. Da die Konten wichtige Inhalte enthalten können, ist es im Zweifel nicht gewollt, dass den Erben kein Zugangsrecht eingeräumt wird.

- Die Einbeziehung Allgemeiner Geschäftsbedingungen kann dazu führen, dass ein Nutzungsverhältnis nur auf Lebenszeit geschlossen wird. Hierbei handelt es sich um eine Befristung. Da die Konten für die Erben wichtige Inhalte enthalten können, darf die Befristung nicht dazu führen, dass alle Ansprüche des Erblassers mit seinem Tod untergehen. Im Hinblick auf die postmortale Privatautonomie des Erblassers muss ihm ein Mindestmaß an Verfügungsbefugnis über sein Vermögen bleiben. Er muss darüber bestimmen dürfen, ob seine Erben nach seinem Tod die Kontoinhalte einsehen können oder nicht. In diesem Sinne können Unvererblichkeitsbestimmungen auch gegen den mietvertraglichen Grundgedanken eines Nutzungsverhältnisses verstoßen, wenn den Erben dieses Recht verwehrt wird.
- Die behandelten medienrechtlichen Schranken sind für die Frage der rechtlichen Unmöglichkeit nach § 275 Abs. 1 BGB erheblich.
- Die Überprüfung der datenschutz- und telemedienrechtlichen Gesichtspunkte hat gezeigt, dass sie keine zwingenden Grenzen der Vererblichkeit darstellen. Grundsätzlich stehen personenbezogene Daten zwar unter dem gesetzgeberischen Schutz vor missbräuchlicher Verwendung, insbesondere der Weitergabe an Dritte. Dennoch gilt dieser Schutz de lege lata nicht für die Daten Verstorbener. Das heißt nicht, dass sie schutzlos gestellt sind. Vielmehr erfahren sie einen »anderen bzw. eingeschränkten« Schutz, der durch die Erben wahrgenommen wird und bei Menschenwürdeverstößen durch die nächsten Angehörigen kontrolliert werden kann.

- Kommunikationsinhalte und sonstige personenbezogenen Daten, die nach dem Kommunikationsvorgang auf den Servern der Diensteanbieter gespeichert sind, unterliegen nicht dem Fernmeldegeheimnis, da die raumüberwindende Kommunikation beendet ist. Die Rechtsprechung des Bundesverfassungsgerichts ist in der Weise zu kritisieren, dass sie zu extensiv ist. Solche Kommunikationsinhalte und personenbezogenen Daten sind ausreichend durch das Recht auf informationelle Selbstbestimmung geschützt.
- OTT-Dienste sind nicht an das einfachgesetzliche Fernmeldegeheimnis gebunden, da sie keine Diensteanbieter im Sinne des § 3 Nr. 24 TKG sind. Soweit sie eine Transportleistung erbringen, steht ihre inhaltliche Leistung im Vordergrund. Auf eine etwaige Rechtfertigung nach § 88 Abs. 3 TKG kommt es damit nicht an.
- Die Daten und Kommunikationsinhalte bei OTT-Diensten sind grundsätzlich durch die DSGVO geschützt. Dies gilt jedoch nicht für die Daten Verstorbener. Diese sind laut Erwägungsgrund 27 zur DSGVO ausdrücklich vom Schutz ausgenommen.
- Dass die Daten Verstorbener keinen vollumfänglichen Schutz erfahren, heißt nicht, dass ein solcher (irgendwie gearteter) Schutz nicht sinnvoll wäre. Erwägungsgrund 27 zur DSGVO sieht insofern vor, dass die Schaffung eines solches Schutzes den Mitgliedstaaten vorbehalten bleibt.
- Die Kommunikationsinhalte sowie personenbezogenen Daten der Kommunikationspartner des Erblassers sind nach geltendem Recht durch die DSGVO geschützt. Für den Schutzbereich der DSGVO spielt es keine Rolle, ob der Absender der Nachrichten eine Weitergabe der Nachrichten schon zu Lebzeiten nicht hätte verhindern können. Dies ist eine Frage der Rechtfertigung nach Art. 6 Abs. 1 lit f. Var. 1 DSGVO. Soweit ein Diensteanbieter aufgrund übergegangenem Rechts zur

Weitergabe der Inhalte verpflichtet ist, ist dies aufgrund von Art. 6 Abs. 1 lit. f Var. 1 DSGVO gerechtfertigt. Die Interessen der Erben überwiegen regelmäßig die der Kommunikationspartner des Erblassers.

Literaturverzeichnis

Ahlberg, Hartwig / Götting, Horst-Peter (Hrsg.), BeckOK Urheberrecht, 27. Edition, Stand: 15.03.2020, München 2020.

Albers, Marion, Informationelle Selbstbestimmung, Baden-Baden 2005.

Albert, Hans, Ökonomische Ideologie und politische Theorie, das ökonomische Argument in der ordnungspolitischen Debatte, 2. Aufl., Göttingen 1972.

Alexander, Christian, Digitaler Nachlass als Rechtsproblem?, K&R 2016, S. 301–307.

Andres, Ingrid, Der Erbrechtsentwurf von Friedrich Mommsen, ein Beitrag zur Entstehung des BGB, Berlin 1995.

Apel, Simon, Anmerkung zu BGH v. 12.7.2018 – III ZR 183/17, ZD 2018, S. 486–488.

Arbeitsgruppe »Digitaler Neustart« der Konferenz der Justizministerinnen und Justizminister der Länder, Bericht vom 15.5.2017, abrufbar unter https//www.justiz.nrw.de/JM/schwerpunkte/digitaler_neustart/index.php (letzter Abruf, 01.07.2020).

Assion, Simon, Anmerkung zu den Urteilen des EuGH vom 5. Juni 2019 und vom 13. Juni 2019 zu EuGH, Urteil vom 13.06.2019, C-193/18, N&R 2019, S. 239–241.

Auer, Marietta, Subjektive Rechte bei Pufendorf und Kant. Eine Analyse im Lichte der Rechtskritik Hohfelds, AcP 208 (2008), S. 584–634.

Auer-Reinsdorff, Astrid / Conrad, Isabell (Hrsg.), Handbuch IT- und Datenschutzrecht, 3. Aufl., München 2019.

Bäcker, Matthias, Vertraulichkeit der Internetkommunikation, in: Linien der Rechtsprechung des Bundesverfassungsgerichts, S. 99–136, hrsg. v. Hartmut Rensen und Stefan Brink, Berlin 2009.

Baetge, Dietmar, Allgemeininteressen in der Inhaltskontrolle, AcP 202 (2002), S. 972–993.

Bar, Christan von / Bydlinski, Franz, Das Bewegliche System im geltenden und künftigen Recht, Wien 1986.

Becker, Thomas, Die Auslegung des § 9 Abs. 2 AGB Gesetz, eine systematische Darstellung der Grundlagen des Rechts der Inhaltskontrolle Allgemeiner Geschäftsbedingungen, Heidelberg 1986.

Bender, Albrecht W., Das postmortale Einsichtsrecht in Krankenunterlagen, ein zivilrechtliches Spannungsverhältnis zwischen ärztlicher Dokumentations- und Schweigepflicht, Berlin 1998.

Beuthien, Volker, Was ist vermögenswert, die Persönlichkeit oder ihr Image? Begriffliche Unstimmigkeiten in den Marlene-Dietrich-Urteilen, NJW 2003, S. 1220–1222.

Biermann, Bastian, Der digitale Nachlass im Spannungsfeld zwischen Erbrecht und Datenschutz, ZErb 2017, S. 210–217.

Biermann, Bastian, Anmerkung zur Entscheidung des BGH v. 12.7.2018 – III ZR 183/17, ErbR 2018, S. 577–579.

Blank, Hubert / Börstinghaus, Ulf P., Miete, Das gesamte BGB-Mietrecht, 5. Aufl., München 2017.

Bock, Merle, Juristische Implikationen des digitalen Nachlasses, AcP 217 (2017), S. 370–417.

Boehm, Franziska, Herausforderungen von Cloud Computing-Verträgen, Vertragstypologische Einordnung, Haftung und Eigentum an Daten, ZEuP 2016, S. 358–387.

Boos, Carina / Kroschwald, Steffen / Wicker, Magda, Datenschutz bei Cloud Computing zwischen TKG, TMG und BDSG, Datenkategorien bei der Nutzung von Cloud-Diensten, ZD 2013, S. 205–209.

Bräutigam, Peter, Das Nutzungsverhältnis bei sozialen Netzwerken, Zivilrechtlicher Austausch von IT-Leistung gegen personenbezogene Daten, MMR 2012, S. 635–41.

Bräutigam, Peter, Der digitale Nachlass – empirischer Befund und Fragestellung, in, Stellungnahme des Deutschen Anwaltsvereins durch die Ausschüsse Erbrecht, Informationsrecht und Verfassungsrecht zum digitalen Nachlass, Nr. 34/2013, Berlin 2013, S. 16–29.

Brinkert, Maike / Stolze, Michael / Heidrich, Joerg, Der Tod und das soziale Netzwerk. Digitaler Nachlass in Theorie und Praxis, ZD 2013, S. 153–157.

Brisch, Klaus / Müller-ter Jung, Marco, Das Schicksal von E-Mail- und De-Mail-Accounts sowie Mediencenter-Inhalten, CR 2013, S. 446–455.

Brox, Hans / Walker, Wolf-Dietrich, Allgemeiner Teil des BGB, 44. Aufl., München 2020.

Brox, Hans / Walker, Wolf-Dietrich, Erbrecht, 28. Aufl., München 2018.

Buchner, Benedikt, Grundsätze und Rechtmäßigkeit der Datenverarbeitung unter der DS-GVO, DuD 2016, S. 155–161.

Budzikiewicz, Christine, Digitaler Nachlass, AcP 218 (2018), S. 558–593.

Burandt, Wolfgang / Rojahn, Dieter, Erbrecht, Kommentar, 3. Aufl., München 2019.

Canaris, Claus-Wilhelm, Ansprüche wegen „positiver Vertragsverletzung“ und „Schutzwirkung für Dritte“ bei nichtigen Verträgen, JZ 1965, 475–482.

Canaris, Claus-Wilhelm, Anm. zu BGH, Urteil v. 7.1.1971 – VII ZR 9/70, JZ 1971, 560–563.

Canaris, Claus-Wilhelm, Sondertagung Schuldrechtsmodernisierung, Die Reform des Rechts der Leistungsstörungen, JZ 2001, S. 499–528.

Claussen, Lorenz, Gesamtnachfolge und Teilnachfolge, Baden-Baden 1995.

Coing, Helmut, Europäisches Privatrecht, Band II: 19. Jahrhundert (1800–1914): Überblick über die Entwicklung des Privatrechts in den ehemals gemeinrechtlichen Ländern, München 1989.

Coing, Helmut, Savigny und die deutsche Privatrechtswissenschaft, NJW 1979, S. 2018–2021.

Conraths, Timo, Anmerkung zu KG Berlin v. 31.5.2017 - 21 U 9/16, CR 2017, S. 454–462.

Dernburg, Heinrich von, Pandekten, Band 1, Allgemeiner Theil und Sachenrecht, 5. Aufl., Berlin 1896.

Dernburg, Heinrich von, Pandekten, Band 2, Obligationenrecht, 5. Aufl., Berlin 1897.

Deusch, Florian, Digitales Sterben, Das Erbe im Web 2.0, ZEV, 2014 S. 2–8.

Deusch, Florian, Digitaler Nachlass – Vererbbarkeit von Nutzerkonten in sozialen Netzwerken, Anmerkung zu LG Berlin v. 17.12.2015 – 20 O 172/15, ZEV 2016, S. 194–195.

Deusch, Florian, Anmerkung zur Entscheidung des Kammergericht Berlin vom 31.05.2017 (21 U 9/16) – Zum Zugang für Eltern eines minderjährigen verstorbenen Kindes zu dessen Facebook-Account, ZEV 2017, S. 399–400.

Deusch, Florian, Der digitale Nachlass vor dem BGH und die Praxisfolgen, ZEV 2018, 687–691.

Dietzel, Andreas, Untergang statt Fortbestand – Zur Abgrenzung der unvererblichen Rechtsbeziehungen im Schuldrecht, Pfaffenweiler 1991.

Dopatka, Karsten, Digitaler Nachlass – Der Umgang mit elektronischen Daten nach dem Tod, NJW–aktuell 2010, S. 14–15.

Du Roi, Georg August Wilhelm, Noch einige Bemerkungen über actio in rem und actio in personam, jus in re und obligatio, AcP 6 (1823) S. 252–310.

Durner, Wolfgang, Beschlagnahme von E-Mails auf dem Mailserver des Provider, Anmerkung zu BVerfG, Urteil vom 16.06.2009 - 2 BvR 902/06 –, JA 2010, S. 238–240.

Dörner, Heinrich, Kein Ausschluß der Erwerberkündigung in Verträgen mit öffentlich-rechtlichen Feuerversicherern, NJW 1991, S. 409–410.

Dreier, Horst (Hrsg.) / Bauer, Hartmut, Grundgesetz Kommentar, Bd. 1. Präambel, Artikel 1–19, 3. Aufl., Tübingen 2013.

Eckhardt, Jens, Wie weit reicht der Schutz des Fernmeldegeheimnisses (Art. 10 GG), Zugleich Anmerkung zu BVerfG, Urt. v. 2.3.2006, 2 BVR 2099/04, DuD 2006, S. 365–368.

Eckhardt, Jens, Auskunftsersuchen IP-Adresse, Zugleich Kommentar zu BVerfG, Urt. v. 13.11.2010, 2 BvR 1124/10, K&R 2011, S. 323–325.

Eifert, Martin, Informationelle Selbstbestimmung im Internet, Das BVerfG und die Online-Durchsuchungen, NVwZ 2008, S. 521–523.

Enneccerus, Ludwig / Nipperdey, Hans Carl, Allgemeiner Teil des Bürgerlichen Rechts: Ein Lehrbuch, Bd. 1, Halbbd. 1, Allgemeine Lehren, Personen, Rechtsobjekte, 15. Aufl., Tübingen 1959.

Epping, Volker / Hillgruber, Christian (Hrsg.), BeckOK Grundgesetz, 43. Edition, Stand: 15.05.2020, München 2020.

Erler, Adalbert / Kaufmann, Ekkehard (Hrsg.) / Stammler, Wolfgang, Handwörterbuch der deutschen Rechtsgeschichte, 5 Bde., Berlin.

Erman, Walter (Begr.) / Westermann, Harm Peter (Hrsg.), Bürgerliches Gesetzbuch, Band I, §§ 1–761, AGG, 15. Aufl., Köln 2017.

Faust, Florian, Digitale Wirtschaft – Analoges Recht: Braucht das BGB ein Update?, Gutachten A, in: Deutscher Juristentag (Hrsg.), Verhandlungen des 71. Deutschen Juristentages, Bd. I, München 2016.

Fezer, Karl-Heinz, Dateneigentum, Theorie des immaterialgüterrechtlichen Eigentums an verhaltensgenerierten Personendaten der Nutzer als Datenproduzent, MMR 2017, S. 3–5.

Fromm, Friedrich Karl / Nordemann, Wilhelm (Begr.), Urheberrecht, Kommentar zum Urheberrechtsgesetz, Verlagsgesetz, Einigungsvertrag (Urheberrecht), EU-Portabilitätsverordnung, 12. Aufl., Stuttgart 2018.

Funke, Andreas / Lüdemann, Jörn, Grundfälle zu Art. 10 GG, JuS 2008, S. 780–785.

Fußeder, Florian, Soziale Netzwerke im Nachlass, Eine Untersuchung zum postmortalen Geheimnisschutz, Baden-Baden 2019.

Geppert, Martin / Schütz, Raimund (Hrsg.), Beck'scher TKG-Kommentar, 4. Aufl., München 2013.

Gersdorf, Hubertus, Telekommunikationsrechtliche Einordnung von OTT-Diensten am Beispiel von Gmail, Rechtsgutachten im Auftrag der Google Inc., K&R 2016, S. 91–101.

Gersdorf, Hubertus / Paal, Boris (Hrsg.), BeckOK Informations- und Medienrecht, 28. Edition, Stand: 01.05.2020, München 2020.

Gierke, Otto von, Deutsches Privatrecht, Bd. 1, Allgemeiner Teil und Personenrecht, Leipzig 1895.

Gloser, Stefan, Urheberrechte im Nachlass, DNotZ 2013, S. 497–522.

Gloser, Stefan, „Digitale Erblasser" und „digitale Vorsorgefälle" – Herausforderungen der Online-Welt in der notariellen Praxis – Teil I, MittBayNot 2016, S. 12–19.

Gloser, Stefan, „Digitale Erblasser" und „digitale Vorsorgefälle" – Herausforderungen der Online-Welt in der notariellen Praxis – Teil II, MittBayNot 2016, S. 101–108.

Gloser, Stefan, Anmerkung zu LG Berlin v. 17.12.2015 – 20 O 172/15, DNotZ 2016, S. 545–549.

Gloser, Stefan, Anmerkung zu KG Berlin, Urt. v. 31.05.2017 – 21 U 9/16, DNotZ 2018, S. 306–311.

Gloser, Stefan, Anmerkung zu BGH, Urt. v. 12.7.2018 – III ZR 183/17, DNotZ 2018, S. 859–866.

Gola, Peter / Schomerus, Rudolf, Bundesdatenschutzgesetz, Kommentar, 11. Aufl. München 2012.

Gola, Peter (Hrsg.), Datenschutz-Grundverordnung, Kommentar, 2. Aufl., München 2018.

Gomille, Christian, Information als Nachlassgegenstand, ZUM 2018, S. 660–667.

Goratsch, Patricia, Anmerkung zu BGH v. 12.7.2018 – III ZR 183/17, NZFam 2018, 810–811.

Gotthard, Michael / Greiner, Stefan, Leistungsbefreiung bei Krankheit des Arbeitnehmers nach § 275 Abs. 1 oder 3 BGB, Einordnung und praktische Folgen, DB 2002, S. 2106–2112.

Gottschalk, Jonas, Leistungsbezogene Bestimmungsrechte im BGB, Baden-Baden 2020.

Gounalakis, Georgios / Rhode, Lars, Persönlichkeitsschutz im Internet, München 2002.

Grigoleit, Hans Christoph, Leistungspflichten als Schutzpflichten, in: Festschrift für Claus-Wilhelm Canaris zum 70. Geburtstag, hrsg. von Andreas Heldrich (u. a.), Bd. 1, München 2007.

Große-Wilde, Franz M., Anmerkung zu BGH v. 12.7.2018 – III ZR 183/17, MDR 2018, R5–R6.

Grünwald, Andreas / Nüßing, Christoph, Kommunikation over the Top, Regulierung für Skype, WhatsApp oder Gmail?, MMR 2016, S. 91 – 97.

Gräber, Tobias, Rechte an Accounts und virtuellen Gütern, Norderstedt 2009.

Grimm, Jacob / Grimm, Wilhelm, Deutsches Wörterbuch, Bd. 25, V – verwunzen, Fotomechan. Nachdr. der Erstausgabe v. 1956, München 1999.

Groll, Michael / Steiner, Anton (Hrsg.), Praxis-Handburch Erbrechtsberatung, 5. Aufl., Köln 2019.

Gsell, Beate / Krüger, Wolfgang / Lorenz, Stephan / Reymann, Christoph (Hrsg.), beck-online.GROSSKOMMENTAR, Stand: 01.02.2020, München 2020.

Gusy, Christoph, Anm. zu BVerfG, Beschl. 25.03.1992 - 1 BvR 1430/88, JZ 1992, S. 1018–1019.

Günther, Karl-Heinz, Digitaler Nachlass in der Vermögensnachfolgeplanung, ErbStB 2018, S. 379–380.

Hagemann, Hans-Rudolf, Erbrecht, in: Handwörterbuch der deutschen Rechtsgeschichte, Bd. 1, Berlin 2008.

Harter, Sebastian, Anmerkung zu OLG Hamm, Urt. v. 1. 10. 2012 – I-31 U 55/12, BKR 2013, S. 306–308.

Härting, Niko, Internetrecht, 6. Aufl., Köln 2017.

Härting, Niko / Schätzle, Daniel, Nutzungsbedingungen in Social Networks, ITRB 2011, S. 40–42.

Hass, Berthold H. / Willbrandt, Klaus W., Targeting von Online-Werbung, Grundlagen, Formen und Herausforderungen, MedienWirtschaft 2011, S. 12–21.

Hattenhauer, Christian / Schäfer, Frank. L, Materialien zum Bürgerlichen Gesetzbuch für das Königreich Sachsen, Online-Ausgabe, abrufbar unter http://www.saechsisches-bgb.de/jportal/portal/page/sammlung.psml/bs/22/ (zuletzt abgerufen am 01.07.2020).

Hau, Wolfgang / Poseck, Roman (Hrsg.), BeckOK BGB, 54. Edition, Stand: 01.05.2020, München 2020.

Heinemann, Manuel J. / Heinemann, Daniela, Postmortaler Datenschutz, DuD 2013, S. 242–245.

Henle, Julius Ritter von, Reichsrat Ritter von Schmitt, Deutsche Juristenzeitung, XIII. Jahrg. 1908, Nr. 18, S. 1015–1016.

Herzog, Stephanie, Bewertung der Rechtslage aus erbrechtlicher Sicht, in: Stellungnahme des Deutschen Anwaltsvereins durch die Ausschüsse Erbrecht, Informationsrecht und Verfassungsrecht zum digitalen Nachlass, Nr. 34/2013, Berlin 2013, S. 30–58.

Herzog, Stephanie, Der digitale Nachlass, – ein bisher kaum gesehenes und häufig missverstandenes Problem, NJW 2013, S. 3745–3751.

Herzog, Stephanie, Der digitale Nachlass ist in der Rechtswirklichkeit angekommen, ErbR 2016, S. 173.

Herzog, Stephanie, Editorial, Der digitale Nachlass – zweite Runde!, ErbR 2017, S. 453.

Herzog, Stephanie, Facebook und der digitale Nachlass, Anmerkung zu KG Berlin v. 31.5.2017 – 21 U 9/16, ZErb 2017, S. 205–210.

Herzog, Stephanie, Editorial, Der digitale Nachlass wird nach allgemeinen Regeln vererbt!, ErbR 2018, S. 549.

Hoeren, Thomas / Sieber, Ulrich / Holznagel, Bernd (Hrsg.), Handbuch Multimedia-Recht, 51. Aufl., München 2020.

Hoeren, Thomas, Was ist das „Grundrecht auf Integrität und Vertraulichkeit informationstechnischer Systeme"?, MMR 2008, S. 365–366.

Hoeren, Thomas., Der Tod und das Internet – Rechtliche Fragen zur Verwendung von E-Mail- und WWW-Accounts nach dem Tode des Inhabers, NJW 2005, S. 2113–2117.

Hoeren, Thomas, Anmerkung zu BGH v. 12.7.2018 – III ZR 183/17, MMR, 2018, S. 749–750.

Hoeren, Thomas, Datenbesitz statt Dateneigentum, Erste Ansätze zur Neuausrichtung der Diskussion um die Zuordnung von Daten, MMR 2019, S. 5–9.

Hohenstein, Sarah, Die Vererblichkeit des digitalen Nachlasses, Spannungsfeld zwischen postmortalem Persönlichkeitsrecht und dem Recht der Erben, K&R 2018, S. 5–10.

Hoor, Gerd, „Digitaler Nachlass“, Rechtliche und praktische Probleme und Gestaltungsempfehlungen für die anwaltliche Praxis, ZAP 2016, S. 1127–1134.

Hornung, Gerrit, Ein neues Grundrecht, Der verfassungsrechtliche Schutz der Vertraulichkeit und Integrität informationstechnischer Systeme, CR 2008, S. 299–306.

Jakobs, Horst Heinrich / Schubert, Werner, Die Beratungen des Bürgerlichen Gesetzbuches in systematischer Zusammenstellung der unveröffentlichten Quellen, Materialien zur Entstehungsgeschichte des BGB, Einführung, Biographien, Materialien, Berlin 1978.

Jakobs, Horst Heinrich / Schubert, Werner, Die Beratungen des Bürgerlichen Gesetzbuches in systematischer Zusammenstellung der unveröffentlichten Quellen, Recht der Schuldverhältnisse, §§ 241–432, Berlin 1978.

Jakobs, Horst Heinrich / Schubert, Werner, Die Beratungen des Bürgerlichen Gesetzbuches in systematischer Zusammenstellung der unveröffentlichten Quellen, Erbrecht, §§ 1922–2385, 2 Teilbde, Berlin 2002.

Jandt, Silke / Roßnagel, Alexander, Social Networks für Kinder und Jugendliche, Besteht ein ausreichender Datenschutz?, MMR 2011, S. 637–642.

Jandt, Silke / Steidle, Roland, Datenschutz im Internet: Rechtshandbuch zu DSGVO und BDSG, Baden-Baden 2018.

Jäpel, Sebastian, Rechtliche Unmöglichkeit und gesetzliches Verbot, Baden-Baden 2014.

Jarass, Hans, Das allgemeine Persönlichkeitsrecht im Grundgesetz, NJW 1989, S. 857–862.

Jarass, Hans D. / Pieroth, Bodo, Grundgesetz für die Bundesrepublik Deutschland, Kommentar, 16. Aufl., München 2020.

Jauernig, Othmar (Begr.), Bürgerliches Gesetzbuch, Kommentar, 17. Aufl., München 2018.

Jellinek, Georg, System der subjektiven öffentlichen Rechte, Freiburg i. B. 1892.

Jhering, Rudolf von, Ein Rechtsgutachten betreffend die Gäubahn, in: Jherings Jahrbücher für die Dogmatik des heutigen römischen und deutschen Privatrechts, Bd. 18, S. 1–128.

Jhering, Rudolf von, Gesammelte Aufsätze aus den Jahrbüchern für die Dogmatik des heutigen römischen und deutschen Privatrechts, Bd. 3, Abhandlungen aus den Bänden 16–24 der Jahrbücher, Jena 1886.

Joecks, Wolfgang / Miebach, Klaus (Hrsg.), Münchener Kommentar zum Strafgesetzbuch, Bd. 4, §§ 185–262 StGB, 3. Aufl., München 2017.

Junker, Markus / Beckmann, Roland Michael / Rüßmann, Helmut (Hrsg.), juris Praxiskommentar BGB,. Band 2 – Schuldrecht, 9. Aufl., Saarbrücken 2020.

Kappus, Andreas, BGH succurit ignoranti – Transparenz des Kardinalpflichten-Begriffs im Unternehmerverkehr, NJW 2006, S. 15–17.

Kant, Immanuel, Von der Rechtmäßigkeit des Büchernachdrucks, in: Berlinische Monatsschrift, 5. Bd., Berlin 1785, S. 403–417, nachgedruckt, in: UFITA - Archiv für Medienrecht und Medienwissenschaft 106 (1987), S. 145–154.

Kaser, Max, Der römische Anteil am deutschen bürgerlichen Recht, JuS 1967, S. 337–344.

Kaser, Max / Knütel, Rolf / Lohsse, Sebastian, Römisches Privatrecht, ein Studienbuch, 21. Aufl., München 2017.

Keim, Christopher, Erbnachweis gegenüber Banken ohne Erbschein?, WM 2006, S. 753–758.

Keppeler, Lutz Martin, Was bleibt vom TMG-Datenschutz nach der DS-GVO? Lösung und Schaffung von Abgrenzungsproblemen im Multimedia-Datenschutz, MMR 2015, S. 779–783.

Kiefner, Hans, Savigny, in: Handwörterbuch der deutschen Rechtsgeschichte, Bd. 4, Berlin 1990.

Kiparski, Gerd, Der EuGH schafft Klarheit: OTT-Dienste sind in der Regel keine Telekommunikationsdienste, Anmerkung zu EuGH, Urt. v. 13.6.2019 – C – 193/18 (Google) und Urt. v. 5.6.2019 – C – 142/18 (Skype), CR 2019, S. 460–494.

Kipp, Theodor / Coing, Helmut, Erbrecht, ein Lehrbuch, 14. Aufl., Tübingen 1990.

Klages, Christlieb, Anmerkung zu einer Entscheidung des KG Berlin (Urteil vom 31.05.2017 – 21 U 9/16, ZD 2017, 386) zur fehlenden Zugriffsmöglichkeit von Eltern auf den Facebook-Account ihres verstorbenen Kindes, ZD 2017, S. 390–391.

Klas, Benedikt / Möhrke-Sobolewski, Christine, Digitaler Nachlass – Erbenschutz trotz Datenschutz, NJW 2015, S. 3473–3478.

Knoke, Friederike, KG: Nach mir die Eltern? – Zugang zu Daten in sozialen Netzwerken nach dem Tod einer 15-jährigen Nutzerin, ZD-Aktuell 2017, 05683.

Knoop, Martina, Digitaler Nachlass – Vererbbarkeit von Konten (minderjähriger) Nutzer in Sozialen Netzwerken, NZFam 2016, S. 966–970.

Kremer, Sascha / Völkel, Christian, Cloud Storage und Cloud Collaboration als Telekommunikationsdienste: Wann Funktionalitäten von Cloud Services unter das TKG fallen, CR 2015, S. 501–505.

Kroiß, Ludwig / Horn, Claus-Henrik / Solomon, Dennis (Hrsg.), Nachfolgerecht, Erbrechtliche Spezialgesetze, Kommentar, 2. Aufl., Baden-Baden 2019.

Krüger, Hartmut, BVerfG zur Beschlagnahme von E-Mails auf dem Server des Mailproviders, MMR 2009, S. 680–683.

Kulick, Andreas, „Drittwirkung“ als verfassungskonforme Auslegung – Zur neuen Rechtsprechung des BVerfG, NJW 2016, 207–211.

Kuntz, Wolfgang, Digitaler Nachlass, Zugang der Erben zum Facebook-Nutzerkonto, LG Berlin v. 17.12.2015 - 20 O 172/15, jM 2016, S. 190–192.

Kunz, Lena, Postmortale Privatautonomie und Willensvollstreckung: von der kanonischen voluntas pia zur Gestaltungsmacht des Erblassers im deutsch-spanischen Rechtsvergleich, Jena 2015.

Kutscher, Antonia, Der digitale Nachlass, Göttingen 2015.

Kühling, Jürgen, Neues Bundesdatenschutzgesetz – Anpassungsbedarf bei Unternehmen, NJW 2017, S. 1985–1990.

Kühling, Jürgen / Buchner, Benedikt, Datenschutz-Grundverordnung / BDSG, Kommentar, München 2018.

Kühling, Jürgen / Schall, Tobias, WhatsApp, Skype & Co. – OTT-Kommunikationsdienste im Spiegel des geltenden Telekommunikationsrechts, „Level playing field“ de lege lata oder de lege ferenda?, CR 2015, S. 641–655.

Kühling, Jürgen / Schall, Tobias, E-Mail-Dienste sind Telekommunikationsdienste i. S. d. § 3 Nr. 24 TKG, Warum OTT-Kommunikationsdienste sehr wohl TK-Dienste sein können - zugleich Anmerkung zum Gmail-Urteil des VG Köln (Urt. v. 11.11.2015 – Az. 21 K 450/15, CR 2016, 131) und Erwiderung auf die Aufsätze von Gersdorf, K&R 2016, 91 und Schuster, CR 2016, 173), CR 2016, S. 185–198.

Kühnl, Christina, Persönlichkeitsschutz 2.0, Profilbildung und -nutzung durch Soziale Netzwerke am Beispiel von Facebook im Rechtsvergleich zwischen Deutschland und den USA, Berlin 2016.

Ladeur, Karl-Heinz, Das Recht auf informationelle Selbstbestimmung: Eine juristische Fehlkonstruktion?, DÖV 2009, S. 45–55.

Lange, Heinrich / Kuchinke, Kurt, Erbrecht, Ein Lehrbuch, 5. Aufl., München 2001.

Lange, Knut Werner / Holtwiesche, Marian, Digitaler Nachlass – eine Herausforderung für Wissenschaft und Praxis (Teil 1), ZErB 2016, S. 125–131.

Lange, Knut Werner / Holtwiesche, Marian, Digitaler Nachlass – eine Herausforderung für Wissenschaft und Praxis (Teil 2), ZErB 2016, S. 157–162.

Langhanke, Carmen, Daten als Leistung, Eine rechtsvergleichende Untersuchung zu Deutschland, Österreich und der Schweiz, Tübingen 2018.

Larenz, Karl, Das allgemeine Persönlichkeitsrecht im Recht der unerlaubten Handlungen, NJW 1955, S. 521–525.

Larenz, Karl, Methodenlehre der Rechtswissenschaft, 6. Aufl., Berlin 1991.

Larenz, Karl, Allgemeiner Teil des bürgerlichen Rechts, 7. Aufl., München 1989.

Larenz, Karl / Wolf, Manfred, Allgemeiner Teil des bürgerlichen Rechts, 8. Aufl., München 1997.

Leeb, Christina – Maria, Bekannt verstorben – Rechtsfragen im Umgang mit Social Media Daten Verstorbener, K&R 2014, S. 693–699.

Leisner, Walter, Verfassungsrechtliche Grenzen der Erbschaftsbesteuerung, Berlin 1970.

Leonhard, Franz, Erbrecht, Kommentar, 2. Aufl., Berlin 1912.

Lieder, Jan / Berneith, Daniel, Anmerkung zur Entscheidung des LG Berlin v. 17.12.2015 – 20 O 172/15 – Zur Vererbbarkeit eines Facebook-Accounts, Zugangsberechtigung der erbberechtigten Eltern einer verstorbenen 15-jährigen Nutzerin, FamRZ 2016, S. 743–744.

Lieder, Jan / Berneith, Daniel, Digitaler Nachlass – Sollte der Gesetzgeber tätig werden?, ZRP 2020, 87–89.

Litzenburger, Wolfgang, Anmerkung zu LG Berlin v. 17.12.2015 – 20 O 172/15, FD-ErbR 2016, 375286.

Litzenburger, Wolfgang, Anmerkung zu KG Berlin v. 31.5.2017 – 21 U 9/16, FD-ErbR 2017, 392155.

Litzenburger, Wolfgang, Anmerkung zu BGH v. 12.7.2018 – III ZR 183/17, FD-ErbR 2018, 407688.

Litzenburger Wolfgang, Anmerkung zu BGH, Urt. v. 08.10.2013 – XI ZR 401/12, FD-ErbR 2013, 351624.

Ludyga, Hannes, Entschädigung in Geld und postmortales allgemeines Persönlichkeitsrecht, ZEV 2014, S. 333–338.

Ludyga, Hannes, „Digitales Update" für das Erbrecht im BGB?, ZEV 2018, S. 1–6.

Ludyga, Hannes, Anmerkung zu BGH v. 12.7.2018 – III ZR 183/17, ZEV 2018, S. 592–593.

Ludyga, Hannes, Der digitale Nachlass – zivilrechtliche Aspekte, jM 2016 S. 442–447.

Mackenrodt, Mark-Oliver, Der „digitale Nachlass" und die Verweigerung des Zugangs zu einem Internetaccount gegenüber Erben – Anmerkung zu KG ZUM-RD 2017, 524, ZUM-RD 2017, S. 540–542.

Mackenrodt, Mark Oliver, Digital Inheritance in Germany, EuCML 2018, S. 41–48.

Martini, Mario, Der digitale Nachlass und die Herausforderung postmortalen Persönlichkeitsschutzes im Internet, JZ 2012, S. 1145–1155.

Martini, Mario / von Zimmermann, Georg, Voice over IP am regulatorischen Scheideweg, CR 2007, S. 368–373.

Martini, Mario / Kienle, Thomas, Facebook, die Lebenden und die Toten, Der digitale Nachlass aus telekommunikations- und datenschutzrechtlicher Sicht - zugleich Besprechung von BGH, Urteil v. 12.7.2018 – III ZR 183/17, JZ 2019, S. 235–241.

Maunz, Theodor / Dürig, Günter (Begr.), Grundgesetz, Kommentar, Loseblattsammlung, München, Stand: 90. Lieferung, Februar 2020.

Mayen, Thomas / Zuck, Holger, Verfassungsrechtliche Rahmenbedingungen, in: Stellungnahme des Deutschen Anwaltvereins durch die Ausschüsse Erbrecht, Informationsrecht und Verfassungsrecht zum digitalen Nachlass, Nr. 34/2013, Berlin 2013, S. 66–92.

Mitteis, Heinrich / Liebrich, Heinz, Deutsches Privatrecht, 9. Aufl., München 1981.

Mommsen, Friedrich, Zur Lehre von dem Interesse, in: Beiträge zum Obligationenrecht, Zweite Abtheilung, Braunschweig 1855.

Motive zu dem Entwurfe eines Bürgerlichen Gesetzbuches für das Deutsche Reich, Bd. 2, Recht der Schuldverhältnisse; Bd. 5, Erbrecht, Berlin 1888.

Mugdan, Benno, Die gesammten Materialien zum Bürgerlichen Gesetzbuch für das deutsche Reich, Bd. 2, Recht der Schuldverhältnisse; Bd. 3, Sachenrecht; Bd. 5, Erbrecht, Berlin 1899.

Muscheler, Karlheinz, Universalsukzession und Vonselbsterwerb, die rechtstechnischen Grundlagen des deutschen Erbrechts, Tübingen 2002.

Muscheler, Karlheinz, Die erbrechtliche Universalsukzession (1 – Teil), Jura, S. 234–246.

Muscheler, Karlheinz, Die erbrechtliche Universalsukzession (2 – Teil), Jura, S. 289–297.

Neuner, Jörg (Verf.) / Wolf, Manfred (Verf.) / Larenz / Karl (Begr.), Allgemeiner Teil des Bürgerlichen Gesetzbuches, 12. Aufl., München 2020.

Oettinghaus, Susanne, Das rechtliche Schicksal von Dauerschuldverhältnissen beim Tod des Verpflichteten, Bochum 1990.

Olechowski, Thomas, Nachlass, in: Handwörterbuch der deutschen Rechtsgeschichte, Bd. 3, Berlin 2016.

Ogris, Werner, Die persönlichen Sicherheiten im Spätmittelalter, in: ZRG (GA), 82 (1965), S. 140–178.

Paal, Boris P. / Pauly, Daniel A. (Hrsg.), Datenschutz-Grundverordnung, BDSG, Kommentar, 2. Aufl., München 2018.

Palandt, Otto (Begr.), Bürgerliches Gesetzbuch, 79. Aufl., München 2020.

Palm, Franz / Roy, Rudolf, Mailboxen – Staatliche Eingriffe und andere rechtliche Aspekte, NJW 1996, S. 1791–1797.

Pierer, Joachim, Die Persönlichkeitsrechte des Urhebers nach dem Tod, GRUR 2019, S. 476–483.

Plath, Kai-Uwe (Hrsg.), DSGVO / BDSG, Kommentar, 3. Aufl., Köln 2018.

Pockrandt, Carolin, Digitaler Nachlass – Die Übergangsfähigkeit und -weise Digitaler Daten und Berücksichtigung der Rechte Dritter, Baden-Baden 2020.

Potacs, Michael, Effet utile als Auslegungsgrundsatz, EuR 2009, S. 465–487.

Preuß, Nicola, Digitaler Nachlass – Vererbbarkeit eines Kontos bei einem sozialen Netzwerk, NJW 2018, S. 3146–3149.

Protokolle der Kommission für die zweite Lesung des Entwurfs des Bürgerlichen Gesetzbuchs, Bd. 2, Recht der Schuldverhältnisse; Bd. 5, Erbrecht, Berlin 1899.

Pruns, Matthias, Keine Angst vor dem digitalen Nachlass! – Erbrechtliche Grundlagen – Alte Probleme in einem neuen Gewand?, NWB 2013, S. 3161–3167.

Pruns, Matthias, Keine Angst vor dem digitalen Nachlass! - Erbrecht vs. Fernmeldegeheimnis?, NWB 2014, S. 2175–2186.

Pruns, Matthias, Digitaler Nachlass – Irrungen und Wirrungen um § 88 Abs. 3 TKG, ZErb 2017, S. 217–224.

Pruns, Matthias, Der digitale Nachlass in der Beratungspraxis nach dem Facebook-Urteil des BGH, Teil I, ErbR 2018, 550–556.

Pruns, Matthias, Der digitale Nachlass in der Beratungspraxis nach dem Facebook-Urteil des BGH, Teil I, ErbR 2018, 614–622.

Prütting, Hanns / Wegen, Gerhard / Weinreich, Gerd (Hrsg.), BGB, Kommentar, Köln 2020.

Puchta, Georg Friedrich, Pandekten, 11. Aufl., Leipzig 1872.

Puchta, Georg Friedrich, Vorlesungen über das heutige römische Recht, 4. Aufl., Leipzig 1855.

Puschke, Jens / Singelnstein, Tobias, Verfassungsrechtliche Vorgaben für heimliche Informationsbeschaffungsmaßnahmen, NJW 2005, S. 3534–3538.

Raude, Karin, Der digitale Nachlass in der notariellen Praxis, RNotZ 2017, S. 17–27.

Raude, Karin, Rechtsprobleme des digitalen Nachlasses, Der Anspruch der Erben auf Zugang zum Account des Erblassers in sozialen Netzwerken, ZEV 2017, S. 433–439.

Redeker, Helmut, Die Allgemeinen Geschäftsbedingungen der Provider auf dem Prüfstand – Regelungen für den Tod des Kunden, in: Stellungnahme des Deutschen Anwaltvereins durch die Ausschüsse Erbrecht, Informationsrecht und Verfassungsrecht zum digitalen Nachlass, Nr. 34/2013, Berlin 2013, S. 59–65.

Redeker, Helmut, IT–Recht, 6. Aufl., München 2017.

Riehm, Thomas, Abwägungsentscheidungen in der praktischen Rechtsanwendung, Argumentation – Beweis – Wertung, München 2006.

Riehm, Thomas, Rechtsgrund – Pflicht – Anspruch. Zur Dogmatik des Schuldverhältnisses, in: Privatrechtsdogmatik im 21. Jahrhundert, Festschrift für Claus-Wilhelm Canaris zum 80. Geburtstag, Berlin 2017.

Riehm, Thomas, Rechte an Daten – Die Perspektive des Haftungsrechts, VersR 2019, S. 714–724.

Rohlfing, Hubertus, Anmerkung zu BGH v. 12.7.2018 – III ZR 183/17, FamRB 2018, S. 364–367.

Rössel, Markus, Anmerkung zu BGH v. 12.7.2018 – III ZR 183/17, ITRB 2018, S. 224–225.

Rott, Eberhard / Rott, Alexander, Wem gehört die E-Mail? - Rechts- und Praxisprobleme beim digitalen Nachlass, NWB-EV 2013, S. 160–168.

Roßnagel, Alexander, Handbuch Datenschutzrecht, die neuen Grundlagen für Wirtschaft und Verwaltung, München 2003.

Rudorff, Adolph August Friedrich, Grundriss zu Vorlesungen über das gemeine Civilrecht mit einer Sammlung von Beweisstellen und Ausführung einzelner Lehren, 2. Ausgabe, Berlin 1843.

Rückert, Joachim / Seinecke, Ralf (Hrsg.), Methodik des Zivilrechts – von Savigny bis Teubner, 3. Aufl., Baden-Baden 2017.

Rüfner, Thomas, Friedrich Carl von Savigny, in: Schmoeckel/Stolte, Examinatorium Rechtsgeschichte, Köln 2008.

Salomon, Pascal, „Digitaler Nachlass" – Möglichkeiten der notariellen Vorsorge, NotBZ 2016, S. 324–331.

Sander, Stefan, E-Mails und die Telekommunikation i. S. d. TKG, CR 2014, S. 176–183.

Savigny, Friedrich Carl von, Das Obligationenrecht als Theil des heutigen römischen Rechts, 2 Bände, Berlin, 1851, 1853.

Savigny, Friedrich Carl von, System des heutigen römischen Rechts, Erster Band, Berlin 1840; Zweyter Band, Berlin 1840; Fünfter Band 1841; Achter Band, 1849.

Säcker, Franz Jürgen / Rixecker, Roland / Oetker, Hartmut / Limperg, Bettina (Hrsg.), Münchener Kommentar zum Bürgerlichen Gesetzbuch, Bd. 1: Allgemeiner Teil (§§ 1–240 BGB, ProstG, AGG); 8. Aufl., 2018, Bd. 2: Schuldrecht – Allgemeiner Teil I (§§ 241 – 310 BGB), 8. Aufl., 2019; Bd. 3: Schuldrecht – Allgemeiner Teil II (§§ 311–432 BGB), 8.

Aufl. 2019; Bd. 11: Erbrecht (§§ 1922–2385 BGB, §§ 27–35 BeurkG), 8. Aufl. 2020, München.

Säcker, Franz Jürgen (Hrsg.), Telekommunikationsgesetz, Kommentar, 3. Aufl., Frankfurt a. M. 2013.

Schack, Haimo, Urheber- und Urhebervertragsrecht, 9. Aufl., Tübingen 2019.

Scheurle, Klaus - Dieter / Mayen, Thomas (Hrsg.), Telekommunikationsgesetz, Kommentar, 2. Aufl., München 2008.

Scheurle, Klaus - Dieter / Mayen, Thomas (Hrsg.), Telekommunikationsgesetz, Kommentar, 3. Aufl., München 2018.

Schimansky, Herbert / Bunte, Hermann-Josef / Lwowski, Hans-Jürgen (Hrsg.), Bankrechts-Handbuch, 3. Aufl., München 2007.

Schimansky, Herbert / Bunte, Hermann-Josef / Lwowski, Hans-Jürgen (Hrsg.), Bankrechts-Handbuch, 4. Aufl., München 2011.

Schmidt-Futterer, Wolfgang (Begr.), Mietrecht, Großkommentar des Wohn- und Gewerberaummietrechts, 12. Aufl., München 2015.

Schmidt-Kessel, Martin / Grimm, Anna, Unentgeltlich oder entgeltlich? – Der vertragliche Austausch von digitalen Inhalten gegen personenbezogene Daten, ZfPW 2017, S. 84–108.

Schoch, Friedrich, Das Recht auf informationelle Selbstbestimmung, Jura 2008, S. 352–359.

Schoch, Friedrich, Der Verfassungsrechtliche Schutzbereich des Fernmeldegeheimnisses (Art. 10 GG), Jura 2011, S. 194–204.

Schmoeckel, Mathias / Rückert, Joachim / Zimmermann, Reinhard, Historisch-kritischer Kommentar zum BGB, 1. Bd., Allgemeiner Teil, §§ 1–240, Tübingen 2003.

Schmoeckel, Mathias / Rückert, Joachim / Zimmermann, Reinhard, Historisch-kritischer Kommentar zum BGB, 2. Bd., Schuldrecht: Allgemeiner Teil, §§ 241–432, Teilbd. 1, Vor § 241–§ 304, Tübingen 2007.

Schmoeckel, Mathias / Stolte Stefan, Examinatorium Rechtsgeschichte, Köln 2008.

Schönke, Adolf / Schröder, Horst (Begr.), Strafgesetzbuch, Kommentar, 30. Aufl., München 2019.

Schneider, Mathias, WhatsApp & Co. – Dilemma um anwendbare Datenschutzregeln Problemstellung und Regelungsbedarf bei Smartphone-Messengern, ZD 2014, S. 231–237.

Schulze, Reiner / Schulte-Nölke, Hans (Hrsg.), Die Schuldrechtsreform vor dem Hintergrund des Gemeinschaftsrechts, Tübingen 2001.

Schulze, Reiner (Hrsg.), Bürgerliches Gesetzbuch, Handkommentar, 10. Aufl., Baden-Baden 2019.

Schubert, Fabian, Anm. zu OVG NRW, Vorlagebeschluss v. 26.2.2018 – 13 A 17/16, MMR 2018, 552, Tk-rechtliche Einordnung eines OTT-Kommunikationsdienstes (Gmail), MMR 2018, S. 554–555.

Schubert, Werner (Hrsg.) / *Kübel, Franz P. von* (Verf.), Die Vorlagen der Redaktoren für die erste Kommission zur Ausarbeitung des Entwurfs eines Bürgerlichen Gesetzbuches zum BGB, Recht der Schuldverhältnisse, Bd. 1, Allgemeiner Teil, Berlin 1980.

Schubert, Werner (Hrsg.) / *Schmitt, Gottfried* (Verf.), Die Vorlagen der Redaktoren für die erste Kommission zur Ausarbeitung des Entwurfs eines Bürgerlichen Gesetzbuches zum BGB, Erbrecht, Bd. 1, Testament, Erbeinsetzungsvertrag, Gesetzeserben, Pflichtteilsberechtigte, Berlin 1983.

Schubert, Werner (Hrsg.) / *Schmitt, Gottfried* (Verf.), Die Vorlagen der Redaktoren für die erste Kommission zur Ausarbeitung des Entwurfs eines Bürgerlichen Gesetzbuches zum BGB, Erbrecht, Bd. 2, Vertragsmäßiger Erbverzicht, Erwerbung der Erbschaft, Rechtsverhältnis des Erben, Änderungsvorschläge von 1886, Vorlagen von 1876 und 1877, Berlin 1984.

Schuster, Fabian, E-Mail-Dienste als Telekommunikationsdienste?, Warum OTT-Dienste keine TK-Dienste sein können – zugleich Erwiderung auf Kühling/Schall, CR 2015, 641 und VG Köln zu „Google Mail“, CR 2016, S. 173–185.

Schuster, Fabian / Reichl, Wolfgang, Cloud Computing & SaaS: Was sind die wirklich neuen Fragen? Die eigentlichen Unterschiede zu Outsourcing, ASP & Co liegen im Datenschutz und der TK-Anbindung, CR 2010, S. 38–43.

Schwartmann, Rolf / Ohr, Sara, Recht der sozialen Medien, Heidelberg 2015.

Schwab, Martin, Zur Bedeutung des § 8 AGBG für die Inhaltskontrolle von Vollmachtklauseln – BGH, NJW 1997, 3437, JuS 2011, S. 951–958.

Schwab, Martin, AGB-Recht, 2. Aufl., Heidelberg 2014.

Sedatis, Lutz, Vermögen, in: Handwörterbuch der deutschen Rechtsgeschichte, Bd. 5, Berlin 1998.

Seidler, Katharina, Digitaler Nachlass, Frankfurt am Main 2016.

Sendlmeier, Kilian, Digitalisierung und Recht, Einige Gedanken aus Anlass der Jahrestagung 2019 der Deutschen-Lusitanischen Juristenvereinigung, GPR 2020, S. 111 114.

Siebenhaar, Eduard, Commentar zu dem Bürgerlichen Gesetzbuche für das Königreich Sachsen und der damit in Verbindung stehenden Publicationsverordnung vom 2. Januar 1863, Zweiter Band, Das Recht der Forderungen, Leipzig 1865.

Simitis, Spiros (Hrsg.), Bundesdatenschutzgesetz, 8. Aufl., Baden-Baden 2014.

Simitis, Spiros (Hrsg.), Datenschutzrecht: DSGVO mit BDSG, Baden-Baden 2019.

Singer, Mark T., Je digitaler die Gesellschaft, desto digitaler ihr Nachlass, NWB 2018, S. 2495–2501.

Sintenis, Carl Friedrich Ferdinand, Das practische gemeine Civilrecht, Erster Band, Die allgemeinen Lehren und das Sachenrecht, Leipzig 1844; Zweiter Band, Das Obligationenrecht, Leipzig 1847.

Soergel, Hans Theodor (Begr.), Kommentar zum Bürgerlichen Gesetzbuch, Bd. 9, Erbrecht (§§ 1922–2385), Beurkundungsgesetz, Stuttgart 1992.

Sohm, Rudolph, Bürgerliches Recht, in: Hinneberg, Paul (Hrsg.), Systematische Rechtswissenschaft, Die Kultur der Gegenwart, Teil II Abteilung VIII, Ihre Entwicklung und Ihre Ziele, Berlin und Leipzig 1906.

Sohm, Rudolph, Noch einmal der Gegenstand, in: Jherings Jahrbücher für die Dogmatik des bürgerlichen Rechts 17 (1908), Bd. 53, S. 373–394.

Solmecke, Christian / Köbrich, Thomas / Schmitt, Robin, Der digitale Nachlass – haben Erben einen Auskunftsanspruch?, MMR 2015, S. 291–295.

Solmecke, Christian / Schmitt, Robin, Anmerkung zu LG Berlin v. 17.12.2015 – 20 O 172/15, ZD 2016, 186–187.

Sorge, Christoph, Digitaler Nachlass als Knäuel von Rechtsverhältnissen, MMR 2018, 372–377.

Spies, Axel, EuGH; Gmail ist kein TK-Dienst, Anm. zu EuGH, Urteil vom 13.6.2019 – C-193/18 – Google LLC/Bundesrepublik Deutschland, MMR 2019, S. 516–517.

Spilker, Bettina, Postmortaler Datenschutz, DÖV 2015, S. 54–60.

Spindler, Gerald / Schmitz, Peter (Hrsg.), Telemediengesetz, Kommentar, 2. Aufl., München 2018.

Spindler, Gerald / Schuster, Fabian (Hrsg.), Recht der elektronischen Medien, Kommentar, 3. Aufl., München 2015.

Spindler, Gerald / Schuster, Fabian (Hrsg.), Recht der elektronischen Medien, Kommentar, 4. Aufl., München 2019.

Staudinger, Julius von (Begr.), J. von Staudingers Kommentar zum Bürgerlichen Gesetzbuch, Mit Einführungsgesetzen und Nebengesetzen, Buch 5, Erbrecht, §§ 1922–2196 (Teil 1), Berlin 1954.

Staudinger, Julius von (Begr.), J. von Staudingers Kommentar zum Bürgerlichen Gesetzbuch, Mit Einführungsgesetzen und Nebengesetzen, Buch 5, Erbrecht, §§ 1922–1966 (Einleitung zum Erbrecht - Erbfolge), Berlin 2008.

Staudinger, Julius von (Begr.), J. von Staudingers Kommentar zum Bürgerlichen Gesetzbuch, Mit Einführungsgesetzen und Nebengesetzen, Buch 2, Recht der Schuldverhältnisse, §§ 535–555 f. (Mietrecht 1 – Allgemeine Vorschriften; Wohnraummiete), Berlin 2018.

Staudinger, Julius von (Begr.), J. von Staudingers Kommentar zum Bürgerlichen Gesetzbuch, Mit Einführungsgesetzen und Nebengesetzen, Buch 2, Recht der Schuldverhältnisse, §§ 305–310, UklaG (Recht der Allgemeinen Geschäftsbedingungen), Berlin 2019.

Staudinger, Julius von (Begr.), J. von Staudingers Kommentar zum Bürgerlichen Gesetzbuch, Mit Einführungsgesetzen und Nebengesetzen, Buch 2, Recht der Schuldverhältnisse, §§ 255–304 (Leistungsstörungsrecht 1), Berlin 2019.

Staudinger, Julius von (Begr.), J. von Staudingers Kommentar zum Bürgerlichen Gesetzbuch, Mit Einführungsgesetzen und Nebengesetzen, Buch 5, Erbrecht, §§ 1922–1966. (Einleitung zum Erbrecht – Erbfolge), Berlin 2017.

Steiner, Anton / Holzer, Anna, Praktische Empfehlungen zum digitalen Nachlass, ZEV 2015, S. 262–266.

Stolleis, Michael (Hrsg.), Juristen, Ein biographisches Lexikon, von der Antike bis zum 20. Jahrhundert, München 1995.

Strauß, Jürgen, Kein Recht der Eltern auf Zugang zum Facebook-Account des verstorbenen Kindes, GRUR-Prax 2017, 313.

Streck, Michael, Die BGH-Facebook-Entscheidung, sympathisch unaufgeregt und plausibel, ErbR 2018, 565.

Telle, Sebastian, Telekommunikationsrechtliche Meldepflicht eines E-Mail-Dienstes, K&R 2016, S. 166–168.

Telle, Sebastian, Zugangsanspruch der Erben zum Facebook-Account und das Fernmeldegeheimnis, K&R 2017, 510–512.

Thiesen, Michael, Daten in der Erbmasse, der digitale Nachlass zwischen Erbgang und Rechtsdurchsetzung, Frankfurt a. M. (u. a.) 2017.

Tilch, Horst (Hrsg.), Deutsches Rechts-Lexikon, 3. Aufl., 3. Teil, Q–Z, München 2003.

Uhrenbacher, Pia Elisa, Digitales Testament und digitaler Nachlass, Frankfurt a. M. (u. a.) 2017.

Uhrenbacher, Pia Elisa, Rechtsprobleme des digitalen Nachlasses im Hinblick auf Pflichtteilsansprüche und Testamentsvollstreckung, ZEV 2018, 248–251.

Ulmer, Peter / Brandner, Hans Erich / Hensen, Horst-Diether, AGB-Recht, 12. Aufl., Köln 2016.

Vangerow, Karl Adolph von, Lehrbuch der Pandekten, Bd. I, 7. Aufl. Marburg 1863.

Wehleit, Jonas, Whatsapp – Rechtsnatur des Vertrags zwischen IM-Dienst und Nutzer – Technische Voraussetzungen und rechtliche Bewertung, MMR 2018, 279–282.

Weiske, Julius (Hrsg.) / *Arndts, Carl L.*, Rechtslexikon für Juristen aller teutschen Staaten enthaltend die gesammten Rechtswissenschaft, Bd. 4, Erbvertrag – Güteversuch, Leipzig 1843.

Wendehorst, Christiane, Das neue Gesetz zur Umsetzung der Verbraucherrechterichtlinie, NJW 2014, 577–584.

Wicker, Magda, Vertragstypologische Einordnung von Cloud Computing-Verträgen, Rechtliche Lösungen bei auftretenden Mängeln, MMR 2012, S. 783–788.

Wieacker, Franz, Privatrechtsgeschichte der Neuzeit unter besonderer Berücksichtigung der deutschen Entwicklung, 2. Aufl., Göttingen 1967.

Wieacker, Franz, Zum System des deutschen Vermögensrechts: Erwägungen und Vorschläge, Leipzig 1941.

Willems, Constantin, Justinian als Ökonom, Entscheidungsgründe und Entscheidungsmuster in den quinquaginta decisiones, Köln, Weimar, Wien 2017.

Willems, Constantin, Erben 2.0 – zur Beschränkbarkeit der Rechtsnachfolge in das „digitale Vermögen“, ZfPW 2016, S. 494–512.

Willkomm, Katharina, Digitaler Nachlass – Nach dem BGH kommen die AGB, DRiZ 2020, 12–13.

Windel, Peter A., Über die Modi der Nachfolge in das Vermögen einer natürlichen Person beim Todesfall, Heidelberg 1998.

Windscheid, Bernhard, Lehrbuch des Pandektenrechts, Bände 1–3, 7. Aufl., Frankfurt am Main 1891.

Windscheid, Bernard, Die Actio des römischen Civilrechts, vom Standpunkte des heutigen Rechts, Düsseldorf 1856.

Windscheid, Bernhard / Kipp, Theodor, Lehrbuch der Pandekten, Bd. 2, 9. Aufl., Frankfurt am Main 1906.

Wolff, Heinrich Amadeus / Brink, Stefan (Hrsg.), BeckOK Datenschutzrecht, 32. Edition, Stand: 01.05.2020, München 2020.

Wortmann, Florian, Die Vererblichkeit vermögensrechtlicher Bestandteile des Persönlichkeitsrechts, Berlin 2005.

Wunderlin, Philipp / Bielajew, Andrzej, Digitaler Nachlass – was geschieht mit unseren „IT-Daten“ nach dem Tod?, IPRB 2014, S. 223–226.

Würthwein, Susanne, Zur Schadensersatzpflicht wegen Vertragsverletzung im Gemeinen Recht des 19. Jahrhunderts, Berlin 1990.

Würthwein, Susanne, Schadensersatz für Verlust der Nutzungsmöglichkeit einer Sache oder für entgangene Gewinne?, Tübingen 2001.

Wüsthof, Lucas, Anmerkung zum Urteil des LG Berlin vom 17.12.2015 (20 O 172/15) - Zum digitalen Nachlass, ErbR 2016, S. 229–230.

Wüsthof, Lucas, Anmerkung zu KG Berlin v. 31.5.2017 - 21 U 9/16, ErbR 2017, S. 496–510.

Wüsthof, Lucas, Anmerkung zur Entscheidung des BGH v. 12.7.2018 - III ZR 183/17, ErbR 2018, 579–582.

Zurth, Patrick, Bereicherungsrechtliche Implikationen im Immaterialgüterrecht, GRUR 2019, S. 143–150.

FSC
www.fsc.org
MIX
Papier | Fördert
gute Waldnutzung
FSC® C083411

Kolibri 360 GmbH
Ferdinand-Jühlke-Straße 7
99095 Erfurt, Deutschland
produktsicherheit@kolibri360.de